AF131663

Bernhard Heinrich Engbers

Die Messe und ihre Zeremonien in der Morgen- und Abendländischen Kirche

Eine geschichtliche Abhandlung

Bernhard Heinrich Engbers

Die Messe und ihre Zeremonien in der Morgen- und Abendländischen Kirche
Eine geschichtliche Abhandlung

ISBN/EAN: 9783743331822

Hergestellt in Europa, USA, Kanada, Australien, Japan

Cover: Foto ©Lupo / pixelio.de

Manufactured and distributed by brebook publishing software
(www.brebook.com)

Bernhard Heinrich Engbers

Die Messe und ihre Zeremonien in der Morgen- und Abendländischen Kirche

Die Messe

und ihre

Ceremonien

in der

morgen- und abendländischen Kirche.

Eine geschichtliche Abhandlung

vom

Hochw. Herrn John O'Brien, A. M.

Professor der hl. Liturgie im Mt. St. Mary's Collegium, Emmittsburg, Maryland.

Aus dem Englischen übersetzt

vom

Hochw. Herrn Bernhard H. Engbers,

Doktor der Philosophie und Professor am Mt. St. Mary's Seminar bei Cincinnati, O.

„Ich wäre bereit für jede einzelne Ceremonie der Kirche mein Leben hinzugeben."—
So die hl. Theresia.

Baltimore:

Druck und Verlag von Gebrüder Kreuzer,

No. 38 Nord-Calvert-Straße.

1881.

We recommend to the German faithful of our diocese the translation of a new work entitled "A History of the Mass and its Ceremonies in the Eastern and Western Church," by Rev. John O'Brien, of Mt. St. Mary's College, Emmittsburg, Md.

JAMES GIBBONS,
ARCHBISHOP OF BALTIMORE.

Wir empfehlen den deutschen Gläubigen unserer Diözese die Ueberſetzung eines neuen Werkes unter dem Titel: „Eine Geſchichte der Meſſe und ihrer Ceremonien in der öſtlichen und weſtlichen Kirche," vom hochw. Herrn John O'Brien, vom Mt. St. Mary's-Collegium bei Emmitts=burg, Md.

Jacobus Gibbons,
Erzbiſchof von Baltimore.

Vorrede.

Das Buch, welches wir hiermit den Kreisen deutscher Leser zugänglich machen, ist in der englischen Sprache, worin es verfaßt wurde, über ganz Amerika bekannt und verbreitet. Es hat in zwei Jahren über sieben Auflagen erlebt. Der leider jetzt verewigte Verfasser hatte dieses Buch zu seiner Lebensaufgabe gemacht, und das Werk, das jetzt so Vielen ein Belehrungs= und Erbauungsbuch ist, trug nicht wenig zu seinem frühen Tode bei. Einige Notizen über den Ver= fasser werden dem Leser sicherlich willkommen sein.

Rev. John O'Brien, A. M., wurde am 27. Juli 1841 in Ardsinan in Irland geboren. Nach einer ruhig verlebten Jugendzeit kam er im Jahre 1863 nach Amerika, um, wo möglich, dem Priesterstande sich zu widmen. Vom August 1865 bis 1870 studirte er in Mt. St. Mary's College, Em= mittsburg, Md., darauf zwei Jahre in Overbruck bei Phi= ladelphia und wurde am 24. August 1873 zum Priester ge= weiht. Er wurde als Professor in Mt. St. Mary's ange= stellt und im Jahre 1874 zum geistlichen Leiter (Direktor) des Seminars ernannt. Nach einer europäischen Reise im Jahre 1877 wurde er Professor der Kirchengeschichte und der Liturgie, und dieses blieb er bis zu seinem Tode, den 5. Dezember 1879. Sein Leben war der Kirche und ihren heiligen Gebräuchen gewidmet, und manche freie Stunde, sowie manche stille Nacht wurde dem Studium der kirchlichen Ceremonien und ihrer Geschichte geopfert. Dieses rastlose

Studium unterwühlte seine früherhin gute Gesundheit und schon ein Jahr vor seinem Tode sah er ein, daß er langsam, aber sicher, seinem frühen Grabe entgegenging. Möge das Buch, das er mit so großer Liebe ausarbeitete und für welches er in gewisser Weise sein Leben opferte, den Nutzen bringen, den eine solche Ausdauer und solcher Heldenmuth verdient.

Aus der Vorrede der Verfassers heben wir nur Einiges hervor:

„Unser Buch mag vielleicht als vollständig überflüssig angesehen werden, allein die Notizen, die wir sammelten und die in so vielen, gewöhnlich lateinisch geschriebenen Büchern zu finden sind, mögen den meisten unserer Leser unzugänglich sein; dann handeln auch die betreffenden Bücher nie über die östliche und westliche Kirche zusammen, sondern begnügen sich mit der Beschreibung der Ceremonien der einen oder der andern; ferner haben wir alle unsere Angaben aus den reinsten und bewährtesten Quellen geschöpft, und nie etwas Zweifelhaftes als Wahrheit dargestellt; endlich fanden wir auch Muße, in den sieben Jahren, die wir auf die Ausarbeitung des Buches verwandten, manche mündliche Mittheilungen näher begründen und sich bewahrheiten lassen zu können. Unser Buch ist deßhalb nicht das Werk eines großen Geistes, es ist aber die Frucht gewissenhaften Studiums. Wir bieten nichts Neues.

„Der Titel des Buches gab uns einige Schwierigkeit. Jegliche Reisebeschreibung spricht von der östlichen Kirche; aber der Eine bezeichnet damit die griechische

Kirche, ein Anderer wiederum die russische, ein Dritter das Patriarchat von Konstantinopel, ein Anderer wiederum die syrische u. s. w. Dann finden wir so viele Titel, wie z. B. die heilige rechtgläubige Kirche, die rechtgläubige kaiserliche Kirche, die rechtgläubige Kirche des Ostens, die heilige östliche Kirche und dgl. Der Wahrheit gemäß aber besteht seit dem Falle von Konstantinopel im Jahre 1453 keine nationale östliche Kirche mehr. Wir haben jedoch im Titel „östliche und westliche Kirche" beibehalten, weil erstens im Osten vielfach Katholiken zu finden sind, die, obgleich mit Rom vereinigt, dennoch ihre eigene Sprache, ihre eigenen Gebräuche in der Kirche beibehalten haben, wie z. B. die Maroniten; weil ferner die hauptsächlichsten schismatischen Kirchen im Osten zu finden sind, die in jeder Hinsicht christlich sind, ein wahres Priesterthum, ein wahres Opfer haben und deßhalb auch in unsern Bereich gehören. Diese schismatischen Kirchen zerfallen in drei große Abtheilungen:

a) Die Kirche in dem russischen Reiche, früher unter dem Erzbischof von Moskau, dann unter einem Patriarchen, zuletzt und jetzt unter der Leitung der heiligen Synode von St. Petersburg, die aber in Allem vom Kaiser abhängt. Obgleich die Ceremonien der russischen Kirche mit denen der griechischen übereinstimmen, gebrauchen die Russen doch die slavische Sprache in der Messe.

b) Die griechische Kirche im Königreiche Griechenland steht unter der Leitung der heil. Synode von Athen, die aber vom Könige vollständig abhängt.

c) Die Kirche in den türkischen Bezirken zerfällt in vier Patriarchate, von Konstantinopel, Alexandrien, Antiochien und Jerusalem. Alle diese sind von einander unabhängig. In dem ausgedehnten türkischen Reiche finden wir die hl. Messe in neun verschiedenen Sprachen gefeiert."

„Nach einem schönen Style und feinen Wendungen zu haschen ist nicht unser Bestreben gewesen. Was wir zu thun suchten, war bloß, dem Leser möglichst klar wirkliche Thatsachen vorzulegen, und nicht durch schwungvolle Darstellung seine Aufmerksamkeit von der Hauptsache abzulenken.„

„Wenn in dem Buche nicht Alles a b s o l u t wahr ist, so liegt der Grund darin, daß wir nur M e n s c h e n als Gewährsmänner hatten, und auf göttliche absolute Vollkommenheit deßhalb keinen Anspruch machen können."

So der Verfasser. Möge das Buch in seinem deutschen Gewande einen kleinen Theil des Guten hervorbringen, den es in der Sprache des Verfassers erzielte und noch erzielt.

Einleitung.

Die verschiedenen Liturgien des Ostens und des Westens.

Liturgie heißt im Osten die Art und Weise, die heil. Messe zu feiern. Wenn wir also von verschiedenen Liturgien sprechen, meinen wir nur und immer die verschiedenen Arten, das heilige Opfer darzubringen. Die Haupttheile aber der Messe sind in allen Liturgien dieselben, wenn auch in verschiedenen Sprachen abgefaßt; die Verschiedenheiten betreffen nur die Nebentheile oder oftmals nur die Ceremonien.

Im Westen begreift das Wort Liturgie etwas mehr in sich, denn es erstreckt sich auf alle gottesdienstlichen Handlungen und nicht bloß auf die Messe. In diesem Sinne werden wir das Wort in unserm Buche nie gebrauchen.

In Bezug auf die verschiedenen Liturgien oder Riten in der lateinischen Kirche wollen wir die Leser auf das achte Kapitel dieses Buches verweisen, wo wir alles darauf Bezügliche in aller Kürze und mit möglichster Klarheit dargestellt haben. Dieses Kapitel mag der Leser zuerst lesen, wenn es ihm besser so gefallen sollte.

In Betreff der morgenländischen Liturgien wollen wir zum Voraus bemerken, daß es sehr schwierig sein würde, alle auch bloß den Namen nach anzuführen, geschweige denn eine geschichtliche Erklärung von jeder einzelnen zu bringen. Die Zahl der Liturgien ist nämlich unglaublich groß. Allein die Jakobiten haben deren vierzig.

Es gibt aber einige, die vor allen andern gebraucht werden, und diese wollen wir dem Leser in Kürze vorführen.

Zwei Liturgien sind vor allen andern heutzutage im Osten gebräuchlich, die Liturgie des h e i l. J o h a n n e s C h r y s o s t o m u s und die des h e i l. B a s i l i u s. Beide werden auch noch in der Form gebraucht, in der sie aus den Händen dieser großen Meister kamen, und dieses kann von keiner andern Liturgie im Osten behauptet werden.

Die Liturgie des heil. Johannes Chrysostomus.—Der Titel ist gewöhnlich: „Die göttliche Liturgie unseres heiligen Vaters unter dem Heiligen Johannes mit dem goldenen Munde." Sie wird jetzt in der russischen Kirche und in allen von Rußland abhängigen Gebieten gebraucht, zwar nicht in der griechischen Sprache, sondern in der slavischen, die überall dort die Kirchensprache ist; dann in dem Königreich Griechenland und den Inseln, dann von den Wallachen, Ruthenen, Bulgaren und Albaniern, von den unirten Griechen (den Melchiten) der Patriarchate Constantinopel, Alexandrien, Antiochien und Jerusalem. Die unirten Griechen in Italien und in Oesterreich gebrauchen dieselbe Liturgie.

Die Liturgie des heil. Basilius, die auch die Cäsareische genannt wird, weil der hl. Basilius Bischof von Cäsarea in Kappadozien war, wird auch in allen eben genannten Orten gebraucht, allein nicht so oft, als die vorhergehende. Die Liturgie des heil. Chrysostomus wird nämlich während des Jahres im Ganzen und Großen befolgt, sowohl an Werktagen, als auch an Sonntagen; die Liturgie des heil. Basilius gilt jedoch für die Vigilien[1] von Weihnachten

---

1) Vigil ist der Tag, der einem hohen Feste unmittelbar vorhergeht und in der alten Kirche gewöhnlich Fasttag war.

und der Erscheinung des Herrn, dem Feste des heil. Ba=
silius (am 1. Januar), allen Sonntagen der Fastenzeit —
mit Ausnahme des Palmsonntages — für Gründonnerstag
und Charsamstag. Während der Fastenzeit wird an ge=
wöhnlichen Wochentagen keine wirkliche Messe gefeiert, son=
dern nur ein Theil der Messe wird mit der an einem vor=
hergehenden Tage konsekrirten Hostie gelesen, wie wir es
am Charfreitage haben. Man nennt dieses „die vorher
konsekrirte Liturgie," oder richtiger die Liturgie
mit den heiligen vorher konsekrirten Gestalten. Wir wer=
den im Laufe unserer Erklärungen den Ausdruck: vorher
konsekrirte Liturgie oder Messe gebrauchen,
machen aber unsere Leser darauf aufmerksam, daß diese
eigentlich keine Messe ist, weil weder Opferung noch Wand=
lung darin vorkommen. Die an einem vorhergehenden Tage
konsekrirte Hostie wird in der Communion jedoch vom Prie=
ster empfangen.

Diese beiden vorzüglichsten Liturgien also sind im Osten
durchweg gebräuchlich. Sowohl Katholiken, als Schismati=
ker benutzen sie. Nach einem neuern Gelehrten, Dr. Neale,
war dieses jedoch nicht immer der Fall, sondern schreibt sich
erst vom dreizehnten Jahrhundert her. Damals lebte näm=
lich Balsamon, der katholische Patriarch von Antiochien, der
dem Anscheine nach mit großem Eifer für Einheit und Einig=
keit in der Feier der heil. Messe wirkte. Er sah, daß die
beiden ebengenannten Liturgien in Constantinopel und den
von dort abhängigen Ländern gebraucht wurden, und um
Einigkeit herbeizuführen, wirkte er dafür, daß sie auch in

den anderen morgenländischen Kirchen eingeführt wurden.
Wir führen die etwas derben Worte des gelehrten Dr. Neale
ohne Abänderung an: „Bis zur Zeit Theodor Balsamon's
waren in den Kirchen von Antiochien und Alexandrien die
Liturgien des heil. Jakobus und des heil. Markus im Ge=
brauche. Dieser kirchliche Würdenträger war jedoch ein Ul=
tramontan im Morgenlande; Alles mußte nach der Regel
Constantinopel's geordnet und beurtheilt werden. Ein Bel=
lamin oder Orsi in der östlichen Kirche, wollte er alle For=
men abschaffen, die nicht mit denen des ökumenischen Patri=
archen (in Constantinopel) stimmten, und er arbeitete mit
großem Erfolge, die Formen Constantinopel's im ganzen
Osten zu verbreiten. Als er vom Patriarchen Markus in
Alexandrien über den Werth befragt wurde, den die Litur=
gien des heil. Markus und des heil. Jakobus hätten, ver=
dammte er beide, weil sie nicht in der heiligen Schrift und
nicht in den kirchlichen Gesetzen genannt seien, aber vorzüg=
lich, weil die katholische Kirche des heiligsten ökumenischen
Thrones in Constantinopel sie nicht anerkennt." So behan=
delte Balsamon die Liturgien, die ehrwürdiger waren, als
seine eigenen, ähnlich jedoch handelt auch Rom in Bezug
auf die gallischen und mozarabischen Meßbücher. Von die=
ser Zeit an sind überall im Osten die Liturgien des heil.
Chrysostomus und des heil. Basilius im Gebrauche, nur daß
die Liturgie des hl. Jakobus in der Kirche zu Jerusalem
und auf einigen Inseln des Archipels an dem Festtage die=
ses Apostels gebraucht wird." So spricht Dr. Neale, dessen
Worte wir jedoch nicht alle billigen können, obwohl wir sie
angeführt haben.

Andere Liturgien. — a) Die Liturgie des hl. Basilius ist die Mutter des armeno = gregorianischen Ritus bei den Armeniern.

b) Die Liturgie des heil. Chrysostomus ist die Grundlage der meisten Liturgien, die wir jetzt bei den Nestorianern finden.

c) Die Liturgie des hl. Jakobus, des ersten Bischofs von Jerusalem, wird vielfach in den kirchlichen Büchern der Maro= niten und der Syrier angeführt, allein bei beiden kirchlichen Genossenschaften finden wir nur wenige Ueberbleibsel der alten Liturgie. Zwar ist diese Liturgie die älteste, allein so wenig ist sie jetzt dort in der ursprünglichen Form gebräuchlich, daß man sie auch oft die Liturgie des hl. Johannes Maro benennt. Außer der Kirche in Jerusalem und einigen Inseln im Archi= pel ist die alte Liturgie des hl. Jakobus außer Gebrauch.

d) Die Liturgie des hl. Markus war einst im ganzen Patriarchate von Alexandrien gebräuchlich, allein auch sie ist beinahe verschwunden.

Zum Schlusse wollen wir noch auf den Unterschied zwischen **R u b r i k e n** und **L i t u r g i e n** hinweisen. Rubriken sind kleinere Vorschriften, die, mit rother Schrift gedruckt, bei der Messe dem Priester Anleitung geben, wie die Messe gelesen und die Ceremonien ausgeführt werden sollen; die Art und Weise, wie die Rubriken befolgt werden, sowie die Form der hl. Messe selbst, nennt man Liturgie. Näheres hierüber an einigen Stellen des Buches, wo besonders darauf hingewiesen werden muß.

Erstes Kapitel.

Die Messe im Allgemeinen.

Ich habe keinen Gefallen an euch, und will von eurer Hand keine Gabe annehmen; denn vom Aufgange der Sonne bis zum Niedergange ist mein Name groß unter den Heiden, und an allen Orten wird meinem Namen ein reines Opfer dargebracht und geopfert werden, denn groß ist mein Name unter den Heiden, sagt der Herr der Heerschaaren. So lauten die Worte Gottes durch den Mund des Propheten Malachias (1, 10, 11). Wir haben diese feierlichen und erhabenen Ausdrücke an den Anfang unseres Buches gesetzt, um sofort den Leser zu belehren, wovon wir handeln werden, nämlich von dem reinen Opfer des Neuen Bundes. Vor allem aber, was katholische Lehrer über dieses Opfer geschrieben haben, und was wir in den Zeugnissen der heil. Schrift hierüber finden, wollen wir hier zur Einleitung nur das Hauptsächlichste hervorheben, und nur so viel, als zum Verständniß unserer Erörterungen nothwendig ist. Wir hoffen jedoch, daß unsere kurze Darstellung klar und genügend sein wird.

Nach der gewöhnlichen katholischen Erklärung ist ein Opfer eine äußerliche Gott gegenüber gegebene Darbringung einer durch die Sinne wahrnehmbaren Sache, wodurch wir das oberste Besitzrecht Gottes anerkennen, sowie unsere Abhängigkeit von ihm, besonders angezeigt wird, jedoch durch die vollkommene Zerstörung oder theilweise Aenderung in der dargebrachten Gabe. Als solches kann das Opfer also nur in einer in die Sinne fallenden Gabe dargebracht werden, nicht also bloß durch Gebet oder innere Tugendübungen. Daß dieses im Alten Bunde und bei den Heiden anerkannt wurde, kann man aus verschiedenen Ausdrücken ersehen. „Ich will Gehorsam, und kein Opfer," spricht Gott, und: „Besser ist Gehorsam, denn Opfer," worin klar angedeutet wird, daß die Tugend des Ge= horsams kein Opfer bildet. Darum hatten denn auch die Juden, sowie die Heiden so viele sinnenfällige Opfer, theil= weise blutige, theilweise auch unblutige. Durch die blutigen Opfer sollte besonders der dem Menschen tief eingeprägte Glaube versinnbildet worden, daß nur durch die Darbringung des menschlichen Lebens oder eines stellvertretenden Wesens die Schuld des Menschen Gott gegenüber getilgt werden könne, und waren deshalb auch diese Opfer vorzüglich S ü h n o p f e r; durch die unblutigen Opfer hingegen wurde der Glaube an die gänzliche Abhängigkeit des Menschen von Gott dargethan, weßhalb diese auch meistens den Charakter der B i t t o p f e r, A n b e t u n g s o p f e r oder D a n k o p f e r hatten. D i e m e n s c h l i c h e S c h u l d k a n n n u r d u r c h B l u t g e t i l g t w e r d e n; dieser Satz ist der Grundsatz aller Religionen vom Anfang der Zeiten an gewesen. Wie er aber in den vor= bereitenden oder den das Neue Testament einleitenden Reli= gionen gilt, so besonders in der wahren, durch Gott geoffen= barten, durch seinen Sohn verkündeten, und durch seinen blutigen Kreuzestod bekräftigten, d. i. der christlichen Religion.

Christus, der Sohn Gottes, kam auf die Welt, um für die Welt ein Sühnopfer darzubringen, durch welches er anstatt jedes einzelnen Menschen seinem himmlischen Vater für die Vergehen der ganzen Welt und aller einzelnen Men= schen vollständig Genüge leistete. Nach der Lehre der heiligen Schrift hat Christus sich einmal geopfert, wodurch das ewige Heil erworben wurde. (Hebr. 9. Kap.) Darum sagen denn auch so manche Protestanten, es sei falsch, neben dem Kreuzes= opfer noch ein anderes Opfer zu haben, da ja Christus schon die Sühne vollendet hat. Gegenüber dieser Behauptung haben wir aber die klarsten Stellen der hl. Schrift, die ein i m m e r= w ä h r e n d e s, r e i n e s, f e s t g e s e t z t e s Opfer verlangen. In Kürze wollen wir die hauptsächlichsten Punkte hervorheben.

C h r i s t u s h a t d u r c h s e i n e n T o d f ü r d i e S ü n d e n d e r W e l t, u n d f ü r a l l e S ü n d e n g e n u g g e t h a n: dieses ist katholischer Glaubenssatz. Allein, wie er nicht bloß mit seinen Aposteln und Jüngern lebte, sondern im hl. Sakramente mit allen Menschen verkehren will, so war er auch nicht bloß einmal der Opferpriester und das Opfer= lamm, sondern wollte es nach den Worten des hl. Apostels in Ewigkeit sein, nach der Ordnung Melchisedechs. Keine Reli=

gion kann nämlich bestehen ohne Opfer; und weil Christus eine Religion gründete, die bis zum Ende der Welt fortdauern sollte, mußte auch der Opferpriester, sowie das Opfer selbst fortdauern. Ferner hat Christus zwar für alle Menschen genug gethan, aber er wollte seine Verdienste erst durch das unblutige Opfer des Neuen Bundes, die hl. Messe, der hülfs= bedürftigen Menschheit mittheilen, erst durch dieses Opfer den Schatz öffnen lassen, den er durch seinen Tod uns erworben. Unendliche Gnaden und Verdienste liegen bereit, weil Christus deßhalb ja gestorben ist; Gnaden für Lebende und für Ver= storbene; Gnaden für Kranke und für Gesunde; für seine Freunde und seine Feinde; und Christus wartet bloß auf den Augenblick, in dem er diese Gnaden nach seinem unerforsch= lichen Rathschlusse durch die hl. Messe austheilen kann. Um jedoch zu zeigen, daß er von seinen Aposteln und von seinen Gläubigen verlangte, dieses Opfer darzubringen, sprach er in feierlichen Worten beim letzten Abendmahle, nachdem er sich unblutiger Weise geopfert hatte: Thut dieses zu meinem An= denken.

Daß Christus am letzten Abendmahle durch die eben angeführten Worte das Opfer des Neuen Bundes eingesetzt, hat, nach den Worten des Conzils von Trient (22. Sitzung) „die katholische Kirche immer geglaubt und gelehrt." Dasselbe Conzil fügt dann hinzu: „Nachdem er, d. i. Christus, nämlich das alte Pascha gefeiert hatte, welches die Kinder Israel's zum Andenken an den Auszug aus Egypten opferten, setzte er ein neues Pascha ein, und gab sich selbst als Opferlamm, das durch die Priester der Kirche unter sichtbaren Gestalten zum Andenken an seinen Hingang aus dieser Welt zu seinem Vater geopfert werden sollte; nachdem er durch die Vergießung seines Blutes uns erlöset und von der Macht der Finsterniß befreit und für sein Reich gewonnen hatte. Dieses ist also die reine Opfergabe (Malach. 1, 11), die durch keine Un= würdigkeit oder Bosheit der Opfernden befleckt werden kann, von der Gott durch Malachias vorausgesagt hat, daß er als reines Opfer überall dargebracht werden würde, weil sein Name groß sein sollte unter den Heiden; dieses ist das Opfer, von dem der hl. Apostel Paulus in seinem Briefe an die Co= rinther (1. Cor. 10, 20,) spricht, wenn er sagt, die durch die Theilnahme an der Tafel der bösen Geister Befleckten dürfen nicht zum Tische des Herrn hinzutreten; denn der hl. Paulus versteht durch das Wort Tisch oder Tafel den Altar."

Wie denn auch das Conzil von Trient gewöhnlich in kurzen Worten die Natur jedes Glaubenssatzes auslegt, so sagt es über die hl. Messe in derselben Sitzung: „Weil in diesem göttlichen Opfer, das in der Messe dargebracht wird, derselbe Christus enthalten und unblutiger Weise geopfert wird, der sich einmal blutiger Weise auf dem Altare des Kreuzes opferte, so lehrt die heilige Synode, daß dieses hl. Meßopfer in Wahrheit ein Sühnopfer sei, und daß wir deßhalb, wenn wir mit wahrem Herzen, mit rechtem Glauben, mit Furcht und Ehrerbietung, reuig und zerknirscht zu Gott hinzutreten, durch dieses Opfer zur rechten Zeit Hülfe und Barmherzigkeit erlangen und Gnade finden. Gott wird durch dieses Opfer nämlich versöhnt und gewährt die Gnade und den Geist der Buße und vergibt Vergehen und Sünden, selbst die größten. Denn das Opferlamm ist nur eines, welches sich nun durch die Hände seiner Priester unblutiger Weise darbringt, und sich einstens am Kreuze darbrachte. Die Weise zu opfern ist bloß verschieden. Die Früchte jenes blutigen Opfers werden durch dieses unblutige Opfer auf das Reichhaltigste genossen; und jenem Kreuzesopfer wird durch dieses Meßopfer in keiner Weise Eintrag gethan. Daher wird es denn auch nach der von den Aposteln erhaltenen Ueberlieferung nicht bloß für die noch lebenden Gläubigen, für ihre Sünden, Strafen, ihre Genugthuung und sonstige Nothwendigkeit dargebracht, sondern auch, und dieses mit Recht, für die in Christo Verstorbenen, die noch nicht völlig reingewaschen sind.

Daher ist denn auch von jeher in der katholischen Kirche das heilige Meßopfer mit solcher Ehrfurcht behandelt worden. Daher kommt es auch, daß jeder gläubige Katholik mit solch innigem Verlangen sich immer nach der Wiederholung dieses heiligen Opfers sehnet; auf dieser Grundlage des Glaubens beruhen auch die vielen, bis in's Einzelne gehenden Vorschriften über die würdige Darbringung dieses hl. Opfers. Zahlreich sind nämlich die verschiedenen äußeren Gebräuche, die mit dem hl. Meßopfer verbunden sind; umfangreich die Vorbereitungen, die zur Feier der hl. Messe getroffen werden müssen; verschiedenartig die Handlungsweisen der Kirche vor und bei der hl. Messe je nach den verschiedenen Festen und Zeiten; und alles dieses hat die Kirche angeordnet, um mit desto größerer Sicherheit und Fülle den Gläubigen die Früchte dieses hl. Opfers zukommen lassen zu können. Weil nämlich auch der Katholik Mensch ist, wird er durch hehre äußere

Gebräuche auch mehr auf den erhabenen, unendlichen innern Werth hingewiesen, da ja alles Aeußerliche nur ein Spiegel= bild des Innern sein soll. Ungläubige und Ketzer haben manchmal die Ceremonien und äußeren Gebräuche der Kirche bei der hl. Messe bespöttelt und belacht, aber für den wahren Christen gilt der feierliche Ausspruch des hl. Conzils von Trient (22. Sitzung, 7 Kanon): „Wenn jemand sagt, die Ceremonien, Kleider und äußeren Zei= chen, deren sich die katholische Kirche bei der Feier der hl. Messe bedient, seien eher Reiz= mittel zur Gottlosigkeit, als Hülfsmittel zur Frömmigkeit, so soll er verflucht sein."
Unsere Aufgabe wird es sein, zu zeigen, wie jeder ein= zelne Gebrauch bei der Feier der heiligen Messe entstand, fort= gepflanzt und bewahrt wurde; darzuthun, in wiefern sich diese Gebräuche aus dem Wesen der Messe selbst entwickelten, oder doch innig mit ihm verbunden sind, zu erklären, welch natür= licher oder mystischer Grund jedem Gebrauche und jedem Ge= bete unterliegt, und soviel wie möglich darauf hinzuweisen, wie die katholische Kirche in der Ausführung desselben Gedankens, das hl. Meßopfer so würdig als möglich zu feiern, an verschie= denen Orten und zu verschiedenen Zeiten auch kleinere Aender= ungen an den äußern Gebräuchen vornahm oder zuließ.

§ 2. — Namen dieses unblutigen Opfers. — Die Messe.

Wenn wir eine gelehrte Abhandlung schreiben wollten, könnten wir hier vielleicht eine ganze Seite der bloßen Aufzäh= lung der verschiedenen Namen für das Opfer des Neuen Bun= des widmen. Wir wollen jedoch nur ein paar dieser Namen, die in Büchern heutzutage noch vorkommen, auslegen und erklären.
Die meisten Schriftsteller der griechischen Kirche nennen das Opfer entweder Hierurgia, Hierurgie, Liturgia, Liturgie. Das erstere Wort ist allgemeiner Bedeutung, und heißt hei= lige Handlung. Die Messe nämlich ist von allen Hand= lungen die heiligste, weil in derselben der Sohn Gottes selbst in den Händen des Priesters ruht, und weil die heiligste Hand= lung, die der Mensch vollziehen kann, das Opfer nämlich, dann nicht nur von einem Menschen, sondern von diesem Sohne Gottes, der ja auch unsere Natur angenommen hatte, vollzo= gen wird. Das Wort Liturgia, Liturgie, wird in diesem

Buche sehr häufig vorkommen. Es heißt Herrendienst, (wir sagen ja auch Gottesdienst, obwohl wir damit nicht bloß die hl. Messe bezeichnen), weil dem obersten Herrn durch das Opfer die demüthigste Anerkennung gebracht wird. Die Schriftsteller des Morgenlandes sprechen deshalb von einer feierlichen Liturgie, d. h. einer feierlichen Messe, einer stillen oder einfachen Liturgie, d. h. einfacher oder stiller Messe, und so weiter; sie sprechen von verschiedenen Liturgien, d. i. verschiedenen Weisen die hl. Messe mit äußern Ceremonien zu feiern, von Liturgien mit vielen und wenigen Ceremonien u. dgl.—(Ceremonien sind die äußern Gebräuche bei der Darbringung des hl. Opfers, und wie uns erzählt wird, ist der Ursprung des Wortes folgender: Die Gallier, die früher im jetzigen Frankreich lebten, kamen nach Rom, als sie noch roh und barbarisch waren, (im Jahre 390 vor Christus,) und mordeten und raubten nach Art der Wilden. Die jung= fräulichen Priesterinnen in Rom, Vestalinnen genannt, flohen mit allen hl. Geräthen von Rom nach der Stadt Cäre, wo sie gastfreundlichst aufgenommen wurden. Daher hieß jede reli= giöse äußere Ehrenbezeigung Ceremonie. (So lautet die Sage.)

Neben diesen beiden jetzt noch gebräuchlichen Worten fin= den wir in der abendländischen, der lateinischen Kirche das Wort Messe — Missa für die Darbringung des hl. Opfers. Das Wort selbst ist in alle Sprachen Europas aus der lateinischen übergegangen, so z. B. heißt die Messe auf Italienisch Messa, auf Französisch Messe, auf Spanisch Misa, auf Holländisch Misse, auf Englisch Mass u. s. w. Einige haben das Wort aus dem Hebräischen, andere aus dem Griechischen ableiten wollen, allein, da das Wort nur bei lateinischen Vätern und Schriftstellern sich findet, sind die meisten Kenner der Sprachen und der kirchlichen Gebräuche entschieden geneigt, es aus dem Lateinischen herzuleiten. Das alte deutsche Wort Messe, welches auch eine Zusammenkunft bedeutet, ist wahrscheinlich erst nach der Einführung des Christenthums entstanden. Da= her auch Ostermesse, Frankfurter Messe u. s. w., die von der Feier des Opfers zuerst ihren Namen erhielten. Das latei= nische Wort Missa (oder Missio) bedeutet Entlassung. Früherhin bestand nämlich die Gewohnheit in der Kirche, die noch nicht völlig Eingeweihten vor dem Anfange des Opfers zu entlassen. Die geheimnißvolleren Lehren der Kirche wur= den früher geheim gehalten, damit den Ungläubigen kein Grund zum Spotte gegeben werde. Man nannte den Inbe=

griff aller dieser Glaubensjätze die Geheimlehre — disciplina arcani. — Das Wort des Evangeliums: „Werfet die Perlen nicht den Schweinen vor," Matth. 7, 6, wurde so verstanden, daß die höheren Geheimnisse, z. B. das hl. Altarssakrament, dann auch wichtigere Gebete, z. B. das Vater unser und das apostolische Glaubensbekenntniß erst dann den Convertiten mitgetheilt werden sollten, wenn sie schon die hl. Taufe empfangen hatten oder bald empfangen würden. Diese sich zur Taufe vorbereitenden Convertiten nannte man Katechumenen, welches so viel heißt als mündlich unterrichtet. (Katechismus heißt mündlicher Unterricht.) Die Katechumenen waren entweder Hörer, oder Erwählte; letztere erlernten schon die größeren Geheimnisse. Die Hörer wurden aber vor der eigentlichen Messe entlassen, daher Missa, Entlassung. Der Priester sagte nämlich unmittelbar vor der Opferung den nicht Eingeweihten: Ite, Missa est! „Geht, die Entlassung ist jetzt da." Zugleich mit den Katechumenen mußten dann auch die öffentlichen Büßer sich entfernen. Diese, die in vier Klassen getheilt wurden, die Weinenden, die Hörenden, die Knieenden und die Anwohnenden, durften nämlich auch nur bei den minder wichtigen Theilen der hl. Messe zugegen sein. Diese Theile, die auch vor den Augen der Uneingeweihten gefeiert wurden, bildeten eigentlich nur die Vorbereitung zur Messe, aber man nannte diese dennoch die Messe der Katechumenen — Missa Catechumenorum. Wenn jedoch die eigentliche Messe zu Ende war, nämlich die sogenannte Messe der Gläubigen, sagte der Priester wiederum: Ite, Missa est. Dasselbe Wort kam also zweimal in derselben Messe vor, und deßhalb sagte man gewöhnlich Missas facere — Messen feiern, anstatt Missam facere—Messe feiern; wörtlich Entlassungen veranstalten, weil ja zwei Entlassungen vorkamen.

§ 3.—Namen der hl. Messe, je nach der Feier derselben.

Die Kirche hat im Jahre verschiedene Feste und Zeiten, an denen die hl. Messe mit großartigen äußeren Feierlichkeiten (Ceremonien) dargebracht werden soll; z. B. am Gründonnerstage; dann ist der Zweck, für den die Messe aufgeopfert wird, oft ein sehr verschiedenartiger; endlich gibt es auch Umstände, unter denen von den mehr feierlichen Ceremonien abgesehen werden darf; und je nach allen diesen Umständen und Zeiten,

kann die äußere Feier der hl. Messe verschieden benannt wer=
den. Von allen Ausdrücken wollen wir hier die folgenden
vierzehn in etwa erklären und besprechen: 1. Levitenamt,
(missa solemnis); 2. Hochamt (missa cantata); 3. Stille
Messe (Missa lecta); 4. Conventualmesse; 5. Brautmesse;
6. Goldene Messe; 7. Privatmesse; 8. Einzelmesse; 9. Votiv=
messe; 10. Trockene—oder Schiffsmesse; 11. Abend= und Mit=
ternachtsmesse; 12. Vorconsekrierte Messe; 13. Requiem= oder
Todtenmesse; 14. Richtmesse.

Ein **Levitenamt** (missa solemnis) ist eine mit größerem
äußeren Pomp gefeierte Messe. Nicht blos niedere Altardiener
sind bei dieser Messe am Altare behülflich, sondern auch Diakon
und Subdiakon. Bei dieser Messe ist auch feierlicher Gesang
vorgeschrieben, und die äußeren Ceremonien sind eindrucksvoll.
Theile der Messe werden vom Diakon und dem Subdiakon
gesungen. Die Franzosen nennen dieses Amt grand'messe,
Große Messe.

Im **Hochamte** (missa cantata) finden wir weder Diakon
noch Subdiakon; aber weil der Priester auch manche Theile
der Messe singt, glaubt man, sie sei deßhalb so benannt wor=
den. Der lateinische Ausdruck besagt g e s u n g e n e M e s s e.

Die **stille Messe** (missa lecta) erhält ihren Namen daher,
weil kein Theil derselben gesungen wird. Der Priester betet
vieles im gewöhnlichen Redetone, manches aber auch leise. Bei
einer stillen Messe ist nur e i n Meßdiener erforderlich; er muß
anstatt des Volkes dem Priester antworten und ihm am Altare
dienen.

Conventualmesse. — In der bischöflichen Kathedrale sollen
die Pfarrer und die Domherren jeden Tag nach der Terz (etwa
um 9 Uhr) ein feierliches Amt singen. Dieses Amt heißt die
Conventualmesse. Sachkundige Männer meinen, diese Messe
solle auch in Klöstern gefeiert werden, wo das hl. Sakrament
aufbewahrt wird. In größeren Kirchen, wo mehrere Priester
zugleich als Pfarrer angestellt sind, heißt diese Messe Collegiat=
messe. Weil diese Conventual= oder Collegiatmesse über andere
Messen bedeutende Vorrechte hat, heißt sie auch kanonische oder
größere Messe.

Brautmesse. — Bei der Eingehung der heiligen Ehe soll
das heilige Opfer für die Neuvermählten dargebracht werden,
um den Segen Gottes über ihren Bund herabzuflehen. Eine
eigene Messe, genannt Missa pro sponso and sponsa, Messe
für den Bräutigam und die Braut, welche Messe mit großen

Vorrechten ausgestattet ist, soll an diesen Tagen gelesen wer=
den. Besondere Ceremonien sind auch dafür angeordnet. Bis
zum Pater noster unterscheidet sich die Messe nicht von der
gewöhnlichen, dann aber kehrt sich der Priester auf der Epistel=
seite zu den Brautleuten, die vor dem Altare knien, und betet
aus dem Meßbuche zwei kurze Anrufungen, bezüglich des hl.
Ehestandes. Hiernach wird die Messe bis zum Segen weiter
gelesen. Hierauf kehrt sich der Priester zu den Neuvermählten
und betet folgendermaßen: „Der Gott Abraham's, der Gott
Isaak's und der Gott Jakob's sei mit euch; möge er seinen
Segen über euch senden, daß ihr die Kinder eurer Kinder bis
in's dritte und vierte Glied sehet; möget ihr nachher ewiges,
endloses Leben genießen durch den Beistand unseres Herrn
Jesus Christus, der mit dem Vater und dem hl. Geiste lebt
und regiert von Ewigkeit zu Ewigkeit. Amen." Der Priester
soll dann eine kurze Anrede an die Brautleute halten, sie zu
einem frommen, reinen Leben aufmuntern und sie an die
Gegenwart Gottes erinnern. Darauf besprengt er sie mit
Weihwasser, und beendet die Messe in gewöhnlicher Weise.

In England fanden früher noch großartigere Ceremonien
statt. Dort herrschte der Sarum Ritus (siehe darüber
Kap. 8). Vor den Augen aller Gläubigen wurden die Braut=
leute an der Kirchthür verheirathet und eingesegnet. Der
Priester geleitete sie dann zum Altare und brachte für sie das
hl. Opfer dar. Von der Präfation bis zum Friedenskusse
hielten zwei Meßdiener ein langes sogenanntes Sorgentuch
über die Neuvermählten, die vor dem Altare knieten. Die
Braut kniete dort mit wallendem Haar und einem Kranz von
Juwelen oder Blumen auf dem Haupte. (So wurde im
Mittelalter auch immer die allerseligste Jungfrau dargestellt.)
Als die älteste Tochter des Königs Heinrich VII. von England,
Margaretha, sich mit König Jakob von Schottland vermählte,
trug sie ein reiches Halsband von Gold, Perlen und Edelstei=
nen, eine kleine Krone mit Juwelen auf dem Haupte, und ihr
langes Haar wallte über ihre Schultern hinab. Unmittelbar
vor dem Pax wurde der Ehesegen ertheilt, das Sorgentuch
entfernt und der Pax gegeben, nicht mit dem Instrumente
(Pacificale), sondern nach alter Sitte; der Bräutigam erhielt
den Friedenskuß vom Priester am Altar und gab ihn dann der
Braut. Während der Messe wurden Brod und Wein vom
Priester gesegnet und nachher unter die anwesenden Freunde
der Neuvermählten vertheilt.

Goldene Messe.—Missa aurea.—Die Messe, die früher am Quatembermittwoch im Advent zu Ehren der Mutter Gottes gefeiert wurde, hieß goldene Messe. Es war selbe ein Levitenamt mit größtem Pomp, und dauerte sie oft drei bis vier Stunden, um allen Ceremonien und musikalischen Stücken Genüge zu thun. Der Bischof und die Domherren, sowie die Mitglieder der religiösen Genossenschaften der Stadt waren zugegen. Auch wurden Geschenke, zuweilen recht kost= bare, an alle ausgetheilt, die an der Festlichkeit sich betheiligten. Die Messe selbst war wegen der Erhabenheit des Geheimnisses, das gefeiert wurde, in Goldbuchstaben geschrieben, und deßhalb die goldene genannt. In Deutschland findet man noch hie und da Spuren dieser Messe; in Brüssel wird sie alljährlich am 23. Dezember gefeiert, bei welcher Tausende von Gläubi= gen zugegen sind.

Privatmesse. — Wenn in den Rubriken Missa privata gesagt wird, versteht man gewöhnlich darunter eine stille Messe, im Gegensatz zum Hochamt. Wir verstehen jedoch an dieser Stelle darunter etwas ganz anderes; nämlich eine solche Messe, in der der Priester allein communizirt. Sie heißt Privatmesse, weil kein Zudrang des Volkes stattfindet, oder weil sie in einer Privatkapelle celebrirt wird, zu der nicht Jedermann Zutritt hat. Dem Ausspruche des Conzils von Trient gemäß (§ 22, Kap. 6) gibt es strenggenommen keine wirkliche Privatmesse; denn alle Messen, ohne Ausnahme, werden durch einen öffentlichen Diener der Kirche dargebracht, nicht blos für sich allein, sondern für die gesammte gläubige Christenschaar. Daß aber Messen dieser Art selbst seit den Zeiten der Apostel gefeiert wurden, dafür sprechen ganz unan= tastbare Zeugnisse, obwohl die Neuerer des sechzehnten Jahr= hunderts gern hätten beweisen mögen, daß solche Messen in der alten Kirche unbekannt, ja sogar verboten gewesen seien. Der gelehrte Cardinal Bona beweist, daß Privatmessen immer gebräuchlich waren, und führt als glaubwürdiges Zeugniß unter anderen die Worte Tertullian's an, der in den ersten Zeiten des zweiten Jahrhunderts nach Christus lebte. Der erste tollkühne Angriff gegen diese Messen wurde von dem Erzketzer Luther selbst gemacht, der uns erzählt, daß ihm der Teufel in einer Unterredung mitgetheilt habe, Messen dieser Art seien wirkliche Abgötterei. Um jedoch allen Streitigkeiten hierüber ein Ende zu machen, erklärte das Conzil von Trient (sess. 22, can. 8): Si quis dixerit, Missas in quibus solus sacerdos sacramentaliter communicat illicitas esse ideoque abrogandas, anathema sit. „Wenn Jemand sagen sollte, daß Messen, in denen der Priester allein sakramentalisch communizirt, unerlaubt und deßhalb abzuschaffen seien, soll er verflucht sein."

Einzelmesse. — Liest der Priester Messe ohne Beisein des Volkes oder selbst eines Dieners, so heißt man solche eine Einzelmesse. Früher waren solche Messen häufig in Klöstern und religiösen Häusern, und sind noch jetzt in Missionsländern öfters anzutreffen. Ohne wichtigen Grund sollen sie jedoch nicht gefeiert werden, denn von Theologen wird es als ein grober Verstoß betrachtet, ohne Diener zu celebriren; und dieser Diener soll nie durch eine Frauensperson ersetzt werden, wie groß auch die Nothwendigkeit sein mag. Es mag befremdend erscheinen, daß früher in mehreren Partikularkonzilien Einzelmessen verboten wurden, vorzüglich weil es lächerlich erscheine, die Worte Dominus vobiscum (der Herr sei mit euch), orate, fratres (Betet, Brüder), Oremus (Laßt uns beten) u. s. w. zu gebrauchen, wenn keine Personen zugegen seien. Ein Conzil zu Mainz, unter Papst Leo III., verbietet den Priestern strenge, allein die Messe zu s i n g e n. In einem Conzil zu Nantes wurde aus denselben Gründen das Verbot, g e s u n g e n e Einzelmessen zu halten, auch auf g e l e s e n e ausgedehnt. Gratian, der Sammler des ersten Theiles des Kirchenrechts, der um 1000 lebte, führt ein Gesetz an, wonach wenigstens zwei Zeugen nothwendig waren zur ordentlichen Feier der Messe. Dieselbe Regel galt bei den alten Cisterziensern.

Cardinal Bona, dem wir diese Bemerkungen entlehnen, scheint daran zu zweifeln, ob Einzelmessen zu seiner Zeit gänzlich abgeschafft waren, indem er ein wohlbekanntes Kloster erwähnt, das vom hl. Stuhle die Erlaubniß hatte, Messe zu lesen, ohne daß irgend Jemand antworte.

Nach den jetzigen Kirchenregeln muß der Priester, falls er allein celebrirt, selber auch die Antworten sagen und überhaupt handeln, als hätte er die ganze Gemeinde vor sich. Er darf nichts auslassen, abkürzen, hinzufügen oder ändern, sondern muß alles verrichten, wie es die Rubriken für jede gewöhnliche Messe vorschreiben. Ein Zuwiderhandeln wäre jedesmal sündhaft.

Botivmesse.—Missa votiva.— Da jeder Tag im Jahre seine eigene Messe hat, muß entweder diese gelesen werden, oder man darf nach Umständen eine andere Messe feiern, die nicht für den Tag bestimmt ist, und diese heißt Votiv= messe. Votivmesse ist nach der gewöhnlichen Erklärung jede, die nicht mit der Feier des Tages übereinstimmt, sie heißt Votivmesse, weil sie dargebracht wird, um den frommen Wün= schen entweder des Priesters selbst oder eines Gläubigen Genüge zu leisten.

Messen dieser Art sind verschiedenen Einschränkungen unterworfen. Sie können nur an Tagen von geringerer Festlichkeit celebrirt werden, und dann nur mit genügendem Grunde; denn die Rubriken des Meßbuches schreiben ausdrücklich vor, daß die Messe des Tages, soweit thunlich, mit dem Brevier des Priesters übereinstimmen solle. Der hl. Liguori sagt, eine Votivmesse dürfe nicht celebrirt werden aus dem Grunde, weil sie kürzer sei, als die Messe des Tages, sondern man bedürfe eines triftigeren Grundes. Ein genügender Grund für die Feier einer solchen Messe wäre z. B. wenn der Priester oder die Person, für welche der Priester das Opfer darbringt, eine besondere Andacht zu einem gewissen Heiligen oder einem besonderen Geheimnisse hege. — Beispiele von Votivmessen wären: zu Ehren des bittern Leidens und Sterbens, zur schmerzhaften Mutter (besonders für Wöchnerinnen), zum hl. Antonius, für Kranke, für Verstorbene u. s. w.

Trockene Messe. — Wenn weder Wandlung noch Com= munion in der Messe stattfindet, heißt die Ceremonie trockene Messe. Man nannte sie früher auch Schiffsmesse, weil sie vorzüglich auf der See gefeiert wurde, wo wegen der unstä= ten Bewegung des Schiffes und anderer Gründe es schwierig war, die gewöhnliche Messe zu Ende zu führen. Alle heiligen Gewänder wurden bei dieser Messe gebraucht, nur wurde kein Kelch gestattet, weil ja keine Wandlung stattfand. Alle Gebete, die nicht mit der Opferung oder der Wandlung in unmittel= barer Verbindung stehen,, wurden beibehalten, so z. B. das Staffelgebet, das Kyrie, das Gloria, Credo, die Epistel und das Evangelium, sowie die Präfation. Auch wurde am Ende der priesterliche Segen ertheilt. Bisweilen wurden auch Dia= kon und Subdiakon dem Priester zur Erhöhung der Feier beigesellt. Genebrard, ein Benediktinerpater, der gegen Ende des sechzehnten Jahrhunderts starb, bezeugt, daß er selbst bei einer feierlichen trockenen Messe zugegen war, die in Turin für die Seelenruhe eines eben verstorbenen Edelmannes gefeiert wurde. Diese Messen wurden oft den Kranken zum Troste in

deren Häusern gefeiert, wenn sie die Kirche nicht besuchen
konnten; auch für Gefangene; meistens aber, wie gesagt, für
Seeleute. Sie sind jedoch schon längst außer Gebrauch; denn
manche wohlmeinende, aber einfältige Leute hatten den Glau=
ben, eine trockene Messe habe dieselbe Kraft und gebe dieselben
Gnaden, wie eine gewöhnliche Messe.

Abendmesse.—Missa vespertina.—Zur Zeit des heiligen
Augustinus (430 n. C.) war es in Afrika gebräuchlich, am
Gründonnerstag=Abend zum Andenken an die Einsetzung des
allerheiligsten Sakraments die heilige Messe zu feiern. Ein
Priester, der nicht mehr nüchtern zu sein brauchte, celebrirte.
Ueber diese Messe verordnete das vierte Conzil von Karthago,
wie folgt: „Das Altarssakrament muß nur von einem Prie=
ster, der noch nüchtern ist, gefeiert werden, mit Ausnahme des
Jahrestages der Einsetzung dieses Sakraments."

An gewissen Plätzen war es auch Gebrauch, zu irgend
einer Zeit des Tages für eine eben verstorbene Person Messe
zu lesen, sei nun der Priester nüchtern oder nicht (siehe unten
über das Offertorium in Todtenmessen). Allein dieser Ge=
brauch wurde beinahe ebenso schnell verboten, als er eingeführt
war. Verschiedene Conzilien traten dagegen auf, vorzüglich
die von Karthago und von Braga in Spanien.

Abendmesse in der morgenländischen Kirche.—
Da in die meisten morgenländischen Kirchen nicht wie bei uns
die hl. Hostie aufbewahrt wird, vorzüglich, weil in heißen
Ländern gesäuertes Brod leicht und schnell verdirbt, so ist es
dort öfters nothwendig, um den Kranken die hl. Wegzehrung
zu geben, des Abends Messe zu lesen, nachdem die Priester
natürlich schon Speise zu sich genommen haben.— Die Kop=
ten bewahren nie das hl. Sakrament von einer Messe zur
andern (siehe darüber weiter unten), allein sie celebriren zu
irgend einer Stunde des Tages oder der Nacht, wenn Kran=
kenfälle vorkommen.

Mitternachtsmesse. — Zur Zeit der Verfolgungen, wäh=
rend deren es den Christen verboten war, sich je zur Tages=
zeit zu versammeln, waren Mitternachtsmessen und nächtliche
Messen nichts Außergewöhnliches. Auch gab es später noch
gewisse Feste, an denen Mitternachtsmessen erlaubt waren;
allein jetzt sind dieselben, mit Ausnahme des Weihnachts=
festes, gänzlich abgeschafft; an diesem Feste nämlich wird
noch an manchen Orten die Mitternachtsmesse gefeiert. In
den morgenländischen Kirchen war und ist noch jetzt die Mitter=

nachtsmesse wenig bekannt. Dennoch kann man in der Mitternachtsmesse zu Ostern in Moskau die großartigste Feier
setzen. Sobald die Mitternachtsstunde schlägt, fangen die
unzähligen Glocken des Kreml mit ihrem Geläute an, und
alle Glocken Moskau's fallen sofort ein. Beim ersten Glocken-
schall erheben sich alle Einwohner von ihren Lagern und
begeben sich zur Kirche, um die frohe Botschaft vom erstan-
denen Erlöser zu vernehmen. Die ganze Stadt ist illuminirt,
denn Kerzen brennen an jedem Fenster und Fackeln an jeder
Straßenecke. Tausende von Lichtern erleuchten den großen
Thurm des Domes von oben bis unten, und Jedermann trägt
ein Licht in der Hand. Die Feierlichkeiten in den Kirchen,
vorzüglich aber im Dome, können von der Feder kaum beschrieben werden. Die kostbarsten Gewänder werden bei dieser Feier
gebraucht, und weder Mühe noch Kosten gespart, um die Feier
des großen Geheimnisses der Auferstehung würdig zu begehen.

Vorconsekrirte Messe. — Missa praesanctificatorum. —
(Siehe Einleitung.) — In dieser wird die Tags vorher
consekrirte Hostie gebraucht, so daß weder Opferung noch
Wandlung in dieser Messe stattfindet. In der lateinischen
Kirche wird eine solche Messe bloß einmal im Jahre gefeiert,
nämlich am Charfreitag; in der griechischen Kirche jedoch an
allen Tagen der hl. Fastenzeit, mit Ausnahme der Samstage,
Sonntage und des Festes der Verkündigung Mariens. Dieser
Gebrauch, während der hl. Fastenzeit nicht täglich zu celebriren, ist so alt, wie das Conzil von Laodicäa (314). Wann
der Gebrauch in der lateinischen Kirche aufkam, kann nicht
genau bestimmt werden. Ein anderer Unterschied zwischen
der lateinischen und griechischen Kirche in Betreff dieser Messe
liegt darin, daß die lateinische Kirche keine Kommunion austheilt während dieser Feier, obgleich dieses in der griechischen
Kirche gestattet ist. Ueber diese Feier in der russischen Kirche
schreibt Romanoff wie folgt:

„In den ersten Zeiten der Kirche hielten die Väter es nicht
für angemessen, das trostvolle Opfer an Tagen der Trauer
und der Buße darzubringen, und erlaubten während der hl.
Fastenzeit die Feier der hl. Messe bloß an Samstagen, Sonntagen, dem Feste der Verkündigung Mariens und am Gründonnerstage. Weil aber manche Christen daran gewohnt
waren, täglich zu kommuniziren und höchst ungern sich der
Stärkung und Nahrung ihrer Seele selbst für einen Tag
beraubt sahen, gewährte die Kirche ihnen das Recht der Feier

der vorconsekrirten Gestalten, in welcher nämlich Brod und Wein, am Sonntage vorher consekrirt, an Mittwochen und Freitagen denen gespendet wird, die es verlangen."

Requiem= oder Todtenmesse. —Missa de requiem. — Diese Messe wird für die Verstorbenen gefeiert, und ist beinahe den Regeln jeder Votivmesse unterworfen; ist jedoch der Leichnam der verstorbenen Person während der Feier der heiligen Messe gegenwärtig, so hat sie größere Vorrechte. Todtenmessen werden vorzüglich gelesen: a) wenn Jemand stirbt, oder wie der lateinische Ausdruck heißt: in die obitus scu depositionis, d. h. an irgend einem Tage zwischen dem Tode und dem Begräbniß; b) am dritten Tage nach dem Tode, zum Andenken an die glorreiche Auferstehung unsers Herrn am dritten Tage; c) am siebenten Tage, zum Andenken an die siebentägige Trauer der Israeliten um Jakob (Gen. 50, 10); d) am dreißigsten Tage, zum Andenken an die dreißigtägige Trauer um Moses und Aaron (Num. 20, Deuteron. 34); e) am Ende des Jahres, oder am Jahrestage des Todes. Derselbe Gebrauch besteht auch bei den Morgenländern.

Richtmesse. — Im fünften Kapitel des Buches Numeri werden genaue Anweisungen gegeben, wie die Schuld oder Unschuld eines Weibes, welches mit Recht oder Unrecht dem Gatten verdächtig geworden ist, klar gelegt werden soll. Zuerst wurde die Frau mit einem Gerstenopfer zum Priester geführt. Dieser führte sie vor den Herrn und legte in ihre Hand etwas Sand von dem Fußboden des Heiligthumes, der mit Weihwasser benetzt war. Während dieses erhabenen Augenblickes wurde die Größe und die Natur der Anklage deutlich ihr vorgemalt; sie wurde daran erinnert, daß, wenn sie schuldig das Wasser trinken würde, ihr Leib anschwellen und ihre Lenden verdorren würden, so daß sie hinfort nur ein Fluch unter dem ganzen Volke sei; während im Falle ihrer Unschuld das Wasser ihr keinen Schaden bringen könne. Dies hieß das Gericht durch „die Wasser der Eifersucht", und hierin sehen wir den Ursprung der schrecklichen Feier, von der wir jetzt sprechen wollen, der Richtmesse. Wir können nicht bestreiten, daß Messen dieser Art früher sehr gebräuchlich waren, allein wir müssen auch vor allem betonen, daß sie nie die Erlaubniß oder Begünstigung der Kirche hatten. Sie waren nur örtliche Mißbräuche, und wenn man sie stillschweigend duldete, geschah es nur, weil man unter den Zeitumständen nichts besser thun konnte. So besonders in der angel=

ſächſiſchen Kirche, worüber Dr. Lingard in folgender Weiſe
ſchreibt: „Ehe ich dieſes Kapitel ſchließe, muß ich auf eine
Gewohnheit hinweiſen, die in eigenthümlicher Weiſe die
heiligſten Handlungen der Religion mit der öffentlichen
Rechtspflege verband. Um in gerichtlichen Unterſuchungen
die Wahrheit aus der Maſſe ungenügender, ja oft wider=
ſprechender Zeugniſſe zu finden, bedurfte es eine Unterſchei=
dungsgabe und einer Genauigkeit des Urtheils, die wir ver=
geblich bei einem Volke vorausſetzen können, das eben aus
Unwiſſenheit und Barbarei emportaucht. Die Rechtspflege
eines ungebildeten Volkes iſt gewöhnlich mit einem kürzeren
und einfacheren Verfahren zufrieden. Wie noch die Angel=
ſachſen die Götter ihrer Väter anbeteten, wurde die Verfolgung
des Verbrechens häufig der Weisheit Wodan's anheimgeſtellt.
Nachdem ſie Chriſten geworden waren, erwarteten ſie zuver=
ſichtlich vom wahren Gotte dieſe wunderbare Hülfe, die ſie
vorher von einer falſchen Gottheit geſucht hatten." Darauf
beſchreibt er die gewöhnlichen Vorgänge bei dieſem Verfahren
wie folgt: „Drei Nächte vor dem für die Unterſuchung feſt=
geſetzten Tage wurde der Angeklagte zum Prieſter geführt, an
den drei folgenden Morgen mußte er der hl. Meſſe beiwohnen
und ſeine Gaben darbringen, und während dieſer Tage faſtete
er bei Brod, Kräutern, Salz und Waſſer. Am Morgen des
dritten Tages rief ihn der Prieſter vor der Communion zum
Altar und beſchwor ihn bei dem Gotte, den er anbetete, bei der
Religion, die er bekenne, bei der Taufe, in der er wieder=
geboren ſei, und bei den heiligen Reliquien, die in dem Altare
ruhen, nicht die hl. Hoſtie zu empfangen oder zum Gottes=
gerichte zu gehen, wenn ſein Gewiſſen ihn des Verbrechens
anklage, deſſen er beſchuldigt worden ſei. Der Prieſter gab
ihm dann die hl. Communion mit den Worten: „Möge dieſer
Leib und dieſes Blut unſers Herrn Jeſu Chriſti dich heute
unſchuldig oder ſchuldig erweiſen." Die Meſſe wurde dann
beendigt und wiederum mußte der Angeklagte den folgenden
Eid ſchwören: „Vor Gott bin ich unſchuldig, in Wort und
That, an dem Verbrechen, deſſen ich angeklagt bin." Derſelbe
gelehrte Verfaſſer bemerkt in einer Anmerkung, daß Gottes=
gerichte faſt bei allen nördlichen Völkern gefunden werden
könnten, die nach dem fünften Jahrhundert zum Chriſtenthum
bekehrt wurden. Selbſt die höchſt gebildeten nahmen ihre
Zuflucht dazu, und die Völker, die am Beſten unterrichtet
waren, zeigen uns erſchreckende Beiſpiele. Die hl. Kunigunde,

Gemahlin Heinrich's II., mußte sich von der Anklage des Ehe=
bruchs in dieser Weise reinigen. Sie unterwarf sich dem
Gottesurtheile, mehrmals über glühende Pflugschaaren zu
gehen, und sie entkam unverletzt. Königin Emma, Mutter
Eduard des Bekenners von England, unterwarf sich einem
ähnlichen Gottesurtheile, um ihre Unschuld gegenüber einer
niederträchtig wider sie ausgestreuten Lüge darzuthun. (Man
bezweifelt die Wahrheit dieser Erzählung bisweilen, allein sie
wird von guten Schriftstellern erwähnt.)

Wir sagten, daß diese Gewohnheit, Verbrechen durch
unmittelbare Hülse Gottes im allerheiligsten Sakramente an
das Tageslicht zu bringen, nie von der obersten Kirchengewalt
gutgeheißen, sondern blos stillschweigend geduldet worden sei
wegen der großen Schwierigkeit und Gefahr, diese auf einmal
zu unterdrücken. Wir haben hierfür die folgenden Beweise:
Papst Gregor der Große verdammte dies Verfahren im Jahre
592; im Concil zu Worms 829 wurde es verboten und dieses
Verbot vom Papst Nikolaus I. im Jahre 858 bestätigt; auch
Papst Stephan verdammte es, wie mehrere Päpste und Conzi=
lien. — Wir brauchen kaum zu bemerken, daß Messen dieser
Art jetzt in der Kirche völlig unbekannt sind.

§ 4.—Tage, an denen die hl. Messe nicht gefeiert wird.

Schon seit uralter Zeit war es in der lateinischen Kirche
Gebrauch, am Charfreitage die wirkliche Messe nicht zu feiern,
weil dieser Tag nur ein Tag der größten Trauer sein soll
und nicht mit der hehren Freude einer heiligen Messe stimmt;
auch, wie der hl. Thomas von Aquin lehrt, weil es sich nicht
paßt, das Leiden Christi sinnbildlich durch die Wandlung uns
vorzustellen, wenn die Kirche die Erinnerung an das wirkliche
Leiden feiert.

Die Priester in Mailand, die dem ambrosianischen Ritus
folgen, haben an keinem Freitage der Fastenzeit Messe. Dies
schreibt sich wenigstens von den Zeiten des hl. Carl Bor=
romäus her. An diesen Tagen wird weder Messe für einen
Verstorbenen noch für irgend ein Anliegen gefeiert, wie
sehr auch die Nothwendigkeit darauf dringen möge. (Siehe
Kapitel 8.)

Bloß am Gründonnerstag ist ein feierliches Amt
erlaubt; doch in kleineren Kirchen, wo man nicht die nöthi=
gen Priester oder Diener hat, um die Feier durchzuführen,

wird auch eine st i l l e Messe erlaubt. — Wenn Mariä Ver=
kündigung auf Gründonnerstag fällt, dürfen mehrere Messen
gelesen werden, gesetzt, es sei ein gebotener Feiertag.

Jetzt ist auch Charsamstag ein Tag, an dem eine stille
Messe nur in besonderen Fällen gefeiert werden darf; und
obgleich es jetzt Sitte ist, ein feierliches Hochamt zu sin=
gen, so gehört diese Feier strenge dem Osterabende oder der
Osternacht an, nicht dem Charsamstage, wie dies aus den
Worten der Messe hervorgeht; denn öfters wird darin der
O st e r n a ch t gedacht. So lautet z. B. das erste Gebet: „O
Gott, der du diese hl. Nacht durch die Glorie der Auferstehung
unseres Herrn erleuchtest, bewahre in den neuen Sprossen
deiner Familie den Geist der Kindschaft, den du ihnen gegeben
hast; damit, erneuert in Körper und Seele, sie dir mit einem
reinen Herzen dienen mögen." Auch in der Präsation wird
die N a ch t ausdrücklich erwähnt, sowie in dem Gebete vor der
Wandlung, das mit dem Worte Communicantes beginnt.

§ 5. — Die erste heilige Messe.

Die gewichtigsten liturgischen Schriftsteller glauben, daß
der heilige Petrus, der Apostelfürst und das Haupt der Kirche
Christi die erste hl. Messe feierte, und zwar nach der Sendung
des hl. Geistes, in demselben Saale in Jerusalem, worin das
allerheiligste Sakrament eingesetzt wurde,[1] und wo der Herr
befahl: „Thut dieses zu meinem Andenken". Wenn man
fragt, warum die hl. Messe nicht vor dem Pfingstfeste gefeiert
wurde, so geben wir die Antwort, wie wir sie bei den besten
Schriftstellern finden, nämlich

a.) weil die Apostel eine so hehre Handlung nicht verrich=
ten wollten, ehe sie die Fülle des hl. Geistes empfangen hatten;

b.) weil das Alte Testament mit seinem Priesterthum erst
bei der Sendung des hl. Geistes vollständig aufhörte, und die
Apostel es nicht für angemessen hielten, mit den hl. Hand=
lungen eher anzufangen, als das Neue Testament vollgültig in
Kraft war. Die hl. Schrift scheint diese Ansicht zu bestätigen,

---

1) Der Abendmahlssaal, der auf dem Berge Sion liegt, ist heute eine der heiligsten
Stätten im heiligen Lande. Hier soll das letzte Abendmahl gefeiert worden, Christus seinen
Aposteln am Ostermorgen nach seiner glorreichen Auferstehung erschienen, das Bußsakra=
ment eingesetzt worden sein, und Christus mit seinen Jüngern zuletzt verkehrt haben, bevor
er zum Himmel fuhr. Hier soll auch der hl. Jakobus der Jüngere, genannt der Bruder des
Herrn, zum Bischof von Jerusalem consecrirt worden sein und der hl. Johannes die hl.
Messe gefeiert haben im Beisein der Mutter Gottes, die auch hier gestorben sein soll. Ein
Besuch des Saales mit den gewöhnlichen Bedingungen gewährt einen vollkommenen Ablaß.

denn in der Apostelgeschichte heißt es (1, 14), daß v o r der
Ankunft des hl. Geistes die Apostel „vereinigt waren in einem
Geiste im Gebete"; während n a ch der Sendung das „Brod=
brechen", die hl. Messe nämlich erwähnt wird (2, 42 und 46.)
Die Sprache der ersten Messe.— Zur Zeit unseres Herrn
gab es drei fast gleich gut bekannte Sprachen in Judäa.
Diese Sprachen waren in gewisser Weise damals die drei
Weltsprachen,— hebräisch, griechisch, lateinisch. Die erstere,
besser bekannt als die syro=chaldäische, oder syrische, war die
Landessprache Judäa's, vorzüglich aber gepflegt in Jerusalem
und der Umgebung und war ohne Zweifel die Muttersprache
unseres Heilandes. Dieses wird uns beinahe zur Gewißheit
durch die Uebereinstimmung der Gelehrten wie durch die zahl=
reichen syrischen Ausdrücke, die sich hie und da im Neuen
Testamente im Urterte vorfinden, wie Talitha cumi, Eloi,
Eloi, Lamma Sabacthani, Epheta, was syrische Wörter
sind. Andererseits hatte die griechische Sprache, wie der
hl. Hieronymus bezeugt und wie wir aus verschiedenen andern
Quellen wissen, eine große Verbreitung in Palästina. Und
ein neuer Gelehrter fügt hinzu: „Dieses Vorrecht hatte die
griechische Sprache zur Zeit der Apostel und noch lange nach=
her." Die lateinische Sprache endlich hatte zur Zeit Christi
und der Apostel größere Verbreitung im heiligen Lande, als
eine der beiden andern; es war ja die Sprache des kaiserlichen
Rom's, und da Judäa damals und schon längere Zeit zuvor
eine römische Provinz war, konnte es nur natürlich sein, daß
diese Sprache dem unterjochten Volke aufgedrängt wurde.
(Beispiele dieser Art finden sich zu jeder Zeit und bei jedem
Volke.—Daß jedoch die lateinische Sprache schon damals eine
Weltsprache war, dürfte bezweifelt werden.) Da wir aber
über diese Sprachen weiter unten eingehender handeln werden,
wollen wir uns hier mit diesen wenigen Bemerkungen
begnügen, und zu unserer Frage zurückkehren, nämlich, in
welcher Sprache die erste hl. Messe gefeiert wurde.
Dr. Eck, ein gelehrter Theologe des sechzehnten Jahr=
hunderts, war der erste, der die Meinung vertheidigte, die
Messe sei anfangs überall auch Hebräisch gefeiert worden.
Doch ist diese Meinung jetzt nicht mehr haltbar, denn die
bedeutendsten Schriftsteller und Sprachenforscher glauben, daß
in den Zeiten der Apostel die hl. Geheimnisse in der Sprache
gefeiert wurden, die in dem betreffenden Lande üblich war,
wohin die Apostel immer kamen; daß also in Jerusalem die

Sprache der Messe die syrische war; in Antiochien, Alexan=
drien, und andern griechischen Städten die griechische; in
Rom und im ganzen Westen die lateinische. Weil nun aber
die erste Messe zu Jerusalem gefeiert wurde, würde es
anmaßend erscheinen, wollten wir bezweifeln; daß die erste
hl. Messe in der syro=chaldäischen Sprache gefeiert ward.

Die äußeren Gebräuche bei der ersten heiligen Messe.—
Obgleich weder die hl. Schrift noch die Ueberlieferung uns
irgend etwas über die äußeren Gebräuche und Handlungen bei
der ersten hl. Messe mittheilen, ist es doch wahrscheinlich, daß
dieses hehre Opfer nicht ohne angemessene und feierliche Cere=
monien dargebracht wurde. Die Apostel wußten wohl, mit
welch großartigem äußeren Pomp die Opfer des mosaischen
Gesetzes dargebracht wurden, und daß Gott selbst ausdrücklich
alle Gewänder vorgeschrieben hatte, die die Priester tragen
sollten, wie er auch die Feierlichkeiten angeordnet, die man
jedesmal beobachten sollte; und wenn dieses sogar geschah, wo
doch bloß Rinder, Ziegen und Ochsen als Opfer dargebracht
wurden, wie viel mehr sollten wir es nicht erwarten in dem
Opfer, worin der Sohn Gottes selbst das Opferlamm ist?
Wahrscheinlich hatte der Heiland selbst den Aposteln die besonde=
ren äußeren Gebräuche mitgetheilt, die in der Darbringung des
hl. Opfers beobachtet werden sollten, und die Apostel befolgten
diese Anordnungen genau.—Cardinal Bona, der hierüber
schreibt, glaubt, daß die Apostel sicher, nach dem Beispiele der
alten Hebräer, Lichter gebrauchten; auch, daß man eigens dazu
bestimmte Gewänder benützte; und als Beweis führt er das
Meßgewand des hl. Petrus an, das von Antiochien zur Kirche
der hl. Genovefa in Paris gebracht worden sei, und dort sorg=
fältig aufbewahrt werde.

§ 6.—Die Sprachen, in denen jetzt die hl. Messe gefeiert wird.

Die katholische Kirche feiert die hl. Messe heutzutage in
neun verschiedenen Sprachen, lateinisch, griechisch, syrisch, chal=
däisch, slavonisch, wallachisch, armenisch, koptisch und äthiopisch.

Die **lateinische** Sprache ist die kirchliche Sprache im gan=
zen Westen, was von den ersten Zeiten des Christenthums
an der Fall war. Man kann sie beinahe die Umgangssprache
der westlichen Kirche nennen.

Die **griechische** Sprache wird von den unirten Griechen
oder den Melchiten im Osten gebraucht. (Der Name Mel=
chiten kommt vom syrischen Wort Malko, König, weil im

Conzil von Chalcedon, 451, diejenigen Gläubigen, die es mit dem Kaiser Marcian hielten, so genannt wurden. Bei uns würde man diese Ultramontanen oder Papisten nennen. Die Schismatiker jedoch legen sich oft denselben Titel bei und nennen sich die heilige rechtgläubige Kirche des Ostens."

Diese Katholiken sind über Syrien, Palästina, Rußland, Griechenland und mehrere andere Länder Europa's verbreitet. Zu ihnen gehören z. B. die Bulgaren, Georgier usw. Diesen unirten Griechen ist es vom apostolischen Stuhle gestattet, alle alten Gebräuche und Ceremonien beizubehalten, wie z. B. die hl. Messe mit gesäuertem Brode zu feiern, Communion unter beiden Gestalten zu ertheilen, das Glaubensbekenntniß (Credo) ohne den Zusatz „Filioque" zu sagen, und warmes Wasser in den Kelch nach der Wandlung zu mischen. Auch ist es ihren Geistlichen erlaubt, verheirathet zu bleiben, wenn sie vor dem Eintritte in die höheren Weihen verheirathet waren. (Es kann jedoch keiner in den höheren Weihen sich verheirathen, mag er nun vorher schon verheirathet gewesen sein oder nicht; sollte aber Jemand es dennoch thun, würde er seines Amtes beraubt werden und nie wieder als Geistlicher handeln können. Bischöfe, Erzbischöfe, Patriarchen und andere Würdenträger der griechischen Kirche müssen alle unverheirathet sein. Daher kommt es, daß fast alle ihre Bischöfe aus den Klöstern genommen werden, wie es auch bei den nicht unirten Griechen der Fall ist.) Diese unirten Griechen haben drei Patriarchen, in Antiochien, Alexandrien und Jerusalem; sie feiern die hl. Messe auf drei verschiedene Weisen, nach der Liturgie des hl. Chrysostomus, an gewöhnlichen Festen; nach dem hl. Basilius dem Großen an allen Sonntagen in der Fasten, Palmsonntag ausgenommen, am Gründonnerstag, Charsamstag, den Vorabenden von Weihnachten und der Erscheinung des Herrn, und endlich am 1. Januar, dem Feste des hl. Basilius. Die dritte Art der Messe heißt die „Vorconsekrirte." Diese Liturgie wird besolgt an allen Tagen in der Fasten, an denen keine hl. Wandlung stattfindet, und ist unserer Feier am Charfreitage sehr ähnlich).

Die **syrische** Sprache wird bei der heiligen Messe von den Maroniten[1] auf dem Berge Libanon und von den syrischen

---

1) Diese erhielten ihren Namen von einem hl. Mönche, St. Maro, der auf dem Berge Libanon im fünften Jahrhundert lebte und im ganzen Osten seiner großen Heiligkeit halber berühmt war. Einige wollen behaupten, daß die Maroniten einstens in die Monotheletische Ketzerei verfielen (d. h. verneinten, daß Christus zwei Willen hatte, einen göttlichen und einen menschlichen); die Maroniten aber behaupten das Gegentheil und sagen, sie seien immer rechtgläubig gewesen. Wegen ihrer Anhänglichkeit an den hl. Stuhl werden sie oftmals mit dem Beinamen „östliche Papisten" angeführt.

Melchiten im Osten gebraucht. Es ist die Kirchensprache an allen Orten, wo die Liturgie des hl. Jakobus befolgt wird. Es ist eine stolze Behauptung derjenigen, die diese Sprache gebrauchen (und sie dürfen wohl stolz darauf sein), daß sie dieselbe Sprache benutzen, in der der Heiland mit seiner Mutter und mit den Aposteln verkehrte. Die Maroniten haben vom apostolischen Stuhle die Vergünstigung, alle ihre alten kirchlichen Sitten und Gebräuche beibehalten zu dürfen. Sie stehen unter einem Patriarchen, der den Titel hat: „Patriarch von Antiochien über die Maroniten." Dieser Patriarch wird durch das Volk selbst erwählt, jedoch muß er, um in sein Amt eingeführt werden zu können, die Bestätigung von Rom abwarten. Bei der Zubereitung des hl. Abendmahls benutzen sie ungesäuertes Brod, wie wir; bei der Austheilung der hl. Kommunion geben sie, wie alle Orientalen, auch den Kelch; nur nicht bei der hl. Wegzehrung, wo sie bloß die hl. Hostie dem Kranken geben. — Weihrauch wird von ihnen auch bei einer stillen Messe gebraucht, und nach der Lesung des Evangeliums auf syrisch wird es auf arabisch gelesen, weil man dort jetzt arabisch spricht. — Es gibt dort ungefähr 12,000 Weltpriester und 14,000 Ordenspriester. Die letzteren sind unverheirathet und leben in Klöstern zusammen (den Weltpriestern ist die Ehe erlaubt), und deshalb werden auch der Patriarch und die Bischöfe gewöhnlich aus den Klöstern gewählt.

Die **chaldäische** Sprache wird vorzüglich von den babylonischen Katholiten gebraucht, die früher Nestorianer[1] waren und die vorzüglich in Mesopotamien, Armenien und Kurdistan wohnen. Ihr Patriarch, der den Titel führt: „Patriarch von Babylonien", residirt in Bagdad. Alle ihre liturgischen Bücher sind auf chaldäisch geschrieben, mit den Buchstabenzeichen, die als "Estrangelo"[2] bekannt sind; das Chaldäische hat nämlich achtzehn verschiedene Alphabete.

---

1) Die Nestorianer erhielten ihren Namen von Nestorius, gebürtig aus Germanicia, in Syrien, und nachher Patriarch vor Constantinopel im fünften Jahrhundert. Im Osten sind sie sehr zahlreich. Sie haben 25 Erzbischöfe und einen Patriarchen, der in Mosul, dem alten Ninive, wohnt. Sonderbarer Weise wollen sie nicht Nestorianer genannt werden, sondern Soora ye, d. h. Syrier. Nach einigen Gewährsmännern wollen sie sich auch Nusrani, d. h. von Nazareth, nennen; dieses aber scheint bloß eine Ausflucht zu sein, um nämlich nicht Nestorianer genannt zu werden. Nestorius war ein Ketzer und wollte zwei Personen in Christus annehmen anstatt einer, und wollte der Jungfrau Maria den Namen „Mutter Gottes" nicht einräumen. Er wurde verdammt im Jahre 431 vom allgemeinen Concil zu Ephesus.

2) Estrangelo soll von einem griechischen Worte herkommen, das rund bedeutet; allein die Buchstaben sind nichts weniger als rund; deshalb leiten Andere diesen Ausdruck von einem arabischen zusammengesetzten Worte ab, das „Schrift des Evangeliums" bedeutet. Dieses ist sehr wahrscheinlich.

Die **slavonische** Sprache ist den Bewohnern Istrien's, Liburnien's und den an den See belegenen Theilen des alten Dalmatien's gestattet. Sie ist die Kirchensprache für die mit Rom unirten Slaven. Dieses Vorrecht gestattete ihnen zuerst Papst Hadrian II. im neunten Jahrhundert, dessen Nach= folger Johann VIII. es bestätigte. Der letztere fügte jedoch die Bedingung bei, daß das Evangelium, weil es ein vorzüg= licher Theil der hl. Messe ist, zuerst auf lateinisch, dann auf slavonisch gelesen werden solle. Papst Innocenz IV. (1248), wie auch Papst Benedikt XIV. (1740) begnügten sich mit den Bestimmungen ihrer Vorgänger und bestätigten sie, so daß heute eine große Anzahl Katholiken die hl. Geheimnisse auf slavonisch feiert. Die slavonische Sprache wird auch von den schismatischen Russen angewandt, wie auch von Tausenden im türkischen Gebiete.

Die **wallachische** Sprache wird seit dem sechzehnten Jahr= hunderte, als ein großer Theil der Wallachei katholisch wurde, von den Bewohnern mit stiller Genehmigung des heiligen Stuhles bei der Feier der heiligen Messe gebraucht; sie ist jedoch die alte Schriftsprache, nicht die heute im gewöhnlichen Verkehre benutzte. Vergünstigungen dieser Art — wenn man Stillschweigen eine Vergünstigung nennen darf — kommen selten vor; und wenn sie vorkommen, immer zu Gunsten eines neubekehrten Volkes, das mit großer Zähig= keit an seinen nationalen Gebräuchen und seiner Sprache festhält.

Die **armenische** Sprache wird von allen denen benutzt, die man heutzutage im Osten Armenier nennt. Sie bewoh= nen das eigentliche Armenien (heute Turkomannien genannt), und sind über Kleinasien, Syrien, Palästina, die Türkei, Georgien, Griechenland, Afrika, Italien und Rußland ver= breitet. In Rußland wurden ihre bischöflichen Sitze durch Ukas vom 11. März 1836 festgestellt. Sie stehen alle unter einem Patriarchen, der den Titel führt „Patriarch von Cilicien über die Armenier" und in Bezurmar residirt. Auf der Insel San Lazaro, bei Venedig, haben sie ein Kloster, das über die ganze Welt wegen seiner Druckerei berühmt ist. Hier werden fast alle kirchlichen Bücher der Armenier gedruckt. Ungleich aller anderen Morgenländer, mit Ausnahme der Maroniten, gebrau= chen sie, wie wir, ungesäuertes Brod bei der hl. Messe. Viele Armenier sind jetzt von der Kirche getrennt, und heißen Mono=

physiten,[1] d. h. solche, die bloß an e i n e, die g ö t t l i ch e Natur in Christus glauben, wie Eutyches im fünften Jahrhundert es lehrte. Diese mischen kein Wasser in den Wein bei der Opferung, um ihren Glauben anzudeuten; denn Wasser bezeichnet die menschliche Natur Christi, von der sie behaupten, sie sei so von der göttlichen in sich aufgenommen, daß auch keine Spur mehr zurückgeblieben sei.

Die **koptische** Sprache, von der die Eingebornen Egyptens behaupten, sie sei die Sprache der alten Pharaonen, wird von den Christen längst des Niles bei der hl. Messe gebraucht. Man glaubt, diese Christen nennen sich Kopten nach einer Abkürzung des griechischen Namens Egyptier, da dieses Wort bisweilen Aegophti. Cophti. Chibthi geschrieben sich vorfindet. Dieses ist wenigstens die Meinung der gelehrtesten Forscher. Andere hingegen sagen, die Kopten erhielten ihren Namen von einer alten Stadt in Egypten, mit Namen Koptos. Renandot hat jedoch klar bewiesen, daß dies bloß eine Vermuthung sei, und die meisten neueren Forscher stimmen mit Renandot überein. Die Kopten haben drei verschiedene Liturgien bei der Feier der hl. Messe, die des hl. Basilius, des hl. Cyrillus und des hl. Gregorius. Die erste ist die schönste und die prunkvollste, und deshalb am besten für große Feierlichkeiten geeignet, besonders aber Gott dem Vater geweiht. Die zweite ist auch Gott dem Vater geweiht, jedoch nicht in b e s o n d e r e r Weise. Die dritte, die des hl. Gregorius, ist vorzüglich dem göttlichen Erlöser gewidmet, da sie besonders die Menschwerdung, das Leiden, den Tod, die Auferstehung und die Himmelfahrt Christi betrachtet. Dieses sind die drei vorzüglichsten Liturgien, ja fast die einzigen; denn obgleich die Kopten zwölf verschiedene Liturgien besitzen, werden die andern doch kaum angewandt.

Die Kopten, soweit sie Katholiken sind, stehen unter einem apostolischen Vikar, der in Kairo residirt; man hegt jedoch den Plan, ihnen eine geordnete Kirchenobrigkeit zu geben, mit einem Patriarchen an der Spitze. Die von der katholischen Kirche getrennten Kopten, alle Monophysiten, ungefähr 150,000

---

1) Der Ausdruck **Monophysiten**, von einem zusammengesetzten griechischen Worte, welches „e i n e Natur" bedeutet, wurde zuerst vom allgemeinen Concil zu Chalcedon (451) gebraucht, in welchem Eutyches verdammt wurde, weil er lehrte, es sei bloß e i n e Natur in Christus. In Syrien und andern Theilen des Ostens werden die Monophysiten auch Jakobiten genannt, von Jakob Baradai, einem ihrer größten Lehrer; in Afrika jedoch nennt man sie noch Monophysiten. Als Ausdruck ihrer Irrlehre machen sie das hl. Kreuzzeichen nur mit einem Finger.

an der Zahl (während die Katholiken etwa 70,000 zählen), stehen unter einem Patriarchen, der sich „Patriarch von Alexandrien über die Kopten" nennt, und einem andern, der in Kairo resitirt, und von Jerusalem seinen Titel hat. Der letztere ist dem erstern untergeordnet. Wir werden öfters Gelegenheit finden, auf die Kopten und ihre Verschiedenheiten zurückzukommen.

Die **äthiopische** Sprache ist die Kirchensprache der jetzigen Abyssinier, die jedoch sich sehr wenig von den Kopten in Kirchensachen und Gebräuchen unterscheidet. Die Sprache zerfällt in zwei Dialekte, die A m h a r i s c h e und die G h e e z = Sprache. Die erstere ist die Hofsprache und die leichtere; in ihr sind beinahe alle Bücher geschrieben. Die Gheez=Sprache ist vorherrschend im Königreich Tigre.— Einige Schriftsteller nennen die äthiopische Sprache chaldäisch, weil die Eingebornen glauben, sie kommen ursprünglich von Chaldäa, und es heißt, daß diejenigen, die mit dem Hebräischen bekannt sind, leicht eine ziemlich gute Gewandtheit darin erhalten können; der größte Unterschied zwischen beiden soll in den Buchstaben liegen.

Die katholischen Abyssinier zählen beinahe zwei Millionen Seelen und stehen unter einem apostolischen Vikar. Die von der katholischen Kirche getrennten Monophysiten wie die Kopten, sind beinahe fünfmal so stark. Ihr Oberhaupt heißt Abouna (von einem syrischen Worte, das u n s e r V a t e r bedeutet), der den Rang eines Bischofs hat und vom Patriarchen von Alexandrien ernannt wird. Ein versöhnender Zug in dem Charakter dieses Volkes ist ihre außerordentliche Verehrung der Mutter Gottes. Man achtet und liebt sie so sehr, daß gewöhnliche Straßenbettler zu ihr ihre Zuflucht nehmen, wenn sie durch andere Mittel kein Almosen erzwingen können; dann nämlich bitten sie im Namen „unserer lieben Frau", worauf fast sicher eine Gabe verabreicht wird. Auch wird ein Eid auf ihren Namen geschworen für den heiligsten gehalten, und die größten Strafen des Gesetzes stehen auf den Bruch oder die leichtsinnige Ablegung eines solchen Eides. Ihre Liturgie nennen die Abyssinier die „Liturgie aller Apostel", aber der amtliche Titel ist „Aethiopischer Kanon." Es scheint eine Ausführung der Liturgie des hl. Cyrillus zu sein. Die Priesterweihen der Abyssinier sind die einzigen der im Osten getrennt von der Kirche lebenden Christen, die vom hl. Stuhle für zweifelhaft angesehen werden. Wenn deshalb ihre Priester zur katholischen Kirche zurückkehren, werden sie f a s t immer b e d i n g u n g s w e i s e wieder geweiht; jedoch nicht immer, denn wenn es bewiesen werden kann, daß die Formen des

Rituals bis auf den Buchstaben befolgt wurden, so ist die Wiederholung der Weihe nicht nothwendig. Ihre kirchlichen Bücher haben eine gültige Form, aber Nachlässigkeit von Seiten der Bischöfe ist oft der Grund von groben Formfehlern oder gänzlicher Umgehung der Form. Ehe wir diesen Paragraphen beschließen, dürfen wir es nicht unterlassen, einige Bemerkungen für den Leser hinzuzufügen. Dem eben Gesagten gemäß feiert die katholische Kirche heutzutage die hl. Messe in neun verschiedenen Sprachen; die Griechen z. B. auf griechisch, die Armenier auf armenisch, die Aethiopier auf äthiopisch u. s. w. Nun muß man aber nicht glauben, wie einige gern wollten, daß irgend eine dieser Sprachen eine lebende oder Volkssprache sei. (Unter allen, die die irrige Ansicht vertheidigen möchten, steht der anglikanische Bischof Usher, der im siebenzehnten Jahrhundert lebte, an der Spitze. Er war mit seiner Ansicht ehrlich, wie er überhaupt nur die Wahrheit vertheidigen wollte, was er in seinem „Katalog der irländischen Heiligen" zur Genüge bewiesen hat.) Die Griechen gebrauchen zwar die g r i e ch i f ch e, nicht aber die n e u = g r i e ch i f ch e Sprache, und die Verschiedenheit zwischen beiden ist so groß, daß ohne gründliches Studium die altgriechische Sprache nicht erlernt werden kann und natürlich von keinem Neugriechen verstanden wird. Dasselbe kann man vom Armenischen, vom Aethiopischen, ja von irgend einer der neun genannten Sprachen sagen. Als Beleg wollen wir die Kopten anführen, die die koptische Sprache so wenig kennen, daß die Rubriken (die Regeln für die vorschriftsmäßige Darbringung des heiligen Meßopfers) in ihren Meßbüchern auf a r a b i f ch gedruckt sind, weil das Volk arabisch spricht und selbst die Priester höchst wenig vom Koptischen verstehen.

Wir wollen weiter keine Gewährsmänner anführen, denn es dürfte jetzt wohl keiner unsere oben angeführte Behauptung bestreiten. Sowohl Protestanten, wenigstens diejenigen, die nicht ganz von Vorurtheilen umstrickt sind, wie Katholiken bezeugen dieses. Wenn es nun aber unzweifelhaft wahr ist, daß in der ganzen Christenheit kein einziges Volk die hl. Messe in der Volkssprache feiert, wie kommt es, daß die lateinische Kirche sich so oft gegen den Angriff vertheidigen muß, daß sie die heilige Messe in einer unbekannten, todten Sprache feiert? Weshalb wirft man dasselbe nicht der griechischen, der armenischen, der russischen Kirche vor? Diesen andern Völkern könnte man den Vorwurf weit eher machen; denn selbst die ungebildetsten unter unsern Gemeindemitgliedern verstehen viel mehr von der Kirchensprache, als manche der Gebildeten unter den andern, besonders den östlichen Völkern. Unsere Meßgebete sind ja durch Uebersetzungen in fast jedem Gebetbuche für Jeder= mann verständlich geworden. Aber fordert einen Kopten oder einen Nestorianer auf, einige Sätze auf koptisch oder syrisch zu sagen, er würde vielleicht ebenso gut chinesisch sprechen können.

§ 7.—Vertheidigung des Gebrauchs der lateinischen Sprache.

In alter und neuerer Zeit finden sich B e i s p i e l e , d a ß V ö l k e r i h r e n G o t t e s d i e n s t i n e i n e r t o d t e n S p r a c h e f e i e r t e n . Die Juden sangen das Lob Jeho= vahs in der Sprache, die die alten Propheten gebrauchten, auf alt = hebräisch. Man fand aber bald, daß ohne beigefügte Erklärungen und Uebersetzungen diese Lesungen dem Volke unverständlich waren, und so wurden die T a r g u m i m ange= fertigt. Diese Targumim waren anfangs eine Uebersetzung der Bibel in's Ost=Aramäische, weil die Juden während ihrer Abwesenheit in Babylon das reine Hebräische vergessen hatten. Wir besitzen noch zehn solcher Targumim, von welchen der des Onkelos der älteste und werthvollste ist. Der babylonische Tal= mud sagt, Onkelos sei ein Zeitgenosse Gamaliel's gewesen, der auch der Lehrer des hl. Paulus war. Daß auch noch jetzt diese Targumim von den Juden in ihren Synagogen gebraucht werden, könnten wir durch viele Zeugnisse beweisen. Wie bei den Juden, so auch bei den Muhamedanern. Diese haben ihr von Muhammed geschriebenes und wie sie glauben, von Gott geoffenbartes Buch, K o r a n oder A l k o r a n (d. h. Lesung)[1] genannt, das von ihnen so heilig gehalten wird, daß nur die rechtgläubigsten Muhammedaner es ansehen dürfen. Und den= noch, da das Buch im reinsten Arabischen geschrieben ist, ist es

---

[1] Der K o r a n (Lesung) wird von den Muhammedanern für so heilig gehalten, daß nur Muhammedaner von der größten und strengsten Rechtgläubigkeit würdig sind, ihn anzuschauen. Das Buch wird nur als ein höchst wunderbares Buch betrachtet, und seine Schreibart soll so unnachahmbar sein, daß nur ein Engel vom Himmel ein Buch dieser Art schreiben konnte, wie sie sagen. Sie wollen die wunderbare Natur des Buches aus folgenden acht Stücken beweisen : „1. Seine Schönheit, Darstellungsweise und Melodie sind unüber= trefflich ; 2. Seine Zusammenstellung kann nicht übertroffen werden ; 3. Seine innere Gleichmäßigkeit, worin kein Widerspruch gefunden werden kann, ist wunderbar ; 4. Seine Kenntniß göttlicher Dinge ist staunenswerth ; 5. So auch seine Kenntniß des göttlichen und menschlichen Gesetzes ; 6. Seine Sprüche sind nie als falsch erwiesen worden ; 7. Es heilt alle Krankheiten des Leibes und der Seele ; 8. Es offenbart Geheimnisse, die blos Gott bekannt sind." Der Koran besteht aus 114 Suras (Kapiteln), von denen jedes einen eigenthüm= lichen Titel hat ; z. B. heißt die erste Sura : „K u h", weil von dem Opfer einer Kuh die Rede ist. Fast alle beginnen : Im Namen Gottes, des Mitleidigen, des Barmherzigen. Muhammed wurde in seiner Zusammenstellung des Korans von einem Juden, Abdia Ben Salon, unterstützt, so wie auch von einem abgefallenen christlichen Mönche, Sergius mit Namen oder auch Bahira, wie die Orientalen ihn nannten.

dem Volke unverständlich, denn das Altarabische ist längst eine todte Sprache. Man wagt es aber doch nicht, auch nur eine Uebersetzung zu veranstalten. Ein gelehrter Reisender und Schriftsteller Murray, bemerkt hierüber: „Obgleich das Alt= arabische längst aufgehört hat, eine lebende Sprache zu sein, bleibt es doch die Sprache der Kirche und der Gelehrten aller Völker, die sich zum Islam (d. h. dem Muhammedanismus) bekennen und wir treffen sie in den Moscheen von der Küste des Indischen Oceans bis Morokko, von der Wolga bis Kap Delgado in Afrika." Die Hindus in Indien sind ein drittes Volk, bei denen eine todte Sprache die Priestersprache ist. Ihre Priester, Brahminen genannt, dürfen allein die hl. Bücher, die Vedas lesen. Die unteren Klassen dürfen nicht einmal der Vorlesung beiwohnen oder davon sprechen. Und dennoch ist diese Sprache seit Tausenden von Jahren eine todte Sprache. In ähnlicher Weise ist die Bali=Sprache mit dem Sanskrit verwandt, und auch eine todte Sprache, die Kirchensprache der Bewohner von Ceylon, Bali, Maduras, Java und Indisch= China, wie derjenigen Japanesen, die sich zum Lamaismus bekennen, wie derselbe oben angeführte Gelehrte bezeugt. Wenn man deshalb nach Beispielen suchen wollte, um einen so „seltsamen, bedeutungslosen" Gebrauch, wie man oft über die lateinische Sprache urtheilen hört, zu verthei= digen, so würde jeder Forscher deren zur Genüge finden, wenn er die religiösen Gebräuche irgend eines alten Volkes erforschte, denn in fast jedem Falle ist die kirchliche Sprache verschieden von der Volkssprache.

Der vorzüglichste Grund, den die Protestanten gegen die lateinische Sprache anführen, ist natürlich für sie von Gewicht, für uns Katholiken hingegen ohne Belang. Protestanten besuchen die Kirche, um einige Gebete zu sagen, oder dem Prediger zuzuhören, und damit ist ihr Gottesdienst beendet. Ihr Gottesdienst besteht also wesentlich in Gebet. Ganz anders verhält es sich mit dem katholischen Gottesdienste. Er besteht wesentlich aus etwas unendlich Erhabenem, nämlich aus dem heiligsten Opfer; und da das Opfer auch gänzlich ohne Gebet dargebracht werden kann, so ist es von geringer Wichtig= keit, ob das Gebet großen oder geringen Antheil nehme, wenn nur das Opfer in den Haupttheilen richtig dargebracht wird. Deshalb haben auch die gewichtigsten geistlichen Führer es immer betont, daß es keine bessere Art gäbe, Messe zu hören, als die, den Priester in all' seinen Handlungen bei der heiligen Messe von Anfang bis zu Ende zu begleiten und so wenig als möglich das Gebetbuch zu benutzen. Wenn Jemand in dieser Weise ohne Zerstreuung der heiligen Messe beiwohnen würde, würde er sicher unendliche geistige Gaben empfangen, und die hl. Messe im strengsten Sinne des Wortes hören, ihr beiwoh= nen. Die katholische Kirche hat aber vorzüglich vier Gründe für die Beibehaltung der lateinischen Sprache bei der hl. Messe:

a.) Die lateinische Sprache wurde von Anfang an ge= braucht, und wie die Kirche nie ihren Glauben ändert, so hat sie auch nie die Sprache ändern wollen. Wenn sie ihre Sprache nach der jedesmaligen Umgebung ändern sollte, würde zuerst eine große Verwirrung entstehen, und manche würden Aergerniß nehmen an Worten und Ausdrucksweisen, denen öfters ein grober, ja unanständiger Sinn unterlegt wird.

b.) Wie das Grundgesetz des Himmels Ordnung ist, so scheint Gleichförmigkeit das Grundgesetz der Kirche zu sein; und deshalb bestrebt sie sich, um ihre Hauptaufgabe, das heil. Meßopfer mit Würde und den Vorschriften Christi und der Apostel gemäß überall zu feiern, gehörig erfüllen zu können, überall dieselben Gebräuche und dieselbe Sprache beizubehalten oder einzuführen. Sie könnte dieses aber nicht thun, wenn nicht e i n e gemeinsame Sprache als Grundlage angenommen würde.

c.) Einheit der Sprache ist ein großes Hülfsmittel zur Beibehaltung der Einheit des Glaubens. Ein Schriftsteller hohen Ranges glaubt, daß die verschiedenen jetzt von Rom getrennten Kirchen im Osten nie vom Mittelpunkte der Ein= heit, von Rom nämlich, sich losgerissen haben würden, wenn man vom Anfange an strenge auf den Gebrauch der lateinischen Sprache bestanden hätte. Landessprachen bahnen den Weg für Landeskirchen.

d.) Weil die katholische Kirche die lateinische Sprache als die Kirchensprache beibehielt, und von ihren Geistlichen das Verständniß derselben forderte, hat sie die Wissenschaft von 18 christlichen Jahrhunderten sich gesichert. Jetzt hat sie freien Zutritt zu den Schriften der vorzüglichsten Kirchenlehrer, zu den Schriften über Kirchen= und Civilrecht, zu den Beschlüssen und Verhandlungen der Kirchenversammlungen, und zu man= chen andern werthvollen Werken, die sonst entweder verloren oder unbrauchbar wären; und schon deshalb allein sollte die ganze Christenheit für ihre Fürsorge dankbar sein. Selbst protestantische Schriftsteller geben zu, daß das Glück, heute noch schriftstellerische Schätze zu besitzen, der katholischen Kirche zu verdanken sei, denn, wo immer sie lebte und blühte, wurde auch die lateinische Sprache mit ihren Schätzen bewahrt.

Zweites Kapitel.

Heilige Gewänder.

Die sechs hl. Gewänder, welche der Priester bei der Feier der hl. Messe gebraucht, sind: das Schultertuch, die Albe, der Gürtel, das Manipel, die Stola und das Meßgewand.

§ 8. — Das Schultertuch.

Das Schultertuch ist ein viereckiges leinenes Tuch, etwa drei Fuß lang und zwei Fuß breit. An den obern Ecken sind Bänder, mit denen der Priester es über seine Schultern befestigt, und in der Mitte des obern Saumes befindet sich ein gesticktes Kreuz, welches der Priester beim An= und Auskleiden küßt. Man hat noch andere Namen für das Schultertuch; es heißt Amict, von einem lateinischen Worte, das bekleiden bedeutet; es heißt Humerale, das lateinische Wort für Schulter= tuch; Anabolagium, ein Mäntelchen, von einem griechischen Worte; endlich Ephod, weil es dem Ephod Aaron's ähnlich ist.

Die Griechen gebrauchen jetzt kein Schultertuch, hatten es aber früher. Die Ambrosianer in Mailand, wie die Domherren in Lyon tragen es über der Albe, nicht unterhalb, wie wir. So auch die Maroniten auf dem Berge Libanon. Am Schultertuch der Armenier, Vakass genannt, ist eine Brustplatte befestigt mit den Namen der zwölf Apostel; wie am Ephod Aaron's eine Platte befestigt war, auf der die Namen der zwölf Stämme Israels in glänzender Farbe schimmerten. (Exod. 28. 9 ff.)

Alte Geschichte des Schultertuchs. — Kirchliche Schrift= steller bezeugen, daß früher das Schultertuch eine Kopf= und Halsbedeckung war bis zum zehnten Jahrhundert, wo die jetzige kirchliche Kopfbedeckung, das Birrett, eingeführt wurde. Man kann dies auch aus dem Gebrauche der religiösen Orden bewei= sen, denn z. B. die Kapuziner und die Dominikaner tragen das Schultertuch bis zum Anfange der Messe um den Kopf ge= wickelt und schlagen es erst dann auf die Schultern zurück. Ein Ueberbleibsel des alten kirchlichen Gebrauchs ist auch darin zu erkennen, daß der Bischof bei der Subdiakonsweihe dem zu Weihenden erst das Schultertuch über den Kopf zieht und es dann zurückschlägt.

Myſtiſche Bedeutung. — Dieſe kann man aus dem Gebete erkennen, das der Prieſter ſpricht, wenn er beim Ankleiden das Schultertuch küßt: „Gib meinem Haupte, o Herr, den Helm des Heils, um die Anfechtungen des böſen Feindes zu ver= treiben." Es ſoll alſo ein Theil der Bewaffnung des Strei= ters Chriſti ſein, und erinnert den Prieſter daran, daß er immer bereit ſein muß, den guten Kampf des Glaubens zu kämpfen, nach den Worten des Heidenapoſtels: „Ziehet an die Rüſtung Gottes, um gegen die Verführungen des Teufels beſtehen zu können, — und nehmet mit euch den Helm des Heiles." (Ephe= ſer 6, 11—17.)

§ 9.—Die Albe.

Die Albe, das zweite hl. Gewand bei der hl. Meſſe, heißt ſo von der weißen Farbe; (albus heißt weiß.) Es iſt ein langes weites Gewand aus reiner Leinwand, am Halſe mit Bändern befeſtigt. Der Gebrauch dieſes Gewandes iſt uralt, und wir finden es bei allen Völkern beim Gottesdienſte benutzt. Es iſt daſſelbe Gewand, das die Prieſter des alten Bundes nach dem Gebote Gottes trugen. (Exod. 28, 40. Levit. 8, 13.) König David trug eine Albe, als die Bundeslade vom Hauſe Obededon nach Jeruſalem gebracht wurde. (1. Chron. 15, 27.) Früher wurde die Albe auch aus Seide verfertigt und mit Gold geſtickt, was jetzt nach den Kirchengeſetzen nicht zuläſſig iſt. So ſchenkte z. B. König Ethelred, Vater Alfreds des Großen, Königs von England, der Peterskirche in Rom im Jahre 855 mehrere ſei= dene Alben, die reich mit Gold verbrämt waren. Ein alter rö= miſcher kirchlicher Kalender, den wir noch jetzt beſitzen, ſchreibt ſeidene Alben für Gründonnerſtag und Charſamstag vor. Manchmal wurde früherhin ſogar die Farbe gewechſelt. So trugen z. B. die Mönche von Clugny in Frankreich Alben von echtem Goldſtoffe während des Hochamtes an hohen Feſten; und in einem alten Inventar des Kloſters zu Peterborough in Eng= land leſen wir von grünen, blauen und rothen Alben, und Papſt Benedict XIV. in ſeinem Werke über die Meſſe bezeugt, daß früher eine ſchwarze Albe das kirchliche Gewand für den hl. Charfreitag war.

Myſtiſche Bedeutung der Albe. — Die Albe ſoll durch ihre weiße Farbe, wie Papſt Innocenz III. lehrt, ein neues Leben anzeigen und uns die Worte des hl. Paulus in's Ge= dächtniß rufen: „Ziehet aus den alten Menſchen mit ſeinen Werken und ziehet an den neuen Menſchen, der nach dem

Willen Gottes in Gerechtigkeit, Heiligkeit und Wahrheit geschaf=
fen ist." (Ephef. 4, 22 ff.) Dieser schöne Gedanke eines neuen
Lebens, das die Albe versinnbildet, wird auch in der heili=
gen Taufe uns vorgeführt; der eben Getaufte erhält nämlich
ein weißes Gewand (oder Tuch) vom Priester mit diesen Wor=
ten: „Nimm dieses weiße und reine Gewand, und trage es bis
zum Richterstuhle unsers Herrn Jesus Christus, damit du ewi=
ges Leben habest. Amen."

Orientalischer Gebrauch. — Bei den Griechen heißt die
Albe bisweilen Poderis, weil sie bis auf die Füße reicht, aber
in den kirchlichen Büchern gewöhnlich Stoicharion. Bei ihnen
ist sie das erste kirchliche Gewand, und obgleich früher aus Lein=
wand verfertigt, darf sie bei ihnen, wie bei den meisten Kirchen
des Morgenlandes, nur aus Seide bestehen.

In der russischen Kirche muß eine purpurne Albe während
der ganzen Fastenzeit getragen werden, mit Ausnahme des Fe=
stes Mariä Verkündigung, des Palmsonntags und Charsams=
tags.

Die Kopto=Jakobiten (die Monophysiten in Egypten) nen=
nen die Albe entweder Jabat oder Touniat; in Syrien heißt
sie Koutino, von einem griechischen Worte, das Untergewand
bedeutet. Die Kopten nennen sie auch bisweilen Kamis, vom
lateinischen camisia (französisch chemise), welches Wort auch
Untergewand bedeutet.[1] Es wird sehr darauf gesehen, daß
jeder Priester, der den Chor betritt, dieses Gewand trägt.
Sollte je ein Priester ohne solches zur hl. Kommunion gehen
wollen, würde er sofort an die Kommunionbank zu den Laien
gewiesen werden. Eins der dortigen Kirchengesetze sagt: Es ist
keinem Priester erlaubt, ohne Chitonion (Albe) die hl. Kom=
munion zu empfangen.[2] Es würde unstatthaft und gegen die
Gesetze des Glaubens sein. Ein anderes Gesetz lautet: „Es
soll kein Priester am Fuße des Altares die hl. Kommunion em=

---

1) Es wird den Leser interessiren, zu wissen, daß die Camisia, oder das Unterge=
wand der allerseligsten Jungfrau mit tiefer Hochachtung und Verehrung in Chartres in
Frankreich aufbewahrt wird. Es ist in einem silbernen Schreine. Die Aufschrift lautet:
La chemise de la Sainte Vierge (das Untergewand der hl. Jungfrau) und die Echtheit ist
so wohl verbürgt, daß kein Zweifel darüber obwalten kann.

2) Zur Erklärung diene Folgendes: Im Osten ist es allgemeiner Gebrauch, daß
alle Priester, die der Messe beiwohnen, mögen sie nun Concelebranten sein, (d. h.
zugleich mit dem Priester am Altare Messe lesen, wie es in der lateinischen Kirche
bei der Priesterweihe stattfindet), oder blos zugegen sein, von dem celebrirenden Priester
die hl. Kommunion empfangen. Wenn jedoch der Patriarch bei der Messe zugegen ist,
gibt er sich selbst die hl. Kommunion. Daß Priester während der hl. Messe kommuni=
ziren, ist in der lateinischen Kirche blos am Gründonnerstag gebräuchlich.

pfangen, ohne mit dem Stoicharion (Albe) bekleidet zu sein. Fehlt ihm dieses, so soll er mit den Laien kommuniziren".— In der lateinischen Kirche betet der Priester beim Ankleiden der Albe dieses Gebet: „Mache mich weiß, o Herr, und reinige mein Herz, auf daß ich, gewaschen im Blute des Lammes, die ewige Freude genießen möge." In der russischen Kirche lautet dieses Gebet: „Meine Seele macht groß den Herrn, der mich mit dem Gewande des Heils bekleidet hat."

§ 10.—Der Gürtel.

Der Gürtel, der in der priesterlichen Kleidung den dritten Platz einnimmt, ist eben so alt wie die Albe, von der er nie ge= trennt wird, da ja sein Hauptzweck sein soll, die Albe um den Körper des Priesters in anständige und bequeme Lage zu brin= gen. Man nennt ihn auch mit dem lateinischen Namen Cin- gulum. Er soll leinen sein und lang genug, um doppelt zu= sammengelegt, bequem den Körper des Priesters zu umfassen. Früher war er oft breit und vom kostbarsten Stoffe verfertigt, z. B. von Goldstoff, Silberstoff, Seide u. s. w., oftmals sogar mit Edelsteinen besetzt. So wurde im Jahre 1829 in der Ka= thedrale zu Durham das Grab eines frühern Bischofs geöffnet, und die Beschreibung, welche uns von dem Gürtel gegeben wird, ist folgende: „Der Theil des Gürtels, oder des Cingu- lums, welchen wir bewahren konnten, war fünfundzwanzig Zoll lang und genau sieben Achtel Zoll breit. Er war offenbar ge= webt worden. Er bestand aus einem glatten echten Goldfaden und einem scharlach=seidenen Faden, die jedoch in keiner regel= mäßigen Weise zusammengewebt waren, außer daß hie und da längliche Fäden eingefügt waren, um dem Ganzen einen bessern und regelmäßigen Anschein zu geben. Das Futter des Gürtels ist seiden." Früher war auch gewöhnlich die Farbe verschieden, je nach der Farbe des Tages; jetzt findet man selten andere als weiße Gürtel, obgleich die Kirchengesetze dem Priester, der an= dere Farben wünscht, dieses nicht verbietet. Nach den heutigen Regeln muß der Gürtel von reiner Leinwand sein. An beiden Enden sind Troddeln angebracht, die an den Seiten des Prie= sters herabhängen, wenn er vollständig bekleidet ist.

In der hl. Schrift ist der Gürtel öfters erwähnt, und manche mystische Bedeutungen sind an ihn geknüpft. So spricht Jesaias von Christus: „Gerechtigkeit wird der Gürtel seiner Lenden sein, und Glaube der Gürtel seiner Nieren." (10, 5.) Sagt doch selbst unser Heiland seinen Jüngern:

„Laßt euere Lenden umgürtet sein und Lampen brennen in
eueren Händen" (Luc. 12, 35); und der hl. Johannes in
seiner Offenbarung sagt, er habe gesehen „in der Mitte der
sieben goldenen Leuchter einen, ähnlich dem Menschensohne,
angethan mit einem auf die Füße wallenden Gewande, und
um die Brust gegürtet mit goldenem Gürtel." (1, 13.)
    Wie im Neuen Bunde, so nahm der Gürtel auch im
Alten Testamente einen hervorragenden Platz ein.
Nach dem jüdischen Geschichtsschreiber Josephus war seine
Breite vier Zoll, und war derselbe so gewebt, daß er den
Schuppen einer Schlange ähnelte. Auch Blumenstickerei in
purpurner, dunkelblauer, scharlach und weißer Farbe war auf
dem Gürtel angebracht. Er wurde ebenso gewebt wie jetzt.
Moses nannte den Gürtel Abaneth, die neueren Juden
mit einem babylonischen Namen Emia.
    Morgenländischer Gebrauch.— Bei den Griechen und
Syriern wird der Gürtel, der viel breiter ist, als bei uns,
mit einer Schnalle oder mit Häckchen vornen befestigt, ähnlich
wie jetzt Frauen zu thun pflegen. Diese Gürtel sind öfters
von werthvoller Seide, vielfach mit Diamanten besetzt. Die
Schnalle ist vergoldet und hat die Form eines lateinischen „S".
In Egypten gaben einige der dortigen früheren Herrscher,
Kaliphen[1]) genannt, die dem Muhammedanismus anhingen,
gegen die Christen strenge Gesetze. So waren auch die Chri=
sten, um sie von den Muhammedanern zu unterscheiden, gesetz=
lich verpflichtet, immer eine gewisse Art Gürtel zu tragen. Die
hl. Väter der damaligen Zeit ermahnten öfters in rührenden
Anreden die Gläubigen, alle diese Demüthigungen mit christ=
licher Standhaftigkeit zu erdulden. Die Christen erhielten
davon den Namen: Christiani de cingulo, d. h. Gürtel tra=
gende Christen.
    Mystische Bedeutung des Gürtels.— Diese ist leicht aus
dem Gebete zu ersehen, daß der Priester spricht, während er
den Gürtel befestigt. In der lateinischen Kirche lautet dieses
Gebet: „Umgürte mich, o Herr, mit dem Gürtel der Reinigkeit,
und lösche aus in mir die Flammen der Wollust, auf daß die
Tugend der Enthaltsamkeit und der Keuschheit in mir bleibe."
Die russischen Priester, die den Gürtel ebenso wie wir tragen,

---

1) Kaliph kommt von einem arabischen Worte und heißt so viel als: Herrscher, oder
Nachfolger d. i. des Propheten Muhammed. Kaliph ist der Titel des höchsten muhamme=
danischen Gebieters in geistlichen und weltlichen Angelegenheiten. Er wird als der Stell=
vertreter Muhammed's auf Erden betrachtet, und hat bei den Muhammedanern ähnliche
Rechte, wie der Papst, der Stellvertreter Christi, bei den Christen.

beten anstatt dessen das folgende Gebet: „Gebenedeiet sei der
Herr, der mich mit Stärke umgürtet und meinen Pfad rein
erhält." Er soll den Träger an die große Reinigkeit des Her=
zens und der Seele mahnen, womit derjenige angethan sein
muß, der vor dem Gotte unendlicher Heiligkeit und Erhaben=
heit opfern will. Daran wurden auch noch überdies die Hohen=
priester des Alten Bundes erinnert durch eine Kopfbinde, die
vorne mit einer goldenen Platte versehen war, auf der in
hebräischen Worten geschrieben stand: „Heiligkeit vor Jeho=
vah." Wie viel mehr sollte dann nicht Heiligkeit in den Prie=
stern des Neuen Bundes gefordert werden, da das Opferlamm
kein anderes ist, als der Sohn Gottes selbst, der Jehovah des
Neuen Bundes? Man schreibt dem Gürtel auch noch andere
mystische Bedeutungen zu, wie P ü n k t l i c h k e i t in der Aus=
führung der Gebote Gottes: G e n a u i g k e i t in religiösen
Uebungen; Wachsamkeit in Bezug auf unser ewiges Heil, nach
der erhabenen Mahnung unseres Herrn: „Euere Lenden sollen
umgürtet sein, und Lampen brennen in eueren Händen."
(Luc. 12, 35.) Dieses heißt so viel als: Seid immer bereit,
vor den Richterstuhl der heiligen Gerechtigkeit hinzutreten.

Reliquien.—Zu den manchen heiligen Reliquien, die in
der Kirche zu Aachen, der alten Kaiserstadt, bewahrt wurden
und alle sieben Jahre jetzt noch den Gläubigen zur Verehrung
gezeigt werden, gehört der wirkliche Gürtel unseres Heilandes.
Er ist ganz aus Leder und hat an beiden Enden das kaiserliche
Siegel Constantin's des Großen. Tausende kommen von allen
Ländern, um diese heiligen Reliquien zu sehen und zu verehren.
So soll auch der Gürtel der Jungfrau und Mutter Gottes in
der Kirche Unserer lieben Frau von Montserrat zu Prato in
Toskana aufbewahrt sein.

§ 11.—Das Manipel.

Das Manipel (d. h. Handtuch), der vierte Theil der prie=
sterlichen Kleidung, ist ein schmaler Streifen kostbaren Tuches,
von demselben Stoffe, wie die Stola und das Meßgewand, mit
drei gestickten Kreuzen, in der Mitte und an beiden Enden
verziert. Der Priester trägt es am linken Arme, wo es mit
einer Stecknadel oder einer Schnur befestigt ist. Es ist
gewöhnlich etwa zwei Fuß lang und vier Zoll breit. Wenn
befestigt, hängt es in gleicher Länge an beiden Seiten des
Armes. Es war ursprünglich bestimmt, als Schweißtuch oder

Taschentuch zu dienen. Dieses bezeugen die vielen Namen, unter denen es vorkommt. So heißt es: Mappula (Tüchel=chen), Sudarium (Schweißtuch), Cingulum brachiale (Arm=band), Mantile (Tuch), Linteum (leinenes Tuch), Aer (Tuch oder Fächer), Sacerdotale Cincticulum (priesterliches Arm=band), Manipulum (Handtuch), Mappa parva (kleines Hand=tuch) und Phanon (Fächer). Der Priester sollte vorzüglich seine Hände daran trocknen, ehe er die hl. Hostie berührte, und auch dadurch die andern Gewänder vor Schmutz schützen. Die alten Schriftsteller bezeugen ausdrücklich, daß es als Schweiß=tuch diente. So sagt z. B. Altuin, der Lehrer Karl's des Großen: „Das kleine Tuch, welches wir am linken Arme tragen, und mit dem wir den Schweiß von Augen und Stirne wischen, bezeichnet das gegenwärtige Leben, worin wir von überflüssigen Säften zu leiden haben." Und ein anderer Schriftsteller derselben Zeit, Amalarius, sagt: „Wir tragen ein Schweißtuch, um den Schweiß von unserer Stirne zu entfernen." Wir sagten, das Manipel wurde am linken Arme getragen; die alte Form des Meßgewandes nämlich forderte dieses, denn das Meßgewand hüllte den Priester ganz ein, und wenn es irgendwo sonst gewesen sei, hätte der Priester das Tuch gar nicht gebrauchen können. So lange das Meß=gewand die alte Form behielt, wurde das Manipel erst an den Arm befestigt, wenn der Priester die Stufen des Altars betre=ten wollte. Dann falteten der Diakon und Subdiakon das Meßgewand, der linke Arm wurde frei, das Manipel daran befestigt und bis zum Ende der Messe beibehalten. Wir sehen hiervon noch eine Spur in der Messe des Bischofs, der das Manipel erst nach dem Confiteor am Fuße des Altars anlegt. Nach den besten Quellen blieb das Manipel nur Schweißtuch bis zum zwölften Jahrhundert. Dann wurde es kirchliches Gewand, und diente blos einer mystischen Bedeutung. Un=sere heilige Kirche trennt sich selten von irgend einem alten kirchlichen Gewande.

Stoff. — So lange als das Manipel als Schweißtuch diente, wurde es aus weißer feiner Leinwand verfertigt, und wurde auch öfters in der Hand getragen, anstatt am Arme befestigt zu sein; nachdem es aber kirchliches Gewand geworden, wird es aus demselben Stoffe verfertigt, aus dem die Stola und das Meßgewand bestehen. In einigen Gegenden Eng=land's wurden auch öfters kleine goldene oder silberne Schellen an beiden Enden befestigt.

Morgenländischer Gebrauch.—Die Morgenländer tragen zwei Manipel, an jedem Arm eins, die gewöhnlich mit einem schlechten Ausdrucke Epimanikia (Handtücher) benannt werden. Die Epimanikien sind ziemlich von unserem Manipel verschieden, wenigstens an Form, doch kann kein Zweifel darüber obwalten, daß beide ursprünglich demselben Zwecke dienten. Die Epimanikien sind den weiten Aermeln unserer Chorhemden ähnlich und werden durch eine Schnur am Arme befestigt. Nach der Regel sollen diese Schnüre enge anliegen, denn der Träger soll an die Stricke erinnert werden, mit denen der Heiland an die Säule der Geißelung gebunden wurde. Die Bischöfe des Ostens tragen gewöhnlich auf diesen Epimanikien ein Icon, d. i. ein Bildniß des Heilandes, das sie den Gläubigen zum Kusse reichen. Die S y r i e r nennen die Epimanikien Zendo, die Armenier Pasban, die Russen Poruche (Handtücher), die Kopten Manicae (Aermel).

Mystische Bedeutung. — Diese besteht darin, daß das Manipel den Priester an die Leiden und Trübsale dieses Lebens erinnern soll, sowie an den Lohn, der Dessen harrt, welcher ein christliches Leben geführt; denn so betet der Priester, wenn er das Manipel an den Arm befestigt: „Möge ich würdig sein, o Herr, das Manipel (das Schweiß- oder Thränentuch) der Thränen und des Schmerzes zu tragen, damit ich in Freude den Lohn meiner Arbeit genießen möge." Die Worte „Thränen und Schmerz" beziehen sich auf Ereignisse, die in frühern Zeiten häufig vorkamen, wann nämlich heilige Personen Thränen vergossen, theils aus Freude einem solchen hehren Geheimnisse beiwohnen zu dürfen, theils aus Schmerz über ihre eigene Unwürdigkeit. Dieses wird uns z. B. vom hl. Arsenius erzählt. — Die russischen Priester beten bei dem Manipel der rechten Hand: „Die rechte Hand des Herrn hat den Vorzug, die rechte Hand des Herrn vollendet große Dinge," und bei dem der linken Hand: „Deine Hände haben mich gemacht und geformt; o, gib mir Verstand, Deine Gebote zu verstehen." Daß die rechte Hand des Herrn Vorzug hat, bezieht sich darauf, daß nach einer ehrwürdigen Legende die rechte Hand des Heilandes zuerst an's Kreuz genagelt wurde.

§ 12.—Die Stola.

Die Stola, zu deutsch K l e i d, das fünfte priesterliche Gewand, ist ein Streifen kostbaren Tuches, eben so breit wie das Manipel, aber ungefähr dreimal so lang. Sie wird um den

Hals getragen und vorne auf der Brust gekreuzt und dort durch den Gürtel befestigt. Es ist allgemeiner Glaube, daß ursprüng= lich die Stola der jetzigen Albe ähnlich war und den ganzen Körper umhüllte. Cardinal Bona sagt, der Streifen, den wir jetzt Stola nennen, sei ursprünglich nur der Saum des Kleides, der alten Stola gewesen; nachdem aber der Gebrauch der alten Stola aufgehört hatte, sei der Saum beibehalten worden blos als Andenken, wie ja auch das Manipel ein Andenken an das alte Sudarium oder Schweißtuch ist. — Früher hatten manche Stolen, wie auch Manipel, besonders in England, goldene oder silberne Schellen an den Enden, die eine sehr schöne Harmonie bildeten, wann immer der Priester seine Stellung änderte. So wird uns erzählt, daß früher in Lüttich, in der Abtei=Kirche von Wazor, die Stola des hl. Foraunan, eines irländischen Bischofs, der auch Abt des Klosters war, aufbewahrt wurde, an deren Enden silberne Schellen befestigt waren. Bisweilen fin= den wir sogar siebenundzwanzig Schellen.

Recht, die Stola zu tragen. — Dieses Recht beginnt mit der Diakonsweihe. Der Diakon darf jedoch die Stola nicht so tragen, wie der Priester, d. h. über beide Schultern gelegt, son= dern blos über die linke Schulter und unter dem rechten Arm an der Seite befestigt; theils um ihn an seine Unterordnung unter die Priester zu erinnern, theils um ihm in seinen Dienstleistungen am Altare beim Priester so wenig als möglich hinderlich zu sein. So sagt z. B. das vierte Conzil von Toledo im Jahre 633 unter Papst Honorius I.: „Der Levit (Diakon) soll ein Orarion (eine Stola) über die linke Schulter tragen, wann er betet; aber die rechte Schulter soll er frei haben, um ungehinderter dem Priester dienen zu können." Der Bischof läßt die Stola an beiden Seiten herabhängen, ohne sie zu kreuzen, weil er schon ein Kreuz (das bischöfliche Kreuz[1]) auf der Brust trägt, wodurch das andere überflüssig wird. Heutzu= tage trägt man die Stola nur bei kirchlichen Verrichtungen, früher aber, sogar bis zum neunten Jahrhundert, trugen Bischöfe und Priester sie immer als Theil der geistlichen Klei= dung und als Abzeichen ihrer Würde. Ein Conzil von Mainz

---

1) Das bischöfliche Kreuz war ursprünglich ein Reliquienkästchen und erhielt seine Kreuzesform, weil oftmals ein Stückchen vom wahren Kreuze darin aufbewahrt wurde. Das Reliquienkästchen, oder Halskreuz, wie man es früher nannte, des hl. Gregors des Großen war von dünnem Silber verfertigt. Das jetzige Kreuz war vor dem 16. Jahr= hundert nicht im Gebrauche. Die Bischöfe des Orients tragen am Halse die sogenannte Panhagia, (ganz heilig), ein Kästchen mit den Bildnissen des Heilandes und seiner hei= ligen Mutter. Es hängt an einer goldenen Kette und ist oft mit Edelsteinen geziert.

(im Jahre 813), unter Papſt Leo III., verordnet: „Die Prie=
ſter ſollen die Stola ohne Unterlaß tragen, wegen ihrer prieſter=
lichen Würde." Auch jetzt noch trägt der Papſt die Stola im
gewöhnlichen Leben, um ſeine Vollmacht über die ganze Kirche
anzudeuten. Die päpſtliche Stola iſt mit drei Kreuzen, den
Schlüſſeln Petri und der Tiara, der dreifachen päpſtlichen
Krone, geſchmückt.

Morgenländiſcher Gebrauch. — Bei den Morgenländern
heißt die Stola gewöhnlich Epitrachelion, wörtlich Halsband.
Sie unterſcheidet ſich in etwa von unſerer Stola. Das Epitra=
chelion iſt ein Stück Tuch mit einem Saum in der Mitte, oben
jedoch iſt eine Oeffnung, groß genug, um es dem Prieſter zu
ermöglichen, daſſelbe über den Kopf um den Hals zu legen.
Bei der Meſſe hängt es vorne beinahe bis auf die Füße des
Prieſters. Die Kopten nennen die Stola Bitarshil, die Syrier
Ouroro, die Armenier Ourar (oder Orarion). Man hat oft
darüber geſtritten, was die Bedeutung dieſes Wortes Orarion
in alten Büchern und Geſetzen ſei. Es ſcheint wahrſcheinlich,
daß der Name von einem griechiſchen Worte, das S t u n d e
bedeutet, abgeleitet iſt; denn der Diakon mußte die verſchie=
denen kirchlichen Stunden für Gebet und Gottesdienſt angeben.
So iſt es noch im Morgenlande. Dabei müſſen wir bedenken,
daß bloß die Stola des Diakons Orarion hieß, die des Prieſters
Epitrachelion.

Das Gebet, das der Prieſter bei der Stola ſpricht, lautet:
„Gib mir zurück, o Herr, das Kleid der Unſterblichkeit, das ich
durch die Sünde meiner erſten Eltern verlor, und obgleich ich
unwürdig hinzutrete, dieſes hl. Geheimniß zu feiern, möge ich
doch ewige Freude verdienen."

§ 13. — Das Meßgewand.

Das Meßgewand iſt das letzte kirchliche Kleid bei der heili=
gen Meſſe. Es muß aus koſtbarem Stoffe verfertigt ſein, z. B.
aus Brokat, Seide u. dgl., und eine der folgenden Farben
haben: weiß, roth, violett, grün, ſchwarz. Heutzutage iſt das
Meßgewand an beiden Seiten offen, und am Körper des Prie=
ſters reicht es vorne ungefähr bis an die Knie, hinten ein paar
Zoll weiter hinab. Ohne Diſpenſation vom hl. Stuhle darf
keine andere Art Meßgewand getragen werden, als die eben
beſchriebene.— Auf der Rückſeite des Meßgewandes iſt gewöhn=
lich ein großes Kreuz geſtickt oder gewebt.

Das Meßgewand heißt lateinisch casula (Hütte), weil in früheren Zeiten das Gewand den ganzen Körper umhüllte. Nach der Aussage glaubwürdiger Zeugen war die alte Form bis zum sechzehnten Jahrhundert im Gebrauch; dann aber begann das Ausschneiden an den Schultern und an den Seiten, und wurde diese Verstümmelung fortgeführt, bis das Gewand seine jetzige Gestalt bekam; und alles dies war — so unwahrscheinlich es auch klingen mag — das Werk der Einbildung einzelner Personen, ohne daß je ein Wunsch oder ein Gesetz der Kirche diese Verstümmelung hervorgerufen hätte. Der gelehrte Bischof Saussay von Toul bezeugt dies ausdrücklich. So auch Cardinal Bona und der wohlbekannte Honorius von Autun. Die Ursache, die man gewöhnlich für dieses Aus- und Abschneiden angibt, ist, daß man besonders im sechzehnten Jahrhundert, sowie auch später nur mit Mühe geschmeidigen, dünnen und doch dauerhaften Stoff für das alte Gewand bekommen konnte; und wurde es aus solchem harten, steifen, holzartigen Stoffe verfertigt, wie jetzt, so mußte es den Priester in seinen Verrichtungen am Altar sehr hindern. Da man jedoch nichts anders haben konnte, als diesen unbiegsamen Stoff, hielt man es für angemessen, damit durch das öftere Zusammenfalten und Heben das Meßgewand nicht breche, an beiden Seiten einen Ausschnitt zu machen. So entstand die jetzige Form. Noch ein anderer Grund, besser als der vorhergehende, wird angegeben. Mit der alten Form des Meßgewandes war die Schwierigkeit, ohne Diakon und Subdiakon Messe zu lesen, sehr groß, weil das Gewand öfters gefaltet und aufgehoben werden mußte; und da es nicht immer leicht war, kirchliche Diener zu bekommen, und weil auch Privatmessen häufiger wurden, schien die Nothwendigkeit vorhanden zu sein, ein Meßgewand zu haben, das der Priester allein handhaben könnte; und dies soll vorzüglich der Grund gewesen sein, warum man auf die jetzige Form kam. Es gab und gibt jedoch manche, die mit der Aenderung nicht zufrieden waren. Um nur ein Beispiel anzuführen, so schreibt der Mönch De Vert, der um 1700 starb, über die Verfertiger der Meßgewänder, wie folgt: „Es wird ihnen die Freiheit gestattet, zu stumpfen, auszuschneiden, abzuschneiden, wegzureißen, zu verkürzen, gerade wie es ihnen beliebt, und dies an Meßgewändern, Dalmatiken, Tuniken und anderen priesterlichen Gewändern oder Zierden, die für den Dienst des Altars bestimmt, kurz, sie dürfen diesen Gewändern einen Schnitt geben, wie sie wollen, ohne je einmal den Bischof darüber zu befragen."

Morgenländischer Gebrauch. — Die alte Form des Meß=
gewandes ist noch überall im Morgenlande gebräuchlich, sowohl
bei den Katholiken wie bei den Schismatikern. Die Maroniten
haben die Erlaubniß vom hl. Stuhle, unsere Art Meßgewänder
zu gebrauchen ; ob sie von der Erlaubniß Gebrauch machen, da=
rüber verlautet nichts. Bei den Kopten heißt das Gewand Al-
bornos und hat oben einen goldgestickten Saum, der Tkoklia
heißt ; die Araber nennen das Gewand Kaslet. Das Kaslet
jedoch ist eher für den Bischof bestimmt, als für die niedere
Geistlichkeit. Manche der griechischen Meßgewänder sind mit
einer Menge Kreuze bedeckt, um den Priester daran zu erin=
nern, daß er der Diener des Gekreuzigten ist, dessen Leiden er
immer vor Augen haben soll. Des Bischofs Meßgewand in der
russischen Kirche ist links und rechts, wie auch an den Aermeln
mit einer Anzahl kleiner Schellen versehen. Das Meßgewand
der Nestorianer ist ein viereckiges Stück Tuch von Leinwand
oder Kattun mit einem Kreuz in der Mitte. Man nennt es
Shoshippa. Das Meßgewand bei den ungarischen Griechen ist
vorne so ausgeschnitten, daß es kaum die Brust bedeckt ; so fin=
den wir es auch bei den Russen. Die Syrier nennen das Meß=
gewand Philono, (bei den Griechen heißt es Phainolion), das
vom alten lateinischen Namen Penula abgeleitet zu sein scheint.

Mystische Bedeutung. — Wenn der Priester das Meßge=
wand nimmt, betet er : „O Herr, der Du gesagt hast : Mein
Joch ist süß und Meine Bürde leicht, gib, daß ich es so trage,
daß ich Deine Gnade verdiene.“ In seiner figürlichen Bedeu=
tung ist das Meßgewand ein Zeichen der christlichen Liebe,
welche die ganze Seele bedecken soll, wie dieses Gewand den
Körper.

**Bedeutung der verschiedenen kirchlichen Gewänder in
Bezug auf unsern Heiland.** — Wir wollen nach den besten
Quellen diese Bedeutung kurz geben :

a.) Das Schultertuch bedeutet das Tuch, welches das
Gesicht des Heilandes verhüllte.

b.) Die Albe bedeutet das weiße Spottkleid, welches
Herodes Ihm gab.

c.) Der Gürtel bedeutet die Geißelung, welche Pilatus
verordnete.

d.) Das Manipel bedeutet die Stricke, mit denen Chri=
stus vor der Geißelung gebunden wurde.

e.) Die Stola bedeutet die Stricke, mit denen Er an
die Säule befestigt wurde.

f.) Das Meßgewand bedeutet das purpurne Gewand, das Er vor Pilatus trug.

Zum Schluße wollen wir bemerken, daß alle priesterlichen Gewänder vor dem Gebrauche vom Bischofe geweiht werden müßen. Dieser kann jedoch auch den Priestern Vollmacht geben, diese Weihe vorzunehmen, wie es hier fast überall der Fall ist.

Zur priesterlichen Kleidung (auch außerhalb der heiligen Messe) gehören noch vier Stücke, die wir ihrer Wichtigkeit halber nicht übergehen dürfen, nämlich das Bir=rett, das Zucchetto, der Kragen und die Soutane.

§ 14.— Das Birrett

Das Birrett, (von einem lateinischen Worte birrus, Mütze), ist eine viereckige Kappe, mit drei Ecken nach oben hervorragend, gewöhnlich oben mit einem Knopfe und einer Troddel versehen. Diese Ecken waren nicht an der Mütze, wie sie zuerst eingeführt wurde, was ungefähr um das 9. Jahrhun=dert geschehen zu sein scheint. Damals war es eine dünne Mütze, die zusammengefaltet werden konnte. Weil es aber schwierig war, sie häufig auf= und abzusetzen, wenigstens in der ursprünglichen Form, hielt man es für gut, sie so zu formen, daß sie ohne Schwierigkeit gehandhabt werden konnte. Dies gab Veranlassung zur Einführung der drei Ecken, die nach Einigen auch ein Symbol der hl. Dreieinigkeit sein sollen.

Verschiedene Arten. — a) Die Farbe des gewöhnlichen Birretts ist schwarz für die ganze Geistlichkeit, niedere und höhere, für Priester, Bischöfe, Erzbischöfe oder Patriarchen. Das Birrett des Bischofs soll mit grünem Futter versehen sein, sonst unterscheidet es sich nicht von dem des Priesters.

b) Die Kardinäle tragen ein rothes Birrett. Dieses Vorrecht wurde ihnen zuerst eingeräumt vom Papste Paul II., 1460, obgleich das Recht, den rothen Hut zu tragen, schon bis auf das Conzil von Lyon (1245) zurückgeht, wo Papst Inno=cenz IV. dies gewährte. Anfangs war das Recht nur den Kar=dinal Legaten gegeben, aber bald wurde es auf alle ohne Ausnahme ausgedehnt, wie auch das Recht, alle anderen Gewänder von derselben Farbe zu tragen. Die Bedeutung des rothen Birretts ist, daß die Cardinäle immer bereit sein müßen, die Rechte des hl. Stuhles zu vertheidigen, sogar bis zum Tode. Dieses Birrett hat keine Troddel und nie mehr als drei Ecken.

c) Die Doktoren der Theologie[1] tragen ein Birrett mit vier Ecken, aber nach der Regel nur, wann sie thatsächlich unterrichten. Nach einer neueren Entscheidung des hl. Stuhles können die Abzeichen der Doktorwürde, nämlich Birrett und Ring, keinem ertheilt werden, der nicht, außer vollständiger Bewandtheit in den verschiedenen Zweigen der Theologie, auch in moralischer Hinsicht hoch steht und fest und treu am Glauben hängt. Deßhalb muß der Kandidat zuerst auf den Knien das tridentinische Glaubensbekenntniß ablegen und schwören, den hl. Glauben, selbst bis zum Martyrtode vertheidigen zu wollen. Ferner schwört er: 1. Nie mit Wissen und Willen etwas zu lehren oder zu schreiben, das der heiligen Schrift, der Tradition, den Bestimmungen der allgemeinen Concilien oder der Päpste zuwider ist; 2. Immer aufmerksam sein zu wollen, seine Pflicht zu erfüllen, die Einheit des Glaubens zu bewahren, und nie zuzugeben, daß das Gewand Christi zerrissen werde; auch darauf sehen zu wollen, daß gebührende Ehre dem Papste, sowie Gehorsam und Ehrerbietung dem rechtmäßigen Bischofe erzeigt werde; 3. Den christlichen, katholischen und apostolischen Glauben selbst bis zum Tode zu vertheidigen. Dann werden die verschiedenen Rechte verlesen, die mit dem Titel D. D. (Doctor Divinitatis, Doktor der Theologie) verbunden sind, und das Birrett sowie der Ring wird überreicht. Ein Buch wird ihm auch übergeben, zum Zeichen seines Anrechtes auf alle Vorrechte des Doktors, und bei der vollständigen Ceremonie wird er zum Doktorstuhle geführt, wo zum Zeichen brüderlicher Liebe alle Doktoren dort gegenwärtig ihn küssen. Gewöhnlich hält der junge Doktor dann eine lateinische Anrede an die Professoren in der Versammlung und stattet seinen Dank ab für die Erhebung zu seiner neuen Würde.

d) In Deutschland, Frankreich und Spanien ist es seit undenklichen Zeiten Gebrauch gewesen, daß jeder Geistliche ein Birrett mit vier Ecken trägt.

e) In einigen französischen Universitäten hatten die Doktoren der Theologie ihre Birrette mit einer weißen seidenen Troddel geziert, die Doktoren des Kirchenrechts mit einer grünen, und die des bürgerlichen Rechtes mit einer rothen mit Purpur vermischten. Diese letztgenannten trugen in Deutschland eine scharlachfarbene Mütze. In Salamanka, in Spa-

---

1) In den Vereinigten Staaten haben bloß drei kirchliche höhere Schulen vom hl. Stuhle das Recht, Doktoren der Theologie zu ernennen, nämlich die Jesuitencollegien zu Georgetown, D. C., und Spring Hill, Ala., und das Seminar der Sulpizianer in Baltimore, Md.

nien, war das schwarze Birrett auch mit einer weißen Troddel verziert, und eine andere sonderbare Kopfbedeckung, Beka genannt, den Doktoren ertheilt, die aus einer von rother Seide verfertigten Mütze bestand, von welcher lange Streifen über die Schultern hinabhingen.

Der Papst trägt nie ein Birrett, sondern eine eng an den Kopf anliegende Mütze, von weißer Farbe, Solideo genannt, weil er sie nur vor Gott, d. h. während der Haupttheile der heiligen Messe abnimmt. Der Papst entblößt sein Haupt vor keinem irdischen Herrscher. Der Stoff ist gewöhnlich von weißer Seide, und oben ist ein großer Knopf befestigt, um das Abnehmen und Aufsetzen zu erleichtern.

Wenn das Birrett getragen werden soll.—Es darf getragen werden im gewöhnlichen Leben und in der Kirche im Chore während der minder heiligen Theile der hl. Messe. Am Altare jedoch darf der Priester, und sei er noch so hoch im Range, nie das Birrett tragen. Die Kirche ist hierin sehr strenge, und in der ganzen Christenheit gibt es nur eine Ausnahme, nämlich für die katholischen Missionäre in China. Die Chinesen halten es nämlich für höchst unanständig, wenn Jemand öffentlich mit unbedecktem Haupte erscheint. Man könnte sie nicht gröber verletzen, als diesen Theil ihrer Etikette zu mißachten. Deßhalb und weil der Heidenapostel die heilsame Ermahnung gibt, „Allen Alles zu werden, um Alle für Christus zu gewinnen," gab Papst Paul V. (1605—1621) den Missionären China's das Recht, das Birrett während der ganzen Messe, selbst während der Wandlung tragen zu dürfen, so jedoch, daß dieses Birrett nicht im täglichen Leben gebraucht werden dürfe. In keinem andern Theile der Welt darf von dieser Erlaubniß Gebrauch gemacht werden.

Morgenländischer Gebrauch. — Das morgenländische Birrett ist von dem unserigen ziemlich verschieden. Bei den Griechen ist es rund und eng anliegend, es heißt Kamelauchion, ist gewöhnlich violett und hat hinten ein dreieckiges Stück Tuch daran befestigt, welches Peristera (Taube) heißt, weil es dem Schwanze der Taube in etwa gleicht. Dieses soll dem Priester in's Gedächtniß rufen, daß die Gnade für seinen heiligen Dienst vom hl. Geiste kommt, der in Gestalt einer Taube dargestellt wird. Die „schwarze Geistlichkeit"[1] in Ruß-

---

1) Die Geistlichen in Rußland werden in zwei Klassen getheilt; die weiße und die schwarze. Die „Schwarzen" sind die Klostergeistlichen, die „Weißen" die Weltgeistlichen, was immer auch die Farbe ihrer Tracht sein mag.

land trägt einen hohen Hut ohne Rand, mit einem Schleier be=
deckt, der über die Schultern reicht. Man nennt diesen Hut
Klobouk.

Die griechischen Bischöfe, die nie eine Mitra tragen wie
unsere Bischöfe, bedienen sich einer Art niedriger Hüte, worüber
auch ein langer Schleier hinabwallt, ähnlich wie beim alten
römischen Birrus. Bei allen vorbereitenden Handlungen für
die hl. Messe tragen sie diesen Hut.

Die Mütze des schismatischen Patriarchen von Alexandrien
ist einer Krone ähnlich, und er entfernt sie nie während der
hl. Messe. So handelt auch der Patriarch der Nestorianer, der
seine Mütze selbst bei Austheilung der hl. Communion trägt.
Die andern Morgenländer entblößen ihr Haupt während der
hl. Messe, wie wir. Das Birrett der Kopten ist dem griechischen
ähnlich, nur daß oben eine Anzahl kleiner Kreuze darauf gestickt
sind. Sie nennen es Cidar.

§ 15.—Das Zucchetto.

Das Zucchetto (sprich Zuffetto) ist eine kleine, eng anlie=
gende Mütze, einer umgekehrten Untertasse ähnlich, roth, violett
oder schwarz, je nach dem Range des Geistlichen. Ursprünglich
sollte es den Theil des Kopfes bedecken, von dem die Haare durch
die Tonsur[1] abgeschoren waren, jetzt aber wird es getragen,
ohne daß man auf diese alte Regel Rücksicht nimmt. Das Zuc=
chetto des Kardinals ist immer roth ; das der Patriarchen, Erz=
bischöfe und Bischöfe ist violett ; das der niedern Geistlichkeit
schwarz. Das Recht, ein violettes Zucchetto zu tragen, wurde
den Bischöfen im Juni 1867 vom Papste Pius IX. gewährt,
und gilt dieses Recht der violetten Farbe nur für das Zucchetto,
nicht für das Birrett, das immer schwarz sein muß.

---

1) In frühern Zeiten gab es drei verschiedene Arten der Tonsur: 1. Die Tonsur
des hl. Petrus, oder die römische, in der der obere Theil des Kopfes geschoren wurde
und am Rande ein Kranz von Haaren stehen blieb, um die Dornenkrone vorzustellen.
2. Die Tonsur des hl. Paulus, in der der ganze Kopf geschoren wurde. 3. Die Ton=
sur des hl. Johannes des Evangelisten, worin der vordere Theil des Haares wegge=
schoren wurde und hinten ein halbmondförmiger Kranz stehen blieb. Diese Tonsur war
in Irland und der Bretagne bis zum Jahre 661 gebräuchlich. Darauf wurde die rö=
mische Tonsur eingeführt.
Nach dem römischen Pontificale schneidet der Bischof, wenn er die Tonsur ertheilt,
mit der Scheere fünf Locken von dem Haupte des Tonsuranden, zuerst vorne am Border=
kopf, dann am Hinterkopf, dann am rechten Ohre, dann am linken Ohre und endlich in
der Mitte des Kopfes. Das Haar wird jedoch nur wenig abgeschnitten. Die soge=
nannte kirchliche Tonsur ist keine Weihe, sondern blos eine Vorbereitungsstufe für die
Weihen ; durch sie wird aber der Laie ein „Geistlicher" mit allen Rechten desselben.
Natürlich werden keine größeren Pflichten durch die Tonsur auferlegt, weil sie ja keine
Weihe im eigentlichen Sinne ist.

Das Zucchetto wird auch bisweilen Calotte (Muschel), Pileolus (kleine Mütze), Berettino (kleines Birrett) und endlich Submitrale genannt. Diesen letzten Namen erhielt es, weil die Bischöfe es unter der Mitra zu tragen pflegten. Gewöhnlich sind bloß die Namen Zuccheto und Calotte. In Deutschland pflegt man es auch Solideo zu benennen, obgleich dieser Name eigentlich nur der päpstlichen Mütze zukommt. **Wenn das Zucchetto getragen werden darf.** — Da das Zucchetto nicht genau als Mütze betrachtet wird, hat es Rechte, die dem Birrette nie zukommen, und darf bisweilen getragen werden, wo ein Birrett ganz unzulässig wäre. Oft wird Erlaubniß ertheilt, es bei der Feier der hl. Messe am Altar tragen zu dürfen, nämlich während der minder heiligen Theile, d. h. vom Anfange bis zur Präfation und vom Ende der Communion bis zum Ende der Messe. Es darf nie während des Kanons getragen werden, und die Erlaubniß, es tragen zu dürfen, wird überhaupt nur vom Papste gegeben. Falls der Celebrant eine Perücke trägt und Erlaubniß dazu hat, braucht er sie nie zu entfernen. Denn sie wird weder als Birrett, noch als Zucchetto betrachtet. Selten jedoch wird vom hl. Stuhle Erlaubniß ertheilt, eine Perücke tragen zu dürfen.

§ 16.—Der Kragen.

Der kirchliche Kragen, gewöhnlich „römischer Kragen" genannt, oder Rabat auf Französisch, war, wenigstens wie wir ihn jetzt tragen, bis zum sechzehnten Jahrhundert nicht bekannt. Die religiösen Orden haben nur in geringer Anzahl ihn angenommen, und in den Vereinigten Staaten wird er nicht häufig getragen, außer in einigen wenigen Diözesen, wo die Diözesangesetze ihn als kennzeichnende Tracht des Priesters vorschreiben. Wo er ohne allzu große Schwierigkeit getragen werden kann und wo durch ihn der Priester sich nicht dem Hohne und dem Spotte der Andersgläubigen aussetzt, sollte er getragen werden; denn, manche andere Gründe nicht zu berühren, es ist staunenswerth, wie viel Trost Katholiken entweder auf Reisen oder selbst auf der Straße darin finden, einen Priester mit dieser kennzeichnenden Tracht zu begegnen. Dadurch unterscheidet sich ja der Priester von jedem Prediger.

Der römische Kragen besteht aus einem länglichen Stück weißer Leinwand, etwa zwei Zoll breit, welches lang genug sein muß, um um den ganzen Hals zu reichen. Dieses Stück

Leinen wird über ein rundliches Band dicken Papiers oder sonstigen harten und doch nicht brechbaren Stoffes gefalten, und an diesen letztgenannten Stoff ist ein Stück Tuch befestigt, hinreichend groß, die Brust zu bedecken. Der Kragen wird entweder hinten am Halse geknöpft oder durch Bänder befestigt. Wie andere kirchliche Kleidungsstücke, ist auch der römische Kragen von verschiedener Farbe, je nach dem Range des Trä= gers. Für einen Cardinal ist die Farbe r o t h, für einen Bischof oder Monsignore violett, für gewöhnliche Priester schwarz. Domherren tragen gewöhnlich einen schwarzen Kra= gen, mit rothen Knöpfen und rother Verbrämung auf der Brust. Apostolische Protonotare, wenn sie sog. participantes sind, d. h. den Rang eines Prälaten haben, tragen auch einen violetten Kragen; die sog. titulares, die bloß den Titel haben, einen schwarzen.

Vor der Einführung des römischen Kragens trugen die Geistlichen einen einfachen leinenen Kragen, wie jetzt die Laien, nur ein wenig breiter. Die höhere Geistlichkeit bediente sich oft gefaltener und gekräuselter Kragen, wie wir sie in Gemälden vom vierzehnten und fünfzehnten Jahrhundert oft sehen; die niedere Geistlichkeit mußte sich aber einfacher Kragen bedienen, die nicht einmal gestärkt oder in irgend einer Weise mit Falten versehen sein durften. In Frankreich, Belgien und Italien wurden Gesetze erlassen, wodurch Spitzen oder feine Stickerei an den Kragen verboten wurden, und nur das gewöhnlichste Leinen wurde für diese Kragen erlaubt.

§ 17.— Die Soutane.

Die Soutane (englisch: Cassock) ist das lange, schwarze Obergewand, das die Priester im täglichen Leben, sowie bei ihren geistlichen Handlungen tragen. Man nennt sie auch Talar, vom lateinischen Vestis talaris, ein Gewand, das auf die Füße reicht. In manchen religiösen Orden heißt sie Habit, und anstatt vorne zugeknöpft zu sein, wie es bei den Weltgeist= lichen gebräuchlich ist, wird sie um den Körper durch einen brei= ten Gürtel zusammengehalten. Früher hieß die Soutane auch Pellicea, weil sie bisweilen aus Fellen gemacht oder mit Pelz= werk gefuttert war. Daher kommt das Wort Superpelliceum (Chorhemd), englisch: Surplice, ein Gewand über die Pellicea.

Farbe der Soutane. — Die Soutane hat verschiedene Farben, je nach dem Range und nach den religiösen Orden.

Cardinäle tragen gewöhnlich eine rothe, doch zur Zeit der
Trauer und der Buße eine violette Soutane; Bischöfe gewöhn=
lich eine violette, zur Bußzeit eine schwarze; Priester, die nicht
zu einem religiösen Orden gehören, immer eine schwarze. Die
Camaldolenser, Cisterzienser, Karthäuser und Dominikaner
tragen weiße Soutanen; die Silvestrianer dunkelblaue; die
Franziskaner des dritten Ordens, die Minores Conventuales
und Observanten aschgraue, und die Jeromiten graue.[1] Wenn
ein Mitglied dieser Orden zum Cardinal erhoben wird, behält
er die Farbe, die seinem Orden angehört, wenigstens in der
Soutane; denn das Birrett, Zuccheto und der Hut müssen
immer scharlachfarben sein.

Das Vorrecht, eine scharlachfarbene Soutane zu tragen,
wurde den Doktoren der Theologie und des Kirchenrechtes an
der Universität zu Paris vom Papst Benedikt XII. eingeräumt.
Derselbe Papst soll dieses Vorrecht auch den Doktoren zu Oxford
gewährt haben. Die Soutanen der Studenten in manchen
europäischen Collegien haben hinten weite Anhängsel, wie
Flügel. Diese bezeichnen eine alte römische Gewohnheit, nach
welcher die Aufseher, die die Knaben zur Schule führten, diese
Flügel in der Hand hielten, zum Zeichen ihrer Wachsamkeit. ·

Im täglichen Leben, wie bei allen festlichen Gelegenheiten,
trägt der Papst eine weiß=seidene Soutane. Dieser
Gebrauch soll vom hl. Apostel Jacobus dem Jüngern, Bischof
von Jerusalem, herrühren. Wie wir in seinem Leben lesen,
erschien dieser Apostel immer in einem weiß=leinenen Gewande.
Der hl. Cyrillus sagt, daß der Patriarch von Jerusalem immer
weiß gekleidet erschien; und wir lesen, daß der hl. Petrus weiße
Gewänder trug, zum Andenken an die weißen Kleider, in denen
der Heiland ihm bei seiner Verklärung auf dem Berge Tabor
erschien. Alle Päpste des Alterthums werden in alten Mosaik=
bildern mit weißen Gewändern angethan dargestellt, und es
mag deßhalb mit Recht geschlossen werden, daß der Gebrauch
wirklich bis auf den hl. Petrus hinaufreicht.

---

1) Die Camaldolenser wurden vom hl. Romuald zu Anfang des elften Jahrhunderts
gestiftet. Sie erhielten ihren Namen von Maldoli, einem reichen Gönner in Italien; die
Cisterzienser wurden vom hl. Robert im Jahre 1098 gestiftet, erhielten ihren Namen Cisterce
in der Diözese Chalons. Die Karthäuser wurden vom hl. Bruno im Jahre 1084 gestiftet,
wohnten zuerst in Chartreuse, Frankreich. Die Dominikaner, gestiftet vom hl. Dominikus,
einem Spanier, im Jahre 1215, heißen auch Predigerbrüder. Die Silvestrianer heißen so
von ihrem Stifter, Silvestro Gozzolino, im Jahre 1230. Der dritte Orden der Franzis=
kaner wurde im Jahre 1221 gestiftet; die Mitglieder heißen Tertiarier. Die Conventuales
sind ein Zweig der Franziskaner, um's Jahr 1302 gestiftet. Die Observanten sind auch
ein Zweig der Franziskaner, ebenfalls um's Jahr 1302 gestiftet. Die Jeromiten wurden
durch eine Anzahl Einsiedler im vierzehnten Jahrhundert gestiftet.

§ 18. — Kirchliche Farben der verschiedenen kirchlichen Gewänder.

Die Kirche gebraucht heutzutage fünf verschiedene Farben für die kirchlichen Gewänder (d. h. Manipel, Stola und Meß= gewand), nämlich, weiß, roth, grün, violett, schwarz. Bis zum sechsten Jahrhundert war weiß fast die einzige Farbe, und zur Zeit Innocenz III., im dreizehnten Jahrhundert, gab es im kirchlichen Gebrauche noch keine violette Farbe; dieser Papst nämlich führt sie bei Aufzählung der andern vier Farben nicht auf. Durandus aber, der um 1280 lebte, kennt schon violett als Kirchenfarbe in seinem Buche über die Anordnung des Gottesdienstes.

Weiß, die Farbe der Reinigkeit, der Unschuld und Glorie, wird gewöhnlich an den besonderen Festtagen des Herrn, der Mutter Gottes, der Engel, Jungfrauen und Bekenner gebraucht.

Roth, die Farbe der Stärke, ist die Farbe des Pfingst= festes, zum Andenken an die feurigen Zungen; sie wird auch gebraucht an den Festen der Apostel und der Märtyrer, sowie an den Festen des Leidens unsers Heilandes.

Grün, die Farbe der Hoffnung, ist die Farbe von der Oktav des Festes der Erscheinung des Herrn bis Septuagesima, und vom Dreifaltigkeitssonntage bis Advent.

Violett, die Farbe der Buße, ist für alle Gelegenheiten öffentlicher Trauer und allgemeiner Noth bestimmt, wie auch für Fast= und Bußtage, und für alle Prozessionen, die nicht mit dem Allerheiligsten gehalten werden. Diese Farbe wird auch am Unschuldigen=Kinder=Tag gebraucht, wegen des Jam= mergeschreis, das in Bethlehem und Umgegend gehört wurde. Wenn dieses Fest auf einen Sonntag fällt, ist die Farbe roth, wie auch am Oktavtage, weil die Klagen dann verstummt waren, und weil der achte Tag immer ein Anzeichen der Glorie und Herrlichkeit sein soll.

Schwarz, wegen des traurigen Aussehens und der Abwesenheit jeder Farbe, wird in allen Messen für die Tod= ten gebraucht, wie auch am Charfreitage, zum Andenken an die tiefe Finsterniß, welche die Erde bedeckte, als Christus gekreuzigt wurde. In frühern Zeiten war es gebräuchlich, wenigstens in manchen Kirchen, am Charfreitag safrangelbe Gewänder zu gebrauchen, um die bittere Rachsucht der Juden zu kenn= zeichnen, die den Heiland an's Kreuz hefteten; Safran ist näm= lich das Symbol der Galle. Ein alter Schriftsteller sagt hier=

über: „Die Galle wird mit der safrangelben Farbe verglichen, da die stetige Herrschaft der Galle im Innern und im Herzen der Juden nicht blos Zorn, sondern wahnsinnigen Haß gegen den Herrn und seine Gesalbten hervorrief. Deshalb wurde auch der Verräther Judas in allen Gemälden des Mittelalters dargestellt als Mann mit Haaren einer von Roth in's Gelb= liche spielenden Farbe. Die Juden selbst mußten bis auf die neueren Zeiten in manchen Ländern ein gelbes Abzeichen tra= gen, so daß sie von allen andern Leuten unterschieden werden konnten.

Oertliche Gebräuche. — In Frankreich wurde die rothe Farbe anstatt der weißen an allen Festen des allerheiligsten Sakraments gebraucht. In Spanien hat man das seltene Vorrecht, das schon lange im Gebrauche ist, himmelblaue Gewänder an allen Festen der Jungfrau Maria benützen zu dürfen. Einige wollen dieses Vorrecht auf das Fest der unbe= fleckten Empfängniß beschränken; ob dem so sei, müssen wir vorerst dahingestellt sein lassen. Gewänder für dies letztge= nannte Fest, die im Jahre 1843 gekauft wurden, kosteten die ungeheure Summe von 14,000 Dollars. Daß aber auch in England blaue Gewänder im Gebrauche waren, wissen wir aus sicheren Quellen. In der großen St. Pauls=Kirche in Lon= don[1] waren im Jahre 1295 verschiedene Meßgewänder von blauer Farbe, und in einem Inventar der Kirche zu Lincoln finden wir unter Anderm auch „ein Meßgewand aus blauem Damast, einen Rauchmantel von derselben Farbe, einen andern aus Goldstoff und einige andere Gewänder von blauer Farbe." Bischof Wykeham von Windsor vermachte seiner Kirche „sein neues Meßgewand von blauem Stoffe, mit Streifen geziert und mit Löwen aus Gold gestickt."

Nach dem Sarum Ritus in England wurde während der Fastenzeit bloß die rothe Farbe gebraucht. So hatte das große Münster zu Peterborough sogar siebenundzwanzig rothe Alben für die Passionswoche. Der Ambrosianische Ritus in Mailand schrieb auch Roth für diese Zeit vor, wie es auch in manchen Gegenden in Frankreich gebräuchlich war.

---

1) Die St. Pauls=Kirche in London, eines der merkwürdigsten kirchlichen Gebäude, wurde vom Bischof Mauritius im Jahre 1080 begonnen. Die alte Kirche war beinahe 600 Fuß lang und der Thurm 500 Fuß hoch. Der Thurm war aus Holz, mit Blei gedeckt, und in der Kugel unter dem Kreuze waren Reliquien. Am 1. Februar 1444 wurde der Thurm vom Blitz getroffen und theilweise zerstört. In der Kirche war eine Reliquie des wahren Blutes Christi, welche die St. Johannes=Ritter und die Tempelherren von Jeru= salem an König Heinrich III. geschickt hatten. Nachher kam diese Reliquie zur Westminster= Abtei, und die Verehrer erhielten einen Ablaß von sechs Jahren und hundert Tagen.

Am dritten Sonntag im Advent und am vierten Sonntag in der Fasten, den Sonntagen Gaudete und Laetare,[1] wie sie genannt werden, weil der Introitus an diesen Tagen so anfängt, tragen die Kardinäle anstatt der gewöhnlichen Farbe r o s e n f a r b i g e Gewänder, und in rosenfarbigen Gewändern müssen sie auch an diesen Tagen öffentlich erscheinen. In einem alten Buche, das in Irland um die Mitte des sechsten Jahrhunderts geschrieben wurde, finden wir schon folgende sehr interessante und belehrende Beschreibung der Farben der hl. Gewänder:

„Der Geist des Priesters muß sich immer mit der Bedeutung jeder einzelnen verschiedenen Farbe in Uebereinstimmung bringen; er muß erfüllt werden mit Wachsamkeit und Furcht, sich losreißen von den Banden des Ehrgeizes und des Stolzes, wenn er wirklich bedenkt, was die einzelnen Farben ihm vorführen."

Die w e i ß e Farbe zeigt an, daß er mit Scham und Verwirrung erfüllt sein soll, wenn sein Herz nicht keusch und weiß, sein Geist nicht wie der Schaum der Woge, oder der Kalk am Giebel des Gotteshauses, oder wie der Schwan im Sonnenlichte ist, d. h. ohne daß irgend eine Sünde, groß oder klein, in ihm wohnt.

Die r o t h e Farbe zeigt an, daß sein Herz in seiner Brust zittern und bangen soll in Furcht und Schrecken vor dem Sohne Gottes; denn die Quetschungen und Wunden des Sohnes Gottes am Kreuze waren roth, als er von den ungläubigen Juden gekreuzigt wurde.

Die g r ü n e Farbe deutet an, daß er mit Zittern und großem Zagen im Herzen und in der Seele erfüllt sein soll; denn die grüne Farbe zeigt das Begräbniß am Ende des Lebens an, unter dem grünen Rasen, denn grün ist die ursprüngliche Farbe der ganzen Erde.

Die p u r p u r n e Farbe zeigt an, daß er Jesus sich vor Augen stellen soll, der jetzt im Himmel in der Fülle seiner Glorie und Majestät wohnt, über den neun Chören der Engel, die den Schöpfer bis in Ewigkeit preisen.

---

1) Der vierte Sonntag in der Fasten wird auch der „Sonntag der goldenen Rose" genannt. An diesem Sonntag nämlich weiht oft der Papst eine Rose, die aus Gold mit Balsam vermischt verfertigt ist, und diese Rose trägt der Papst selbst in feierlicher Prozession auf dem Hin- und Rückwege von der päpstlichen Kapelle. Diese Rose, Zeichen ewiger Blüthe und Frische, wird dann oft der Gemahlin irgend eines Fürsten (auch wohl sonst berühmten Frauen) überschickt, wenn diese für die Kirche viel gewirkt haben. So sandte z. B. Pius IX. eine goldene Rose an Maria Theresa, Königin von Neapel, wegen ihrer Güte und Zuvorkommenheit auf der Flucht des Papstes nach Gaëta im Jahre 1848, eine andere an Kaiserin Eugenie von Frankreich, eine an Elisabeth, Kaiserin von Oesterreich, u. s. w.

Die s ch w a r z e Farbe deutet an, daß er bittere Thränen vergießen soll seiner Sünden wegen, auf daß er nicht in die Umgebung des Teufels verdammt werde und ewig in endloser Pein lebe."

Wir sehen hieraus, daß in einigen Kirchen sogar schon im sechsten Jahrhundert die kirchlichen Farben im Gebrauche waren, die die Kirche jetzt anerkennt.

Zum Schlusse bemerken wir, daß Meßgewänder aus rei=nem G o l d st o f f e nach den jetzigen Regeln erlaubt sind, und für w e i ß, r o t h und g r ü n gebraucht werden dürfen; daß aber alle anderen Meßgewänder von gelber Farbe gänzlich untersagt sind und nur mit ausdrücklicher Erlaubniß des apostolischen Stuhles benutzt werden dürfen.

Morgenländische Gebräuche. — Die griechische Kirche gebraucht bloß zwei Farben für die verschiedenen Zeiten und Feste des Jahres, weiß und roth, nach den Worten der Braut im Hohenliede: „Mein Geliebter ist weiß und röthlich." Weiß ist die gewöhnliche Farbe; roth wird in allen Todtenmessen und während der ganzen Fastenzeit benutzt. Nach griechischer Anschauung ist die rothe Farbe mehr als jede andere für die Fastenzeit angemessen, denn während dieser Zeit thun wir Buße für das unschuldig vergossene Blut unsers Heilandes.

Die Kopten, wie uns alte glaubwürdige Männer ver=sichern, lassen bloß die weiße Farbe zu, weil in dieser Farbe die Gewänder Christi bei seiner glorreichen Verklärung auf dem Berge Tabor erschienen. Eine der koptischen Regeln für die hl. Messe lautet: „Die Gewänder bei der Feier der hl. Messe sollen bloß von weißer Farbe sein und von keiner andern, denn als Christus verklärt wurde, hatte er Gewänder, glänzend wie das Licht." Sollten wir neueren egyptischen Reisenden Glau=ben schenken dürfen, so legen die heutigen Kopten wenig Gewicht auf diese Vorschrift, da man nach diesen Berichten Meßgewän=der von jeder möglichen Farbe dort finden kann.

Die Maroniten haben dieselben Farben wie wir.

Die Syrier haben eine Vorliebe für die Purpurfarbe und für alles Grüne; daher kommt es öfters vor, daß ihre Meß=gewänder diese Farben zugleich besitzen.

Die Armenier erlauben ihren Lektoren einen Mantel von purpurfarbener Seide zu tragen, unserem Rauchmantel ähn=lich; die Exorcisten tragen einen hyacinthen farbigen, die Ako=lythen einen rothen. (Diese drei Klassen gehören zur niederen Geistlichkeit und zu den sogenannten vier niederen Weihen.)

Die Nestorianer, so versichert man uns, haben bloß weiße Gewänder; jedoch wird uns auch gesagt, daß ihre Gürtel und Stolen aus schmalen Streifen oder Schärpen bestehen, auf denen in abwechselnden weißen und blauen Feldern weiße und blaue Kreuze gestickt sind.

Nachdem wir jetzt alles, was uns nothwendig zu sein schien, über die heiligen Gewänder und ihre Farben gesagt haben, gehen wir zu einer anderen Klasse kirchlicher Geräth= schaften über, die man kirchliche Gefäße nennt.

Nachschrift. — Wir wollen hier, ehe es zu spät ist, ein für allemal bemerken, daß, da dieses Buch nicht eine Anleitung zum Ceremoniendienst sein soll, der Leser nicht erwarten darf, alle kleinen Punkte und Abweichungen hier zu finden, wie sie in einem Ceremonial aufgeführt werden würden. Bloß die wich= tigen Punkte wollen wir berühren; wo wir es aber des Lesers wegen für gerathen finden, werden wir auch auf kleine Einzel= heiten eingehen, da natürlicherweise nichts ohne Werth ist, das mit der Messe in naher Verbindung steht. Diese Bemerkung wird genügen, um etwaigen Mißverständnissen vorzubeugen.

Drittes Kapitel.

Die heiligen Gefäße.

Die vier heiligen Gefäße, die am Altare bei der Verehrung und Anbetung des hl. Altarssakramentes oder beim Opfer gebraucht werden, sind der Kelch, die Patene, das Ciborium oder der Speisekelch, und die Monstranz mit der Lunula. Von diesen handeln wir einzeln.

§ 19.—Der Kelch.

Der Kelch ist der Becher, worin bei der hl. Messe der Wein für die Wandlung bereit gehalten wird. In Bezug auf die Form dieses Bechers hat man keine genaueren Regeln, allein nach der allgemeinen Gewohnheit sollte er dem offenen Kelche der Lilie gleichen. Man liebte früher den Kelch in der Form eines Apfels, um nämlich anzudeuten, daß durch die Verdienste des kostbaren Blutes Christi, welches der Kelch enthält, wir von der Schuld der Sünde Adam's befreit wurden. Adam's Sünde bestand aber in dem Genuß der verbotenen Frucht. Manche liturgische Schriftsteller wollen behaupten, daß der Kelch, den Christus beim letzten Abendmahle gebrauchte, nach der Art der römischen Cantharus gemacht worden sei, d. h. daß es ein Krug mit zwei Henkeln war und daß er ungefähr ein amerikanisches Quart enthalten hätte (siehe die Offenbarungen der seligen Anna Katharina Emmerich). Der Geschichtsschreiber Cardinal Baronius sagt, dieser Kelch sei aus Silber verfertigt gewesen und lange Zeit hindurch in Jerusalem in hohen Ehren aufbewahrt worden; so schreibt wenigstens Beda. Beda ist der Name eines hohen Heiligen England's, der gewöhnlich der ehrwürdige Beda (Beda venerabilis) genannt wird. Was Baronius aber über den Kelch Christi schreibt, wurde nicht von diesem hl. Beda, sondern von einem ganz anderen Beda, der auch Adamnamus Scotus heißt, in die Welt hineinposaunt. Dieser letztere Beda steht aber seines Hanges zum Prahlen und Aufschneidens wegen in nicht hohem Ansehen; und wird deßhalb diese Angabe des Baronius, die sich auch sonst nirgends findet, sehr bezweifelt. Viel Glauben verdient die Annahme, daß der Kelch aus Achat gemacht war, lange in Jerusalem blieb, aber endlich nach Valencia in Spanien gebracht wurde, wo er seit Jahrhunderten mit großer Ehrfurcht aufbewahrt wird.

Nach den heutigen Regeln der Kirche muß der Kelch entweder aus Gold oder Silber angefertigt sein, oder wenigstens muß der obere hohle Theil, der Becher, aus solchem Metalle bestehen. Die Erlaubniß, hartzinnerne Kelche gebrauchen zu dürfen, wird jedoch manchmal armen Kirchen gegeben, jedoch immer mit der Bedingung, daß der innere Theil des Kelches vergoldet sei. Der Fuß des Kelches mag aus irgend welchem harten, nicht leicht brechbaren Stoffe bestehen, der aber der schuldigen Ehrfurcht nicht zuwider sein darf. Kelche dürfen nie aus Erz, Glas oder Holz verfertigt werden, weil das Erz leicht rostet, das Glas sehr brechbar ist und das Holz die Flüssigkeit zu leicht in sich einsaugt. Man kann jedoch nicht bezweifeln, daß in den ersten Zeiten des Christenthums die Kelche manchmal auch aus anderem Material gefertigt wurden als aus Gold oder Silber. Nahe bei Rom sind weite unterirdische Gänge in die Felsen eingehauen, die man Katakomben (Ruhestätten) nennt, wohin sich die Christen zur Zeit der Verfolgungen zurückzogen, die hl. Geheimnisse feierten und die Todten, wenigstens die Märtyrer, begruben. Manche alte Reliquien der ersten Kirche findet man in diesen Katakomben, so unter andern auch gläserne Kelche. Wir wissen auch aus Beschreibungen, daß die ersten Christen solche wirklich benutzten. So erzählt uns Papst Gregor der Große, daß der hl. Donatus, Bischof von Arezzo, einen gläsernen Kelch hatte. Die umwohnenden Heiden zerbrachen ihn, allein auf das Gebet des heiligen Bischofs wurde er wunderbarer Weise wieder zusammengefügt. So gebrauchte auch der hl. Cäsar, Bischof von Arles in Frankreich, öfters einen gläsernen Kelch. Der hl. Gregor von Tours erzählt von sich selbst, daß er seinen gläsernen Kelch zerbrach, aber ihn durch ein Gebet zum heiligen Laurentius wieder hergestellt erhielt. Der Gebrauch gläserner Kelche war aber nichts weniger als allgemein in der Kirche, und wenn man solche erlaubte und benutzte, so geschah es gewöhnlich aus Noth oder Armuth.

In armen Gegenden fand man auch Kelche aus Holz. Wir finden dieses wenigstens durch eine Aussage des hl. Bonifazius bestätigt. Auf dem Conzil zu Trier wurde er über den Gebrauch hölzerner Kelche befragt. Seine Antwort war: „Früher pflegten goldene Priester mit hölzernen Kelchen Messe zu lesen; jetzt aber gebrauchen hölzerne Priester goldene Kelche." König Edgar von England (im zehnten Jahrhundert) verbot den Gebrauch hölzerner Kelche ganz und gar.

Daß Kelche aus Stein oder Marmor bisweilen gebraucht wurden, wenigstens wo andere Stoffe nicht zu haben waren, ersehen wir aus dem Leben des hl. Theodor, des sogenannten Archimandriten, der auch wohl Theodor von Stubium genannt wird, nach dem Namen eines großen Klosters in Constanti= nopel. Aus seiner Lebensbeschreibung ersehen wir, daß er sein Kloster vergrößerte und verbesserte, und bei dieser Gelegenheit auch silberne Kelche anstatt der früher gebrauchten marmornen einführte. (Die Archimandriten, um dieses hier zu bemerken, waren Aebte, die über verschiedene Klöster zugleich die Ober= aufsicht hatten. Der Obere eines einzelnen Klosters hieß H e g u m e n o s, d. i. Führer oder Leiter; jedoch wird dieser Titel auch wohl andern Geistlichen gegeben. In der lateini= schen Kirche heißt blos der Abt des großen Klosters in Messina Archimandrit.)

In einigen Kirchen wurden Kelche aus kostbaren Steinen verfertigt. So lesen wir von Kelchen aus Onyr, Sardonnyr 2c. Diese waren sehr selten. Unter den Geschenken, die Papst Viktor III. im elften Jahrhundert dem großen Kloster zu Monte Casino übersandte, befanden sich zwei Kelche aus Onyr. Auch wurden sie bisweilen aus Horn oder Elfenbein gemacht. Kelche aus Horn wurden aber schon im achten Jahr= hundert in England auf dem Conzil von Calcuith verboten. Das Conzil in Rheims endlich im Jahre 813 verfügte, daß Kelch und Patene von Gold und Silber sein sollten; daß nur in großer Noth zinnerne gebraucht werden dürften. Es verbot aber, unter keiner Bedingung die hl. Messe mit hölzernem oder gläsernem Kelche zu feiern.

Weil die Christen der ersten Zeiten hohe Achtung für alles hatten, was sich nur in einiger Hinsicht auf das heiligste Sakrament bezog, wurde auch sehr viel Kunsttalent auf die Verzierung und den Schmuck der Kelche verwandt. Die Dar= stellungen auf den Kelchen waren gewöhnlich dem Leben des Heilandes entnommen, so z. B. finden wir die Erweckung des Lazarus von den Todten, die Verwandlung des Wassers in Wein auf der Hochzeit zu Cana, die wunderbare Brodvermeh= rung, den guten Hirten mit dem verlorenen Schaf, die Heilung der Kranken oder die Tröstung der Betrübten. In den Kata= komben, von denen wir eben sprachen, fand man einen gläser=

nen Kelch), auf deſſen Fuß die folgenden vier Darſtellungen angebracht waren: 1. Tobias und der Fiſch; 2. Chriſtus heilt den Lahmen; 3. Die drei Jünglinge im Feuerofen; 4. Die Verwandlung des Waſſers in Wein. Auf einem andern Kelche findet man die Figuren der ſeligſten Jungfrau und der Apoſtel Petrus und Paulus.

Als es in der Kirche noch Gebrauch war, unter beiden Geſtalten zu communiziren, wie es bis zum zwölften Jahrhun= derte faſt allgemein geſchah, und erſt durch das Conzil von Conſtanz im Jahre 1414 ganz verboten wurde (ſiehe 29ſtes Kapitel), benutzte man für die Communion des Volkes beſon= dere Kelche, die miniſterielle Kelche genannt wurden, d. h. Kelche für die Diener des Altars und für das Volk. Gewöhnlich waren ſie unter der Obhut des Diakons, da er auch nach dem Prieſter, der den Communikanten die hl. Hoſtie gab, die= ſen den Kelch reichen mußte. Der Kelch, den der Prieſter bei der Meſſe gebrauchte, hieß der Kelch des Offertoriums, und aus dieſem communizirten nur er und die höheren Altardiener. Da aber das Blut Chriſti aus dieſem Kelche in die miniſteriel= len gegoſſen wurde, war der Kelch des Offertoriums oft ſehr groß. Man hatte jedoch auch große miniſterielle Kelche, beſon= ders wenn die Zahl der Gläubigen groß war. Dann pflegte man, auch wohl gewöhnlichen Wein, aber in geringer Menge, hinzuzumiſchen, damit alle mitcommuniziren könnten. Für Kinder, die bei der Taufe auch die hl. Communion unter der Geſtalt des Weines empfingen, und im Oſten jetzt noch empfan= gen, hatte man ſogenannte Taufkelche. (Näheres hierüber in Kapitel 29.) Obgleich alſo mehrere Arten Kelche gebräuchlich waren, wurde jedoch nur ein Kelch während des Opfers gebraucht, nämlich der Kelch des Offertoriums. Die andern Kelche empfingen das Blut Chriſti erſt nach der Communion des Prieſters. Als Papſt Gregor II. im Jahre 726 vom heili= gen Bonifazius befragt wurde, ob es nicht geſtattet ſei, mehr als einen Kelch zu gebrauchen, antwortete er: „In der Feier der hl. Meſſe müſſen wir beobachten, was unſer Herr Jeſus Chriſtus mit ſeinen Apoſteln beobachtete, denn er nahm den Kelch und ſprach: Dieſes iſt der Kelch des Neuen Teſtamentes in meinem Blute; thut dieſes, ſo oft als ihr empfanget. Daher iſt es nicht paſſend, zwei oder drei Kelche bei der Feier der Meſſe auf dem Altare zu haben.“

Der erſte römiſche Kirchenkalender, worin auch die Regeln für die Austheilung des hl. Blutes an die Gläubigen zu finden sind, schreibt vor, daß der Papst und seine Diener am Altare zuerst aus dem Kelche des Offertoriums communiziren sollen, daß darauf das übrige hl. Blut in einen großen Becher gegossen werden müsse, aus dem die Gläubigen mittelst eines Rohres die hl. Communion empfangen sollten. In Messen, die von Priestern gelesen wurden, goß der Diakon zuerst reinen Wein in den ministeriellen Kelch, vermischte mit diesem Wein dann das hl. Blut und stärkte Alle, d. h. gab allen Gläubigen davon zu trinken. Hierbei benutzte er ein Röhrchen aus Gold, Silber, Elfenbein oder Glas, durch welches jeder einige Tropfen zu sich nahm. Manchmal waren diese Röhrchen im Kelche selbst befestigt und waren so hergerichtet, daß jeder mit großer Leichtigkeit das hl. Blut empfangen konnte. Wie schon gesagt, waren diese Röhrchen oft kostbar, und vielfach reich verziert. Die große St. Pauls=Kirche in London hatte im Jahre 1295 zwei Röhrchen von vergoldetem Silber, und unter den Geschenken des Bischofs Lerfric von Exeter an seine Cathedrale befand sich auch ein silbernes Rohr. Bis zum Jahre 1200 waren in der Domkirche zu Pavia gläserne Röhrchen gebräuchlich. Bis in die letzten Jahre wurde ein silbernes Röhrchen noch in dem Kloster zu Clugny gebraucht, wie auch an Sonn= und Feiertagen in dem Kloster des hl. Dionysius in Paris. Nach einigen Berichten, die wir jedoch dahingestellt sein lassen wollen, soll dieser alte Gebrauch noch jetzt in dem letztgenannten Kloster bestehen, von dem wir sicher wissen, daß durch ein besonderes Vorrecht dort der Diakon und der Subdiakon unter beiden Gestalten communiziren. Von diesen Klöstern abgesehen, besteht die alte Gewohnheit, durch ein Röhrchen das heilige Blut zu empfangen, nur im päpstlichen Hochamte. Wenn nämlich der Papst selbst ein feierliches Hochamt singt, empfängt er das hl. Blut durch dieses Röhrchen, wie auch der Diakon; der Subdiakon hingegen empfängt es aus dem Kelche selbst. Um diese Röhrchen zu reinigen, wurden sie erst mit Wein und Wasser ausgespült und dann mit einer langen goldenen Nadel vollständig gesäubert. Der Kopf dieser Nadel war gewöhnlich ein Edelstein. Das päpstliche Röhrchen am Kelche hat oben zwei kleine Kettchen befestigt, die der Papst in seine Hände nimmt, wenn er das hl. Blut empfängt.

Morgenländische Kelche. — Wir müssen die Morgenländer, sowohl die schismatischen als die rechtgläubigen, für die Achtung loben, die sie allen Gefäßen, die mit dem hl. Sakramente in Berührung kommen, zu zollen pflegen. Die Kopten würden nur die reinsten und kostbarsten Stoffe für ihre Kelche dulden, und obgleich das Volk fast der größten Armuth anheim=gefallen ist, sieht man strenge darauf, daß nur Kelche aus Sil=ber oder Gold beim Opfer verwandt werden. Bei uns, wie wir sogleich ausführlicher sagen werden, müssen die Kelche vom Bischofe geweiht und gesalbt werden. Die Morgenländer sind in dieser Beziehung nicht so genau. Allein man muß dieses nicht als Nachlässigkeit oder Mangel an Achtung auslegen; es ist vielmehr ein Zeichen des lebendigen Glaubens, den sie an die wirkliche Gegenwart Christi im heiligsten Sakramente haben; des Glaubens nämlich, daß die Kraft des heiligen Blutes alles durch seine Berührung heilige. Der Grund also, warum sie nicht genauer auf die Weihe der Kelche achten, ist dieser, daß die einfache Berührung des kostbaren Blutes hin=reicht, diese ohne jegliche Ceremonie zu heiligen. Sie pflegen auch zum Beweise für diesen Glauben manche wunderbare Thatsachen anzuführen. Die Kopten z. B. erzählen, wie es auch in den Patriarchalarchiven zu Alexandrien zu lesen ist, daß die Muhammedaner einstens einen Kelch stahlen. Sie verkauften ihn an einen Goldschmidt. Als dieser ihn aber in Stücke zerschlug, floß aus jedem Theile Blut, so daß er ihn sofort wieder zurückstellte. Die Nestorianer erzählen, daß ein Arbeiter einstens durch das Einstürzen einer Mauer beinahe zerdrückt wurde. Man merkte nur noch wenig Leben in ihm; allein sobald er aus einem Kelche ein paar Tropfen Wassers getrunken hatte, war er sofort wieder hergestellt. So werden noch viele andere Wunder erzählt, die wir aber nicht alle anfüh=ren wollen. Dieser Glaube, daß der Kelch durch die Berührung mit dem kostbaren Blute zur Genüge geweiht werde, lebte aber nicht blos im Morgenlande; auch im Abendlande gab es gelehrte Theologen, die dasselbe behaupteten. Die Gewohnheit der Kirche jedoch hat sich dadurch nicht beeinflussen lassen, denn es ist jetzt strenge gefordert, daß jeder Kelch vom Bischofe geweiht sein muß. Wenn wir eben sagten, die Morgenländer seien nicht genau in der Beobachtung dieser Weihe, so müssen wir dennoch eingestehen, daß alle ihre Kirchen in ihren Ritualbüchern beson=dere Formen für diese Weihen aufführen. Nach dem koptischen Rituale ist es folgende: „O Herr Jesus Christus, Gott und Mensch zugleich, dessen Gottheit und Menschheit unzertrennlich sind, der Du nach Deinem eigenen freien Willen Dein Blut für Deine Geschöpfe vergossest, breite Deine Hand über diesen Kelch aus, heilige und reinige ihn, damit dasselbe kostbare Blut in ihm getragen werde als Heilmittel und Sühne für Alle, die in Wahrheit daran theilnehmen." Dann wird der Kelch von innen und von außen mit dem hl. Chrisam gesalbt, und unter= dessen spricht der Bischof: „Heiligkeit, Reinigkeit, Weihe und Schutz sei Allen, die von Deinem wahren und kostbaren Blute trinken. Amen." Nach dem griechischen Rituale ist die Form der Weihe fast dieselbe. In der lateinischen Kirche wird mit dem Kelche auch sogleich die Patene geweiht. Diese Weihe ist ausschließlich das Recht des Bischofes, der nur in dringenden Fällen, und auch dann nur mit Bewilligung des Papstes diese Vollmacht einem Priester übertragen kann. Auch bei uns salbt der Bischof den Kelch und die Patene, und erst dann dürfen sie beim hl. Opfer gebraucht werden. Wenn ein Kelch unbrauch= bar werden sollte, verliert er auch zu gleicher Zeit seine Weihe.

§ 20.—Die Patene.

Die Patene ist eine kleine, runde Platte, aus Gold oder vergoldetem Silber, einem Tellerchen ähnlich, die den Mund des Kelches bedeckt, und worauf die große Hostie für die Messe gelegt wird. Sie soll von demselben Material gemacht sein, aus dem der Kelch besteht. Die Vorschriften, welche wir über den Kelch angeführt haben, gelten deshalb auch für die Patene. Auf der obern Seite muß keinerlei Verzierung angebracht sein. Früher war die Patene viel größer als jetzt, weil alles zur heil. Communion gebrauchte Brod darauf gelegt wurde. Wir müs= sen uns deshalb nicht wundern, wenn wir von Patenen lesen, die fünfundzwanzig und dreißig Pfund wogen.

Die Griechen nennen die Patene die heilige Schüssel. Sie ist nach der alten Sitte sehr groß und da ihre Hostien nicht dünn und flach sind, wie die unserigen, sondern dick und vier= eckig, muß sie einen ziemlich erhöhten Rand haben, um die kleineren Stücke vom Herabfallen zu hindern.

§ 21.—Das Ciborium. (Der Speisekelch.)

Wenn die Zahl der Communikanten groß ist, pflegt man jetzt die heiligen Hostien in ein Gefäß zu legen, welches einem Kelche ähnlich geformt ist, dessen oberer Theil aber, der Becher, seichter und weiter ist, als der des Kelches. Dieses Gefäß heißt Ciborium oder Speisekelch. In früheren Zeiten war über dem Altar ein Baldachin, von dessen Decke ein Gefäß hing, das die

Form einer Taube hatte, gewöhnlich aus Silber oder Gold ver=
fertigt war, und worin die hl. Hostie aufbewahrt wurde. Diese
Taube nannte man auch Ciborium. (Siehe Kap. 5.) Wenn
das Ciborium jetzt die hl. Hostie enthält, muß es im Taber=
nakel verschlossen gehalten werden, außer den Fall, daß die
hl. Communion ausgetheilt oder der Speisekelch selbst gereinigt
wird.

§ 22.—Die Monstranz und die Lunula.

Die Monstranz heißt auch Ostensorium oder auf Lateinisch
Tabernaculum portatile, d. h. tragbarer Tabernakel. Sie
ist das heilige Geräth, worin beim Segen mit dem hochwür=
digsten Gute die hl. Hostie zur Anbetung gezeigt und auch
außerhalb der Kirche bei feierlichen Gelegenheiten prozessions=
weise getragen wird. Der Fuß der Monstranz ist dem des Kel=
ches ähnlich, und der obere Theil ist so gemacht, daß Strahlen
von der Mitte, wo die hl. Hostie sich befindet, nach allen Seiten
sich ausbreiten, wie Strahlen der Sonne. Dieser mittlere
Theil ist mit Glas bedeckt und kann vor dieses Glas die Lunula
mit dem hl. Sakramente gesetzt werden.

Die Lunula (Möndchen) ist eine halbmondförmige oder
ganz runde Kapsel, in welche die hl. Hostie genau paßt. Bis=
weilen ist sie mit einem Glasdeckel versehen, bisweilen aber
auch offen. Sie muß aus Gold sein und auch vom Priester
wenigstens gesegnet werden. Genauere Vorschriften sind für
die Lunula nicht vorhanden.

Die Monstranz ist das jüngste aller kirchlichen Geräthe.
Sie verdankt ihren Ursprung der Einsetzung des Frohnleich=
namsfestes, das zuerst in Lüttich durch den damaligen Bischof
Robert im Jahre 1246 gefeiert wurde. Dort lebte eine heilig=
mäßige Nonne, mit Namen Juliana, die in ihren Gesichten
oft einen hellscheinenden Mond mit einem schwarzen Striche
auf der Oberfläche sah. Durch besondere Offenbarung wurde
ihr zu verstehen gegeben, daß der Mond die Kirche bedeute, und
daß durch den schwarzen Strich die Abwesenheit eines gewissen
Festes angezeigt werde, das auch alljährlich gefeiert werden
sollte. Nachher wurde ihr offenbart, dieses Fest müsse sich be=
sonders auf die Verehrung und Anbetung des hh. Altarssakra=
mentes beziehen. In Folge dessen feierte Bischof Robert dieses
Fest seit dem Jahre 1246. Aber schon im Jahre 1264 machte
Papst Urban IV. dieses Frohnleichnamsfest für die ganze Kirche
verbindlich. Man gibt auch noch andere Gründe für die Ein=

ſetzung dieſes Feſtes an; ſo z. B. ſoll in Lüttich ein Prieſter gelebt haben, der nur geringen Glauben hatte. Dieſem ſoll nach der Wandlung der Heiland auf dem Corporale in der Ge=ſtalt eines ſchönen Kindes erſchienen ſein. Eine andere Legende ſagt, daß ein Prieſter aus Unachtſamkeit einen Theil des koſt=baren Blutes auf das Corporale verſchüttete, und daß an jeder Stelle, wohin ein Tropfen fiel, das Bild der hl. Hoſtie ſich zeigte. Noch mehrere andere Legenden finden ſich vor, jedoch wollen wir uns mit dieſen begnügen.

Papſt Urban IV. hatte eine beſondere Liebe für dieſes Feſt. Er wollte es ſo feierlich und ſo erhaben machen, als es in ſeinen Kräften ſtand, da es ja für das größte Geheimniß des Glaubens eingeſetzt war. Er wählte die zwei gelehrteſten und frömmſten Männer ſeiner Zeit, den hl. Bonaventura und den hl. Thomas von Aquin, um die Meß= und Breviergebete für dieſes Feſt auszuarbeiten. Beide fingen ihre Arbeit mit dem größten Eifer an, allein als der große Franziskaner Bonaven=tura ſeine Arbeit mit der des hl. Thomas, des engliſchen Lehrers, verglich, war er ſo unzufrieden mit ſich ſelbſt, daß er ſeine Papiere in's Feuer warf und die Vollendung dem hl. Thomas überließ. So kam es, daß das Ganze, was wir jetzt über das Frohnleichnamsfeſt beſitzen, das Werk des hl. Thomas iſt. Er ſchrieb und ordnete die Meſſe. Für dieſe verfaßte er die ſchöne Sequenz Lauda Sion (Deinem Hei=land). Für das Brevier verfaßte er mehrere ſchöne Hymnen, ſo das Pange lingua, worin das bekannte Tantum ergo vor=kommt. Neben den kirchlichen Gebeten des Breviers, wie ſie vom hl. Thomas geordnet wurden, beſtanden eine Zeit lang auch andere, die von einem Geiſtlichen, Namens Johannes Monte Comelio, verfaßt waren. Nach der Anſicht Mancher wurde ſein Werk unterdrückt, weil es nicht mit dem römiſchen Brevier ſtimmte; es war nämlich nach dem alten franzöſiſchen Ritus verfaßt. Der hl. Thomas nahm jedoch manches aus dieſer Arbeit in ſein Werk auf.

Längere Zeit nach der Einſetzung des Frohnleichnams=feſtes hatte die Monſtranz die Form eines kleinen Thurmes, mit mehreren Thürmchen, wie man in Europa in alten Kirchen noch die Sakramentshäuschen ſieht. In einigen Kirchen der Ciſterzienſer in Frankreich gebraucht man anſtatt unſerer Monſtranz eine kleine Statue der Jungfrau Maria, die ſo beſchaffen iſt, daß man zur Zeit der Ausſetzung des hochwür=digſten Gutes die hl. Hoſtie in die Hand der hl. Jungfrau

legt. Die jetzige, fast allgemein gebräuchliche Form der Mon=
stranz, welche eine strahlende Sonne vorstellt, bringt uns das
strahlende Antlitz des göttlichen Heilandes bei seiner Verklä=
rung auf dem Berge Tabor vor Augen, sowie auch die Worte
des Psalmes: „Er hat sein Zelt in die Sonne gesetzt". (Ps.
18, 6.) Die Monstranz ist gewöhnlich aus demselben Mate=
rial verfertigt, wovon die andern kirchlichen Gefäße gemacht
werden. Besondere Vorschriften gibt es nicht darüber. In
feierlicher Prozession mit dem Allerheiligsten wird es unter
einem großen Traghimmel (Himmel oder Baldachin genannt)
getragen.

§ 23.— Wer die heiligen Gefäße berühren darf.

Die Kirche ist so genau in Bezug auf die Achtung, welche
allen Gefäßen gezollt werden muß, die mit dem allerheiligsten
Sakramente in unmittelbare Berührung kommen, daß unter
Strafe einer Sünde nur Solche diese berühren dürfen, die
schon kirchliche Weihen empfangen haben. Aber auch diese
dürfen sie nur mit besonderer Erlaubniß berühren, im Falle
sie noch nicht die Subdiakonatsweihe empfangen haben. Sollte
Jemand aber absichtlich den Kelch berühren, während das kost=
bare Blut darin enthalten ist, so ist es die Meinung der Theo=
logen, daß er eine Todsünde begeht, wenn er noch nicht Diakon
ist. Wenn einem Laien Erlaubniß gegeben wird, die heiligen
Gefäße zu berühren, so sollte er dieses immer nur vermittelst
eines Handschuhes oder eines reinen leinenen Tuches thun.

§ 24.— Beispiele der Strafe für die Entweihung heiliger Geräthe.

Das alte Testament ist voll von Beispielen, die bezeugen,
mit welch' tiefem Mißfallen Gott auf jede noch so kleine Miß=
achtung schaut, die gegen die Gefäße gezeigt wird, welche in
seinem Dienste gebraucht werden. Scharfe und plötzliche
Strafen folgen oft der Verhöhnung oder auch nur schein=
barer Fahrlässigkeit. Sehen wir zuerst auf die Bundeslade.
Eine Reihe Wunder bezeugen ihre Heiligkeit und die Strafen
ihrer Entheiligung. Die Philister, wie uns im ersten Buche
der Könige am 5. Kapitel erzählt wird, besiegten die Israeliten
und nahmen ihnen die Bundeslade weg. Zum Hohn wurde
sie in den Tempel ihres Gottes Dagon gebracht, aber kaum war
sie niedergesetzt worden, als das Bild Dagons zu Boden stürzte.
Wegen der Verachtung der Bundeslade wurde die ganze Stadt

Azotus hart bestraft. Die Gethiten trugen sie von Ort zu Ort, allein wohin sie nur gebracht wurde, war die Sterblichkeit so groß, daß die hl. Schrift sagt: „Die Furcht des Todes war in jeder Stadt." Ein anderes schreckliches Beispiel liefern die Bethsamiten. Nur deshalb, weil sie mit neugierigen Augen auf die Arche des Bundes schauten, wurden Fünfzigtausend getödtet. Das staunenswertheste Beispiel aber wird uns im zweiten Buche der Makkabäer am 3. Kapitel erzählt. Heliodorus war der General der Armeen des Seleukus, des Sohnes des sogenannten Antiochus des Großen. Er wurde von Seleukus nach Jerusalem geschickt, um den Tempel zu plündern und ihn aller Schätze zu berauben. Damals war Onias Hoherpriester, ein Mann von großer Frömmigkeit. Er versuchte auf alle mögliche Weise, durch Bitten und Flehen den Heliodorus zu bewegen, von seinem gottesräuberischen Vorhaben abzustehen, allein Alles war umsonst. Heliodorus betrat den Tempel, und wollte eben seine heidnischen Hände auf die heiligen Schätze legen, als das Gericht Gottes plötzlich über ihn hereinbrach. Die hl. Schrift sagt: „Es erschien ein Pferd mit einem schrecklichen Reiter, der in eine sehr kostbare Rüstung gehüllt war; es lief mit Gewalt und versetzte dem Heliodorus einen schrecklichen Hieb mit seinen Vorderfüßen; der Reiter schien eine goldene Rüstung zu haben. Dann erschienen auch zwei andere junge Männer, schön und stark, glänzend und glorreich, und in schmuckem Anzuge; diese standen ihm zur Seite, rechts und links, und geißelten ihn ohne Unterlaß mit manchen Hieben. Und Heliodorus fiel plötzlich zu Boden." Diese sind nur wenige der zahlreichen Beispiele, die hie und da zerstreut im alten Testamente sich finden. Wir ersehen daraus den Fluch Gottes über Alle, die seinen heiligen Tempel verunehrten.

Aber auch die Geschichtschreiber der christlichen Kirche liefern uns Beispiele, die ebenso schrecklich, wenn nicht noch schrecklicher sind. Es ist vielleicht manchen unserer Leser bekannt, daß die Donatisten in Afrika die Kirchen plünderten und zerstörten, und dann das heiligste Sakrament den Hunden vorwarfen. Allein die Hunde stürzten sich auf die Elenden und rissen sie zu Stücken. Der hl. Gregor von Tours erzählt uns von einem englischen Adeligen, der an beiden Füßen gelähmt wurde, weil er die Verwegenheit hatte, sich dieselben in einer Patene zu waschen, die er aus einer benachbarten Kirche genommen hatte. Der Geschichtschreiber Theodoret erzählt uns von der Strafe, die die Soldaten des Kaisers Ju=

lian des Abtrünnigen besiel. Zu jener Zeit war in Antiochien eine sehr schöne Kirche, die man ihrer seltenen Kunst und ihres Schmuckes halber d i e g o l d e n e nannte. Ihre Schätze waren ohne Zahl, und fast alle die kaiserlichen Geschenke Con= stantins des Großen. Julian sandte zwei seiner Soldaten, diese Kirche zu plündern und ihm die Beute zu bringen. Sie gehorchten, aber beachten wir das Ende. Nicht zufrieden da= mit, das Haus Gottes plündern zu können, bestieg der eine den Hochaltar und verunreinigte ihn auf die schändlichste Weise, während der andere dabei stand und mit gotteslästeri= schem Hohne ausrief: Seht, welch schöne Gefäße sie für den Dienst des Sohnes der Maria gebrauchen! Allein die Rache Gottes blieb nicht aus. Der erstere wurde mit einem Geschwüre geschlagen, daß alle seine Eingeweide verfaulten; und er starb, nachdem er diese theilweise durch seinen gotteslästerischen Mund erbrochen hatte. Der andere wurde von einem heftigen Blut= flusse befallen, der ohne Aufhören andauerte, bis alles Blut aus seinem Körper geflossen war; dann starb er unter den schrecklichsten Qualen. Diese furchtbare Strafe wird auch von protestantischen Geschichtsschreibern erzählt. Ein anderer Ge= währsmann, der eine Geschichte der Verfolgungen unter den Vandalen schrieb, erzählt ein ähnliches, schreckliches Beispiel. Ein Mann, Namens Proklus, der im Auftrage des Königs der Vandalen handelte, betrat einst eine christliche Kirche. Er riß alle heiligen Tücher von den Altären, und verwandte sie zu seinem eigenen Gebrauche. Aus einigen ließ er sich Hemden, aus anderen wiederum Unterhosen machen; aber in demselben Augenblicke, als er sie anzog, wurde er von einem schrecklichen Wahnsinne befallen, der so lange anhielt, bis er sich zuletzt die Zunge abbiß und dann unter großen Schmerzen starb.

Diese Beispiele dürften genügen, darzuthun, wie unan= tastbar und heilig auch der kleinste Theil des Hauses Gottes vor den Augen des Allerhöchsten ist.

Viertes Kapitel.

Die Kelchtücher.

§ 25. — Das Corporale.

Das Corporale in seiner jetzigen Form ist ein viereckiges, leinenes Tuch, ungefähr von der Größe eines Taschentuches, das viermal zusammengefaltet wird und vornen ein kleines schwarzes oder rothes Kreuz hineingestickt hat. Am Anfange der Messe wird es in der Mitte des Altars ausgebreitet und der Kelch darauf gesetzt. Es heißt Corporale, d. i. Leibtuch, weil der Leib unseres Heilandes während der Messe darauf ruht. Es ist strenge vorgeschrieben, daß es aus Leinwand gemacht werden soll, besonders um die „leinenen Tücher" zu versinnbilden, worin der Leib unseres Heilandes im Grabe gewickelt war. Die Vorschriften der Kirche über das Corporale sind sehr genau; es ist ein besonderes Gebet vorgeschrieben für seine Weihe; es darf von Keinem berührt werden, der nicht das Recht hat, auch den Kelch zu berühren, und wenn es gewaschen werden muß, ist es das Amt des Subdiakons oder eines Geistlichen in den höheren Weihen, dieses zu thun. Es soll sorgfältig zu drei verschiedenen Malen gewaschen, und nachher, wenn möglich, ohne Stärke zum Gebrauche vorbereitet werden. Diese letztere Vorsicht ist nothwendig, weil nachher vielleicht ein Theilchen der Stärke für eine hl. Partikel der Hostie angesehen werden könnte. Wenn das Corporale nicht in wirklichem Gebrauche ist, wird es in der Bursa verwahrt. (Das Wasser, worin die Corporalen gewaschen werden, wird in das Sakrarium, die heilige Cisterne, gegossen.)

Nach dem eben Gesagten muß das Corporale ein leinenes Tuch sein. Papst Sylvester I. im Jahre 314 verbot strenge, es aus Seide oder gefärbtem Tuche zu machen, und ein Conzil zu Rheims wiederholte dieses Verbot, indem es hinzufügte, es dürfe nur aus der reinsten und feinsten Leinwand gemacht werden, ohne mit Seide oder sonstigem kostbaren Stoffe verbunden zu sein. Wenn wir alten Geschichtsschreibern Glauben schenken dürfen, war es schon Papst Sixtus I. im Jahre 132, der die Vorschrift gab, es solle blos aus Leinwand bestehen. So sagt wenigstens Durandus. Wie dieser gelehrte Mann für alles eine mystische Deutung sucht, so sagt er hierüber sehr schön, wenn auch etwas gesucht: „Wie die Leinwand erst nach vieler Arbeit und Mühe die weiße Farbe erhält, so kam der Leib Christi erst nach vielen Leiden zur Herrlichkeit seiner Auferstehung."

In früheren Zeiten war das Corporale groß genug, um den ganzen Altartisch zu bedecken. Der Diakon mußte es aus= einanderfalten, was aber erst beim Offertorium geschah, und nach der Communion wieder zusammenlegen. Jetzt wird es bei einer stillen Messe am Anfange der Messe ausgebreitet; in einem Levitenamte herrscht noch der alte Gebrauch, es erst vor der Opferung zu thun.

Die Griechen nennen das Corporale, das dem unsrigen ähnlich ist, obwohl etwas größer, Eileton, d. h. Wickeltuch, weil der Leib Christi in das leinene Tuch gewickelt war, wel= ches Joseph von Arimathäa besorgte. Die Corporalen der Morgenländer sind fast derselben Art, wie die griechischen.

§ 26.—Das Purifikatorium.

Das Purifikatorium, auch Mundatorium genannt, (beide Ausdrücke heißen Reinigungstuch, Serviette,) ist ein leinenes Tuch, ungefähr zwanzig Zoll lang, und dreimal gefaltet, vier Zoll breit. In der Mitte befindet sich ein kleines gesticktes Kreuz. Wenn es nicht bei der Messe gebraucht wird, wird es vom Priester in der Sakristei, in das Schultertuch eingewickelt, aufbewahrt.

Daß das Purifikatorium neueren Ursprungs ist, können wir mit Sicherheit daraus schließen, daß es von keinem der alten liturgischen Schriftsteller erwähnt wird. Alles, was wir darüber erfahren, ist, daß früher in einigen Klöstern der Gebrauch herrschte, an der Epistelseite des Altars ein kleines Tuch zu befestigen, womit der Kelch nach der Communion gereinigt wurde. Seit wann das Purifikatorium zu den Kelch= tüchern gerechnet wurde, kann nicht leicht bestimmt werden; es ist jedoch sicher, daß nirgends davon vor dem dreizehnten Jahr= hundert gesprochen wird. Papst Innocenz III., der im Jahre 1216 starb, schreibt nichts darüber, obgleich er ein sehr umfang= reiches Werk über die Messe und ihre Ceremonien verfaßt hat, so schweigt auch der gelehrte Durandus darüber, der doch mit solcher Genauigkeit alle anderen Kelchtücher bespricht. Ob es als Zeichen der spätern Einführung gelten soll oder nicht, immerhin ist es auffallend, daß das Purifikatorium das einzige Kelchtuch ist, welches nicht vor dem Gebrauche geweiht wird, ja sogar nicht geweiht werden darf.

Die Griechen gebrauchen anstatt eines Purifikatoriums einen Schwamm, und dieses mit Rücksicht auf den Schwamm, der dem gekreuzigten Heiland dargereicht wurde. Die Griechen benutzen selten etwas, das nicht auf irgend einen Theil des Lebens oder Leidens unseres Heilandes sich bezieht.

§ 27.—Die Palla.

Die Palla ist ein Stück viereckiger, wenigstens doppelt= gefaltener Leinwand, ungefähr fünf Zoll Quadrat, mit einem Kreuze in der Mitte. Sie wird dazu gebraucht, den Mund des Kelches während der hl. Messe zu bedecken, um Fliegen oder Staub abzuhalten. Wenn sie nicht gebraucht wird, wird sie in der Bursa aufbewahrt. Bis zum dreizehnten Jahrhun= derte war das Corporale so groß, daß es von hinten her über den Kelch gezogen werden konnte. Man gebrauchte dann die Palla nicht. Die Karthäuser legen noch jetzt den hinteren Theil des Corporales über den Kelch.—Es ist ein grober Miß= brauch, die Palla, anstatt aus dicker Leinwand, aus ganz dün= nem leinenem Tuche zu verfertigen, und ein Stück Pappdeckel dazwischen zu legen, um ein steifes Stück Leinwand zu ersetzen. Es darf also kein Pappdeckel in der Palla sein.

§ 28.—Das Velum. (Kelchtuch.)

Das Velum, welches den Kelch ganz bedeckt, soll von dem= selben Stoffe, und von derselben Farbe sein, von der das Meßgewand ist; jedoch ist es rathsam, nicht zu dicken Stoff zu diesem Kelchtuche zu nehmen. Nach römischem Gebrauche muß das Velum an allen vier Seiten des Kelches herunter= hangen und überall den Kelch, wie auch dessen Fuß verhüllen. Es ist nicht der Regel gemäß, Velums zu haben, die bloß vorne und vielleicht ein wenig an den Seiten den Kelch bedecken. Wir finden oft auf der vordern Seite ein Kreuz gestickt, was aber nicht unumgänglich nothwendig ist.

§ 29.—Die Bursa.

Die Bursa besteht aus zwei viereckigen Stücken von Leder oder Pappdeckel, die mit demselben Stoffe, wenigstens oben, überzogen sind, aus dem das Meßgewand verfertigt ist. Diese Stücke sind an den Seiten durch Schnüre mit einander verbunden und machen so eine Art Tasche aus. Auf der obern Seite sollte auch ein Kreuz gestickt sein. Die Bursa wird auf das Velum gelegt und enthält das Corporale. Außer der Messe werden neben den Corporalen auch die Pallen darin aufbewahrt. Die drei letztbeschriebenen Stücke, die Palla, das Velum und die Bursa müssen vor dem Gebrauche vom Bischof oder einem dazu bevollmächtigten Priester geweiht werden; es geschieht jedoch nur in einer allgemeinen, nicht wie beim Corporale, besonders für diese bestimmten Form.

Fünftes Kapitel.

Aufbewahrung des heiligsten Sakramentes.

Wir sagten schon vorher (Kap. 3), daß früherhin das heilige Sakrament in einer goldenen Taube aufbewahrt wurde, die von dem Baldachin des Altars herabhing. So war es fast überall in den Kirchen Sitte; und manche Kirchenväter bezeichnen die Kirche mit dem Namen domus columbae, d. i. Haus der Taube. Die Taube stellt auch den hl. Geist vor, der ja in dieser Gestalt über Christus herabkam, und man wollte hierdurch andeuten, daß Christus dort lebendig zugegen sei und daß der heil. Geist in der Kirche für alle Zeiten wohnen wird.

Die Kirche zu Verona hatte eigene Gebräuche. Die Stadt wurde früher Bern genannt, deshalb ist Dietrich von Bern der König Theodorich der Große, der zu Verona oder Bern seine Residenz hatte. Hier wurde das heiligste Sakrament in einem elfenbeinernen Gefäße, das mit kostbarer Arbeit verziert war, aufbewahrt. Doch finden wir solche Gefäße auch in mehreren englischen Kirchen. In Deutschland waren gewöhnlich neben dem Altare die sogenannten Sakramentshäuschen angebracht, die kleinen Thürmchen glichen. Die meisten unserer Leser werden sie vielleicht gesehen und die kunstvolle Schnitzarbeit bewundert haben, die man gewöhnlich an diesen Häuschen findet. In andern Gegenden war ein kleines Körbchen von feinem Flechtwerk dazu bestimmt, die hl. Hostie aufzunehmen, zum Andenken an das Brod, das die Apostel nach der wunderbaren Brodvermehrung sammelten, womit sie zwölf Körbe füllten. So war es z. B. in Rom zur Zeit Gregor's XI. im Jahre 1370 Gebrauch. Manchmal war die goldene Taube von einem kleinen Kranze von Lichtern umgeben, die aus ihr hervorzustrahlen schienen. Wo dieses nicht der Fall war, wurde jedoch immerhin ein Licht Tag und Nacht vor dem hl. Sakramente brennend unterhalten.

Unsere katholischen Leser wissen wohl, und wir haben es auch schon vorher bemerkt, daß das heilige Sakrament jetzt im

Tabernakel in dem Ciborium aufbewahrt wird. (Siehe Kap. 3.) Das Ciborium muß mit einen Deckel versehen und mit einem seidenen Schleier verhüllt sein. Hieraus wird die heil. Hostie genommen, sowohl um in der Kirche die hl. Communion auszutheilen, als auch um den Kranken die hl. Wegzehrung zu bringen. Ein kleines Licht, das mit reinem Olivenöle unterhalten wird, brennt immer davor, und wenn das hl. Sakrament außer der Messe herausgenommen wird, z. B. für den Krankenbesuch, muß der Diener mit der Schelle ein Zeichen geben.

Damit die hl. Gestalten nicht verderben oder unschmackhaft werden, sollen sie ungefähr alle acht bis vierzehn Tage vom Priester erneuert werden. Die alten Hostien werden dann entweder an die gegenwärtigen Communikanten ausgetheilt, oder der Priester empfängt sie selbst während der hl. Messe bei der hl. Communion. Natürlich kann der Priester außer der Messe, auch wenn er noch nüchtern ist, sich selbst nie die heilige Communion reichen.

Morgenländischer Gebrauch.—Die g r i e c h i s c h e Kirche bewahrt das hl. Sakrament in der Nähe des Altars in einer kleinen Büchse, die A r t o p h o r i o n (d. i. B r o d k ö r b c h e n) genannt wird. Ein Licht brennt immer daneben. Wenn es als Wegzehrung zu einem Kranken gebracht wird, muß der Priester immer von zwei Diakonen mit brennenden Fackeln begleitet sein, die während des ganzen Weges Psalmen und Gebete sagen. An einigen Orten ist es durch die Landesgesetze vorgeschrieben, daß Alle niederknieen müssen, wenn der Priester mit dem hl. Sakramente vorübergeht, mögen sie nun Christen, Türken, Juden oder Heiden sein.

Die A b y s s i n i e r bewahren das hl. Sakrament in dem T a b r u t (d. i. Arche). Sie glauben nämlich, die Arche des Bundes sei noch irgendwo in ihrem Lande verborgen; so sagt wenigstens eine sehr alte Tradition, und sie wollen durch diesen Namen anzeigen, daß sie sowohl die wirkliche Arche des neuen Bundes, als die vorbildliche des alten Testamentes besitzen. In den äthiopischen Kirchenregeln finden wir auch eine besondere Form für die Weihe dieser Arche. Sie lautet: „Herr, unser Gott, der Du Deinem Diener und Propheten Moses Befehl gegeben hast, indem Du sprachst: V e r - f e r t i g e m i r k o s t b a r e G e f ä ß e u n d l e g e s i e i n d e n T a b e r n a k e l a u f d e m B e r g e S i n a i, strecke jetzt, o Herr, allmächtiger Gott, Deine Hand über diese Arche aus und erfülle sie mit der Kraft, Stärke und Gnade Deines heiligen Geistes, auf daß in ihr der Leib und das Blut Deines eingebornen Sohnes, unseres Herrn Jesus Christus, verwahrt und geheiligt werde."

Die Kopten bewahren das hl. Sakrament nie außer der hl. Messe auf. Sie vertheidigen diesen sonderbaren Gebrauch durch die Hinweisung auf das Gebot Gottes im alten Bunde, wornach die Israeliten kein Stück des Osterlammes für den nächsten Tag aufbewahren durften, sondern alles bei dem einen Mahle verzehren mußten. Daher kommt es denn auch, daß die koptischen Priester, wenn sie zu einem Kranken gerufen werden, sei es nun Tag oder Nacht, ohne den geringsten Anstoß daran zu nehmen, Messe lesen, um dem Kranken die heilige Wegzehrung bringen zu können. Nüchtern zu bleiben wird für diesen Fall bei ihnen nicht erfordert. (Daß auch die Kopten sonst dieses Gebot der absoluten Nüchternheit beobachten, werden wir im 20. Kapitel sehen.) Es gibt jedoch zwei gute Gründe, weshalb sie das hl. Sakrament nicht aufbewahren. Sie leben ganz unter der Herrschaft der Muhammedaner, und müssen immer befürchten, daß diese in ihre Kirchen einbrechen und das hl. Sakrament verunehren. Dann gibt es dort aber auch eine Menge kleiner, sehr gewandter und listiger Schlangen, vor deren Angriffen man kaum etwas Eßbares verwahren kann. Einstens wurde nach der Tradition dort das hl. Sakrament von den Schlangen geraubt und verzehrt, und seit der Zeit haben die Patriarchen jedes Aufbewahren der hl. Hostie untersagt.

§ 31. — Die Pyxis. — Krankenbüchse.

Die Pyxis ist eine kleine Büchse, aus Gold oder Silber verfertigt, inwendig aber immer vergoldet, worin das hl. Sakrament zu den Kranken getragen wird. Die Form gleicht fast genau der einer Taschenuhr und ist selten größer. Diese soll der Priester in eine kleine seidene Schachtel legen, die er dann mittelst eines Bandes oder einer Schnur um seinen Hals befestigt. In ganz katholischen Ländern, wie auch bei uns wohl bei nahewohnenden Kranken, wird das Ciborium in Prozession aus der Kirche zum Krankenhause getragen und unterwegs fortwährend geschellt, um dem Volke das Zeichen zu geben, daß der Heiland vorübergeht, um sich vielleicht zum letzten Male mit dem Sterbenden zu vereinigen. Die Gewohnheit katholischer Länder, die lobenswerther Weise hier auch schon bisweilen gefunden wird, vor dem Ausgange aus der Kirche die Kirchengloden ein paar Mal zu läuten, kann nicht genug empfohlen werden. Die Gläubigen, auch die entfernt wohnenden, werden dann an ihre Liebespflicht sowohl, als auch an ihr letztes Stündchen erinnert.

Aus Achtung für das hl. Sakrament soll der Priester langsamen, würdevollen Schrittes auf diesem Wege einher= gehen, und langsam soll er auch sich bewegen, wenn er zu Pferde den Weg macht. Die besten liturgischen Lehrer mah= nen die Priester, bei solchen Gelegenheiten nie zu laufen oder ungewöhnlich sich zu beeilen, selbst wenn es wahrscheinlich wäre, daß nur in solcher Weise er vor dem Tode des zu be= suchenden Kranken ankommen könne. Auch muß ein feierliches Stillschweigen auf dem ganzen Wege beobachtet werden, und der Priester soll Niemanden auf dem Wege grüßen. Nur bei weit wohnenden Kranken soll der Priester reiten oder fahren. Wenn die Entfernung nicht zu groß ist, ist es sehr anstands= mäßig, des hl. Sakramentes wegen zu Fuße zu gehen. Die Pyris soll den Rubriken gemäß um den Hals getragen und auf der Brust befestigt sein, darf jedoch nie in die Rocktasche gestedt werden; und so lange der Priester das hl. Sakrament bei sich trägt, soll er sich nirgends setzen, es sei denn ein Fall der Noth.

Morgenländischer Gebrauch. — Im Morgenlande ist es strenge vorgeschrieben, daß jeder, der zur Kirche gehen oder gefahren werden kann, nur dort die hl. Communion empfängt. Nur im Falle der größten Gefahr wird das hl. Sakrament zu einem Kranken getragen. Außer der Kirche communiziren auch die Morgenländer nur unter einer Gestalt. (Ueber die Communion in der Kirche siehe Kapitel 29.) Wenn der Priester das Sakrament zu einem Sterbenden bringt, macht man im Osten großartige Vorbereitungen. Eine lange Pro= zession wird veranstaltet, Psalmen und Lieder werden immer= fort gesungen, und Diakonen und niedere Diener begleiten den Priester mit Weihrauch und Fadeln. Keiner der zur Pro= zession Gehörigen darf sich je setzen, und feierliche Stille muß bis zum Ende beobachtet werden. Bei den Jakobiten in Syrien ist es strenge untersagt, das hl. Sakrament auf dem Krankenbesuche in der Tasche zu tragen. Es muß in einer Büchse, die um den Hals befestigt ist, vom Priester in der Hand gehalten werden, und falls er reiten sollte, darf er diese Büchse nicht an den Sattel schnüren, sondern soll sie vor der Brust tragen. So ist es auch die gewöhnliche Sitte bei den Kopten. Die übrigen Morgenländer weichen wenig von den eben beschriebenen Gebräuchen ab.

Sechstes Kapitel.

Der Weihrauch.

§ 32.—Der Weihrauch im Allgemeinen.

Ueber den Gebrauch des Weihrauchs kann man im Alten Testament so manche Vorschriften lesen, daß wir uns hier kurz fassen können. In der lateinischen Kirche wird er jedoch nur bei einem Levitenamte, beim Segen mit dem hochwürdigsten Gute, bei der Aussegnung einer Leiche und beim feierlichen Breviergebete gebraucht. In der morgenländischen Kirche hingegen, besonders bei den Maroniten, gebraucht man ihn bei jeder Messe, und auch sonst noch öfter. Wir werden hier und da auf diese Sitte hinweisen.

Die mystischen Bedeutungen des Weihrauchs sind vielfach. Wir werden zuerst durch das Brennen des Weihrauchs daran erinnert, daß unsere Herzen von Liebe zum göttlichen Heilande entflammt sein sollen. Dann sollen wir durch ihn an den Wohlgeruch unseres Herrn erinnert werden, nach den Worten des Hohenliedes: „Wir laufen im Wohlgeruche Deiner Salben." Wie also der Weihrauch seinen Wohlgeruch durch die ganze Kirche verbreitet und unseren Körper durch seinen wohlthuenden Duft erquickt, so breitet auch Christus über uns seine Gnaden aus, um uns zu erfrischen, zu nähren und zu stärken. Endlich wird auch sowohl im Alten wie im Neuen Testamente der Weihrauch als das Sinnbild der Kraft des Gebetes betrachtet, wie z. B. der Psalmist (Ps. 140) sagt: „Laß mein Gebet wie Weihrauch zu Deinem Angesichte emporsteigen;" oder wie der hl. Johannes in seiner Offenbarung schreibt: „Ein anderer Engel kam und stand vor dem Altare mit einem goldenen Rauchfaß, und ihm wurde viel Weihrauch gegeben, damit er die Gebete aller Heiligen aufopfern könne." (Offenb. Kap. 8.)

Wenn Weihrauch irgend Jemandem geopfert wird, ist es ein Zeichen der höchsten Achtung. So opfern wir Weihrauch dem göttlichen Heiland; so beräuchern wir auch in der heiligen Messe die Anwesenden, die sich in der heiligen Communion ja mit Christus vereinigen; so opferten die Weisen aus dem Morgenlande dem neugeborenen Heiland Weihrauch zu Bethlehem; so werden unsere Körper am Grabe beräuchert, weil während des Lebens sie durch den Empfang der hl. Sakramente Tempel des heiligen Geistes wurden.

§ 33.— Das Weihrauchfaß.

Das Gefäß, worin der Weihrauch verbrannt wird, heißt lateinisch thuribulum, auf deutsch Weihrauchfaß. Mit dem Weihrauchfaß ist immer die Weihrauchbüchse oder das Weihrauchschiff verbunden, worin der Weihrauch aufbewahrt, und woraus er mit einem kleinen Löffel in das Weihrauchfaß gelegt wird. Man hatte früher und hat auch noch jetzt kostbare Rauchfässer. Constantin der Große gab unter andern Geschenken der Kirche zum hl. Johannes im Lateran in Rom eine Anzahl goldener Weihrauchfässer, die mit kostbaren Edelsteinen besetzt waren.

In der alten angelsächsischen Kirche, wie auch in Frankreich legte man besonderes Gewicht auf das Material und die Form dieser Weihrauchfässer. Diese wurden nicht blos beim Altare gebraucht, sondern hingen auch öfters in der Mitte der Kirche. Sie wurden entweder am Gewölbe befestigt oder an den Säulen an der Seite. An höheren Festtagen wurde darin während des ganzen Gottesdienstes Weihrauch verbrannt. Daß solche herabhängende Weihrauchfässer auch in Rom gebräuchlich waren, ersehen wir aus der Lebensbeschreibung des Papstes Sergius I. im Jahre 690. Um den Altar herum hatte man auch öfters verschiedenartig gestaltete Gefäße zu demselben Zwecke. Einige hatten die Gestalt eines Vogels, in den der Weihrauch durch eine Oeffnung auf den Rücken hineingelegt werden konnte, so daß der Rauch dann durch den Schnabel hinausflog. Ein Schriftsteller des zwölften Jahrhunderts, Konrad mit Namen, sagt, er habe solche Kraniche in der Kirche zu Mainz gesehen, und auch beobachtet, wie der Rauch aus den Schnäbeln emporstieg.

Morgenländischer Gebrauch. — Nach dem Gebote Gottes im fünften Buche Moses sollen keine geschnitzten Bilder gemacht werden. Obgleich sich dieses Verbot auf die Anbetung dieser Bilder bezieht, finden wir doch auch jetzt im Morgenlande fast nur Gemälde, und keine Statuen von Heiligen. Vor diesen Gemälden, besonders der seligsten Jungfrau, brennen die Kopten immer Weihrauch, so auch die Griechen und Russen. Es ist außerdem noch Gebrauch, vor diesen Gemälden eine brennende Lampe zu unterhalten, worin auch hie und da Weihrauchkörner geworfen werden.

Während der hl. Messe wird in den morgenländischen Kirchen fortwährend Weihrauch verbrannt, und zwar bei allen Messen. Auch bei andern kirchlichen Feierlichkeiten finden wir dort den Weihrauch in öfterem Gebrauch als bei uns. Näheres hierüber kann man in jeder guten Reisebeschreibung lesen.

Siebentes Kapitel.

Kirchenmusik und musikalische Instrumente.

§ 34. — Kirchenmusik.

Da es nicht in den Bereich unserer Aufgabe gehört, eine vollständige Geschichte der Kirchenmusik zu schreiben, glauben wir, unserer Pflicht zu genügen, wenn wir kurz ange= deutet haben, in wie fern Musik heutzutage mit dem Gottes= dienste verbunden ist oder verbunden sein soll. Wir können auch zum Voraus bemerken, daß nur beim Hochamte die Musik in Betracht kommt, da für stille Messen keinerlei Gesang vorge= schrieben ist. Ob er geduldet werden kann, ist eine andere Frage.

Daß kirchlicher Gesang und kirchliche Musik in der latei= nischen oder westlichen Kirche bewahrt und gepflegt wurden, verdanken wir besonders den rastlosen Bemühungen des heili= gen Ambrosius, Erzbischof von Mailand im vierten Jahrhun= dert. Nach ihm kommen die großen Namen, Papst Gelasius und Papst Gregor der Große. Von dem letztgenannten Papste stammt der sogenannte Gregorianische Gesang. Wir handeln zunächst über den Ambrosianischen, nachher etwas ausführlicher über den Gregorianischen Kirchengesang.

Die meisten Hymnen, die wir gegenwärtig im Breviere finden, stammen entweder ganz oder theilweise vom hl. Ambro= sius her. Wie er selbst sagt, verfaßte er sie größtentheils zu dem Zwecke, um den Gläubigen ein Gegenmittel zu bieten gegen die falschen Ansichten und ketzerischen Gedanken, die durch die Gesänge der Arianer zu seiner Zeit so sehr ver= breitet waren. (Ueber Arius und die Arianer siehe Kap. 23.) Durch fromme Gesänge versuchte er, das Gift der Ketzerei und des Unglaubens im Volke zu zerstören. Wie die Gesänge vorgetragen wurden, können wir nur ahnen, nicht entscheiden; denn wir haben bloß noch eine seiner Melodien, nämlich den Gesang bei der feierlichen Segnung der Osterkerze am Char= samstage. Man nennt dieses Gebet gewöhnlich nach seinem Anfangsworte das Exultet. Nach der gewöhnlichen Annahme ist das Gebet selbst vom hl. Augustinus verfaßt, allein der hl. Ambrosius verfaßte den Gesang oder gab wenigstens die Anleitung dazu.

Da der hl. Ambrosius eine geraume Zeit im Osten zuge=
bracht hatte, ehe er Bischof von Mailand wurde, brauchen wir
uns nicht zu wundern, daß er eine so hohe Liebe zu echter
Musik hegte. Ein Mann mit solchem Zartgefühl, wie Ambro=
sius es besaß, mußte nothwendiger Weise von den schönen,
harmonischen Gesängen Griechenlands und des Ostens gerührt
und beeinflußt werden, und die Eindrücke, die er in seiner
Jugend empfangen hatte, lebten in ihm fort, auch nachdem er
schon lange vom ton= und gesangreichen Osten sich getrennt
hatte. Er versuchte, die griechischen erhabenen Töne den west=
lichen Ohren anzubequemen, und es gelang ihm vortrefflich,
obgleich er auch manche schöne Stunde seines Lebens dafür
hatte opfern müssen. Die Griechen hatten acht sogenannte
Töne oder Modi, wie sie genannt werden, die mit ihren alten
Namen so hießen: 1. Der dorische Ton, 2. der hypodorische,
3. der phrygische, 4. der hypophrigische, 5. der lydische, 6. der
hypolydische, 7. der mixolydische, 8. der hypomixolydische.
Jeder dieser Töne hatte einen besonderen Charakter, der eine
war sanft, der andere rauh u. s. w. Ob der hl. Ambrosius
seine Melodien nach diesen acht Tönen formte, wissen wir
nicht sicher, aber es wird gewöhnlich angenommen. Gewiß
ist nur, daß die Methode ziemlich verwickelt war, und daß
manchmal die Töne über den gewöhnlichen Umfang der Sän=
ger hinausgingen; daher fand man es für nothwendig, noch
Verbesserungen zu versuchen, um den Gesang für alle Sänger
brauchbar zu machen, so daß nach dem Wunsche der Kirche Alle
zusammen ihre Stimmen zum Lobe Gottes vereinigen könnten.
Dieses große Werk wurde vom Papst Gregor dem Großen
unternommen und mit bewundernswerthem Geschicke durch=
geführt. Er regelte den Gesang, übernahm zuerst selbst die
Leitung und gründete, um den Bestand seiner Arbeit zu
sichern, eine Gesangschule in Rom, worin der Gesang nach
seinen Grundsätzen geübt und von woher er überallhin ver=
breitet werden sollte. Dieses ist der Ursprung des gregoriani=
schen Gesanges. Er wird wohl planus, einfach, oder firmus,
sicher, genannt, von der einfachen und sicheren Majestät, die
in ihm sich zeigt.

Die besonderen Vorzüge des ambrosianischen Gesanges
können wir jetzt wenig beurtheilen, und ob der jetzige Gesang
in Mailand der wirkliche ambrosianische ist oder nicht, lassen
selbst große Kenner unentschieden. Der alte Gesang war
majestätisch und voll himmlischer Süßigkeit; dieses wissen wir

vom hl. Augustinus, dessen großes Herz von Reue und Zer=
knirschung betroffen wurde, so oft er diesen erhabenen Gesän=
gen zuhörte. Er sagt darüber in seinen Bekenntnissen: „Wenn
ich an die Thränen denke, die ich während des Gesanges in den
ersten Tagen meines wiedererlangten Glaubens vergoß, und
wie ich noch jetzt durch ihn gerührt werde, — nicht so sehr durch
den Gesang, wie durch das, was gesungen wird . . . ., so
erkenne ich den großen Nutzen dieser Einrichtung."

Nach der Betrachtung des ambrosianischen Gesanges wen=
den wir uns jetzt zum wahren Kirchengesange, dem gregoriani=
schen. Die Vorzüge dieses Gesanges sind bekannt genug, und
wer hat ihn je gehört, wenn er vorgetragen wurde, wie er es
sollte, ohne zu fühlen, daß er einen Zauber auf die Seele
ausübt? Wenn der hl. Augustinus weinte, als er den ambro=
sianischen Gesang hörte, so wissen wir auch mit Bestimmtheit,
daß in späteren Zeiten manche Thränen beim Anhören des
gregorianischen Gesanges flossen. Der ehrwürdige Beda er=
zählt uns vom hl. Guthbert, daß er beim Singen der Präfa=
tion so gerührt wurde, daß sein Schluchzen durch die ganze
Kirche gehört werden konnte, und daß beim Sursum corda,
wenn er seine Hände emporhob, sein Singen eher mit einem
feierlichen Jammern als mit einer Melodie verglichen werden
mochte. Der berühmte Tonkünstler Haydn war oft zu Thrä=
nen gerührt, wenn er in den Londoner Armenschulen die Kin=
der zusammen die Psalmen nach den gregorianischen Weisen
absingen hörte; und der Meister der Musiker und Componisten,
Mozart, sagte öfters, er wollte lieber der Componist der Präfa=
tion und des Pater noster, das in denselben Tönen geschrieben
ist, sein, als irgend eines seiner Meisterwerke, wodurch er sich
doch ewigen Ruhm erwarb. Dieses sind nur einige der vielen
lobenden Ausdrücke, deren sich Männer bedienten, die so aus=
gezeichnet befähigt waren, um als Richter in dieser Hinsicht
auftreten zu können.

Was den gregorianischen Gesang vor Allem auszeichnet,
ist seine wundervolle Einfachheit, die mit einer Art göttlicher
Erhabenheit gepaart ist, die durch den ganzen Gesang wie ein
rother Faden sich hindurchzieht, die man aber in Worten nicht
beschreiben kann. Man muß den Gesang hören, um ihn zu
begreifen. Außer dieser Eigenschaft ist es auch auffallend im
gregorianischen Gesange, wie die Melodie hinter die Worte
zurücktritt, so daß jedes Wort deutlich von allen verstanden
werden kann. Auf diese Art wird der Gesang ein feierliches

Gebet; und aus diesem Grunde ist er so verschieden von neuern Musik- und Gesangsstücken, deren einzige Aufgabe es zu sein scheint, die Worte vollständig zu erdrücken, oder wenigstens sie so zu verstümmeln, daß man sie nur halb und ohne Zusammenhang vernimmt.

Jahrhunderte lang bewahrte Rom diesen kirchlichen Gesang in seiner ursprünglichen Reinheit, und suchte sorgfältig alles davon ferne zu halten, was der weltlichen Musik entlehnt oder ihr nachgeformt war. Jedoch troß aller Sorgfalt kamen Neuerungen und Veränderungen hie und da vor, die aber zuletzt so überhand nahmen, daß die alte kirchliche Musik von diesem Unkraut völlig überwuchert wurde. Der kirchliche Gesang, einst der Stolz der römischen Kirche, schien rettungslos verloren zu sein. Wenn wir uns umschauen, um den Hauptgrund dieser Verderbniß zu erforschen, so finden wir die Wurzel in Frankreich. Von Frankreich sind schon oft verschlimmernde Verbesserungen ausgegangen. Siebenzig Jahre lang, vom Papste Clemens V. bis zum Papste Gregor XI. wohnten die Päpste in der französischen Stadt Avignon, und der päpstliche Sängerchor bestand damals naturgemäß aus französischen Musikern und Tonkünstlern. Diese hatten wenig Achtung für den alten, ehrwürdigen Kirchengesang; sie verkürzten, verstümmelten, verschönerten und verarbeiteten ihn nach ihrem Geschmacke. Und diese Künstler brachte Gregor XI. mit sich, als er nach Rom zurückkehrte. Als sie in Rom ihre verschönerten Gesänge vortrugen, war man darüber wenig erbaut, ja man nahm wirklichen Anstoß daran, weil man vor lauter Tönen und Melodien nicht ein einziges Wort verstehen konnte. Der Gesang wurde von denkenden Männern sehr hart beurtheilt. Es wird uns hierüber eine nette Anekdote erzählt: Papst Nikolaus V. fragte den alten Cardinal Capranica, was er von diesem Gesange halte. Der Cardinal antwortete gutmüthig: Nun, heiliger Vater, ich könnte diese Sänger mit einem sackvoll quickender Ferkel vergleichen; sie machen einen schrecklichen Lärm, aber sprechen kein Wort richtig aus."

Zur Zeit des Conzils von Trient endlich war die harmonisirte Kirchenmusik so tief gesunken, daß man den Beschluß faßte, sie entweder zu verbessern oder gänzlich aus der Kirche zu verbannen. Eine Cardinalscongregation wurde vom Papste Pius IV. aufgestellt, zu versuchen, ob es möglich sei, eine Messe herzustellen, worin die Musik harmonisch und die Worte deutlich und ausdrucksvoll seien. Der heil. Karl Barromäus und der Cardinal Vitelozzi befanden sich unter diesen Cardinälen. Sie fanden in ihrer Rundschau dort unter den musikalischen oder vielmehr kirchenmusikalischen Talenten einen Mann von großem Ansehen und ganz eigener Erfindungsgabe. Er war Chordirigent an der Kirche Sancta Maria Maggiore. Sie wandten sich an ihn; er versprach, sein Möglichstes zu thun und begann sofort ernstlich sein Versprechen einzulösen. Er componirte in kurzer Zeit zwei Messen, die mit großem Beifall aufgenommen wurden; allein die dritte übertraf die kühnsten Erwartungen. Sie war einfach, harmonisch und andachts= voll. Jedes Wort war mit dem passenden Ausdruck hervor= gehoben. Sie wurde vor dem Papste und dem Cardinals= collegium aufgeführt, und alle waren einstimmig zu ihren Gunsten. Die Kirchenmusik war gerettet. Der Mann, der diese Rettung bewirkte, war der große **Palästrina**, der für alle Zeiten, als der berühmte Reformator des Kirchen= gesanges dastehen wird. Sein wirklicher Name war Giovanni Pierluigi. Er war gebürtig aus Palestrina, dem alten Prä= neste, in Italien, und nannte sich von seinem Geburtsorte Palestrina. Im Jahre 1524 geboren, lebte er bis 1594, wurde vom heil. Philippus Neri in seinen letzten Stunden besucht und getröstet und liegt in der Peters=Kirche begraben. Er ist der Vater der Kirchenharmonie; und seine große Messe, Missa Papae Marcelli genannt, weil sie vor dem Papste Marcelles II. im Jahre 1554 aufgeführt wurde, wird immer= hin als sein größtes und vollkommenstes Werk gelten. Noch jetzt wird sie jeden Charsamstag in der päpstlichen Kapelle gesungen. Anfangs war sie achtstimmig, aber Palestrina führte sie selbst später sechsstimmig auf. Unter andern großen Kirchenmusikern wollen wir nur folgende nennen: Allegri, der Componist des berühmten Miserere in der Sixtinischen Ka= pelle; Pergolesi, Componist des Stabat Mater, und Mozart, dessen Ruhm jedermann kennt.

Wir können nicht umhin, in Bezug auf Kirchenmusik auf eine Rede oder Vorlesung des hochwürdigsten Herrn Ullathorne hinzuweisen, die in der Cathedrale zu Birmingham gehalten wurde und im Jahre 1880 auch übersetzt in der „Katholischen Volks=Zeitung" erschien.

§ 35.—Musikalische Instrumente.

Der gregorianische Gesang wurde anfangs ohne jegliche Instrumentalbegleitung aufgeführt. Auch jetzt haben weder die Cisterzienser noch die Karthäuser Instrumente; sie sind nicht in der Domkirche zu Lyon, noch in den morgenländischen Kirchen gebräuchlich, wenn wir die paukenartigen Instrumente ausnehmen, die hier und da bei den Abyssiniern und Kopten vorkommen sollen, wenn wir den Reisenden Glauben schenken dürfen. Auch sind von der päpstlichen Kapelle alle Instrumente ausgeschlossen, mit Ausnahme der Trompete, die aber auch nur bei der Elevation ein wenig geblasen werden darf. Der päpstliche Gesangchor, der mit Recht als der gewählteste der Welt gilt, begleitet den heil. Vater immer, wenn er in irgend einer Kirche in Rom das Hochamt singt. Die Mitglieder dieses Chores dürfen nur in Rom singen. Nur Männer sind zugelassen, Frauen durften nie daran denken, Zutritt finden zu können.

Die Orgel.—Die Orgel wurde in den Kirchengebrauch entweder durch den Papst Vitalion, der während seiner Regierungszeit, d. i. von 657 bis 672 zuerst eingeführt. Die erste, die im Westen erschien, war eine, die vom östlichen Kaiser Constantin Kopronymus dem Könige Pipin dem Kleinen, dem Vater Carl's des Großen, im Jahre 757 geschickt wurde. Sie war in der Kirche des hl. Cornelia in Coonpivyne aufgestellt. Zuerst waren die Orgeln von geringem Tonfange, aber bald wurden sie erweitert und verbessert. Daß man sehr große Orgeln hatte, kann man aus alten Zeugnissen klar genug ersehen. Der hl. Aldhelm schrieb ein Buch über das Lob der Jungfrauschaft, in dem er dem Liebhaber guter Musik räth, „den tausend Stimmen der Orgel zu lauschen, falls er den demüthigen Klang der Orgel verschmähe." Die alte Cathedrale in Winchester in England hatte eine Orgel, die als ein Ungethüm geschildert wird, deren Ton man bis auf unglaubliche Entfernung hören konnte. Ihr Ton war wie das Rollen des Donners, und sie war so groß, daß siebenzig handfeste Männer die Blasbälge füllen mußten. Sie hatte vierhundert Pfeifen und eine doppelte Klaviatur. Manche dichterische Ergüsse wurden zu ihrem Lobe geschrieben. Der Mönch Wolston gibt uns eine genaue, wenn auch etwas überschwengliche Beschreibung davon.

Außer der Orgel gebrauchte man oft in den Kirchen andere Instrumente, z. B. Violinen, Trompeten, Harfen, auch große metallene Ringe mit silbernen Plättchen besetzt und mit einer Anzahl Schellen am Rande versehen. Jedoch müssen wir nicht glauben, daß man früherhin sogenannte musikalische Messen hatte. Diese sind eine Erfindung der neuern Zeit, und sind glücklicherweise sehr im Abnehmen begriffen.

Früher war es der Stolz der Großen, auch zur Ehre Gottes durch Gesang mitwirken zu können. Sie waren darauf bedacht, nur solche Gesänge in der Kirche vorzutragen oder vortragen zu lassen, die von der erhabensten und reinsten Art waren. Deshalb wurden sie oft die Chordirigenten und gossen durch ihren Eifer und ihre Liebe zur Kirchenmusik neuen Muth und neues Feuer in die erkaltenden Sänger. So lesen wir vom berühmten König Richard I., Richard Löwenherz wurde er oft genannt, daß er in seiner eigenen Kapelle vom Anfange bis zu Ende mitsang. Und er, der so tapfer im Osten für die Ehre Gottes und die Rettung des heil. Grabes focht, hielt es nicht unter seiner Würde, zusammen mit seinen niedrigsten Unterthanen bei der Messe das Lob Gottes zu singen. Sein Biograph, der Abt Radulph von Coggeshall sagt: „Er ging im Chore auf und ab und feuerte die Sänger an, laut und har= monisch zu singen; er hob und senkte seine Hände und setzte sein Vergnügen darin, bei höheren Festlichkeiten den Gesang leiten zu können."

Achtes Kapitel.

Die verschiedenen Riten in der lateinischen Kirche.

§ 36.—Allgemeine Bemerkungen.

Unter Ritus versteht man die Feierlichkeiten, die mit der Darbringung des heil. Meßopfers, dem Gesange, den kirchlichen Gebeten, wie überhaupt mit den kirchlichen Handlungen verbunden sind. Sind diese äußeren Gebräuche und Feierlichkeiten diejenigen, welche in der römischen Kirche gebraucht werden, so nennt man diese mit einem Worte den römischen Ritus. So z. B. feiern wir die heil. Messe nach römischem Ritus. Wenn aber neben den äußern Gebräuchen auch die Sprache verschieden ist, so nennt man einen solchen Gebrauch Liturgie. In der lateinischen Kirche können also nicht verschiedene Liturgien sein, weil die Sprache überall dieselbe ist, nämlich die lateinische; wohl aber verschiedene Riten, weil die äußern Gebräuche hie und da verschieden sind. Wenn wir öfters von einem griechischen Ritus sprechen, so ist dieser Ausdruck in weiterem Sinne aufzufassen. Ueber die morgenländischen Liturgien sprachen wir in der Einleitung zu diesem Buche; hier wollen wir etwas genauer auf die Riten in der lateinischen Kirche eingehen, damit unsere Erklärungen nachher besser verständlich sind.

Der gelehrte Cardinal Bona, der über diese verschiedenen Riten in der Kirche spricht, vergleicht sie mit dem Gewande der Braut im Hohenliede, das aus einer Menge Farben bestand. Es gab früher fast keine Stadt, die nicht in den äußern Gebräuchen bei der Darbringung des hl. Meßopfers einige ganz besondere Gewohnheiten beibehalten hätte. Natürlich betrafen solche Gebräuche nie das Wesen der Messe, und änderten auch nie den allgemeinen Verlauf derselben; sie waren gewöhnlich äußere Veränderungen in den Ceremonien, die man an den betreffenden Orten für Verschönerungen und Verbesserungen hielt, und die dort angebracht wurden, wo die strengen Regeln dem Wunsche des Priesters oder des Volkes eine Lücke gelassen hatten. Da aber diese eigenthümlichen Gebräuche, so gut sie auch gemeint waren, leicht zur Unzufrieden=

heit und zum Verdruß Anlaß bieten konnten, und bisweilen sogar die Neigung zu nationalen Eigenheiten zu befördern schienen, hielt der hl. Stuhl es für angemessen, auf diese verschiedenen Gebräuche sein besonderes Augenmerk zu richten, und sie nicht zuviel Ueberhand nehmen zu lassen. Besonders war es aber das Conzil von Trient, das in dieser Hinsicht durchgreifende Maßregeln ergriff. Nach der Anordnung dieses Conzils erließ der hl. Papst Pius V. ein Gebot, wonach alle Riten, die nicht seit undenklichen Zeiten vom apostolischen Stuhle bestätigt worden waren, oder die nicht ein über zweihundert Jahre hinausreichendes Alter beweisen konnten, für immer unterdrückt und abgeschafft wurden. Nur drei geistliche Orden, die Karthäuser, die Karmeliter und die Dominikaner, konnten ihre Gebräuche für die vorgeschriebene Zeit nachweisen; die Mozaraber und die Ambrosianer waren vom hl. Stuhle seit undenklichen Zeiten bestätigt gewesen. Allen diesen wurden ihre eigenen Ceremonien und Gebräuche belassen, aber alle anderen mußten sie aufgeben. Einigen französischen Kirchen, z. B. der zu Lyon, und einigen in Deutschland, z. B. in Münster, wie auch in Neapel, wurden einige lobenswerthe Gebräuche belassen, weil sie auch über zweihundert Jahre alt waren; da aber diese Gebräuche nicht so umfassend sind, um einen wirklichen Ritus zu bilden, werden wir auch nur sehr selten darauf hinweisen.

§ 37.—Die Karthäuser.

Die Karthäuser wurden im Jahre 1084 vom hl. Bruno, einem Priester aus Köln, gestiftet, und erhielten ihren Namen von dem Orte La Chartreuse, bei Grenoble, in Frankreich, wo in einer unwirthlichen Gegend ihr erstes Kloster stand. Der Karthäuserorden wird als der strengste in der Kirche betrachtet, und Mitglieder der sogenannten Bettelorden können aus ihrem Orden nur austreten, um Karthäuser werden zu wollen, da dieses ein Uebergang von einem weniger vollkommenen Orden zu einem vollkommeneren zu sein scheint. Als Wappen führt der Orden ein Kreuz auf einem Balle mit der Inschrift: Stat crux, dum volvitur orbis, d. i., Das Kreuz steht, so lange die Erde sich bewegt. Ihre Tracht ist von weißer Farbe, aber außerhalb des Klosters tragen sie eine schwarze Kutte darüber. Auch gibt es Frauenklöster dieses Ordens, in denen die sonderbare, von Rom gutgeheißene Sitte herrscht, daß die Nonnen bei der Ablegung der feierlichen

Gelübde Manipel und Stola tragen und die Epistel während des Hochamtes singen. Die Karthäuser haben in ihren Kirchen keine musikalischen Instrumente und ihr Gesang ist rein gregorianisch.

Da wir weiter unten (Kap. 20—29) jeden einzelnen Gebrauch der Karthäuser bei der hl. Messe genauer besprechen werden, führen wir das Abweichende hier nur sehr kurz, aber vollständig an:

a) Am Anfange der Messe gießen sie Wein und Wasser in den Kelch.

b) Das Stufengebet wird nicht in der Mitte vor dem Altare, sondern an der Evangelienseite gebetet. Ihr Confiteor ist viel kürzer als das unsrige.

c) Beim Hinaufgehen zum Altare sagen sie nicht das Gebet Oremus te, sondern beten ein Vater unser und den englischen Gruß, worauf sie sich bekreuzen.

d) Sie sagen das Gloria an der Epistelseite, und sagen auch dort das Dominus vobiscum.

e) Nach dem Evangelium küssen sie den Rand des Meßbuches, nicht das Evangelium selbst.

f) Im Credo beim et incarnatus est machen sie nur eine tiefe Verbeugung. (Sie berühren bei ihren Kniebeugungen nie den Boden.)

g) Sie segnen Wasser und Wein bei der Opferung nur mit e i n e m Kreuze, und opfern Brod und Wein zusammen auf, indem sie die Patene mit der Hostie auf den Kelch legen.

h) Vom Anfange des Canons bis zum Hanc igitur breiten sie ihre Arme aus, so daß ihr Körper ein Kreuz darstellt.

i) Sie erheben den Kelch nur ein wenig, wie wir es bei der kleinen Elevation thun.

j) Nach der Wandlung breiten sie ihre Arme wieder kreuzweise aus, bis zum Gebete Supplices.

k) Am Ende der Messe geben sie keinen Segen und beten nicht das Evangelium Johannes.

Andere Eigenthümlichkeiten, die aber zu geringfügig sind, um hier aufgeführt zu werden, werden wir hie und da besprechen.

§ 38.—Die Carmeliter.

Die Carmeliter wurden gestiftet im Jahre 1156 von Berthold, einem Priester, und Mönch von Calabrien und erhielten ihren Namen von der ersten Einsiedelei, die sie auf dem Berge Carmel gründeten, wo der Prophet Elias gewohnt hatte. Die Carmeliten selbst leiten ihren Ursprung vielfach auch von diesem Propheten her.

Ihre abweichenden Gebräuche bei der hl. Messe sind in Kürze die folgenden:

a) Sie sagen den Psalm Judica (42) auf dem Wege von der Sakristei zum Altare.

b) Wie die Karthäuser, gießen sie am Anfange der Messe Wein und Wasser in den Kelch.

c) An höheren Festen sagen sie den Introitus dreimal, nicht blos zweimal, wie wir.

d) Bei der Entblößung des Kelches machen sie über die Opfergaben das Zeichen des Kreuzes: Im Namen des Vaters u. s. w., und opfern dann die Opfergaben durch das gemeinsame Gebet. Dieses ist bei ihnen länger als bei uns.

e) Vor dem Stillgebete sagen sie: „Herr, erhöre mein Gebet, und mein Flehen komme zu Dir."

f) Das Gebet Hanc igitur sagen sie mit einer tiefen Verbeugung.

g) Nach der Wandlung breiten sie ihre Hände kreuz= weise aus bis zur Zeit, wo die Kreuze über den Kelch gemacht werden.

h) Vor dem Domine, non sum dignus beten sie: „Sei gegrüßt, Erlösung der Welt, Wort des Vaters, heilige Hostie, lebendiges Fleisch, wahre Gottheit, wahrer Mensch."

i) Beim Domine, non sum dignus beugen sie das Knie ein wenig.

j) Nach dem Segen beten sie das Salve Regina oder das Regina coeli mit den dazu gehörigen Antworten und Gebeten.

k) Nach dem Evangelium des hl. Johannes sagen sie Per evangelica dicta, wie wir nach dem ersten Evangelium.

l) Dann bedecken sie den Kopf mit der Kutte und beten auf dem Wege zur Sakristei das Te Deum.

§ 39.—Die Dominikaner.

Die Dominikaner erhielten ihren Namen vom hl. Domi= nikus, einem Spanier, der im Jahre 1215 diesen Orden grün= dete. Gewöhnlich nennt man sie die Prediger und ihren Orden den Predigerorden, weil sie zur Verkündigung des Wortes Got= tes bestimmt waren. Weil sie über ihre weiße Tracht außer= halb des Klosters eine schwarze Kutte tragen, nannte man sie

an einigen Orten die schwarzen Mönche, und in Frankreich hei=
ßen sie vielfach die Jakobiten, weil das älteste Haus des Ordens
in Paris unter dem Namen des hl. Jakobus bekannt war.

Bei der Messe finden wir bei ihnen die folgenden Eigen=
thümlichkeiten:

a) Sie schlagen das Schultertuch erst beim Anfange der
Messe zurück.

b) Am Anfange der Messe gießen sie auch Wein und
Wasser in den Kelch.

c) Sie sagen nicht den Psalm Judica, sondern einige
andere Verse.

d) Sie fangen das Gloria in der Mitte des Altars an,
beendigen es aber auf der Epistelseite, wo sie auch das Dominus
vobiscum sagen.

e) Sie fangen das Credo in der Mitte des Altars an,
aber fahren damit auf der Evangelienseite fort. Beim Et
incarnatus gehen sie zur Mitte des Altars, legen den Vorder=
theil des Meßgewandes auf den Altar und knieen. Dann
gehen sie wieder zur Evangelienseite.

f) Beim Flectamus genua breiten sie auch ihr Meß=
gewand auf den Altar.

g) Sie lesen das Offertorium auf der Evangelienseite.

h) Bei der Opferung verfahren sie wie die Karthäuser
und die Carmeliter.

i) Nach dem letzten Evangelium machen sie das Kreuz=
zeichen, falten erst dann das Corporale, legen es in die Bursa,
ziehen das Schultertuch wieder über den Kopf und kehren zur
Sakristei zurück.

§ 40.—Die Mozaraber und ihr Ritus.

Obgleich der mozarabische Ritus oftmals Liturgie genannt
wird, kann er doch nach dem oben Gesagten darauf keinen An=
spruch machen, da die Sprache lateinisch ist. Die alte spanische
sogenannte Liturgie wurde durch den hl. Torquatus und seine
Gefährten eingeführt, und war in allen Stücken mit der römi=
schen übereinstimmend. Als Spanien im fünften Jahrhun=
dert von den Sueven, Alanen, Vandalen und Westgothen
erobert und heimgesucht wurde, stand die alte Liturgie in
großer Gefahr. Alle diese Völker waren Arianer, und so
wurden manche arianische Ausdrücke und Gebräuche nach und
nach mit der alten spanischen Liturgie verbunden. Ueberdieß

bestand auch ein lebhafter Verkehr zwischen Spanien und Con= stantinopel, das im fünften Jahrhundert den unumschränkten Vorrang im Osten hatte. So kam es, daß die spanische Liturgie von lauter östlichen und arianischen Zuthaten und Verschlim= merungen strotzte, so daß man zuletzt ernstlich an eine Verbesse= rung dachte. Projuturus, Erzbischof von Galizien, wandte sich um Rath und Beistand an den Papst Vigilius im Jahre 537. Der Papst sandte ihm mit dem Antwortschreiben zu gleicher Zeit den Canon der Messe nach der römischen Regel, nebst der ganzen Messe für das Osterfest, damit er seine neue Liturgie darnach einrichten möge. Gegen Ende des sechsten Jahrhun= derts wurden die Westgothen zum katholischen Glauben bekehrt, und dann kam die Zeit, in der die spanische Liturgie von größ= ter Wichtigkeit war. Ein Conzil wurde im Jahre 633 nach Toledo berufen, auf dem die Bischöfe beschlossen, jede auslän= dische Liturgie aus dem Lande zu verbannen und einen gemein= samen Ritus durch's ganze Land zu befolgen. Weil der heilige Isidor bei dieser Arbeit sehr thätig war, wird er gewöhnlich als der Verfasser der spanischen Liturgie angesehen. Die so gebildete Liturgie nannte man die gothische, weil sie besonders für die Westgothen bestimmt war, und diese blieb in Spanien gebräuchlich, auch nachdem die Verbesserungen und Veränderungen des Papstes Gregor des Großen sonst überall Aufnahme gefunden hatten.

Am Anfange des achten Jahrhunderts fiel das Land in die Hände der Araber, die auch Mohren, Mauri genannt wer= den. Diese Mohren waren ursprünglich die Bewohner der Provinz Mauritania in Afrika, wurden im siebenten Jahr= hundert von den Arabern unterjocht, mußten den Muhamme= danismus annehmen und vereinigten sich so sehr mit den Arabern, daß Araber und Mohr fast gleichbedeutende Aus= drücke wurden. Nach langen Kämpfen des alten spanischen Volkes machten endlich Ferdinand und Isabella der Herrschaft der Mohren in Spanien ein Ende im Jahre 1492. Als die Araber aber zuerst auftraten, warfen sie alles vor sich nieder, und die meisten Spanier mußten sich der Nothwendigkeit fügen. Diejenigen, die mit den Arabern lebten, hießen Mostarabuna, welches so viel heißt als „mit Arabern vermischt", und daher kommt der Name Mozaraber und Mozarabische Liturgie. Während der Herrschaft der Araber, die unge= fähr acht hundert Jahre lang dauerte, wurde die Liturgie fort= während geändert und verdorben, so daß zuletzt auf dem Conzil von San Juan de la Pena im Jahre 1001 König Sancho den gregorianischen oder römischen Ritus allgemein vorschrieb. Das Conzil von Bourges im Jahre 1085 wiederholte diesen Befehl. Es war jedoch keine Leichtigkeit, den gregorianischen Ritus so mit einem Federstriche einzuführen, da ja immer die Leute ihre althergebrachten Gewohnheiten mit wunderbarer Zähigkeit festhalten. Das Land war in zwei Heerlager getheilt. Der eine Theil war für die römische Liturgie, der andere für die gothische. Als man sah, daß man sich nicht einigen konnte, nahm man zu einem Gottesgerichte seine Zuflucht. Ein großer Scheiterhaufen wurde angezündet und ein Exemplar jeder Liturgie hineingeworfen, denn man hatte sich vorher vereinbart, daß die unverletzt bleibende Liturgie für das Land gelten sollte. Die gregorianische Liturgie wurde zuerst hineingeworfen, aber kaum hatte sie die Flammen berührt, als sie unversehrt wieder aus dem Scheiterhaufen hinausflog. Dann wurde die mozarabische hineingeworfen, und sie blieb in der Mitte des Feuers unverletzt. Da also beide Liturgien wunderbarer Weise erhalten worden waren, wurde der Beschluß gefaßt, sie als gleich gut anzuerkennen. Beiden sollte der gleiche Rang in Spanien eingeräumt werden.

Beschlüsse ändern oftmals die Lage der Dinge vollständig. War man vorher gegen die Einführung des gregorianischen Ritus gewesen, so schien man jetzt nicht schnell genug alles Mozarabische wegwerfen zu können, und in kurzer Zeit war die mozarabische Liturgie nur noch auf Toledo mit sechs Kirchen beschränkt. Es waren die Kirchen zur hl. Justa, zum hl. Lukas, zur hl. Eulalia, zum hl. Markus, zum hl. Sebastian und zum hl. Torquatus, aber selbst in diesen wurde die Liturgie verändert, so daß die mozarabischen Formen nur noch in der Kathedrale erschienen. Während jedoch der berühmte Ximenez (sprich Chimenes) Erzbischof von Toledo war im Jahre 1500, brachte er es durch seinen Einfluß dahin, daß in fünf Kirchen Toledo's die mozarabische Liturgie wieder hergestellt wurde, und er errichtete eine Verbindung von Priestern, die Sodales Mozarabes genannt wurden, um über diese Liturgie fortan zu wachen. Der Ritus ist in diesen fünf Kirchen jetzt noch gebräuchlich, sonst aber nirgends. Wir werden öfters auf die besonderen Gewohnheiten und Gebräuche des mozarabischen Ritus zurückkommen. Für diejenigen, die sich hiermit mehr vertraut machen wollen, wollen wir besonders auf das Werk hinweisen: „Leben des Cardinals Ximenez, von T. J. von Hefele, Bischof von Rottenburg." Dort findet man die beste Auskunft über alle einschlagenden Fragen.

§ 41.—Der ambrosianische Ritus.

Der ambrosianische Ritus, der oft auch den weniger
passenden Titel einer Liturgie trägt, hat seinen Namen vom
hl. Ambrosius, Bischof von Mailand im Jahre 374. Wie die
Mailänder behaupten, wurde das Meiste in diesem Ritus vom
hl. Apostel Barnabas angeordnet; er erhielt aber seine Vollen=
dung erst durch die Arbeit des hl. Ambrosius, wird diesem
deßhalb zugeschrieben und nach ihm benannt. Manchmal sind
schon Versuche gemacht worden, diesen Ritus ganz abzuschaffen,
und den römischen dafür einzuführen, allein vergebens. Die
Mailänder halten krampfhaft daran fest, und weil doch kein
Glaubenssatz auf dem Spiele stand, wählte der hl. Stuhl das
geringere Uebel, erlaubte und bestätigte den Ritus, damit „sie
in ihrem eigenen guten Verstande vollkommen würden." So
that es besonders Papst Alexander VI. im Jahre 1497, und
seit der Zeit wurde er immerfort strenge in Mailand beob=
achtet, d. h. in den Kirchen, in denen er seit urdenklichen
Zeiten schon gebräuchlich gewesen war; denn in den meisten
Kirchen der Diözese Mailand beobachtet man heutzutage den
römischen Ritus. Der hl. Carl Barromäus wirkte besonders
für die Aufrechthaltung dieses Ritus.

Wir führen hier nur einige Eigenthümlichkeiten desselben
auf; die andern werden im Verlaufe unserer Erörterungen
besprochen werden. Er erlaubt das Agnus Dei nur in Messen
für die Verstorbenen. Die lateinischen Stellen der hl. Schrift
sind nicht aus der Uebersetzung der Bibel, die die lateinische
Kirche jetzt gebraucht, sondern aus einer ältern. An Ostern
müssen zwei Messen gelesen werden, eine für die Neugetauften,
eine für das Fest. An den Freitagen der Fastenzeit wird nie
Messe gelesen. — So wollte wenigstens eine Verordnung des
hl. Carl Barromäus vorschreiben, die auch fast allgemein ange=
nommen wurde. — An Sonntagen und höheren Festen wird
von der Epistel mit großer Feierlichkeit eine längere Lesung
aus dem Alten Testamente veranstaltet, an die sich Verse und
Gesänge anschließen, ähnlich dem Graduale in unserer Messe.
Der Priester geht unmittelbar vor der Wandlung zur Epistel=
seite, und wäscht seine Hände. Er sagt dabei kein Gebet.—

Im Vorbeigehen wollen wir hier bemerken, daß nach dem
ambrosianischen Ritus die Taufe durch Untertauchen, nicht
durch Begießung mit Wasser geschieht. Auch in der Spendung
der andern Sakramente haben die Mailänder verschiedene Ge=
bräuche, die wir in unserm Buche nicht näher berühren können.

§ 42.—Riten von geringerem Belange.

Der gallische Ritus.—Diesem Ritus, der für Frankreich besonders bestimmt war, brauchen wir hier nur wenige Zeilen zu widmen. Seit der Zeit Carl's des Großen ist er immer mehr und mehr mit dem römischen verbunden worden, so daß sie sich nun wenig unterscheiden. Außerdem konnten nur wenige Kirchen in Frankreich der Anforderung des Papstes Pius V. genügen, nämlich den Bestand des Ritus für zwei= hundert Jahre nachzuweisen. Manche Kirchen in Frankreich gebrauchen zwar jetzt noch ihren alten Ritus, aber unerlaubter Weise. Bloß in der Stadt Lyon, dem alten Lugdunum, werden noch einige Gebräuche mit der Erlaubniß des heiligen Stuhles beobachtet, wie z. B. das Lesen des Evangeliums vom Ambo, (siehe Kap. 21), der Gesang ohne Orgel und Musik= begleitung und ähnliches. Die Einwohner von Lyon behaup= ten, daß ihr Ritus durch den heil. Irenäus am Anfange des dritten Jahrhunderts in Frankreich eingeführt worden sei.

Der Sarum Ritus.—Sarum war ein alter Flecken in Wiltshire in England; etwas nordwärts von Salisbury. Der hl. Osmund, ein Mann von großem Eifer und tiefer Gelehr= samkeit war hier Bischof im Jahre 1078. Er war es, der nach langem Studium und vielen Arbeiten den sogenannten Sarum Ritus einführte, der wegen seiner Pracht und seiner großartigen Ceremonien so hoch berühmt war. Im ersten Ka= pitel haben wir schon eine Probe davon gegeben. Dieser Ritus war in England fast überall gebräuchlich und blieb es bis 1560, als Königin Maria, durch die Vermittlung des Cardinals Pole, Erzbischofs von Canterbury den römischen Ritus einführen ließ. Es gab verschiedene Kathedralen in England, wo der Sarum Ritus nie eingeführt war, so z. B. in York, Hereford, Lincoln. In manchen Stücken war er dem Ritus der Karthäuser oder der Dominikaner verwandt, wie wir weiterhin öfter sehen werden.

Deutsche Riten.—In Deutschland ist man immerhin bedacht gewesen, etwas zu besitzen, was der Nachbar nicht hat. So auch in der Liturgie. Fast jede Diözese hat verschiedene Gebräuche, allein man kann diese nicht mit dem Namen eines Ritus beehren; es sind eben nur kleine Abweichungen. Im Brevier ist die Verschiedenheit größer, jedoch auch hier nicht durchgreifend. Wir bezweifeln jedoch, ob mehr als zwei oder drei deutsche Diözesen berechtigt sind, ihre Gebräuche aufrecht zu erhalten, d. h. ob sie zweihundert Jahre vor dem Erlasse des hl. Papstes Pius V. bestanden haben.

Neuntes Kapitel.

Der Altar.

§ 43.—Der Altar in der lateinischen Kirche.

Der Altar (altare) ist der heilige Tisch, auf dem das heilige Opfer der Messe dargebracht wird. Das Wort stammt aus dem Lateinischen, und heißt ein hoher Tisch oder Stein. Der Regel nach soll er ungefähr drei und einen halben Fuß hoch sein, drei Fuß weit, und sechs und einen halben Fuß lang; und um die Vollendung Christi darstellen zu können, auch ganz fest aus Steinen aufgebaut sein. Ehe an einem Altare Messe gelesen werden darf, muß er vom Bischofe geweiht werden.

Nach den heutigen Kirchengesetzen muß der Altar von Stein sein, wenigstens der Theil, auf dem der Kelch und dessen Zubehör stehen. Diese obere Platte braucht eben nicht groß zu sein, muß aber aus einem Steine bestehen. Wenn der Altar nicht ganz aus Stein gebaut ist, soll von der Vorder= seite ein langes Tuch über die ganze Länge hangen. Man nennt dieses Tuch, das nach den verschiedenen Zeiten auch verschiedene Farben hat, das Antependium. In den ältesten Zeiten, besonders während der Zeit der Verfolgungen, bestan= den die Altäre gewöhnlich aus Holz; es würde auch nutzlos gewesen sein, besseren Stoff dazu zu verwenden, da die Heiden zu irgend einer Zeit in die Kirchen brechen und alles zerstören konnten; als aber Friede in der Kirche herrschte, kam auch sofort kostbareres Material in Anwendung.

Nach der allgemeinen Ansicht setzte der Heiland das aller= heiligste Sakrament an einem gewöhnlichen hölzernen Tische ein, das ist, an einem solchen, wie die Juden damals im tag= täglichen Leben ihn gebrauchten. In Rom werden noch jetzt zwei hölzerne Altäre aufbewahrt, der eine im Lateran, der andere in der Kirche der hl. Pudentiana. Auf dem letzteren soll der hl. Petrus die hl. Messe gefeiert haben. Er ist zwar jetzt seines hohen Alters wegen von Würmern zerfressen, aber, was noch übrig ist, wird sorgfältig verwahrt und ist in einem steinernen Gehäuse verschlossen. Auf diesem liest man die folgende Inschrift: In hoc altari Sanctus Petrus pro vivis et defunctis ad augendam fideiium multitudinem, Corpus et Sanguinem Domini offerebat, d. h.: **Auf diesem Al=tare pflegte der hl. Petrus für Lebende und Verstorbene, für das Wachsthum der Menge der Gläubigen, den Leib und das Blut des Herrn zu opfern.** Man sagt, daß Papst Sylvester zuerst die Vorschrift machte, die Altäre aus Stein zu verfertigen; allein dieses wird vielfach bezweifelt, da unter den Verord=nungen, die man diesem Papste zuschreibt, ein Gesetz dieser Art sich nicht vorfindet, und man andererseits auch sicher weiß, daß lange nach der Zeit des hl. Sylvester Altäre von Holz gebraucht wurden. Das Conzil zu Epaon im Jahre 517 ver=bot endlich, irgend einen Altar zu weihen, der nicht aus Stein bestände. So verordnen auch die Gesetze Carl's des Großen.

Kostbare Altäre.—Während der Regierungszeit Constan=tin's des Großen (vom Jahre 312 bis 336), der nach den grausamen Verfolgungen so manche Gesetze zu Gunsten der Christen erließ, wurden viele kostbare Altäre sowohl im Osten wie im Westen in den Kirchen errichtet. Manche waren mit Gold und Silber verziert, auch wohl mit kostbaren Edelsteinen. In der großen Kirche in Rom, die von dem Kaiser gebaut und nach ihm benannt wurde, der jetzigen Kirche des hl. Johannes im Lateran, ließ er sieben Altäre von reinem Silber zum Dienste des Herrn weihen. Die Kaiserin Pulcheria gab der großen Kirche in Constantinopel einen Altar aus Gold und Edelsteinen. Noch sieht man in Chartres, in Frankreich, einen aus Jaspos verfertigten Altar. Aber der größte und schönste Altar mußte natürlich in der Kirche der heiligen Weisheit in Constantinopel sein. (Man nennt diese Kirche oft und fälsch=lich die St. Sophien=Kirche. Der griechische Titel ist Hagia sophia, d. i. **die heilige Weisheit Gottes,** und weil man im Lateinischen auch Sancta sophia sagte, glaubte man öfters, sie sei der heiligen Sophia geweiht, während sie dem göttlichen Erlöser selbst geweiht ist. Wir werden sie deshalb auch immer die Kirche der heiligen Weisheit nennen.) Diese Kirche wurde zuerst von Constantin dem Großem im Jahre 325 gebaut. Die zweite, die nach der ersten auf dem=selben Fundamente errichtet wurde, wurde von Constantius im Jahre 359 vollendet. Theodosius baute an derselben Stelle die dritte im Jahre 415. Die vierte, die jetzige Kirche, ist das Werk des großen Kaisers Justinian. Um acht Uhr Morgens, den 23. Februar 532, wurde die Arbeit begonnen.

Anthemius von Tralles und Isidor von Milet, zwei ausgezeich=
nete Baumeister, waren die Architekten. Künstler waren von
allen Theilen der Welt hinzugezogen worden, um beim Baue
zu helfen, und unter den Arbeitern konnte man oft den Kaiser
selbst bemerken, wie er in einfachem Kleide mit Hammer und
Kelle auch persönlich Hand leistete. Der Bau dauerte fünf
Jahre, zehn Monate und drei Tage. Als der Kaiser den
Tempel vollendet sah, und den Glanz und die Majestät recht
bewundern konnte, rief er aus: „O Salomon, ich habe Dich
überwunden. Dank sei dem Herrn, der mich eines solchen
Werkes für würdig erachtete!" Leider fiel dieser großartige
Tempel zugleich mit der Stadt Constantinopel im Jahre 1453
in die Hände der Türken und wurde in eine große Moschee,
Jami genannt, verwandelt. (Die Türken nennen die größern
Moscheen, worin auch des Freitags—der der muhamedanische
Tag des Herrn ist—Gottesdienst gehalten wird, Jamis. Der
Gottesdienst darin heißt Jumanamazi.) In der einst glor=
reichen Kirche ist jetzt fast alles zerstört und die kahlen und kalten
Mauern zeugen von der Verwüstung, die hier gewüthet haben
muß. Hier stand auch einstens der großartigste Altar, den
Menschenhände nur schaffen konnten. Alles, das den größten
Werth besaß, war von jeder Seite herbeigeschafft worden.
Gold, Silber, die seltensten Metalle, daneben eine zahllose
Menge und Verschiedenheit kostbarer Steine hatte Kaiser Ju=
stinina zusammengebracht und beim Baue des Altares ver=
wandt. Die erfahrensten Künstler waren die Aufseher, und
weder Arbeit noch Geld wurde gespart, den höchstvollkommenen
Altar herzurichten. Nachdem er vollendet war, wurde die In=
schrift darauf angebracht: „Wir, Deine Diener, Justinian
und Theodora, opfern Dir, o Christus, Deine eigenen Gaben
von Deinem Eigenthume; und wir bitten Dich, Du wollest sie
gnädig annehmen, o Sohn und Wort Gottes, der Du für uns
Fleisch annahmst und für uns gekreuzigt wurdest; und
bewahre und mehre dieses Reich, welches Du unserer Verwal=
tung anvertraut hast, durch die Fürbitte der heiligen Mutter
Gottes und Jungfrau Maria."

Bedeutung.—Die eigentliche Bedeutung des Altars ist
die, daß er Christus selbst vorstellen soll, nach der geistlichen
Auslegung des ersten Briefes Pauli an die Corinther: „Sie
tranken von dem geistigen Felsen, der ihnen nachfolgte, und
dieser Felsen war Christus." Nach dem Ehrwürdigen Beda
ist der Altar der Leib Christi, oder aller Heiligen, in denen

das göttliche Feuer immer brennt, so daß es alles verzehrt, was dem Fleische angehört.

Die rechte und linke Seite des Altars.—Bis zum fünf=zehnten Jahrhunderte wurde die rechte und die linke Seite am Altare nach dem Priester bestimmt, der zum Altare gekehrt stand. Was zu seiner rechten Hand war, war rechts, was zu seiner linken sich befand, links. Heutzutage ist es gerade umgekehrt, denn die Ausdrücke r e c h t s und l i n k s werden jetzt nach der Stellung des Cruzifixes auf dem Altare erklärt, so daß jetzt die rechte Seite des Altars auf die rechte des Cru=zifixes aber die linke Seite des Priesters ist, und umgekehrt. Die Evangelienseite ist also die rechte Seite, die Epistelseite die linke des Altars. Es wird uns von glaubwürdigen Zeugen erzählt, daß Patrizius, Bischof von Vienza, in Italien um's Jahr 1488 zuerst diese Bezeichnungsweise einführte. Sie wurde nachher vom Papste Pius V. in das verbesserte Meßbuch aufgenommen, und wurde dadurch allgemein üblich. Man muß diese Thatsachen wohl vor Augen halten, wenn man ältere Werke über die hl. Messe liest, z. B. das Werk des Papstes Innozenz III. um's Jahr 1215. Er schrieb vor der Einführung der jetzigen Ausdrucksweise, und nennt deshalb dasjenige r e c h t s, was wir l i n k s nennen würden, und umgekehrt. Diese Regel gilt für den Altar immer, sowohl in als außer der Messe, und man muß bei alten Regeln z. B. über das Austheilen des Weihwassers, dem Beräuchern u. s. w. sehr vorsichtig zu Werke gehen.

Altartücher. — Es ist strenge vorgeschrieben, daß jeder Altar, auf dem das hl. Opfer dargebracht wird, mit drei lei=nenen Tüchern bedeckt sein soll. Die beiden unteren Tücher müssen die obere Platte oder den Tisch ganz bedecken; das dritte muß über die unteren hinwegreichen und an beiden Sei=ten herunterhangen, so daß es die Erde berührt. Wenn man nicht drei Tücher haben kann, darf man das untere doppelt falten, und in dieser Weise die Dreizahl herstellen. Ehe diese Tücher gebraucht werden dürfen, müssen sie vom Bischofe oder von einem durch ihn bevollmächtigten Priester gesegnet werden. Man gebraucht sie sowohl zum Andenken an die heilige Drei=einigkeit, wie auch um die leinenen Tücher zu versinnbilden, in die der Leib Christi gewickelt wurde, als man ihn in's Grab legte. Wir finden sie schon im grauen Alterthum erwähnt bis in's vierte Jahrhundert hinauf. Damals wurden sie erst nach der Ausweisung der Katechumenen, das heißt, eben vor der Opferung über den Altar gebreitet.

Am Gründonnerstag nach der heiligen Messe entblößt die lateinische Kirche den Altar aller seiner Bedeckung und aller Verzierung und läßt nichts auf ihm zurück als die Leuchter und das Kruzifix. Es war ja auch an diesem Tage, daß der hl. Leib des Heilandes von allen seinen Kleidern entblößt wurde.

§ 44.—Der Altar in der morgenländischen Kirche.

Der kirchliche Gebrauch der Morgenländer in Bezug auf den Altar ist beinahe derselbe wie bei uns. Da wir vorher schon bemerkten, daß die Vorschriften über steinerne Altäre sehr früh schon gegeben wurden, brauchen wir uns nicht zu wundern, daß wir auch im Morgenlande der Regel nach nur Altäre aus Stein finden. Altäre, die aus Holz gebaut sind, wie wir sie oft haben, mit einem einfachen Altarstein versehen, finden sich sehr selten. Wo jedoch kein wirklicher Altar zu haben ist, lesen die morgenländischen Priester Messe auf gewissen leinenen Tüchern, die sie Antimense nennen; auch wohl auf einem Blatte des Evangeliums, wenn die Noth drängt.

Die Antimense.—Das Wort Antimense wird bisweilen auch Antimins geschrieben, und die Griechen gebrauchen fast nur diese Form, allein es ist zusammengesetzt aus dem griechischen Worte anti, anstatt, und dem lateinischen mensa, Tisch oder Altar. Es wird daher von den meisten jetzt auch Antimense geschrieben. Diese Antimensen werden von den Morgenländern sehr geachtet. Obgleich sie in den meisten Fällen jetzt aus Seide bestehen, waren sie ursprünglich und sind auch jetzt noch vielfach aus Leinwand verfertigt wie unsere Corporale. Ihre Weihe ist eine der feierlichsten in der Kirche. Zuerst werden vielfache Gebete verrichtet, dann Reliquien mit wohlriechendem Harze vermischt darüber gebreitet und endlich heiliges Oel darüber gegossen, während die Umstehenden Psalmen singen. Die Weihe kann nur von dem Bischof vollzogen werden. Nach dieser ersten Weihe muß das hl. Opfer an sieben aufeinander folgenden Tagen darauf dargebracht werden, ehe sie als vollständig geweiht betrachtet werden. Der Tag ihrer Weihe, sowie auch der Name des weihenden Bischofes sind gewöhnlich in die Tücher gestickt. Sie sind ungefähr sechzehn Zoll Quadrat, und die Regel fordert, daß das Bild des Joseph von Arimathäa und der heiligen Frauen, die den Leib Christi in's Grab legen, sich darauf befinde. Die russische Kirche fordert diese Antimensen so strenge, daß keine

Kirche eingeweiht werden kann, worin sie sich nicht befinden. Wenn sie nicht gerade gebraucht werden, bleiben sie in ein seidenes Tuch eingewickelt, das man Eileton, d. h. Wickeltuch, nennt. In Syrien gebrauchen die Priester, wenn es noth= wendig ist, anstatt dieser Antimensen, Bretterstücke, die sie Mensae, Tische, nennen. Oftmals jedoch lesen sie auch Messe auf diesen Bretterstücken, wenn leicht ein wirklicher Altar zu haben wäre.

Bedeckung. — Auch die Morgenländer verlangen für die Bedeckung des Altars drei Altartücher. Ein neuerer Gelehrter, Neale, beschreibt uns diese Altarbedeckung in folgender Weise: „An den Ecken des Altars sind vier schmale, kleine Stücke Lein= wand befestigt, welche die 4 Evangelisten vorstellen und deßhalb auch mit den betreffenden Figuren geziert sind. Ueber diese breitet man das erste Tuch, das entweder aus Seide oder son= stigem werthvollem Stoff besteht, und Katasarka genannt wird. (Katasarka heißt Leibkleid.) Das Katasarka hat an den Enden vier Schnüre oder Troddeln. Ueber dieses Tuch kommt ein anderes, Ependysis, äußere Hülle, genannt, gewöhnlich mit Kreuzen verziert." Wie dieser neuere Gelehrte diese Tücher beschreibt, finden wir sie auch in älteren Werken, nur daß früherhin noch ein anderes Tuch, Eileton, Wickeltuch genannt, im Gebrauche gewesen zu sein scheint. Nach dem russischen Rituale ist die erste Bedeckung des Altars ein weißes leinenes Tuch, in der Form eines Kreuzes, dessen Enden die Erde berühren. Dieses wird Stratchitza genannt und bedeutet das leinene Tuch, welches der Heiland nach seiner Auferstehung im Grabe zurückließ. Die zweite Decke ist der ersten entsprechend, nur ist der Stoff reicher als für die erste. Sie wird die Inditia genannt und bedeutet die Herrlichkeit Gottes. Das dritte Tuch ist das Iliton oder Eileton: dieses soll das Tuch vorstellen, womit das Haupt des Heilandes umwunden war, und welches die Apostel Petrus und Johannes in einer Ecke zusammen= gewickelt erblickten. Bei den Kopten ist die untere Decke schwarz. Die anderen Decken entsprechen fast genau denen der andern Morgenländer. Die Kopten, wie fast alle Kirchen des Morgenlandes, haben die Gewohnheit, nach jeder Messe den Altar seines Schmuckes und seiner Bedeckung zu entklei= den; der Altar bleibt dann bis zur nächsten Messe nackt, und soll auch nicht eher bedeckt werden, als bis der Priester schon in vollem Ornate bereit steht, die Messe zu beginnen. Wir haben diese Gewohnheit nur am Charfreitag.

§ 45. — Altartafeln.

Zur Bequemlichkeit des Priesters sind auf jedem Altar drei Tafeln aufgestellt, worauf gewisse Gebete groß genug gedruckt sind, daß sie auch aus etwas größerer Entfernung gelesen werden können. Es ist zwar wahr, daß der Priester alle diese Gebete auswendig wissen soll; allein, da unser Gedächtniß oft trügt, und wir von ihm dann im Stiche gelassen werden, wenn wir es am wenigsten erwarten, hat man es für rathsam erachtet, diese Gebete wenigstens vor Augen haben zu können, wenn die Nothwendigkeit es erheischen sollte.

Die Tafel auf der Evangelienseite enthält das Evangelium des hl. Johannes. Es ist das einzige Gebet, das der Priester dort nicht aus dem Buche liest. Auf der mittleren Tafel ist das Gloria, das Credo, sowie alle Gebete bei der Opferung, sowohl der Hostie wie des Kelches, die Wandlung der beiden Gestalten mit dem vorhergehenden Gebete, die drei Gebete vor der Communion (die nachlässigerweise auf manchen Altar= tafeln nicht gefunden werden), und das letzte Gebet Placeat. Die Tafel endlich auf der Epistelseite zeigt das Gebet für die Segnung des Wassers beim Offertorium, und das Lavabo, das Gebet bei der Händewaschung. Strenge genommen wäre bloß die mittlere Tafel nothwendig, sie ist auch die einzige, die durch die Rubriken vorgeschrieben ist; allein die andern beiden sind jetzt durch langhergebrachten Gebrauch überall zu finden.

Nachtrag. — In Büchern finden wir oft den Ausdruck: privilegirter Altar. Ein solcher ist ein Altar, woran ein Prie= ster Messe liest und dadurch einen vollkommenen Ablaß gewinnt, der aber nur den armen Seelen zugewandt werden kann. So z. B. sind alle Altäre am Allerseelentage privilegirt, das heißt, durch jede heilige Messe wird ein vollkommener Ablaß für die armen Seelen gewonnen. Näheres hierüber kann man in ausführlichen Gebetbüchern finden.

Zehntes Kapitel.

Reliquien.

§ 46.—Alte Gebräuche.

In den ersten Zeiten des Christenthums mußten manche ihren Glauben durch den Tod besiegeln. Es gab nämlich grausame Verfolgungen, unter denen gewöhnlich zehn als die hauptsächlichsten aufgeführt werden, nämlich 1. unter Nero (64 nach Christus), 2. unter Domitian (81), 3. unter Trajan (98), 4. unter Markus Aurelius (161), 5. unter Alexander Severus (222), 6. unter Maximinus dem Thrazier (235), 7. unter Dezius (249), 8. unter Valerian (253), 9. unter Aurelian (270), 10. unter Diokletian (303). In diesen wurden die Christen in großer Anzahl zum Tode geführt, und in Rom gewöhnlich in den Catakomben (siehe 3. Kapitel) begraben. Wo immer jedoch ein Märtyrer begraben war, dahin lenkten sich die Schritte der Lebenden. Man betete an seinem Grabe, man suchte Trost an seinem Grabe, man opferte an und auf seinem Grabe. Fast jeden Tag wurde das hl. Opfer auf den Gräbern der Märtyrer dargebracht, und wenn wir nur einen Tag uns in den römischen Catakomben aufhalten könnten, würden wir durch den Augenschein selbst belehrt werden. Auf den Särgen dieser Märtyrer, die mit einem großen Marmorstein gewöhnlich bedeckt waren, feierten die ersten Priester die Geheimnisse des Christenthums während der Zeit der Verfolgungen. Daher können wir auch alte Namen von Altären und Kirchen nur verstehen, wenn wir diese Geschichte der ersten Christenheit kennen. Man nannte einen Altar und die dabei errichtete Kirche Memoria, d. h. **Gedächtniß** — des dort begrabenen Heiligen; Confessio, **Glaubensbekenntniß** — weil ja der Tod für Christus das stärkste Glaubensbekenntniß ist; Martyrium, **Martyrtod**, und Apostolia, **apostolisches Bekenntniß**. Der Name Martyrium wurde jedoch allen Kirchen gegeben, mochten sie nun über den Gräbern der Märtyrer errichtet sein, oder nur einige Gebeine der Heiligen besitzen. Es war aber festetende Regel, daß keine Kirche ohne Reliquien, d. i. Ueberbleibsel der Gebeine der

Heiligen gebaut werden durfte. In Jerusalem baute z. B.
Constantin der Große eine große Kirche, um sein Wohlwollen
den Christen gegenüber zu bezeugen, legte Reliquien von Hei=
ligen hinein, und nannte den Tempel Martyrium.

Es mochte vielleicht vorkommen, daß man keine Reliquien
bekommen konnte. In diesem Falle griff man zu einem son=
derbaren Auskunftsmittel. Man vermauerte die hl. Hostie in
den Altar. So sagt noch der Bischof Durandis im Jahre
1200, daß man nie einen Altar weihen müsse, ohne das heilige
Sakrament hineinzulegen, wenn man keine wirklichen Reli=
quien bekommen könne. Als England noch katholisch war,
wurde dieser Gebrauch dort auch beobachtet. So lesen wir
unter Anderm auch in einem Beschlusse des Conzils von Cal=
cuith im Jahre 816: „Wenn eine Kirche ist erbaut worden,
soll sie zuerst von dem Bischofe der Diözese geweiht werden;
dann soll die hl. Hostie, welche der Bischof in der Messe con=
sekrirt hat, mit den Reliquien in eine kleine Schachtel verschlos=
sen und in der Kirche aufbewahrt werden; wenn man aber
keine Reliquien finden kann, wird die heilige Hostie vor Allem
genügen, da sie der Leib und das Blut unseres Herrn Jesu
Christi ist." Dieser Gebrauch dauerte in England bis in's
fünfzehnte Jahrhundert. Auch wurden schon früh, wie es noch
jetzt Sitte ist, drei Weihrauchkörner zugleich mit den Reliquien
in diese Schachtel verschlossen. Ueber deutsche Gebräuche in
dieser Hinsicht läßt sich wenig Bestimmtes sagen. (Wie hier
die hl. Hostie vermauert wurde, wurde sie auch bisweilen mit
den Verstorbenen begraben. (Siehe Kapitel 29.)

An einigen Orten bestand die Gewohnheit, mit den Reli=
quien auch Stücke von den Marterwerkzeugen, durch welche die
Heiligen den Tod erlitten hatten, sowie auch Lebensbeschrei=
bungen und alte Legenden in den Altar zu vermauern. So
lesen wir z. B. von dem Altare der großen St. Pauls=Kirche
in London, daß im Jahre 1295 dort die Reliquien der heiligen
Philippus und Andreas, dann der hl. Dionysius und Blasius
niedergelegt wurden, zugleich aber auch eine Reliquie des wah=
ren Kreuzes, an dem der hl. Andreas gekreuzigt wurde.

In Messina, auf der Insel Sicilien, ist ein Altar, in dem,
als eine wertvolle Reliquie, ein Brief der Mutter Gottes ver=
schlossen sein soll. Wir wollen die Legende hierüber geben, wie
wir sie vorfinden, ohne jedoch etwas gegen oder für die Echtheit
der Reliquie sagen zu wollen: „Die Einwohner von Messina
erhielten die große Gnade des Glaubens durch die Predigt des

Apostelfürsten Petrus selbst, während er in Rom als Papst
lebte. Die jetzige Domkirche, obgleich sehr alt und ehrwürdig,
ist jedoch nicht die erste, die dort gebaut wurde; aber auch diese
ist sehr alt, da sie schon im Jahre 1197 vollendet wurde. Im
Jahre 42 nach Christi Geburt kam der hl. Paulus nach Mes=
sina, fand das Volk dort sehr geneigt, den Glauben Christi
anzunehmen und zu befolgen, und hielt auf den Wunsch vieler
zwei Predigten, deren eine das bittere Leiden Christi zum
Gegenstand hatte, während die andere in liebeglühenden Wor=
ten die immerwährende Jungfrauschaft der allerseligsten Jung=
frau und Mutter Gottes schilderte. Als die Einwohner diese
letztere Predigt gehört hatten, riefen sie einstimmig aus: Un=
sere Stadt muß unter den Schutz der Jung=
frau Maria gestellt werden. Sie schickten dann eine
Gesandtschaft nach Jerusalem, wo die Mutter Gottes damals
lebte, an deren Spitze der hl. Paulus selbst war, und sobald
die allerseligste Jungfrau die Gesandten empfangen hatte,
schickte sie einen hebräischen Brief nach Messina, worin sie
erklärte, gern ihrem Wunsche folgen zu wollen. Der heilige
Paulus übersetzte diesen Brief nachher in's Griechische, und
diese Uebersetzung wurde in die alte Kirche niedergelegt. Als
die neue Domkirche gebaut war, wurde der Brief von der alten
Kirche in diese übertragen, und dort in den Altar eingemauert.
Der Brief lautet wie folgt: „Maria, Jungfrau, Tochter Joa=
chims, niedrigste Magd Gottes, Mutter des gekreuzigten Jesus
Christus, vom Stamme Juda, allem Volke Messina's Heil
und Segen von Gott, dem allmächtigen Vater. Durch beglau=
bigte Schreiben haben wir erfahren, daß ihr in großem Glau=
ben Gesandte und Vertrauensmänner zu uns geschickt habet.
Nachdem ihr durch die Predigt des Apostels Paulus auf den
Weg der Wahrheit gelangt seid, bekennet ihr, daß unser Sohn,
der Eingeborene Gottes, Gott und Mensch ist, und daß er nach
seiner Auferstehung gen Himmel fuhr. Deßwegen segnen wir
euch und euere Stadt, deren immerwährende Beschützerin wir
zu sein wünschen. Im Jahre unseres Sohnes 42, die erste
Indiktion, am 3. Tage vor den Nonen des Juni, am 27. des
Mondes, am 5. Wochentage, von Jerusalem. Maria, Jung=
frau, die das obige Schreiben gutheißt." So lautet die Legende.
Um die Echtheit dieses Briefes darzuthun, schrieb der gelehrte
Jesuit, hochw. Melchior Imhofer ein lateinisches Buch, das den
Titel hat: Die Wahrheit und Echtheit der Epistel
der seligsten Jungfrau Maria an die Ein=
wohner von Messina dargethan.

§ 47.—Heutiger Gebrauch.

Schon früh, nachdem die Verfolgungen aufgehört hatten, verließ man den Gebrauch, nur auf den Gräbern der Märtyrer Messe zu lesen, und wandte sich zur jetzigen Sitte, einige Ueber= bleibsel der Heiligen in die Altäre der Kirchen einzuschließen. Daher haben wir das alte Gebet, das der Priester verrichtet, wenn er seine Hände am Anfange der Messe auf den Altartisch legt: „Wir bitten Dich, o Herr, durch die Verdienste Deiner Heiligen, deren Reliquien hier sind, und aller Heiligen, Du wollest gnädig mir alle meine Sünden vergeben."

Die Reliquien der Heiligen, die gewöhnlich Märtyrer sind, werden von dem weihenden Bischof in den Altar gelegt, und um der Formel des Gebetes zu genügen, werden Reliquien von mehreren Heiligen darin eingeschlossen. Diesen Reliquien wird auch gewöhnlich eine Reliquie des Heiligen, dem die Kirche geweiht ist, beigefügt. Um dies nebenbei zu bemerken, müssen die Reliquien Gebeine von dem Körper der Heiligen sein; ein Theil der Kleidung des Heiligen ist nicht genügend, — mit alleiniger Ausnahme der seligsten Jungfrau und des Heilandes selbst. Schon Papst Felix im dritten Jahrhundert soll diese Vorschriften gemacht haben. Ehe die hl. Reliquien in den Altar niedergelegt werden, sollen sie zuerst in eine silberne oder metallene Büchse eingeschlossen, mit den Namen der Heiligen versehen und von dem Bischof durch seine eigenhändige Unter= schrift oder sein Siegel beglaubigt werden. Wenn der Bischof sie in den Altar legt, spricht er: Unter dem Altare habt ihr Heilige einen Ruheplatz gefunden; bittet für uns beim Herrn Jesus Christus.

Gebrauch im Morgenlande. — In Betreff der Reliquien sehen wir keinen Unterschied in der lateinischen und der mor= genländischen Kirche. Man pflegt diese im Osten oft in einer kleinen Schachtel unter den Altar zu stellen und sie den Gläu= bigen zur Verehrung zu zeigen und zu empfehlen. In Ruß= land verordnen die kirchlichen Gesetze, daß bloß der Erzbischof, und nicht ein von ihm abgeordneter Priester diese Büchse in den Altar legen darf. Nach den nestorianischen kirchlichen Vor= schriften darf kein Altar ohne heilige Reliquien geweiht werden. Weil wir eben die Russen unter die Morgenländer aufgeführt haben, wollen wir hier bemerken, daß sie dieselben Gebräuche und Ceremonien beobachten, die wir in der griechischen Kirche finden. Die Sprache ist jedoch slavonisch. Einige kleinere Unterschiede können wir hier nicht weiter berücksichtigen. (Siehe Kapitel 1.)

Elftes Kapitel.

Cruzifixe und Kreuze.

§ 48. — Das Cruzifix in der lateinischen Kirche.

Unter Cruzifix verstehen wir ein Kreuz mit dem daran befestigten Bilde des gekreuzigten Heilandes; wenn wir von einem einfachen Kreuze sprechen, ist es nur das Holz des Kreuzes ohne das Bild des Gekreuzigten; bisweilen wird jedoch, besonders in der Umgangssprache, das Wort Kreuz auch von den Kreuzen gebraucht, die mit dem Bilde des Heilandes versehen sind, aber kein Fußgestell haben, sondern getragen werden müssen. Wir folgen hier der ersteren kirchlichen Auffassungsweise.

Nach den besten Quellen zu urtheilen, haben wir den Gebrauch, das Cruzifix bei der hl. Messe auf den Altar zu stellen, von den Aposteln selbst bekommen. Alle alten Väter sprechen von diesem Gebrauche, und wie wir weiter unten sehen werden, ist dieser auch immer von den Morgenländern beobachtet worden. Das Cruzifix soll uns daran erinnern, daß in der hl. Messe dasselbe Opfer, obwohl unblutiger Weise dargebracht wird, das Christus einst auf dem Calvarienberge zum Heile der Menschheit darbrachte. Der Papst Benedikt XIV. sagt: „Die Kirche unterläßt nichts, um die Priester und die Gläubigen daran zu erinnern, daß die Opfer des Altars und des Kreuzes dieselben sind."

Bei der Aussetzung des Hochwürdigsten soll man das Crucifix vom Altare nehmen, weil dann kein Sinnbild mehr nothwendig ist, wenn die Wahrheit auf dem Altare wohnt; wo man aber dieses nicht bequem thun kann, ist es nicht nothwendig. Jede Kirche kann hierin ihren eigenen hergebrachten Gewohnheiten folgen.

Es ist der allgemeine Glaube in der lateinischen Kirche, daß jeder der Füße des Heilandes mit einem besonderen Nagel an's Kreuz geheftet wurde, und nicht daß beide Füße über einander gelegt mit demselben Nagel seien durchbohrt worden. Das Letztere wird in der griechischen Kirche meistens angenommen. Papst Benedikt XIV. sagt hierüber, es sei beinahe unmöglich, die Füße über einander an's Kreuz zu heften, ohne daß man einige Knochen in den Gelenken brechen würde. Um also die Schrift nicht als unwahr darzustellen, die uns lehrt, daß kein Gebein an ihm gebrochen wurde, nehmen wir

lieber an, daß die Füße neben einander an's Holz geschlagen
wurden. Und so finden wir auch in den alten Gemälden immer
die Darstellung, daß der Heiland mit vier Nägeln an's Kreuz
geheftet ist, nicht aber mit drei, wie wir es heutzutage so oft
sehen. Auch lesen wir dieses in derselben Weise in den Wer=
ten des hl. Gregor von Tours. Durandus im zwölften Jahr=
hundert spricht von vier Nägeln, hat aber daneben auch eine
Andeutung an drei, und läßt uns im Zweifel, zu welcher Seite
er sich neigt. Obgleich jetzt die Kunst, sowohl die malende als
auch die bildende, gewöhnlich der Ansicht der griechischen Kirche
huldigt, war doch in der lateinischen Kirche der Glaube an drei
Nägel nie allgemein. Von den vier Nägeln des hl. Kreuzes
soll der eine zu Rom in der Kirche des hl. Kreuzes sich befinden,
die anderen in den Domkirchen zu Paris, Trier und Toul.
Jedoch gibt es über die Nägel verschiedene Legenden. So
sagt z. B. eine, daß die hl. Helena, nach der Auffindung des
hl. Kreuzes, einen Nagel an den Helm ihres Sohnes Constan=
tin befestigte, einen anderen an den Zügel seines Pferdes und
einen dritten soll sie zur Besänftigung eines Sturmes in das
adriatische Meer geworfen haben. Die lombardische Krone,
d. i. die Königskrone von Mailand und der Lombardei, wird
die eiserne Krone genannt, weil in der ganz aus Gold
bestehenden Krone ein dünner eiserner Reif von dem Nagel des
Kreuzes sich befindet. Manche Kirchen in Europa besitzen kleine
Stückchen von den Nägeln.

An den Crucifixen sollen die Arme vollständig ausgestreckt
erscheinen, besonders wegen der figurlichen Auslegung, daß
Christus die ganze Welt mit seinen Armen umfassen und sie
erlösen wollte. Man findet auch Crucifixe, in denen die Arme
nur theilweise ausgespannt erscheinen, um anzudeuten, daß
nicht für Alle der Heiland gestorben sei, sondern nur für die
Frommen. Diese Art Crucifixe, die also eine Ketzerei versinn=
bilden sollen, nennt man häufig Jansenistische Crucifixe,
vom Bischof Cornelius Janssens von Ypern in Holland (1635).

§ 49.—Verschiedene Arten Kreuze.

Unter den verschiedenen Arten Kreuze, die gewöhnlich
aufgezählt werden, wollen wir hier erst die folgenden sechs
hervorheben:

a) Das lateinische Kreuz hat den Querbalken ungefähr
ein Viertel der Länge des ganzen Kreuzes vom obern Ende.
Das Kreuz steht aufrecht.

b) Das griechische Kreuz hat den Querbalken von gleicher Länge mit dem Kreuzesstamme und in dessen Mitte.

c) Das Andreaskreuz, woran der hl. Andreas litt, in der Form des lateinischen X.

d) Das egyptische oder Antoniuskreuz, mit dem Querbalken über dem Kreuzesstamm.

e) Das Malteserkreuz, das so genannt wird, weil die Malteserritter es trugen, besteht aus vier Dreiecken, die an ihren Enden in der Mitte verbunden werden.

f) Das russische Kreuz hat oben zwei Querbalken und unten einen, um anzudeuten, daß der eine Fuß des Heilandes etwas höher an's Kreuz genagelt war, als der andere. So lautet nämlich die Legende in der russischen Kirche.

Dreifaches Kreuz.—Das wirkliche dreifache Kreuz ist das eben beschriebene russische Kreuz; aber wir finden in bildlichen Darstellungen oft eines mit drei Querbalken, welches man das päpstliche Kreuz nennt; allein unter den päpstlichen Abzeichen findet sich kein solches Kreuz. In der Prozession, welcher der hl. Vater beiwohnt, wird ihm zwar ein Kreuz vorgetragen, aber ein einfaches, wie jedem Bischof. Das dreifache Kreuz ist eine künstlerische Erfindung, wenigstens insofern es den Papst betrifft.

Doppeltes Kreuz.—Das doppelte Kreuz, d. h. das Kreuz mit zwei Querbalken, deren einer ein wenig länger ist als der andere, verdankt seinen Ursprung dem Umstande, daß an dem Kreuze, woran der Heiland litt und starb, eine Inschrift angebracht war, und zwar über seinem Haupte, worauf, wie die hl. Schrift sagt, in hebräischer, griechischer und lateinischer Sprache zu lesen war: „Jesus von Nazareth, König der Juden." Diese Inschrift oder das Brett, worauf sie angebracht war, wird durch den einen Querbalken versinnbildet; der zweite Querbalken ist derjenige, an den die Hände des Heilandes genagelt wurden.

Erzbischöfliches Kreuz.—Wie dieses doppelte Kreuz das Abzeichen des Erzbischofs und der erzbischöflichen Würde geworden ist, können wir nicht begreifen, da in den kirchlichen Büchern kein Unterschied gemacht wird zwischen dem erzbischöflichen und dem bischöflichen Kreuze; auch hat, so viel wir wissen, kein liturgischer Erklärer etwas darüber gesagt und unseres Wissens haben wir beinahe alle gelesen. Man kann jedoch nicht verneinen, daß diese Kreuze gebraucht, ja sehr häufig gebraucht werden, und in einigen Orten den Erzbischöfen immer als Zei-

chen ihrer Würde dienen. Auf den Thürmen der erzbischöfli=
chen Kirchen finden wir das doppelte Kreuz. So vielleicht auf
den vollendeten Thürmen in der alten deutschen Stadt Köln,
wo, wie wir hoffen, der Erzbischof Paulus Melchers die Freiheit
haben wird, der Feier der Vollendung seines Domes beiwohnen
zu können. (Wir können nicht umhin, hier diesem Erzbischofe
und Bekenner des christlichen Glaubens, von dem wir das Glück
hatten, im Jahre 1859 gefirmt zu werden, aus vollem Herzen
zu wünschen, er möge in Friede und Ruhe seiner ihm so sehr
ergebenen Heerde vorstehen, mit ihr leben und bei ihr sterben
dürfen.)

In England sind die doppelten erzbischöflichen Kreuze be=
sonders üblich. Man glaubt, daß Anton Beck, Bischof von
Durham, der vom Papste Clemens V. im Jahre 1305 zum
Patriarchen von Jerusalem ernannt wurde, zuerst diese Kreuze
nach England brachte. Bei den Griechen waren sie in allge=
meinem Gebrauche. Wenn wir eben sagten, daß die Kirche
diese Kreuze nicht kennt oder anerkennt, müssen wir zwei Per=
sonen ausnehmen, denen durch besondere Erlaubniß des Papstes
ein doppeltes Kreuz gestattet wurde, nämlich dem Patriarchen
von Venedig und dem Erzbischof von Agria in Ungarn. (Zu
dem Worte Patriarch wollen wir bemerken, daß es zwar heut=
zutage wenig mehr, als ein Titel ist; allein es gibt nur zwölf
Würdenträger, die diesen Titel haben, und die alle auch Erzbi=
schöfe sind, nämlich zu Constantinopel, zu Alexandrien, zu An=
tiochien für die Menoniten, zu Antiochien für die Melchiten, zu
Antiochien für die Syrier, zu Antiochien für die Lateiner, zu
Jerusalem, zu Babylon, in Westindien, zu Lissabon, zu Cili=
cien und zu Venedig.

§ 50. — Kreuze und Crucifixe in der morgenländischen Kirche.

Die Regeln im Morgenlande bezüglich des h. Kreuzes sind
sehr genau. Es darf keine kirchliche Feier ohne das Kreuz vor=
genommen werden. Auf dem Altare ist ein Kreuz, welches
Allen, die in die Kirche kommen, zum Kusse dargereicht wird.
An allen Straßenecken finden wir Kreuze, und in dem Gebiete
des russischen Kaiserreiches gibt es kaum ein Haus, in dem nicht
das Kreuz und das Bild der seligsten Jungfrau mit einer bren=
nenden Lampe die hervorragendsten Zierden desselben bilden.

Die Armenier verehren das Kreuz auf außerordentliche
Weise, jedoch erst, nachdem es in würdiger Weise geweiht wor=

den ist. Zuerst nämlich waschen sie das Kreuz in einem Ge=
menge von Wein und Wasser, zum Andenken an das Wasser
und das Blut, welches aus der Seite Christi floß; dann salben
sie es mit dem heiligen Oele, das sie Meiron nennen, zum An=
denken an den heiligen Geist, der über Christus herabkam;
dann werden verschiedene Theile der Psalmen, der Propheten,
der Episteln und der Evangelien verlesen; endlich ruft der
Priester in einem Gebete den allmächtigen Herrn an, er möge
diesem Kreuze die Kraft geben, Teufel auszutreiben, Krankhei=
ten zu heilen und den Zorn des Allerhöchsten zu besänftigen, der
uns unserer Sünden wegen heimsucht. Das so geweihte Kreuz
heißt dann der T h r o n C h r i s t i, der W a g e n C h r i s t i,
das W e r k z e u g f ü r d i e B e s i e g u n g d e s S a t a n s.
Auch die Nestorianer verehren das Kreuz sehr. Damit sie
mit heiligen Gedanken in das Haus Gottes eintreten mögen,
finden wir dort ein Kreuz am Eingange einer jeden Kirche.
Dieses Kreuz wird jedesmal geküßt, und manche Kreuze sind
durch diesen heiligen Gebrauch halb verzehrt. Man erzählt
uns, daß die Nestorianer sofort beim Eintritte in die Kirche
die Schuhe ausziehen und dem Kreuze ihre Verehrung be=
zeugen, indem sie mit Demuth und Hochachtung hinzutreten
und es küssen. Eines der größten Feste im Kalender der Ne=
storianer ist d e r T a g d e s h. K r e u z e s, der am 13. No=
vember mit großer Feierlichkeit begangen wird. Wie auch
Protestanten eingestehen, könnte man ganze Bücher schreiben
über die Verehrung, welche die Nestorianer dem Kreuze erwei=
sen, obwohl sie Ketzer und von der wahren Kirche getrennt sind.

— Wir wollen hier ein für alle Mal bemerken, daß wir
im Laufe unserer Erklärungen es gewöhnlich nicht für noth=
wendig erachtet haben, die besonderen Glaubenssätze einer jeg=
lichen morgenländischen Kirche auseinanderzusetzen. Wenn
auch die meisten der morgenländischen Kirchen ketzerisch sind,
gibt es doch fast keinen Unterschied zwischen katholischen und
ketzerischen Christen, soweit die Ceremonien der Messe in Be=
tracht kommen. Man sollte dieses besonders beachten, da es
manche Schwierigkeiten lösen kann. —

Die Kopten verehren das Kreuz auch in vorzüglicher Weise.
Sie halten es so hoch in Ehren, daß sie es auf ihre Arme ein=
tratzen, um es immer vor Augen zu haben; und wenn Jemand
sie befragt, ob sie Christen seien oder nicht, gibt sofort der
tättowirte Arm ein lebendiges Zeugniß für ihren Glauben.
Ueberhaupt sind die Kopten sehr zähe in allem, was ihre Reli=
gion betrifft.

Um nun am Ende eine kleine Bemerkung zu machen, würden wir den protestantischen Missionären, deren Werken wir die vorhergehenden Thatsachen gewöhnlich entnommen haben, den Rath geben, auch etwas mehr Ehrfurcht für das Zeichen des Heiles zu haben. So lange sie das Kreuz aus ihren Gebeten entfernt halten und es vielmehr der Verachtung preisgeben, während alle Christen, im Osten und im Westen, es innig verehren, können sie keine Bekehrungen machen. Manche Leute im Morgenlande sehen die protestantischen Missionäre deshalb für Heiden an, weil sie das Kreuz nicht verehren. Der alte katholische Wahlspruch lautet: In cruce salus, Im Kreuze ist Heil; und darum ist die katholische Kirche überall so triumphirend.

Zwölftes Kapitel.

§ 51.—Lichter.

Neben dem Crucifixe, das in der Mitte des Altares seinen Ehrenplatz hält, sollen für die Feier der Messe auf dem Altare auch Leuchter sich befinden, auf denen reine Wachskerzen brennen. Bei einem Hochamte sollen sechs Kerzen angezündet sein; für den Bischof erfordert die Regel auch bei einer stillen Messe vier, für einen Priester zwei. Wenn der Papst ein Hochamt singt, sind die Wachskerzen immer reich verziert.

Die Kerzen, die gebraucht werden dürfen, müssen immer von reinem Wachse sein, und Erlaubniß, andere Kerzen gebrauchen zu dürfen, wird nur selten und nur unter dringenden Umständen ertheilt. Der apostolische Stuhl hat den Missionären in China und in Indien, besonders in Hindostan, Erlaubniß gegeben, im Falle der Noth Oel anstatt der Kerzen zu gebrauchen. Wallrath und Paraffinkerzen sind ganz verboten, außer in solchen Kirchen, in denen Armuth halber keine andere Kerzen gekauft werden können. Es gibt einen natürlichen Grund, weshalb die Kirche nur Wachskerzen zuläßt; weil nämlich fast alle andern Kerzen einen unangenehmen Geruch verbreiten; allein außerdem gibt es deren manche mystische, von denen wir als den hauptsächlichsten diesen hervorheben, daß das reine Wachs die Menschheit unsers Heilandes, die auch rein und sündenlos war, das Licht aber seine Gottheit vorstellt, die überall durchblickte und alle seine Handlungen erleuchtete und vergeistigte.

Der Gebrauch der Lichter bei der heiligen Messe ist wahrscheinlich apostolischen Ursprungs. Wir können es zwar nicht genau beweisen, allein die meisten Gelehrten glauben es, und es scheint auch aus manchen Stellen des Neuen Testamentes hervorzugehen.

Mystische Bedeutung.—Neben der eben berührten mystischen Bedeutung gibt es noch manche andere, weshalb Lichter in der Messe gebraucht werden sollen. Zuerst nämlich stellen sie uns die göttliche Sendung unsers Heilandes in einer klaren und handgreiflichen Weise vor Augen. Der Prophet Isaias nennt den Heiland e i n g r o ß e s L i c h t, und er sagt von

ihm: Denen, die im Schatten des Todes wohnten, ist ein großes Licht aufgegangen. An einer
andern Stelle nennt er ihn das Licht Jehovah's, und
er ermahnt Jerusalem aufzustehen und sich von ihm erleuchten
zu lassen. Als der greise Simeon den neugebornen Heiland
sah, und ihn auf seinen Armen trug, nannte er ihn ein
Licht zur Erleuchtung der Heiden. Der Heiland
selbst nennt sich das Licht der Welt: „Ich bin das
Licht der Welt." Joh. 8. Kap. Der hl. Johannes sagt
von ihm, er sei das wahre Licht, das jeden Men=
schen erleuchtet, der in diese Welt kommt.
Die jüdischen Rabbiner hatten auch diesen Gedanken über den
Heiland, den von allen Völkern Erwarteten, wie
man ihn so häufig nannte, denn sie schauten auf ihn, als auf
das Licht Gottes, das sie auf den Weg des Friedens führen
sollte. Wiederum wird die Lehre Christi sehr passend mit
einem Lichte verglichen; wie nämlich dieses die natürliche Fin=
sterniß, worin wir die Schönheiten der erschaffenen Natur nicht
erkennen können, vertreibt, so nimmt jene von unserer Seele
alle Finsterniß hinweg, und befähigt uns, alles zu erkennen
und zu sehen, was in der übernatürlichen Heilsordnung wahr
und gut ist. Der königliche Psalmist sagt: „Dein Wort ist
meinen Füßen eine Leuchte, und meinen Pfaden ein Licht."
(Psalm 118.) Noch vorzüglicher aber ist das Wort des heil.
Evangeliums diese Leuchte und dieses Licht, und deßhalb
ordnet die Kirche auch an, daß das Evangelium in der Messe
von Lichtern begleitet werde, wenn es gesungen wird. Der
hl. Hieronymus sagt in seinem Briefe an Vigilantius: „Wenn
das Evangelium gelesen wird, werden Lichter gebraucht, nicht,
um die Finsterniß zu vertreiben, sondern um ein Zeichen der
Freude zu geben, damit nämlich durch das Sinnbild des kör-
perlichen Lichtes das andere Licht in uns offenbar werde, von
dem der Psalmist sagt: Dein Wort ist meinen Füßen
eine Leuchte und meinen Pfaden ein Licht.

Alttestamentlicher Gebrauch.—Der Gebrauch der Lichter
beim jüdischen Gottesdienste ist allgemein bekannt. Die heil.
Schrift gibt uns ausführlich darüber Zeugniß. Wir wollen
zwar nicht vorzüglich auf den siebenarmigen Leuchter hinweisen,
der auf besonderen Befehl Gottes gemacht war und immer mit
Oel gefüllt sein mußte, um fortwährend brennen zu können;
da wir nicht sicher wissen, ob dieser Leuchter auch während der
Tageszeit brannte. Wir wollen das Letztere dahingestellt sein

laſſen. Der jüdiſche Geſchichtsſchreiber Joſephus, der um 70 nach Chriſtus lebte, und ein glaubwürdiger Zeuge iſt, ſagt ausdrücklich, daß drei Lampen auch während des Tages brann= ten. Er beſchreibt auch den Bau des Tempels, und ſagt, Hi= ram von Tyrus habe zehn tauſend Leuchter gemacht, von denen jedoch einer für den Gebrauch des Tempels beſtimmt war, d a m i t e r n a c h d e m G e ſ e ß e , z u r T a g e s z e i t b r e n n e.

Obgleich es eigentlich über unſere Aufgabe hinausreicht, können wir doch nicht umhin, darauf hinzuweiſen, daß es ein feierlicher Augenblick iſt, wenn bei der Taufe der Prieſter dem Getauften oder dem Pathen ein brennendes Licht überreicht mit den ernſten Worten: „Nimm hin dieſes brennende Licht, und bewahre deine Taufe makellos; beobachte die Gebote Got= tes, ſo daß, wenn der Herr zum Hochzeitsmahle kommt, Du ihm entgegen eilen kannſt, um ihn mit allen den Heiligen in ſeinem himmliſchen Palaſte zu treffen und ewiges Leben zu haben und für immer zu leben. Amen.“

Lichter bezeichnen immer hohe Achtung, und wurden des= halb von jeher an hohen Feſten gebraucht. Die Einwohner von Athen brannten Lichter an den Feſten der Gottheiten Mi= nerva, Vulkan und Prometheus; die Römer an allen höhern Feiertagen. Die Juden hatten eine ſolche Achtung für die Gewänder des Hohenprieſters, daß man immer ein Licht vor dem Schranke brennend unterhielt, wo ſie verwahrt wurden. Dieſe Gewänder wurden in dem Thurme, der Antonia hieß, aufbewahrt. So geht auch der g r o ß e L a m a , das iſt der Hoheprieſter der Tartarei nie aus, und empfängt nie Beſuche, ohne eine Anzahl Lampen und Fackeln um ſich zu haben. Unſere Leſer werden ſich vielleicht erinnern, daß vor einigen Jahren ein königlicher Prinz, der wahrſcheinlich bald ſelbſt die Krone tragen wird, die Vereinigten Staaten beſuchte, aber ſich in ſeinen ihm angewieſenen, mit fürſtlicher Pracht ausgeſtatteten Gemächern im Gaſthofe nicht niederſetzen wollte, ehe zwei Wachskerzen gebracht und angezündet wurden. Im Oſten iſt dieſer Höflichkeitsgebrauch ſehr verbreitet.

Kerzen und Lichter bei Leichenfeierlichkeiten.—Der Kir= chengeſchichtsſchreiber Euſebius, der um 340 lebte, gibt uns eine ausführliche Beſchreibung über die Menge Lichter, die beim Leichenbegängniſſe des Kaiſers Conſtantin des Großen (337) gebraucht wurden; und der hl. Hieronymus ſpricht von einer großen Zahl Kerzen, die man bei der Beerdigung der hl. Paula brannte. Der hl. Johannes Chrysostomus starb in Comana, sollte aber in Constantinopel begraben werden; als die Leiche zu Schiffe über den Bosphorus gebracht wurde, kamen zahlreiche Leute aus Constantinopel mit brennenden Fackeln, so daß die ganze See eine Feuergluth zu sein schien. In der alten Westminster Abtei, in England, brannte man vor den Gebeinen der großen Könige immerfort Lichter und man hat Legenden, nach welchen bei der Eröffnung der Gräber nach Hunderten von Jahren noch die Lichter gebrannt haben sollen. Daß noch jetzt in Paris vor dem Herzen des großen Napoleon eine Lampe brennt, werden unsere Leser wahrscheinlich wissen.

Außer den regelmäßigen Lichtern, die vom Anfange der Messe an auf dem Altare brennen, bringen die Meßdiener noch andere bei dem Herannahen der Wandlung, und diese bleiben brennend, so lange der Heiland auf dem Altare zugegen ist, das ist bis nach der Communion. Es ist nicht bestimmt fest= gesetzt, wie viel solcher Fackeln zum Altare gebracht werden sollen.

Morgenländischer Gebrauch.—In Bezug auf die Lichter ist die morgenländische Kirche mit der lateinischen übereinstim= mend, wie man leicht sehen kann, wenn man ihre kirchlichen Bücher liest, und wie jeder Reisende bezeugen muß. Die Kop= ten lesen keine Messe, ohne wenigstens zwei Kerzen brennen zu haben. Das Gesetz lautet einfach: „Es soll keine Liturgie (d. i. Messe) gefeiert werden, ohne daß zwei große oder zwei kleine Wachskerzen auf dem Altare brennen." Die andern Morgenländer sind in der Beobachtung ähnlicher Vorschriften sehr genau.

Wir haben dieses Kapitel vielleicht etwas zu weit aus= gedehnt; allein wir thaten es absichtlich, um nämlich den Pro= testanten gegenüber zu zeigen, daß es nicht der Vernunft zuwi= der ist, Kerzen beim hellen Tage zu brennen. So nämlich fin= den wir es oft ausgedrückt, daß es lächerlich und jeder vernünf= tigen Handlungsweise zuwider sei, am sonnenhellen Tage Lich= ter anzuzünden.

Dreizehntes Kapitel.

§ 52.—Der Tabernakel.

In der Mitte des Altars zwischen den Lichtern ist ein kleiner thurmähnlicher Aufsatz, der der Tabernakel des Hochwürdigsten Gutes genannt wird. Hier wird das allerheiligste Sakrament unter Verschluß bewahrt, und diesem Tabernakel soll die größtmögliche Aufmerksamkeit geschenkt werden, insofern seine innere oder äußere Ausstattung in Betracht kommt. Wir haben darüber genaue kirchliche Vorschriften. Er mag viereckig, sechseckig oder von einer andern geziemenden Form sein; aber weltliche Figuren und Zeichen müssen nicht daran vorkommen, und nur solche Sinnbilder dürfen angebracht werden, die an seinen heiligen Zweck erinnern; so soll z. B., wenn möglich, auf der Spitze ein Kreuz glänzen. Die Außenseite sollte reichlich vergoldet erscheinen. Da Holz dem Einflusse der nassen Witterung sehr wenig ausgesetzt ist, soll dieses, wo möglich, zum Tabernakel verwandt werden; wenn er aber aus Stein, Marmor oder Metall verfertigt ist, soll wenigstens die Innenseite mit Holz gefüttert sein. Ueber dieses muß jedoch immer ein Ueberzug von Seide sein, und unter dem Hochwürdigsten muß ein reines Corporale liegen.

Der Tabernakel darf nie als Fußgestell für irgend etwas dienen, und möge dieses auch eine Reliquie des wahren Kreuzes oder des größten Heiligen des Himmels sein; unter dem Tabernakel dürfen auch keine Schubladen sein für die hl. Oele oder für etwaige Geräthe des Altars oder der Kirche. Im Tabernakel selbst darf nur das Allerheiligste, nie aber leere Gefäße, z. B. Kelche, Ciborien, die Lunula, die Monstranz oder anderes aufbewahrt werden. Wenn das allerheiligste Sakrament nicht im Tabernakel sein sollte, muß das Thürchen offen stehen, damit die Gläubigen nicht irre geleitet werden.

Der Tabernakel soll mit einem Schlosse versehen sein, zu dem zwei Schlüssel vorräthig sind. Der eine soll sich im Besitze des Pfarrers befinden, der andere entweder von einem andern Priester oder in der Sakristei aufbewahrt werden. Beide sollen aus Gold oder Silber verfertigt, oder wenigstens an der Außenseite vergoldet sein.

Vor dem Tabernakel muß immer eine Lampe brennen, die durch reines Olivenöl unterhalten wird; so finden wir es auch in der morgenländischen Kirche, und wir werden dadurch an das ewige Feuer des Tempels Salomons erinnert, sowie auch an das heilige Feuer der göttlichen Liebe, mit dem das Herz unseres Heilandes besonders im allerheiligsten Altarsakramente entflammt ist. Im Deutschen nennt man dieses Licht recht passend das ewige Licht.

Vierzehntes Kapitel.

Das Meßbuch.

§ 53.—Das Meßbuch in der lateinischen Kirche.

Es ist jetzt am Platze, das Buch näher zu beschreiben, woraus die hl. Messe gelesen wird. Das Meßbuch ist gewöhnlich ein großes Buch in Folio (d. h. worin die Bogen nur einmal gefaltet sind), kann jedoch auch von kleinerer Form sein. Der Druck in den Meßbüchern ist gewöhnlich roth und schwarz, und man findet dort alle Messen, die während des Jahres gelesen werden. Es fängt mit dem ersten Sonntag im Advent an. Dieser Sonntag beginnt nämlich das Kirchenjahr. Er ist der Sonntag, der am nächsten zum Feste des hl. Andreas, am 30. November fällt; er mag also zum frühesten am 27. November, spätestens am 3. Dezember sein. Falls der Sonntag auf das Fest des hl. Andreas fällt, muß dieses Fest auf einen andern Tag verlegt werden. Durch das ganze Meßbuch ziehen sich Anweisungen, die in rother Schrift gedruckt sind und Rubriken heißen. Rubrik, von einem lateinischen Worte ruber, roth, hieß früher jeder mit rother Kreide gezeichnete Titel eines Buches oder eines Gesetzes, dann auch das Gesetz selbst. Deßhalb nennen wir die Gesetze, die Anordnungen der Kirche für die Feier der hl. Messe und öffentlicher kirchlichen Handlungen Rubriken. Auf Griechisch heißt man sie Miltos, rothe Farbe, womit die Griechen früher ihre Schiffe färbten. Nach diesen Rubriken muß sich der Priester richten, wenn er sich nicht versündigen will.

Das Meßbuch besteht aus sieben Theilen, die in folgender Ordnung in ihm sich vorfinden:

a) Die Messen für alle Sonn= und Werktage vom ersten Sonntag im Advent bis zum Charsamstag, wozu auch einige Segnungen, z. B. Kerzenweihe, Palmenweihe, gehören.

b) Der Ordo Missae und der Canon Missae, d. h. diejenigen Gebete, die in der Messe entweder nie oder nur an festgesetzten Tagen verändert werden. Der Canon Missae fängt nach der Präfation an und enthält den Haupttheil der hl. Messe, die Wandlung.

c) Die Messen für alle Sonn= und Werktage vom Oster=sonntage bis zum letzten Sonntage nach Pfingsten.

d) Die besonderen Messen für größere Feste, genannt Proprium Sanctorum.

e) Die allgemeinen Messen für Feste, genannt Commune Sanctorum.

f) Votiv= und Todtenmessen, nebst verschiedenen Gebeten für dieselben.

g) Ein Anhang, worin Messen sich finden, die nicht für die ganze Kirche vorgeschrieben sind, sondern nur an gewissen Orten gelesen werden dürfen.

Am Rücken des Meßbuches sind gewöhnlich fünf seidene Bänder befestigt, die der Priester an die Theile des Meßbuches vertheilt, die er während der Messe benutzen muß. Gewöhnlich sind die Bänder von den fünf kirchlichen Farben. Der Canon Missae in der Mitte des Buches hat an jedem Blatte ein kleines Lederläppchen, damit der Priester die Blätter besser umschlagen kann.

Die Rubriken schreiben vor, daß das Meßbuch auf einem Kissen auf dem Altare liegen soll. Gewöhnlich findet man jedoch anstatt dessen ein Bücherbrett oder kleines Pult. Das Kissen soll die weichen Herzen der wahren Hörer des Wortes Gottes bedeuten, während andere, wie die Juden, die die Worte Christi verschmähten, harten Herzens waren.

Alte Formen des Meßbuches.— Wer der erste Verfasser des Meßbuches war, kann man nicht mit Gewißheit ausfinden. Einige haben geglaubt, es sei der hl. Jakobus, der erste Bischof von Jerusalem (über ihn und den andern Jakobus siehe Kapi=tel 26), der es in dem Abendmahlssaale zu Jerusalem verfaßt habe. Wie dem auch sei, es ist sicher, daß die Liturgie, die den Namen dieses Apostels trägt, die älteste ist. Sie wurde in der jetzigen Form schon um 200 nach Christus niedergeschrieben.

Nach der Zeit der Apostel sehen wir vier Bücher am Altare gebräuchlich, in die dasjenige vertheilt war, was wir jetzt in unserm Meßbuche vorfinden. Wir beschreiben sie einzeln:

a) Das Antiphonenbuch (Antiphonarium) enthielt alles, was vom Chor und den höhern Altardienern gesungen wurde. Wer zuerst dieses Buch verfaßte, ist ungewiß. Der Diakon Johannes, der eine Lebensbeschreibung des Papstes Gregor des Großen schrieb, erzählt uns, er habe mit eigenen Augen ein Antiphonarienbuch gesehen, welches von diesem Papste verfaßt war; ob jedoch wir annehmen dürfen, daß dieses das erste war, oder ob wir es nur als eine neue Auflage des ersten betrachten können, läßt sich aus den Worten des Johannes nicht schließen. Die meisten Ausleger neigen sich zu der Meinung hin, daß dieses Antiphonenbuch wirklich das erste war, und daß wir den hl. Gregor den Großen deßhalb als den Verfasser ansehen müssen.

b) Das Lektionenbuch (Lectionarium) enthielt alle Lektionen aus dem Alten und dem Neuen Testamente, die in der Messe gelesen wurden. Es enthielt Anfangs nicht die Evangelien. Wer der Verfasser des Buches sei, läßt sich nicht ermitteln; in der Mitte des dritten Jahrhunderts war es schon dem hl. Hippolytus, Bischof von Porto in Italien, bekannt, denn in seinem Buche, dem Osterkanon, weist er darauf hin. Am Ende des vierten Jahrhunderts wurde es vom hl. Hieronymus vielfach, ja vollständig durchgesehen und verbessert, und in eine ganz neue Form gebracht. Papst Damasus hatte ihm dafür besondere Aufträge und fast grenzenlose Vollmachten gegeben. Durch diese Veränderung wurden auch die Evangelien in das Lektionenbuch aufgenommen. Dieses wurde das hieronymische Lektionar genannt, und enthielt alle Lektionen, Episteln und Evangelien, die während des Jahres an Sonn-, Fest- oder Werktagen gelesen werden konnten oder sollten. Aus diesem Buche sind auch die Episteln und Evangelien genommen, die wir im heutigen Meßbuche finden.

c) Das Evangelienbuch (Evangeliarium) enthielt alle Evangelien, die während des Jahres gelesen wurden. Es reicht bis in's höchste Alterthum hinauf, wurde aber nach der Verfassung des hieronymischen Lektionenbuches selten mehr gebraucht.

d) Das Sakramentarium enthielt alle Gebete, die der Priester selbst sagen mußte, so z. B. die Collekten, das Offertorium, das Stillgebet, die Präfation, den Canon usw. Es wurde auch das Buch der Geheimnisse genannt. Gewöhnlich wird es dem hl. Papste Leo dem Großen (450) zugeschrieben, und deßhalb oft das leoninische Sakramentar genannt. Manche jedoch bestreiten dieses ernstlich. Es war immerhin das älteste. Die beiden andern, die wir besitzen, nämlich das Sakramentar des Papstes Gelasius und das des hl. Gregor des Großen waren nur Umarbeitungen und Vermehrungen des ersteren. Das Buch des hl. Gregor wurde jedoch allgemein gebräuchlich, und wenn wir jetzt von dem Sakramentar sprechen, meinen wir immer das vom hl. Gregor bearbeitete.

Da es oft für den Priester, besonders bei einer stillen Messe, zeitraubend war und große Zerstreuung verursachte, wenn er von einem dieser vier Bücher zu einem andern gehen mußte, um ein besonderes Gebet oder eine besondere Lektion zu sagen, dachte man schon früh daran, diese vier Bücher in ein großes Werk zu vereinigen, um so die hl. Messe zu vereinfachen. So entstanden denn auch wirklich die ersten vollständigen Meßbücher (Missalia plenaria). Wann sie zuerst auftkamen, ist ungewiß; sie waren jedoch schon lange vor dem Concil von Trient (1545—1563) im Gebrauche. Da aber dieses Concil das Meßbuch zu seiner jetzigen Vollendung brachte, und jeden Theil desselben mit der ihm eigenen Sorgfalt genau festsetzte, wird ihm auch gewöhnlich die Verfassung desselben zugeschrieben. Papst Pius IV. unternahm nach der Anordnung des Concils das große Werk, und legte das Sakramentar Gregors als Muster dem Meßbuche zu Grunde, konnte aber seine Arbeit nicht vollenden. Erst der hl. Pius V. im Jahre 1570 gab das neue Meßbuch heraus, und befahl Allen, nur dieses fortan zu gebrauchen. Das Meßbuch, welches wir benutzen, ist das vom hl. Pius V. verfaßte.

Wir müssen nicht glauben, daß Pius V. in den wesentlichen Theilen der Messe Aenderungen vornahm, als er das Meßbuch herausgab. Er fügte nur das Vorhandene zusammen, brachte Manches in eine bessere Form und verbesserte einige Fehler und Zuthaten, die sich im Laufe der Zeiten eingeschlichen hatten. Auch wurden durch dieses Meßbuch einige Gebete als nothwendige vorgeschrieben, die der Priester früher nach seinem Belieben sagen oder auslassen konnte, nämlich der Psalm Judica am Anfange der Messe, und das Evangelium des hl. Johannes am Ende, aber dieses war Alles. Die Messe selbst in ihren Haupttheilen wurde auch nicht um eine Silbe vermehrt oder vermindert.

§ 54.—Das Meßbuch in der morgenländischen Kirche.

Die Morgenländer gebrauchen bei der h. Messe weit mehr Bücher als wir. Bei den Griechen sind achtzehn in fast täglichem Gebrauche, wovon wir die hauptsächlichsten nennen wollen. Sie sind: 1) Das Euchologium (d. h. Gebetbuch), welches die drei Liturgien enthält, die nach dem griechischen Ritus gebraucht werden, nämlich die Liturgie des heiligen Johannes Chrysostomus, des heiligen Basilius und die

Vorkonsekrirte. 2) Der **Praxapostolos** (d. i. Apostelge=
schichte), so genannt, weil die Apostelgeschichte und die Briefe
der Apostel darin enthalten sind. 3) Die **Anagnoseis**
(d. i. Lektionenbuch), worin die Lektionen vom Alten Testa=
mente enthalten sind. 4) Das **Panegyrikon** (d. i. Buch
der Lobreden), worin Predigten für die Sonn= und Festtage
des Jahres enthalten sind. Dieses Buch ist gewöhnlich geschrie=
ben, nicht gedruckt.

Ein neuerer Gelehrter bemerkt mit Recht, daß es fast
unmöglich sei, einen genauen Begriff von den Büchern zu
haben, die die Morgenländer bei der hl. Messe gebrauchen.
Zuerst nämlich ist die Zahl dieser Bücher sehr groß, und dann
scheint eine endlose Verwirrung im Gottesdienste zu herrschen,
weil sie fast immerfort von einem Buche zum anderen gehen
müssen, um den zu lesenden Theil zu finden. Oftmals müssen
auch zwei Feste zu gleicher Zeit gefeiert werden, denn es ist bei
ihnen nicht gestattet, ein Fest von einem Tage auf den andern
zu verlegen, wie bei uns; wenn aber in solcher Weise die
Feste zusammenfallen, gibt es eine Menge Rubriken, die uns
verwirren würde. (Wenn bei uns zwei Feste auf denselben
Tag fallen, befolgen wir die einfache Regel: „Das größere
Fest muß gefeiert, das kleinere auf den näch=
sten freien Tag verschoben werden.) Um ein
Beispiel dieser verwickelten Anordnung zu geben, dürfen wir
nur bemerken, daß die Rubriken für das Fest des hl. Georg
ungefähr zehn große Seiten füllen, und dieses besonders wegen
der andern Feste, die auf diesen Tag fallen können.

Nestorianische Meßbücher. — Die Nestorianer haben auch
eine große Anzahl liturgischer Bücher, allein in der Beobachtung
der Rubriken sind sie nicht so strenge, wie die Griechen. Außer
dem wirklichen Meßbuche, das ist, dem Buche, worin die Haupt=
theile der heiligen Messe enthalten sind, nennen wir bloß vier
Theile. Wir finden dort erstens das **Euanghelion** oder
das Evangelienbuch. Aus diesem wird bei jeder Messe gelesen.
Zweitens das **Sliho**, d. i. das Epistelbuch, welches nur die
Briefe des hl. Paulus enthält. Drittens die **Karyane**, d. i.
Lesung, worin Stücke vom Alten Testamente und der Apostel=
geschichte enthalten sind. Viertens die **Turgama**, d. i.
Auslegung, die eine Anzahl heiliger Hymnen und Gesänge
enthält, welche die Diakonen vor der Epistel und dem Evange=
lium absingen, um das Volk aufzufordern, aufmerksam auf
das Wort Gottes zu achten.

Die Karyane (welches nebenbei gesagt, eben dasselbe Wort ist wie Koran) wird von dem Karoya, dem Leser, an der Communionbank auf der Südseite verlesen; das Sliho muß der Subdiakon auf der Nordseite singen; der Priester selbst liest das Euanghelion in der Mitte des Altars. Während aller Lesungen stehen die Altardiener, wie auch der Priester, zum Volke gekehrt. Wenn bei dem Priester ein Shammasha, d. i. ein w i r k l i c h e r Diakon, als Diener zugegen sein sollte, so muß dieser das Euanghelion lesen. Früher lasen die Nestorianer das Sliho auf einer Kanzel (einem Ambo, wie die westliche Kirche sich würde ausgedrückt haben), die man Gagolta oder Golgotha nannte, wegen der Stufen, mit denen man zu ihr hinaufstieg.

Chaldäische Meßbücher. — Im Osten nennt man alle diejenigen Chaldäer, die vom Nestorianismus bekehrt, sich der katholischen Kirche angeschlossen haben. Die katholischen Chaldäer, wie wir auch schon früher (1. Kapitel) bemerkt haben, stehen unter einem Patriarchen, der den Titel „Patriarch von Babylon des Chaldäischen Ritus" führt. Dieser Patriarch wohnt gewöhnlich in Bagdad. Diese Chaldäer benutzen dieselben Bücher bei der hl. Messe, wie die Nestorianer. Natürlich, wo die Ketzerei der Nestorianer, daß es zwei Personen in Christus gäbe, anstatt der einen, in die Gebete sich hineinzieht, gebrauchen die Chaldäer andere Formen.

Koptisches Meßbuch. — Alles, das wir über das koptische Meßbuch wissen, ist, daß es durchaus in der alten koptischen Sprache geschrieben ist. Dieses bezieht sich jedoch nur auf die Gebete selbst. Die Rubriken sind durchweg auch arabisch hineingefügt, weil das Arabische die Sprache des Landes ist; denn, wie wir vielfach hören, „kaum drei Personen kann man selbst in Cairo — dem Hauptsitze der Kopten — finden, die das Koptische, wie es im Meßbuche ist, sprechen oder verstehen." Daher fand man es auch für die Geistlichkeit nothwendig, die nothwendigen Rubriken in der Volkssprache nebenbei drucken zu lassen. Wir glauben nicht, daß wir näher auf das Meßbuch eingehen sollten, allein diejenigen, die mehr hierüber wissen wollen, können Goar, Euchologium Graecorum benutzen.

Fünfzehntes Kapitel.

Glocken und Schellen.

§ 55.—Glocken und Schellen und ihre Ersatzmittel in der lateinischen Kirche.

Während der ersten drei Jahrhunderte der christlichen Kirche mußten sich die Gläubigen zum Gottesdienste mit möglichst großer Ruhe versammeln, da sie sonst sehr leicht die Aufmerksamkeit der Heiden auf sich ziehen und so eine neue Verfolgung hervorrufen konnten; wir müssen deshalb nicht glauben, daß in jenen Tagen Glocken oder Schellen gebräuchlich waren. Einige der alten Gewährsmänner haben zwar behauptet, wie es scheint, ohne allen Grund, daß während der Verfolgungen die Gläubigen durch sogenannte Semantra (vom griechischen Worte semaino, ich gebe ein Zeichen) zum Gottesdienste gerufen wurden. Diese Semantra waren große Holzplatten, gegen die man mit einem harten Hammer schlug, von denen wir auch weiterhin noch sprechen werden. Wenn wir jedoch bedenken, daß alle Versammlungen der Christen so geheim als möglich gehalten werden mußten, können wir leicht einsehen, wie wenig diese Semantra—Schallbretter, wie wir sie nennen könnten—am Platze waren. Wir müssen also annehmen, daß die ersten Christen nicht durch öffentliche Signale und leicht zu verstehende Zeichen zum Gottesdienste gerufen wurden, sondern sich zusammenschaarten, nachdem sie durch geheime Zeichen, die nur unter ihnen bekannt waren, von einer außerordentlichen Versammlung Nachricht bekommen hatten. Besondere Diener wurden auch öfters ausgeschickt, um die Christen zu diesen Versammlungen einzuladen. Die gewöhnlichen Versammlungen der Christen waren ihnen zur Genüge bekannt, und es bedurfte dafür weiter keiner Einladung. In dieser Weise urtheilen auch die besten Liturgiker, unter andern der berühmte Cardinal Bona. Wir werden sogleich sehen, daß Semantra in den ältesten Zeiten gebraucht wurden, aber erst in den Zeiten, die unmittelbar auf die Verfolgungen folgten.

Der Gebrauch der Glocken und Schellen jedoch ist sehr alt. Wenn wir sie nicht unter den ersten Christen finden, so ist der Grund dafür nicht der, daß sie unbekannt waren. Wir finden sie schon im Alten Testamente. Im zweiten Buche Moses, sowie im Buche Ecclesiastikus sind Schellen aufgeführt als Zierden des Ephod des Hohenpriesters, auf daß „ihr Schall überall gehört werde, wenn er in's Heiligthum geht und wieder hinaustritt." So sind auch jetzt noch, wie wir schon im 2. Kapitel bemerkten, in der östlichen Kirche kleine Schellen an dem untern Ende des Meßgewandes vielfach gebräuchlich. Außer diesen kleinen Schellen hatten die alten Hebräer auch größere Schellen oder Glocken, die sie Megeruphita nannten, und die von den Leviten an gewissen hohen Festtagen geläutet wurden. Was wir hierüber in der Bibel selbst nicht finden, können wir aus der jüdischen Tradition ersetzen. Die Juden haben nämlich eine mündliche Ueberlieferung zur Erklärung der Bücher Moses, die Mischna heißt. Zu dieser gibt es eine weite Erläuterung, die man Gemara nennt. Beide zusammen bilden den Talmud, oder vielmehr die Talmude, da es deren zwei gibt, den Talmud von Jerusalem und den Talmud von Babylon, der als der vorzüglichere gilt. In diesem Talmud nun lesen wir, daß der Ton der größeren Glocken so betäubend war, daß man in Jerusalem kaum Jemanden verstehen konnte, der im gewöhnlichen Umgangstone sprach. Man gebrauchte die größeren Glocken vorzüglich 1., um die Priester zum Gottesdienste zu rufen; 2., um den Chor der Leviten an die Psalmenstunden zu erinnern; 3., um die Wärter einzuladen, alles Unreine zum Thore des Nikanor zu bringen. Der Talmud sagt ferner, daß man diese Megeruphita bis nach Jericho, achtzehn Meilen von Jerusalem, hören konnte, wenn sie voll angeschlagen wurden.

Nach einem alten Geschichtsschreiber soll Papst Sabinian, der erste Nachfolger des hl. Gregor des Großen, im Jahre 606 zuerst den Gebrauch der Schellen bei der hl. Messe eingeführt haben. Daß nicht bloß Schellen, sondern auch Glocken damals eingeführt wurden, können wir aus anderen Schriftstellern ersehen. In einer Lebensbeschreibung des Papstes Sabinian lesen wir folgende Worte: „Dieser Papst erfand (d. i. verordnete) den Gebrauch der Glocken und befahl, daß sie in der Kirche für die kirchlichen Tagzeiten und für das Opfer der Messe geläutet werden sollten." Daß der hl. Paulinus von Nola der Erfinder der Glocken sei, beruht auf sehr geringer

Wahrscheinlichkeit. In den älteren Beschreibungen der Thaten dieses Heiligen lesen wir davon nichts. Man nennt allerdings die kleinere Art Glocken Nolae, von der Stadt Nola, wo viele kleine Glocken verfertigt wurden, und die größere Art Campanae, von der Campagna in Italien, oder von dem Umstande, daß sie auf größeren Gehöften gebraucht wurden. Wir finden auch hier in Amerika fast auf jedem großen Gehöfte (large farm) eine Glocke. Die kleinste Art Schellen nannte man gewöhnlich Tintinnabula, von dem klingelnden Tone, den sie zu geben pflegen.

In der lateinischen Kirche sind jetzt die Schellen und Glocken bei jeder öffentlichen Feier gebräuchlich, sei es nun um die Gläubigen zur Messe oder zu andern gottesdienstlichen Handlungen zu rufen und sie während derselben auf wichtige Theile aufmerksam zu machen, oder sei es für den Krankenbesuch des Priesters, oder für den englischen Gruß, oder endlich für das letzte Geleit des verstorbenen Christen. Allein selbst in diesem letzten Geleitsläuten finden wir einen frohlockenden Klang, da ja dann der Christ alle Mühen und Drangsale überstanden hat und zu seinem Lohne im Himmel gelangt ist. Weil aber der Ton der Glocke immer etwas Frohlockendes an sich hat, ist es von Alters her gebräuchlich gewesen, während der letzten Tage der Charwoche nie die Glocken ertönen zu lassen, weil die ganze Kirche sich in tiefer Trauer über den leidenden und gestorbenen Heiland befindet. Daher haben wir den alten Ausdruck „Stille Woche," der ja in Deutschland so üblich ist, wie auch das Wort „Leidenswoche." Beim Gloria am Gründonnerstage werden die Glocken zum letzten Male geläutet, und auch dann nur zum frohen Andenken an die Einsetzung des allerheiligsten Altarssakramentes; dann schweigen alle freudigen Töne bis zum Gloria am Charsamstage, wo wiederum der frohe Schall ertönt, oder wie der alte deutsche Ausdruck es so passend bezeichnet, „wo die Ostern eingeläutet werden." Wenn die Töne der Glocken schweigen, werden hölzerne Klappern gebraucht, die wenigstens in der Messe beim Sanctus, bei der Wandlung und der Communion angeschlagen werden. Außerhalb der Kirche können sie zwar gebraucht werden, sind aber wenig üblich. Wie Papst Benedikt XIV. lehrt, sind die Glocken während dieser Worte stumm, weil sie das Sinnbild der Prediger sind. Alles Predigen hatte aber aufgehört, nachdem der Heiland gestorben war, da die Apostel, anstatt sein Wort weiter zu verkündigen und es zu vertheidigen, sich langsam fortschlichen oder den Herrn noch dazu verläugneten. Christus stand allein da, ohne daß Jemand für ihn und die Wahrheit seiner Lehre aufzutreten den Muth gehabt hätte. Es werden uns auch noch andere mystische Gründe für die Ruhe der heiligen Woche gegeben, unter die= sen vorzüglich die Ruhe des Todes Christi. Wir müssen auch wohl bedenken, daß die kirchlichen Feierlichkeiten der Charwoche die ältesten in der Kirche sind, und daß deßhalb die Kirche mit großer und inniger Zähigkeit an jedem kleinen Theile festhält, der auf das Leiden Christi Bezug hat.

§ 56.— Glocken und Schellen und ihre Ersatzmittel in der morgenländischen Kirche.

Wie wir schon oben bemerkten, waren vor der Einführung der Glocken gewisse Schallbretter gebräuchlich, die man Seman-tra nannte. Es scheint, daß sie schon unter der Regierung Constantin's eingeführt wurden. Obgleich sie im Westen gar nicht mehr üblich sind, wenn wir die letzten Tage der Charwoche ausnehmen, finden wir sie im Osten noch in ausgedehntem Gebrauche. Besonders findet man sie in den türkischen Pro= vinzen. Da nämlich die Türken glauben, daß der Klang der Glocke die Seelen der Verstorbenen beunruhigt, ist es ein großes Vorrecht, welches nur wenige Kirchen besitzen, Glocken läuten zu dürfen. Bis vor einigen Jahren war es auch so in Griechenland, wo man jetzt wiederum das frohe Geläut der freien christlichen Glocken vernehmen kann. Ali Pascha wollte seine christlichen Unterthanen in Albanien zu Gunsten stimmen und ihre Achtung gewinnen, und gewährte deßhalb der Kirche zu Joannina freies Geläut. Auch im Archipel findet man ein= zelne Plätze, wo der Gebrauch der Glocken erlaubt ist, und kürzlich wurde dieses auch der Kirche des heiligen Grabes in Jerusalem gewährt, wo seit der Zeit der Kreuzzüge dem Ende des 13. Jahr= hunderts der Ton keiner Glocke mehr gehört worden war. Es gab früher zwei Arten Semantra, aus Holz und aus Eisen. Die erstere Art bestand aus einem Stücke harten, gut geglätteten Holzes, gewöhnlich Ahorn= oder Eichenholzes, etwa zehn bis zwölf Fuß lang, ein und einen halben Fuß breit und neun Zoll dick. In der Mitte dieses Stückes war eine Hand= habe, um es beim Gebrauche halten zu können. Männer, die den Schall dieser Semantra hörten, bezeugten, daß der Schall vollständig betäubend war. Man gebraucht diese jetzt sehr

selten. Der Schall der eisernen Semantra, die H a g i o s i=
d e r a (das ist heilige Eisenstücke) genannt werden, ist nicht
so betäubend, soll vielmehr sehr angenehm auf das Gehör
wirken. Sie sind halbmondförmig gemacht und man kann sie
mit den chinesischen Gongs vergleichen. Diese Art Semantra
gebraucht man jetzt häufig.

Bei den Syriern wird das Semantra in hohen Ehren
gehalten, weil eine bei ihnen lebende Tradition sagt, es sei
von Noe erfunden worden, zu dem der Allmächtige unmittel=
bar vor dem Baue der Arche so gesprochen haben soll: „Mache
Dir eine Glocke von Buchsbaumholz, welches nicht vergeht, drei
Ellen lang, und anderthalb Ellen weit, sowie auch einen Ham=
mer von demselben Holze. Schlage an dieses Instrument
jeden Tag dreimal, einmal des Morgens, um die Arbeiter zur
Arche zu rufen, einmal des Mittags, um sie zum Mittagsessen
einzuladen; einmal des Abends, um ihnen die Stunde der Ruhe
anzuzeigen." Die Syrier schlagen an ihre Semantra, wenn
die Messe beginnt und wenn es Zeit ist, das Volk zum Kirchen=
gebete zu rufen. Die Bedeutung dieses Semantrons, oder
des heiligen Holzes, wie es dort oft genannt wird, ist sehr
schön und rührend. Der Ton des Holzes, z. B. soll dem Geiste
vorführen, daß das Holz des Gartens von Eden den ersten
Menschen zum Falle brachte, als er die Frucht pflückte, von
der ihm gesagt worden war: Von diesem Baume sollst Du
nicht essen; derselbe Ton führt dem Geiste auch vor, wie dumpf
das Holz ertönte, als der Heiland daran geheftet wurde, um
für Adam's Sünde Genugthuung zu leisten. Dieser Gedanke
ist auch in der Präsation des heiligen Kreuzes sehr schön aus=
gedrückt.

Wir ersehen aus neuern Reisebeschreibungen, daß die
Nestorianer in ihren Kirchen Glocken und Schellen haben.
Obgleich diese Beschreibungen von Protestanten herrühren, die
bisweilen sehr engherzig sind, mögen wir dieses doch als Wahr=
heit aufnehmen. Es wird uns auch dort erzählt, daß während
des Gottesdienstes bisweilen geschellt wird, und daß dann die
Leute sich bekreuzen und einige Zeit in stummer Anbetung
versunken knieen. Dieses ist wahrscheinlich bei der Wandlung
der Fall.

Bei den Armeniern finden wir ein fast unaufhörliches
Schellen während der heiligen Messe. Die Diakonen tragen
gewöhnlich diese Schellen, die an großen Riegen befestigt sind.
Auch hören wir bei ihnen von großen Glocken, die in den Kup=
peln der Kirche hangen.

Die Abyssinier oder Aethiopier läuten Glocken bei der Wandlung. Obgleich also im Morgenlande jetzt Glocken vielfach im Gebrauche sind, sollen sie doch erst im neunten Jahrhunderte dort bekannt geworden sein. Urso, Doge von Venedig, nämlich sandte zwölf Glocken, als Geschenk an den Kaiser Michael, der sie in den Glockenthurm der Kirche der heiligen Weisheit aufhängen ließ.

Auf dem Berge Athos, der wegen seiner zahlreichen Klöster im Osten der heilige Berg genannt wird, findet man eine Menge Glocken. Das Kloster des heiligen Elias auf Candia hat ein sehr schönes Geläut. Die Einwohner von Candia selbst lieben den Ton der Glocken sehr; sie singen davon in ihren Liedern und Legenden. Sie singen: „Der Glockenklang ruft feierlich—Am schönen Sonntag Morgen früh—Willkommen, hehres Osterfest!—In Hagis Kostandi.“— Hagis Kostandi ist Constantinopel, die heilige Stadt Constantin's.

Daß die Russen sehr für den Glockenklang eingenommen sind, ist bekannt. Der Kreml, der großartige Palast der Czaren mit allen seinen Kirchen, worunter besonders die Kirche der Himmelfahrt Marien's berühmt ist, in der die Czaren gekrönt werden, ist mit einer zahllosen Menge Glocken versehen, und manche von diesen sind so groß, daß mehrere Männer nothwendig sind, sie zu bewegen. Der große Thurm, Jvan Veliki genannt, hat dreiunddreißig Glocken, unter denen die berühmte Novgorod, durch deren Ton das Volk aus großer Ferne herbeigerufen wird. Obgleich diese Glocke sehr groß ist, ist sie nur klein im Vergleich mit der andern, Jvan Veliki, das heißt großer Johann, genannt, die so groß und schwer ist, daß man keinen Thurm bauen konnte, der stark genug war, sie zu tragen. Sie wiegt 216 Tonnen, das ist 432,000 Pfund. Sie steht noch auf dem Kreml, wo sie als Kapelle dient, da sie beim Gusse sprang und einen Riß erhielt, durch den die Leute hineingehen können.

Wir wollen hier zum Schlusse einige der größten Glocken aufführen: Die zweite Glocke in Moskau wiegt 128 Tonnen, das ist 256,000 Pfund; die Kaiserglocke im Kölner Dom 25 Tonnen, das ist 50,000 Pfund; die große Glocke in Peking 53 Tonnen, das ist 106,000 Pfund; die Glocke von Notre Dame in Paris 17 Tonnen, das ist 34,000 Pfund; die sogenannte Big Ben in Westminster 14 Tonnen, das ist 28,000 Pfund, und die sogenannte Tom in Lincoln 5 Tonnen, das ist 10,000 Pfund.

Sechszehntes Kapitel.

Das Brod zum Gebrauche in der heiligen Messe.

§ 57.—Gesäuertes und ungesäuertes Brod.

Um das Brod durch die Worte der Wandlung in den Leib Christi verwandeln zu können, muß der Priester Weizenbrod (panis triticeus) und keine andere Sorte nehmen. Nach dem althergebrachten Gebrauche der lateinischen Kirche muß dieses Brod u n g e s ä u e r t, nichts anderes als Wasser darin gemischt sein, und darf weder geschmort, noch gebraten, noch gekocht, sondern muß in der gewöhnlichen Weise gebacken werden.

Keine Frage hat wohl mehr und hitzigere Kämpfe hervorgerufen, als die über den Gebrauch des gesäuerten oder ungesäuerten Brodes in der heil. Messe. Cardinal Bona, der ein großes Buch über die Messe schrieb, erzählt uns in seiner einfachen Weise, mit welchem Sturme von Widersprüchen er zu kämpfen hatte, als er in Kürze die Thatsache hinschrieb, daß vor dem zehnten Jahrhunderte der Gebrauch von gesäuertem und ungesäuertem Brode in der lateinischen Kirche ohne Unterschied üblich war, daß nachher aber nur ungesäuertes Brod gebraucht werden durfte. Wir können schon des kleinen Raumes halber nicht alle die Gründe anführen, die der gelehrte Cardinal vorbrachte; und wir wollen deßhalb nur bemerken, daß diese anfangs so sehr bekämpfte Meinung fast von allen liturgischen Schriftstellern als die wahre angenommen wird. Daß der Gebrauch des ungesäuerten Brodes seit den Zeiten der Apostel in der lateinischen Kirche nie unterbrochen wurde, wird von allen anerkannt; aber wir wissen auch, daß die Ebioniten, Ketzer des zweiten Jahrhunderts, als Glaubenssatz aufstellten, alle Gebote des Alten Bundes seien für die Christen bindend, und das heilige Sakrament dürfe deßhalb nur in ungesäuertem Brode gefeiert werden, daß dann im Gegensatz die Kirche den Gebrauch des gesäuerten Brodes erlaubte und guthieß, bis alle Spuren der Ebioniten verschwunden waren. Diese wohlbegründete Meinung wird von vielen Heiligen vertheidigt, unter denen wir bloß die beiden größten Gelehrten anführen, den hl. Bonaventura und den hl. Thomas von Aquin.

Soweit die Gültigkeit der Wandlung in Betracht kommt, hat man von jeher sowohl in der griechischen, als in der lateinischen Kirche geglaubt, daß man mit beiden Arten Brodes die hl. Messe feiern kann; der Gebrauch der einen oder der anderen Art Brodes ist deshalb nicht Glaubenssatz, sondern einfach kirchliche Regel; (man nennt diese Regel gewöhnlich Disciplinarvorschrift.) Auch die Griechen, wenigstens in der älteren Zeit, geben zu, daß Christus beim letzten Abendmahle ungesäuertes Brod gebrauchte, daß aber die Kirche aus ver=schiedenen weisen Gründen sehr früh den Gebrauch des gesäuerten Brodes einführte, und daß die Griechen diesen Ge=brauch beibehielten, nachdem sie ihn einmal angenommen hat=ten. Man muß nicht verhehlen, daß einige unter den Grie=chen, besonders der Patriarch Michael Cärularius mit seinem Anhange, die im Jahre 1043 die vollständige Trennung der griechischen von der lateinischen Kirche herbeiführten, behaup=ten wollten, die Wandlung mit u n g e s ä u e r t e m Brode sei ungültig. Sie thaten dieses aber, um die Kluft zwischen den beiden Kirchen so weit als möglich zu machen. Kein ruhig denkender Theologe der griechischen Kirche hat je ähnliches behauptet; und obgleich auch jetzt alle Kirchen des Morgen=landes gesäuertes Brod gebrauchen, mit Ausnahme der Arme=nier und der Maroniten, geben doch auch alle die Gültigkeit des ungesäuerten Brodes zu.

Nach dem Gesagten ist es klar, daß beide Arten Brodes für die hl. Messe gebraucht werden k ö n n e n, allein sie dür=fen es nicht nach Willkür. Die lateinische Kirche besteht so strenge auf dem Gebrauch des ungesäuerten Brodes, daß jeder Priester, der ohne besondere päpstliche Erlaubniß, (die aber nie gegeben wird), gesäuertes Brod gebrauchen sollte, einer Todsünde sich schuldig machen würde. Nicht einmal, um an Sonntagen Messe zu lesen oder um den Sterbenden die Weg=zehrung zu geben, wäre es erlaubt. Der einzige Fall, der vor=kommen kann, ist der, wenn nach der Wandlung durch irgend einen Zufall oder durch ein Wunder die hl. Hostie verschwindet und nur gesäuertes Brod zu haben ist. Dann wäre es erlaubt, um das Opfer zu vollenden, auch das gesäuerte Brod zu nehmen.

§ 58.—Zubereitung des Brodes in der lateinischen Kirche.

Die Hostien für den Gebrauch bei der heiligen Messe, wie auch für die heilige Communion werden zwischen zwei breiten Eisenplatten, Küchenplatten, die heiß gemacht wurden, gebacken.

Auf diesen Platten ist eine heilige Figur eingravirt, wie z. B. die Kreuzigung, das Lamm Gottes, das Kreuz oder ähnliches. Das Hostieneisen sieht einer langen Zange ähnlich, deren Endplatten aber sehr breit sind; diese sind die ebengenannten Küchenplatten. Nachdem dieses Geräth zur Genüge erhitzt ist, wird es ein wenig mit Butter eingerieben, die dann wieder sorgfältig mit dünnem Papier entfernt wird, da keine Butter mit der Hostie vermischt sein darf; dann wird der Teig darauf gelegt, die Platten aufeinandergedrückt und in kurzer Zeit ist die dünne Hostie gebacken. Diese großen Hostienstücke werden dann in mehrere runde größere oder kleinere Hostien zerlegt.

Heutzutage ist kein besonderes Sinnbild auf der Hostie vorgeschrieben. Jede Kirche mag irgend eine heilige Figur darauf anbringen. Man findet z. B. die Kreuzigung, das Lamm Gottes, das Auge Gottes, das A und O, den ersten und den letzten Buchstaben im griechischen A B C, nach den Worten des Heilandes in der geheimen Offenbarung Johannes: „Ich bin das A und das O, das Erste und das Letzte, der Anfang und das Ende." Die gewöhnlichste Inschrift ist nach unserem Dafürhalten die alte Form IHS, oder wie auch früher geschrieben IHC. Vieles ist über die Bedeutung dieser Buchstaben geschrieben worden. Einige wollen sagen, es heiße Jesus, hominum salvator, d. i. Jesus, der Erlöser der Menschen; andere, natürlich Deutsche, Jesus, Heiland, Seligmacher u. s. w. Der Wahrheit gemäß sind sie die Anfangsbuchstaben des Namens Jesu auf Griechisch *IHΣOYΣ*, und so findet man sie sehr häufig in den oben (Kapitel 3) besprochenen Katakomben. Die Erklärung Jesus hominum salvator kam zuerst in gewöhnlichen Gebrauch durch den hl. Bernardin von Siena im Jahre 1443, und zwar in folgender Weise: Dieser Heilige mußte öfters einen ihm bekannten Mann derbe zurechtweisen, weil er Karten verkaufte, die mit leichtfertigen Inschriften versehen waren. Der Mann entschuldigte sich mit der Antwort, er könne in keiner anderen Weise seinen Lebensunterhalt gewinnen; der hl. Bernardin jedoch versprach ihm, dafür sorgen zu wollen, daß er keinen Mangel leide, wenn er die Inschrift IHS, Jesus hominum salvator, anstatt den andern Zeichen einführen wolle. Der Mann that es und hatte einen größeren Gewinn, als bevor.—Wir wollen noch eine, in gewissen Gegenden sehr übliche Form und Erklärung bringen. Die

Form ist IHS und die Erklärung lautet: „✠ das Kreuz,

IHS In hoc signo, **In diesem Zeichen,** V vinces, **wirst du siegen.** Wir haben diese Erklärung öfters gehört, können aber nicht die Gewährsmänner angeben; in Deutschland ist dieses vielfach die Erklärung der Jesuiten. Wir wissen, daß dem Kaiser Constantin dem Großen das Kreuz erschien mit den Worten: In diesem Zeichen wirst du siegen.

Obgleich es wohl angemessen wäre, daß die Altardiener selbst das Opferbrod zubereiteten, wird jedoch das Backen jetzt gewöhnlich von frommen Personen aus der Gemeinde besorgt, da man sich auf diese wohl verlassen kann, oder es wird im Hause des Priesters selbst vom Lehrer oder anderen Personen übernommen. Früher war es eine große Ehre, dieses Altarbrod zubereiten zu dürfen, und manche Edelleute jeglichen Landes boten ihre Dienste für diese heilige Arbeit an. Wir lesen vom hl. Wenzel, Herzog von Böhmen im zehnten Jahrhundert, daß er den Weizen selbst säete, die Saat schnitt, selbst die Aehren auslas, sie selbst mahlte und endlich auch selbst das Brod für das Opfer zubereitete. Eine ähnliche Geschichte wird uns von der hl. Radegunde, Königin von Frankreich im sechsten Jahrhundert, erzählt. Die alten Engländer nannten die Hostien Ofleten, oder Obley, natürlich vom lateinischen Worte oblata, d. i. Opferbrod, bisweilen aber auch Gesangsbrod. Manche meinen, es werde so genannt, weil es im Hochamte gebraucht wurde; wir glauben jedoch, es heißt so, weil während der Zubereitung des Brodes eine unausgesetzte Lesung von Psalmen und Gesängen stattfand, wie noch jetzt im Osten. (Siehe unten.) Die englische Kirche hatte folgendes Gesetz: „Wir befehlen auch, daß ihr die Ofleten, welche ihr in den hl. Geheimnissen Gott aufopfert, entweder selbst backt oder sie von euren Dienern vor euren Augen backen lasset, damit ihr wisset, daß alles reinlich und ordentlich geschehe.“ Der Bischof von Lincoln im dreizehnten Jahrhundert schrieb an seine Priester in folgender Weise: „Mehr als gewöhnliche Sorge müßt ihr dafür tragen, daß die Ofleten aus reinem Weizen gebacken werden. Während der Zubereitung sollten die Altardiener zugegen sein, an einem geziemenden Platze sich aufhalten und mit einem Chorrock bekleidet sein. Die Eisen soll man nicht mit Oel oder Fett einreiben, sondern bloß mit Wachs.“

Bis zum elften Jahrhundert war es Gebrauch, den Gläubigen die hl. Communion mit Stücken der hl. Hostie zu reichen, die der Priester in der Messe gebrauchte. Wir können daraus ersehen, daß diese Hostie bedeutend größer gewesen sein muß, als wir sie jetzt haben. Als der Gebrauch der Communion in dieser Weise aufhörte, fing man an, kleine Hostien für das Volk zu backen, die jedoch den Namen Partikeln, d. i. Theilchen der größeren Hostie behielten. Auch die Hostie des Priesters wurde von da an bedeutend kleiner.

Von undenklichen Zeiten her hat man die Hostie in einer rundlichen oder runden Form gebacken. Wir können diesen Gebrauch bis zum dritten Jahrhundert nachweisen, denn schon Papst Zephyrinus, der im Jahre 217 starb, nennt die Hostie „eine Krone von rundlicher Form." Severus von Alexandrien, der im vierten Jahrhundert lebte, nennt sie blos einen Kreis. Nach einigen Auslegern soll die Hostie rund sein wie ein Geldstück, um uns daran zu erinnern, daß das wahre Bröd des Lebens, unser göttlicher Erlöser, von Judas für dreißig Geldstücke verkauft wurde. Um alle Vorschriften über die Hostie in der lateinischen Kirche zusammenzufassen, geben die Rubrizisten folgende zwei Verse:

Candida, triticea, ac tenuis, non magna, rotunda
Expers fermenti, non falsa, sit hostia Christi.

„Weiß, aus Weizen, und dünn, nicht groß, von runder Form, Ungesäuert, nicht verdorben (d. i. nicht zu alt), soll die Hostie Christi sein."

§ 59.—Zubereitung des Brodes in der morgenländischen Kirche.

Wie schon oben bemerkt wurde, benutzen alle morgenländischen Kirche, mit Ausnahme der Maroniten und der Armenier, gesäuertes Bröd für die hl. Messe. Ob dieser Gebrauch vom Anfange der Kirche sich herschreibt, oder ob er nachher eingeführt wurde, überlassen wir Anderen zu entscheiden. Man ist darüber nämlich nicht einig, und im Grunde ist es auch von geringem Belange, da wir wissen, daß die Messe mit beiden Arten Brodes gültig ist. Ein neuerer Reisender, Pocoke, sagt, die Kopten gebrauchen auch ungesäuertes Bröd; dieses muß jedoch ein Irrthum sein, da man es sonst nirgends findet. Diejenigen, die uns die koptischen Gebräuche mit der größten Sorgfalt schildern, würden dieses sicher bemerkt haben, wenn es auf Wahrheit beruhte. Andere Reisende älterer Zeit schrieben, daß die Abyssinier auch ungesäuertes Bröd gebrauchten. Wir brauchen solchen Angaben nicht den geringsten Glauben zu schenken, da sie gewöhnlich ohne Grund und auf's Gerathewohl in die Welt hinausposaunt wurden. So z. B. gehört zu dieser Klasse auch die Angabe, daß die Abyssinier gewöhnlich

mit gesäuertem Brode die hl. Messe feiern, am Gründonner=
stage aber mit ungesäuertem. Es mag vielleicht einstmals der
Fall gewesen sein, jetzt aber gilt unsere obige Angabe durchaus.

Ceremonien bei der Zubereitung. — Die Morgenländer
haben eine große Achtung für das Brod, das zum hl. Opfer
verwandt werden soll; auch zollen sie dem hl. Sakramente eine
viel größere Verehrung, als wir leider oft in unserer Lauigkeit
thun. Wir können sie in dieser Beziehung nicht zu viel loben.
Um zunächst über die Gebräuche der Kopten zu handeln; so
sind sie so genau in Bezug auf das Opferbrod, daß der Weizen,
der für das Brod gebraucht wird, nur mit dem Gelde gekauft
werden darf, das für kirchliche Zwecke geopfert und zurückgelegt
wurde. Auch muß das Mehl nachher in der Kirche aufbewahrt
werden, und dort ist auch der Ofen, in dem das Brod gebacken
wird. Während des Backens singen die Kirchendiener, denen
diese Arbeit obliegt, immerfort geistliche Lieder und Psalmen,
da dieses Backen als ein sehr heiliges Werk angesehen wird.
Nach ihren Regeln muß das Brod n e u, f r i s ch und r e i n
sein, so neu sogar, daß Brod am vorhergehenden Tage gebacken,
nicht in der Messe gebraucht werden darf, es muß am selben
Tage erst zubereitet sein. Niemals kann es aber einer Frauens=
person erlaubt werden, die Hostien zu backen. Die Uebertre=
tung dieser Regel würde mit dem Kirchenbanne, der Excom=
munication, bestraft werden. Eines ihrer Hauptgesetze sagt:
„Es ist billig, daß das Opferbrod nur in dem Ofen der Kirche
gebacken wird. Es soll kein Weib dieses kneten oder backen.
Wenn Jemand dagegen handelt, so soll er verflucht sein.“
Das s y r i s ch e Brod, Xatha genannt, wird vom reinsten und
feinsten Weizenmehl zubereitet, und mit Wasser, Olivenöl,
Salz und Sauerteig angemengt. Sie vertheidigen den
Gebrauch des Olivenöls damit, daß sie behaupten, es werde
nur gebraucht, um den Teig nicht an den Händen kleben zu
lassen. Die Zubereitung des Brodes geschieht immer in der
Kirche, entweder durch den Priester oder durch den Diakon; es
darf keiner zu dieser Arbeit zugelassen werden, der noch nicht die höhe=
ren Weihen empfangen hat. In Bezug hierauf sagt eine der
syrischen Kirchenvorschriften: „Der Diakon oder der Priester,
der das Opferbrod bereitet, soll die Mulde rein halten und ein
Gefäß haben, um das Wasser und das Oel durchzuseihen; er
muß wohl Acht geben, keinen Laien zuzulassen. Außerdem soll
er seine Lenden umgürtet haben, beschuht sein, sich nach dem
Osten kehren und sein Gesicht mit einem Tuche verhüllen.

Pfalmen müffen bei dieser Arbeit mitgesungen werden. Auch die Gesetze der Armenier schreiben vor, daß das Opferbrod von den Altardienern zubereitet werde. Wie schon gesagt, gebrauchen sie ungesäuertes Brod.

Das Brod, welches die Griechen gebrauchen, ist rund und einem großen Kuchen ähnlich, aber in der Mitte ist ein vier= eckiges etwas höheres Stück, welches das h e i l i g e L a m m genannt wird. Dieses viereckige Stück wird aus dem Kuchen herausgeschnitten, und wird das wirkliche Opferbrod. Der übrigbleibende Theil des Kuchens wird in kleine Stücke zer= theilt und diese werden um die größere Hostie gelegt, so daß die Theile dann der allerseligsten Jungfrau, den Aposteln, den Heiligen, Märtyrern u. s. w., dann auch den Lebenden und den Verstorbenen gewidmet werden. Um diese Stücke zu zerschnei= den, sowie auch um die größere Hostie aus dem Kuchen aus= zuschneiden, haben die Griechen eine sogenannte h e i l i g e L a n z e, ein langes, zweischneidiges Messer. Das Heraus= schneiden des heiligen Lammes ist mit verschiedenen Ceremo= nien verbunden. Dieses heilige Lamm, d. h. der mittlere Theil des Kuchens ist in vier kleinere Theile abgetheilt, und auf jedem Theile sind Inschriften angebracht. Die vier Theile zusammen nennt man das Siegel. Wenn nun der Priester mit der heiligen Lanze die rechte Seite des Siegels von dem runden Kuchen abschneidet, sagt er: „Er wurde wie ein Lamm zur Schlachtbank geführt"; bei der linken Seite fährt er fort: „Und wie ein makelloses Lamm stumm vor den Scheerern öffnete er nicht seinen Mund"; bei der oberen Seite: „In seiner Erniedrigung wurde sein eigener Wille von ihm genom= men", und endlich bei der unteren Seite: „Und wer kann sein Geschlecht erklären?" Jedesmal, wenn der Priester einen Ein= schnitt macht, sagt der Diakon: „Laßt uns unser Gebet zum Herrn emporsenden." Die griechische Hostie ist also dick und viereckig, und die Griechen wollen durch diese Form andeuten, daß unser Heiland für die vier Enden der Welt, d. i. für alle gelitten hat.

Inschriften auf den Hostien. — Im Osten besteht eine große Verschiedenheit in Bezug auf die Inschriften auf der heiligen Hostie. Die Syrier bezeichnen sie nur mit verschie= denen kleinen Kreuzen, so auch die Nestorianer; die Kopten hingegen haben auf der einen Seite die griechische Inschrift: Hagios, Hagios, Hagios Kyrios Sabeoth, d. i. Heilig, heilig, heilig, Herr der Heerschaaren; auf der andern Hagios Ischyros, d. i. Heiliger Starker, nebst einer Menge von Kreu=

zen. Das Hagios Ischyros, Heiliger Starker, ist ein Theil des berühmten Trisagion (d. i. Dreimalheilig), welches die östliche Kirche an jedem Tage absingt, in der lateinischen hiegegen nur am Charfreitag zu finden ist. Dieses Trisagion hat eine eigenthümliche Geschichte. Zur Zeit des Kaisers Theodosius des Jüngeren im Jahre 446 wurde Constantinopel so sehr von Erdbeben heimgesucht, daß man allgemein glaubte, das Ende der Welt stehe bevor. Die wildeste Aufregung herrschte in der Stadt, wenn die Zeichen des kommenden Stoßes sich zeigten. Männer, Frauen und Kinder liefen in der größten Bestürzung umher, und nackte Verzweiflung sprach fast aus jedem Gesichte. Bei dieser mehr als ernsten Lage der Dinge schickte Theodosius eine Bittschrift an den hl. Protlus, den damaligen Erzbischof, er möge doch zum allmächtigen Gott flehen, diese Geißel wieder von der Stadt zu nehmen. Der heilige Bischof ordnete sofort öffentliche Gebete an. Er bildete eine Prozession, die aus Priestern und Laien bestand, woran sich der ganze kaiserliche Hof anschloß, die alle ein wenig aus der Stadt hinausgingen und dort auf offenem Felde in ernstem und feierlichem Gebete niederknieten. Sie hatten noch nicht lange gebetet, als Alle zu ihrem Erstaunen ein Kind in den Wolken sahen, das sich zu ihnen hinabbewegte, und so laut sang, daß sie es hören konnten. Nach ungefähr einer Stunde kam das Kind vollständig auf den Boden und sang: Hagios Ischyros, Hagios o Theos, Hagios Athanatos, eleeson hemas, d. i. „Heiliger Starker, Heiliger Gott, Heiliger Unsterblicher, erbarme Dich unser." Als man das Kind fragte, was dieses Singen bedeuten solle, antwortete es, es habe die englischen Chöre diesen Lobgesang vor dem Throne Gottes singen hören, und wenn das Volk den Schrecken des Erdbebens von der Stadt abwenden wolle, müsse es auch diesen Gesang singen. Man befolgte diese Weisung sofort und das Erdbeben nahm ein Ende. Der Kaiser gab nachher den Befehl, dieses Trisagion überall zu singen und der hl. Protlus soll es zuerst in die Liturgie zu Constantinopel eingeführt haben. Die kleinen Kreuze auf der koptischen Hostie sind, wie man sagt, ein Andenken an eine berühmte Rede des hl. Johannes Chrysostomus über die Gottheit Christi, worin das Wort K r e u z so oft vorkommt. Es wird uns auch erzählt, daß die Inschriften auf den Hostien für die Messe der Bischöfe und der Patriarchen sehr von dem hier beschriebenen für die Priester bestimmten abweichen. Die griechische Hostie, das heilige Lamm, hat acht Buchstaben: IC=Jesus XC=Christus NIKA=siegt.

Siebenzehntes Kapitel.

Der Meßwein.

§ 60.— Der Meßwein im Allgemeinen.

Wenn wir die Aquarier (wörtlich: Wasserleute) ausnehmen, die in den ersten Zeiten des Christenthums als Verbesserer der Kirche auftreten wollten und sagten, man könne und müsse das heilige Opfer nicht mit Wein, sondern mit Wasser darbringen, hat niemals irgend eine Schwierigkeit sich über diesen Punkt gezeigt; denn alle Christen glauben einmüthig, daß zur gültigen Verwandlung dieser Gestalt der Wein von der Rebe durchaus nothwendig ist, und daß sonst keine Wandlung stattfindet. Die Farbe des Weines ist hierbei von geringem Belange; einige ziehen weißen, andere rothen Wein vor. Jeder kann nach Belieben wählen. Der rothe Wein hat diesen Vorzug, daß er schon durch seine Farbe leicht erkennbar ist, und deshalb kaum mit dem Wasser verwechselt werden kann. Es kommen nämlich bisweilen für die Messe lesenden Priester sehr verdrießliche Fälle vor, daß durch Unachtsamkeit des Meßdieners oder sonstigen Grund das Wasser mit dem Weine verwechselt wird. Natürlich muß dann das Versehen gut gemacht werden, Wein genommen und wiederum verwandelt werden.

Die Regeln über den Wein sind in allen Gegenden der Kirche dieselben. Nach neueren Reisebeschreibungen jedoch sollen unter den Kopten Mißbräuche vorkommen. Wir zweifeln nicht daran, daß die Reisenden uns die Wahrheit erzählten, und wenn diese Mißbräuche auch nur in Fällen der Noth vorkommen, sind sie doch verdammenswerth. Wir meinen den Gebrauch des sogenannten Zebib anstatt des reinen Rebenweines. Wir erhalten hierüber folgende Beschreibung: „In den katholischen Kirchen müssen sie (das ist die Kopten) reinen Wein gebrauchen, aber in den andern, das ist schismatischen, ist der Saft, den sie Zebib nennen, vorherrschend. Zebib ist eine Art Rosinenwein. Fünf Maaß neuer, frischer Rosinen werden zu fünf Maaß Wasser genommen; wenn die Rosinen alt sind, muß man häufig sechs bis sieben Maaß nehmen.

Man hält diese im Winter sieben Tage zum Einweichen, im Sommer nur vier. Dann pressen die Diakone die Mischung durch zwei Säcke nach einander, um sie rein und klar zu machen. Man kann dieses Getränk sieben Jahre halten und es hat einen Geschmack, der säuerlich gewordenem süßen Weine ähnlich ist. Die Kopten bewahren das Zebib in Krügen, und verschließen diese sorgsam, so daß keine Luft hinzutreten kann." Solcher Wein wäre natürlich ungültig für den Gebrauch bei der heiligen Messe. Sehen wir nun auf die k i r ch l i ch e n V o r ſ ch r i f t e n über den Wein bei den Kopten. Nur der reine, unverfälschte Saft der Rebe darf für die Messe verwandt werden; nur die Diener des Altars dürfen bei der Zubereitung mitwirken, damit der Wein von der besten Sorte werde. Die Trauben müssen sorgfältig ausgelesen und nur mit den Hän=den ausgedrückt werden, während die Trauben für den gewöhn=lichen Gebrauch mit den Füßen zertreten werden. So lange der Wein in den Fässern ist, darf keiner etwas hinzugießen oder hinwegnehmen, ehe der zur Messe nothwendige Theil abgezapft ist. Die Kopten dürfen bei der Messe keinen Wein gebrauchen, der in einem Weinhause gekauft wurde, weil er vielleicht nicht rein sein würde. Wir sehen also, daß die kirch=lichen Vorschriften bei den Kopten sehr auf die Echtheit des Weines bestehen; wenn man anders handelt, ist es natürlich gegen die kirchlichen Regeln.

§ 61.—Meßkännchen.

Der zur Messe gebrauchte Wein, wie auch das Wasser, wird in kleinen gläsernen Krügen zum Altare gebracht. Man nennt diese Gefäße Meßkännchen. Obgleich es nicht durchaus nothwendig ist, Meßkännchen aus Glas zu gebrauchen, haben sie doch den Vortheil, daß man sie besser rein halten und vor allem, daß man sofort an der Farbe den Wein vom Wasser unterscheiden kann; es können nämlich sonst, wie wir schon vorher bemerkten, ernstliche Mißgriffe gemacht werden, indem der Priester Wasser anstatt Wein nimmt. Heutzutage sind gläserne Meßkännchen allgemein gebräuchlich.

In früheren Zeiten wurden dieselben häufig aus werth=vollen Stoffen verfertigt. Gold, Silber und Edelsteine wur=den vielfach bei der Verfertigung verwendet, und großes Kunst=talent für ihre Herstellung aufgesucht. In Ely, einer alten Stadt in England, ungefähr 70 Meilen von London, war einst eine große Cathedrale, 517 Fuß lang mit einem 270 Fuß hohen Thurm, in der sich manche Schätze befanden. Ihr vermachte Bischof Hothum im Jahre 1336 zwei goldene Meßtännchen, die mit Perlen und Rubinen besetzt waren. Der Earl von Warwick, Beauchamp, vermachte im Jahre 1400 dem Könige ein Bild der Mutter Gottes mit zwei Meßkännchen aus vergoldetem Silber, die zwei Engel vorstellten. Ueberhaupt wetteiferten in der guten alten Zeit die Adeligen miteinander, um zu sehen, wie viel jeder thun konnte, das Haus Gottes würdig herzurichten, und den Altar mit heiligen Gefäßen der vollkommensten Art zu schmücken. Möchte auch jetzt noch unter den Wohlhabenden ein solcher Wetteifer zu finden sein!

Achtzehntes Kapitel.

Ueber die Anzahl der Messen, die ein Priester an demselben Tage lesen darf.

§ 62. — Gebrauch der lateinischen Kirche.

In der allerersten Zeit der Kirche war es ganz und gar dem Gutdünken des Priesters überlassen, ob er täglich eine oder mehrere Messen lesen wollte. Es war jedoch bei den Priestern häufig üblich, zwei Messen an demselben Tage zu lesen, die eine von dem Feste des Tages, die andere für die Seelen der Verstorbenen. Bald wurde aber die Feier mehrerer heiligen Messen auf höhere Festtage beschränkt, an denen sich der Feierlichkeit halber die Gläubigen in größerer Anzahl zum Gottesdienste versammelten. Um dann Allen Gelegenheit zu geben, dem hl. Opfer beizuwohnen, durften so viele Messen gefeiert werden, als man für nothwendig erachtete, und es war auch einem Priester, falls er allein war, dann erlaubt, diese verschiedenen Messen zu lesen. Papst Leo III. im 9. Jahrhundert soll an einem solchen Tage neun Messen gefeiert haben. Diese Gewohnheit wurde aber von Jahr zu Jahr weniger üblich, bis endlich Papst Alexander II. (1061—1073) befahl, kein Priester solle an ein und demselben Tage mehr als eine Messe lesen. Seine Worte lauten: „Es ist hinreichend, wenn ein Priester an einem Tage eine Messe liest, weil Christus nur ein Mal litt und die ganze Welt erlöste. Die Feier der hl. Messe ist nicht eine Sache von geringer Wichtigkeit, und glücklich ist der Mann, der eine Messe würdig feiern kann." Seit der Zeit ist der Gebrauch der Kirche immer derselbe geblieben. Oftmals jedoch wird Priestern, die zwei verschiedene Gemeinden zu versehen haben oder großen Gemeinden vorstehen, Erlaubniß gegeben, an Sonn- und Feiertagen zwei Messen zu lesen, um den Gläubigen Gelegenheit zu geben, dem hl. Opfer beiwohnen zu können. Aber in keinem Falle darf der Priester mehr als zwei Messen lesen. (Father Petromile berichtet jedoch in seiner Reisebeschreibung, daß die Priester der Kapelle des Kalvarienberges zu Jerusalem zu jeder Stunde des Tages Messe lesen dürfen, und auch so oft, als es ihnen gutdünkt. Wir wissen weiter nichts Näheres über dieses staunenswerthe Vorrecht.)

Weihnachten.—Der hochheilige Weihnachtstag ist jetzt der einzige Tag, an dem jeder Priester mehrere Messen lesen darf. Wir sagen d a r f, denn es ist jedem erlaubt, drei Messen zu feiern, obgleich er auch nur eine lesen kann, wenn es ihm so beliebt. Es ist hier also keine Vorschrift. Schon Papst Teles= phorus im Jahre 142 soll den Geistlichen dieses Recht einge= räumt haben. Liturgische Erklärer geben für diese drei Messen die folgende mystische Deutung: Die erste Messe bedeutet die ewige Geburt des Sohnes Gottes in dem Busen seines Vaters; die zweite, die zeitliche Geburt aus der allerseligsten Jungfrau; die dritte, seine geistliche Geburt in den Herzen der Gläubigen durch würdigen Empfang der Sakramente und vorzüglich durch den Empfang Christi im heiligsten Altarssakramente. So lehrt besonders Papst Benedikt XIV.

Allerseelentag.—In dem alten Königreiche Arragonien in Spanien, welches Arragonien, Valentia und Catalonien umfaßt, wie auch auf der Insel Majorka ist es jedem Weltprie= ster erlaubt, am 2. November, dem Gedächtnißtage aller armen Seelen zwei Messen zu lesen, während die Ordenspriester drei Messen lesen dürfen. Dasselbe Vorrecht genießen auch die Domi= nikaner des Klosters zum hl. Jakobus in Pampeluna. Weiter erwähnt Papst Benedikt XIV. keine Vorrechte. Diese Erlaub= niß soll zuerst vom Papste Julius oder Paul III. gewährt wor= den sein; und obgleich hochgestellte Personen öfters um dasselbe Vorrecht ihre Gesuche einreichten, wurde es doch keinem andern Lande, und selbst in Spanien nur den obengenannten Provin= zen zugestanden. Es mag zwar in der allerletzten Zeit eine Aenderung vorgekommen sein. Wir wissen nämlich, daß meh= rere Bischöfe auf's Neue ihre Gesuche beim hl. Stuhle einrei= chen wollen oder schon eingereicht haben, damit dieses Recht auf die ganze Kirche möge ausgedehnt werden, um für die leiden= den Seelen im Fegfeuer bessere und schnellere Linderung zu erlangen. Wir hoffen, daß der hl. Vater diese Bitten erhören wird.

§63.—Gebrauch der morgenländischen Kirche.

Die Regeln in Betreff der Feier der hl. Messe sind in der morgenländischen Kirche sehr ungenau und weitschweifig; allein insofern sie die Anzahl der Messen betreffen, die ein Priester an einem und demselben Tage lesen darf, sind sie mit den unseri= gen übereinstimmend. Jeder Priester darf täglich nur eine Messe feiern. Allein es ist sehr selten, daß im Osten täglich das

hl. Opfer dargebracht wird, (mit Ausnahme der mit Rom ver=
einigten Katholiken), und an manchen Orten findet nicht ein=
mal an Sonntagen die Feier der hl. Messe statt, wenn nicht
gerade auch ein höheres Fest auf den betreffenden Sonntag
fällt.

Nach dem Rituale der Nestorianer ist es vorgeschrieben, an
jedem Sontage, jedem Freitage und an allen kirchlichen Festta=
gen des Jahres die hl. Messe zu feiern. Auch muß an jedem
Tage der ersten, mittleren und letzten Woche der Fastenzeit,
(Charfreitag ausgenommen), sowie in der Osterwoche das hei=
lige Opfer dargebracht werden. So lauten die Gesetze; allein
der Gewohnheit nach sind Messen auf Sonntage und höhere
Feste beschränkt; an manchen Orten vergehen ganze Wochen,
ohne daß die Messe gefeiert würde. Ein neuerer Reisender,
der hochw. Dr. Badger, sagt, daß zu gewissen Zeiten es Sitte
ist, daß der Priester die Liturgie liest, aber die Wandlung und
die Communion ausläßt, wie es früher bei einer trockenen
Messe zu geschehen pflegte. Die Nestorianer nennen dieses
die einfache Feier.

Andere Reisende, die besonders die religiösen Gebräuche
erforschen wollten, erzählen uns, daß nach den Geständnissen
mancher nestorianischer Priester oftmals ein ganzes Jahr ver=
geht, ohne daß mehr als dreimal Messe gelesen wird. Die
frömmeren Priester jedoch sollen ziemlich regelmäßig die Kir=
chengesetze beobachten, besonders in der hl. Fastenzeit. (Wir
finden hier eine passende Gelegenheit, einige Worte über das
Fasten im Osten zu sagen. Die Fastenzeit wird sehr strenge
beobachtet. Sie haben aber nicht bloß eine Fastenzeit, wie wir,
sondern mehrere, und diese werden alle gehalten wie in der
ersten Christenzeit. Die Nestorianer fasten jeden Mittwoch und
Freitag des Jahres, fünfundzwanzig Tage vor Weihnachten,
fünfzehn Tage vor dem Feste der seligsten Jungfrau, d. i. Ma=
ria Himmelfahrt, drei Tage vor dem Feste des hl. Kreuzes, drei
vor dem Feste des heiligen Johannes, fünfzig Tage vor Ostern,
fünfzig Tage vor Pfingsten.— Dieses letztere soll
wohl zehn Tage heißen müssen, da das Fasten erst am
Christi Himmelfahrtstage anfängt. — An Mittwochen und
Freitagen darf vom Abend vorher an kein Fleisch gegessen
werden. Die Fasttage insgesammt belaufen sich auf 156.
Nach guten Quellen sind die Fasttage in der griechischen
Kirche noch häufiger. Es sind deren 226. Das große
Fasten, d. i. die Fastenzeit vor Ostern, wird überall strenge

beobachtet. Nur an Samstagen, Sonntagen, sowie am Feste der Verkündigung Mariens darf mehr als eine volle Mahlzeit und auch Fisch genossen werden. An anderen Tagen sind Fleisch, Fisch, Käse, Eier, Butter, Oel und Milch verboten. Alt und Jung beobachten diese Fasten und zwar so strenge, daß arme Leute ihr einziges Stück Brod zur Seite legen, wenn auch nur ein Tropfen Oel oder eine andere verbotene Speise es berührt hat.)

Die Armenier müssen der kirchlichen Regel gemäß täglich Messe lesen, und wo eine Anzahl Priester zusammenleben, wird dieses auch gewöhnlich beobachtet. Nun sollen aber neuerdings ganz andere Regeln und Gebräuche aufgekommen sein, und die heutige neuere Regel scheint zu sein, daß die Liturgie, d. i. die hl. Messe, nur an Samstagen und Sonntagen, sowie an den höheren Festen des Herrn und seiner seligsten Mutter gefeiert werde. An andern Tagen betet man zusammen anstatt der Messe einen Theil des Breviergebets, die sogenannten kleinen Horen. Während der heiligen Fastenzeit soll jedoch öfters Messe gelesen werden.

Bei einer Leichenfeier wird die regelmäßige Zahl der Messen nie unterlassen. Die Armenier lesen eine am Begräbniß= tage und andere am siebenten, fünfzehnten und vierzigsten Tage nach dem Tode, endlich auch am Jahrestage. Diese fromme Gewohnheit für die Verstorbenen zu beten und für ihre Erlö= sung die hl. Messe aufzuopfern, ist im Osten sehr allgemein, sowohl unter den Schismatikern wie unter den Katholiken.

Die liturgischen Tage, d. h. solche, an denen die hl. Messe gefeiert wird, sind bei den Kopten alle Sonn= und Festtage, sowie die Mittwochen und Freitage der Fastenzeit. Wir erfah= ren auch aus Beschreibungen, daß Priester oft wochenlang keine Messe lesen, weil sie vorgeben, keine Trauben für den Meßwein aus Cairo bekommen zu können. Die katholischen Kopten hin= gegen, welche auch ihren eigenen Wein gebrauchen, und nicht den Rosinenwein (Kap. 17), feiern die hl. Messe ebenso regel= mäßig wie wir.

Neunzehntes Kapitel.

§ 64.—Concelebration.—Zusammenfeier der hl. Messe.

Bis zum Anfange des dreizehnten Jahrhunderts war es an höheren Festen Gebrauch, daß mehrere Priester vereint ein und dasselbe hl. Opfer darbrachten. Die Priester, welche an solchen Tagen mit dem Celebranten mitwirkten, hieß man Concelebranten, und sie concelebrirten, d. h. feierten zusammen die eine hl. Messe, denn wie groß auch immer die Priesterzahl sein mochte, es war nur e in Opfer. Ueber diesen eigenthümlichen Gebrauch schreibt Papst Innocenz III. (1215) in seinem Buche über die hl. Messe: „Die Cardinalpriester stehen gewöhnlich bei dem Papste und feiern die Messe zusammen mit ihm; und wenn das Opfer vollendet ist, empfangen sie aus seiner Hand die hl. Communion, zum Andenken an die Apostel, die mit Christus zu Tische saßen und von ihm das heilige Sakrament empfingen; und in dieser Vereinigung der Feier wird uns angedeutet, daß die Apostel bei dieser Abendmahlsfeier lernten, wie das Opfer dargebracht werden sollte."

Dieser Gebrauch der Concelebration muß schon unmittelbar nach den Zeiten des Papstes Innocenz III. aufgekommen sein; denn Durandus, der um 1260 lebte und schrieb, sagt in seinem Buche über die Messe, daß dieser Gebrauch früher herrschend gewesen sei. Wir haben auch jetzt noch in der lateinischen Kirche bei zwei Feierlichkeiten diese Concelebration, nämlich bei der Priesterweihe und bei der Bischofsweihe. Bei der Priesterweihe beginnt der neugeweihte Priester, der Ordinandus, wie er genannt wird, die Messe mit dem Bischofe erst beim Offertorium, weil er eben vor dem Evangelium geweiht wurde; nachher betet er Alles laut mit dem Bischofe, auch die Worte der Wandlung; am Ende empfängt er die hl. Communion unter e in er Gestalt; bei der Bischofsweihe fängt der zu Weihende die Messe gleich am Anfange mit dem weihenden Bischofe an und sagt mit ihm alles; jedoch wendet er sich nicht zum Volke beim Dominus vobiscum oder andern Gelegenheiten. Bei der Communion empfängt er diese unter b e id e n Gestalten, indem er einen Theil der von dem weihenden Bischof gebrauchten Hostie nimmt, sowie auch aus demselben Kelche das heiligste Blut empfängt. Außer diesen beiden Gelegenheiten ist die Concelebration in der lateinischen Kirche nicht mehr üblich.

In Bezug auf diese concelebrirte Messe werden manche eigenthümliche Fragen aufgeworfen. Da jedoch es ganz über das Gebiet dieses Buches hinaus geht, auf alle diese Einzeln= heiten einzugehen, wollen wir blos die berühmteste Streitfrage eben anführen. Diese lautet: Muß die Wandlung des Brodes und des Weines in den Leib und das Blut Christi dem weihen= den Bischofe oder dem neugeweihten Priester zugeschrieben wer= den, falls letzterer die Worte zuerst ausspräche? Es gab früher einige Theologen, die behaupten wollten, der neugeweihte Prie= ster solle, um alle Skrupeln zu vermeiden, die Worte der Wand= lung nur als geschichtliche Worte ausdrücken, und nicht persön= lich oder allein die Wandlung vollziehen wollen. Andere woll= ten behaupten, es sei einerlei, ob der Neugeweihte die Worte vor dem Bischofe ausspreche oder nicht; die Wandlung werde durch den Bischof vollzogen. Die dritte Meinung endlich, die heutzutage die allgemein angenommene ist, sagt, daß, wenn auch der neugeweihte Priester aus Eile die hl. Worte vor dem Bischofe vollende, doch die ganze Handlung als e i n e angesehen werden müsse, so daß die Wandlung erst vollzogen ist, wenn alle Mitbetheiligten die ganze Form gesprochen haben. So lehrt auch unter andern Papst Innocenz III. und der große Kirchen= lehrer, der hl. Thomas von Aquin.

Alle stimmen darin überein, daß der neugeweihte Priester ein wahres Opfer darbringt, und daß er deshalb die Absicht haben muß, dasselbe Brod und denselben Wein mit dem Bi= schofe in den Leib und in das Blut Christi zu verwandeln. So lehrt auch Benedikt XIV.

Morgenländischer Gebrauch.—Bei den Griechen, wie in den andern morgenländischen Kirchen ist die Concelebration sehr üblich. Bei den Nestorianer finden wir sie im gewöhn= lichen Gebrauche. Von den kirchlichen Büchern der Maroniten lernen wir, daß auch diese sie beobachten. Man theilt uns mit, daß der Patriarch der Maroniten überall von einer Anzahl Priester und Bischöfe begleitet ist, die mit ihm die hl. Messe feiern und mit ihm communiziren. Wenn der Bischof die Messe feiert, lesen alle anwesenden Priester mit ihm Messe, und dasselbe geschieht auch, wenn ein Protopope Messe liest. (Ein Protopope ist mit unserm Erzdiakon zu vergleichen. Er hat vielleicht etwaige Vorrechte, wie unsere Dechanten.) Wenn jedoch die Concelebration stattfindet, ist es immer ein Zeichen eines höhern Festes, da an gewöhnlichen Tagen diese Feierlich= keiten unterlassen werden.

Zwanzigstes Kapitel.

Die Feier der heiligen Messe.

§ 65.—Vorbemerkungen.

Fußbekleidung bei der heiligen Messe.—In früheren Zeiten gab es manche, die entweder in Nachahmung der Hohenpriester des Alten Bundes, welche barfuß ihre Opfer darbringen mußten, oder aus tiefer Achtung gegen das heiligste Sakrament die heilige Messe ohne jegliche Fußbekleidung feierten. So war es besonders bei einigen Mönchen in Egypten Gebrauch, bis jedoch der heilige Stuhl diesen Mißbrauch unterdrückte. Es war nie der Kirchenregel gemäß, ohne Fußbekleidung die heilige Messe zu feiern; im Gegentheile sagt die Rubrik klar, der Priester müsse Schuhe tragen. Bei den Nestorianern jedoch im Osten ist die Ansicht ganz die entgegengesetzte. Sie würden es als einen großen Verstoß betrachten, wenn Jemand mit beschuhten Füßen die hl. Messe lesen würde. Der Priester muß während der ganzen Messe barfuß sein, aus Achtung gegen das hl. Sakrament. Die Geistlichen in Armenien, die während der Messe im Chore sind, gehen barfuß, aber der Celebrant trägt dünne schwarze Pantoffeln oder Schuhe. Obgleich früher die Bischöfe für ihre Sandalen irgend welche Farbe wählen konnten, war es den Priestern und den Mitgliedern der niedern Geistlichkeit nur erlaubt, schwarze Fußbekleidung zu tragen. Im Jahre 1287 verordnete das Conzil von Exeter, daß die Geistlichen nur schwarze Schuhe tragen sollten; und ein Conzil von London im Jahre 1342 verbot grüne oder scharlachfarbene Gamaschen. So verbot auch Bischof Waneflete den Geistlichen zu Oxford gewisse niedrige Schuhe zu tragen, wie auch rothverzierte Stiefel und ähnliche Fußbekleidung, die den Kirchengesetzen zuwider seien. Bei der Anbetung des hl. Kreuzes am Charfreitage legen die Altardiener aus Ehrfurcht vor dem Heilande ihre Fußbekleidung ab. So wird uns auch erzählt, daß die Römer bei der Beerdigung des Kaisers Augustus barfuß die Leiche begleiteten aus Achtung für diesen großen Mann.

Vorschrift des Fastens.—Cardinal Bona lehrt, daß die jetzige Sitte, die hl. Messe nüchtern zu lesen, sich von den Aposteln herschreibe und immer in der Kirche beobachtet worden sei.

Der hl. Augustinus sagt, daß wir aus Ehrfurcht gegen dieses
große Sakrament nicht die geringste Speise vor der hl. Com=
munion zu uns nehmen sollten. Wenn nun auch diese Regeln
allgemein Geltung hatten, finden wir doch in gewissen Gegen=
den eine besondere Ausnahme, nämlich für die Messe am Grün=
donnerstag.

Zum Andenken an das letzte Abendmahl war es längere
Zeit hindurch gebräuchlich, besonders in Afrika, nach der Mahl=
zeit das heilige Opfer darzubringen. Das Conzil von Car=
thago im Jahre 397 spricht in Bezug auf diesen Gebrauch
wie folgt: „Das Sakrament des Altars muß von Keinem
gefeiert werden, der nicht mehr nüchtern ist; doch muß eine
Ausnahme für den Tag gemacht werden, an dem das Abend=
mahl eingesetzt wurde." Einige wollten diese Ausnahme auch
auf Todtenmessen ausgedehnt wissen, fanden aber fast keinen
Anhang. Jetzt ist die Regel des Fastens allgemein und erlaubt
in keinem Falle eine Ausnahme; selbst wenn die ganze Gemeinde
keine Messe hören könnte, wäre dieses Gebot doch noch gültig.
Ein einziger Fall ist in den Rubriken aufgeführt, wo es nicht
bindend sein würde. Sollte nämlich ein Priester nach der
Wandlung und vor der Communion plötzlich krank werden
oder sterben, so muß ein anderer Priester das Opfer vollen=
den, und wenn keiner da ist, der noch nüchtern ist, so darf auch
ein anderer die heilige Messe zu Ende lesen. Einige Theologen
wollen auch eine Ausnahme für den Fall machen, daß eine große
Anzahl Gläubigen, die lange noch keine Messe mehr gehört
haben, zur Kirche kommen, jedoch zu spät für die gewöhnliche
Messe. Diese Ausnahmen kommen aber natürlicherweise nur
sehr selten vor. Wir sagten schon früher, daß die Kopten zu
irgend einer Stunde des Tages oder der Nacht Messe lesen,
seien sie nun noch nüchtern oder nicht, um den Sterbenden die
heilige Wegzehrung zu bringen, da bei ihnen das hl. Sakra=
ment nicht aufbewahrt wird. Auch dieses ist eine eigenthüm=
liche Ausnahme in der östlichen Kirche, die sonst denselben
Gebrauch beobachtet wie die lateinische. Nach manchen kopti=
schen und äthiopischen Kirchengesetzen muß der Priester seit
dem vorhergehenden Abend nüchtern sein und darf weder
Wein noch Wasser vor der Messe zu sich nehmen, und so
strenge wird diese Regel beobachtet, daß man oft Priester fin=
det, die an dem vorhergehenden Abend sich in die Sakristei
zurückziehen, um nicht in Gefahr zu kommen, das Fastengebot
zu übertreten.

§ 66.—Unmittelbare Vorbereitung.

Händewaschung. — Sowohl aus Achtung für dieses erha=
bene Sakrament, als auch um die innere Reinigkeit des Her=
zens anzudeuten, die in denen wohnen muß, welche das hohe
Opfer des Neuen Bundes darbringen wollen, ist es strenge
vorgeschrieben, daß der Priester vor der Messe, und zwar
unmittelbar vorher, ehe er die heiligen Gewänder anlegt, seine
Hände waschen soll. Alle stimmen darin überein, daß dieser
Gebrauch aus den ersten Zeiten des Christenthums stammt.
Während der Händewaschung betet der Priester, wie folgt:
„Gib, o Herr, meinen Händen solche Tugend, daß sie von jeder
Makel frei seien, auf daß ich ohne Flecken an Leib und Seele
Dir dienen kann." Gewöhnlich wird das Wasser dieser Wasch=
ung in die heilige Cisterne, das Sakrarium, gegossen; dieses
ist jedoch nicht vorgeschrieben. (Weil wir öfters dieses S a =
k r a r i u m, welches wir die h e i l i g e C i s t e r n e genannt
haben, und auch ferner nennen wollen, in unsern Erklärungen
treffen werden, wollen wir ein paar Worte darüber sagen. In
jeder Kirche soll entweder in der Wand oder unter dem Fuß=
boden ein kleines Loch oder eine kleine Höhlung, einer Cisterne
ähnlich, vorhanden sein, wohin die Ueberbleibsel heil. Wasch=
ungen gegossen werden müssen. Gewöhnlich sind in der Kirche
zwei Sakrarien, nämlich eines beim Taufsteine, ein anderes
beim Altare. So muß z. B. das Wasser, womit der Täufling
getauft wurde, in das Sakrarium gegossen werden, auch die
Ueberbleibsel der hl. Oele, die der Priester am Gründonnerstag
verbrennt, auch das Wasser, worin die Kelchtücher gewaschen
wurden u. s. w. Es zeugt von grober Nachlässigkeit, wenn
wir hier und da Kirchen finden, die nicht einmal e i n e heilige
Cisterne haben.)

Früher mußte nicht bloß der P r i e s t e r seine Hände
waschen, sondern man forderte dieses auch von allen, die dem
heil. Opfer beiwohnten. Zu diesem Zwecke wurden am Ein=
gange der Kirchen große Wasserbecken aufgestellt. Diese Becken
waren öfters kunstvoll gemacht, und fromme Inschriften waren
daran angebracht. So hatte z. B. die berühmte Kirche der
heiligen Weisheit in Constantinopel auf dem Wasserbecken eine
Inschrift, die man vorne und rückwärts lesen konnte, und die
eine heilsame Ermahnung enthielt. Sie besagte: „Waschet
eure Sünden, und nicht bloß euer Gesicht." (Die Form war:
ΝΙΨΟΝ ΑΝΟΜΗΜΑΤΑ ΜΗ ΜΟΝΑΝ ΟΨΙΝ.)

In der östlichen Kirche wäscht der Priester seine Hände, nachdem er die heiligen Gewänder angelegt hat, und nicht vorher, wie es bei uns Sitte ist. Er sagt dabei den Theil des 25. Psalmes, der mit Lavabo anfängt: Mit den Unschuldigen will ich meine Hände waschen." Wenn bei uns ein Bischof Messe liest, wäscht er seine Hände viermal; zuerst beim Ankleiden, dann, nachdem er das Offertorium gelesen hat, dann nach der Opferung beim Lavabo, und endlich nach der Communion.

Nach der Händewaschung bedeckt der Priester den Kelch. Zuerst legt er das Purifikatorium darauf, dann die Patene mit der Hostie, darauf die Palla, dann das Velum und endlich die Bursa mit dem Corporale. (Ueber die einzelnen Theile siehe 3. und 4. Kapitel.) Den Kelch nennt man dann prä= parirt, das ist hergerichtet. Darauf legt er die heiligen Gewänder an in der Ordnung und mit den Ceremonien, die wir schon im zweiten Kapitel beschrieben haben. Alles dieses geschieht in der Sakristei; der Bischof jedoch kleidet sich vor dem Altare an.[1]

Nachdem der Priester alle Gewänder angelegt hat, setzt er das Birrett auf, nimmt den Kelch in die Hand und geht in gemessenem Schritte zum Altar; und, um zu zeigen, daß die Handlung, die er verrichten will, eine sehr wichtige ist, darf er keinen auf dem Wege begrüßen, es sei denn ein großer Wür= denträger der Kirche; aber auch diesen darf er nur mit einer Kopfbeugung grüßen. Wie Christus der Herr in feierlicher Weise seine Jünger aussandte, das Evangelium zu predigen, gab er ihnen auch die Weisung: „Grüßet Niemanden auf dem Wege." Lukas 10, 4.

Am Fuße des Altars gibt er sein Birrett dem Meßdiener, macht eine Verbeugung zum Crucifixe, oder eine Kniebeugung, wenn das heiligste Sakrament im Tabernakel auf dem Altare ist, und steigt zum Altare hinauf. Hier nimmt er die Bursa vom Kelche, zieht das Corporale heraus, breitet es in der Mitte des Altars aus, und stellt den Kelch darauf. (Bei einem Levi=

---

1) Daß der Bischof sich vor dem Altare aukleidet, hat darin seinen Grund, daß er früherhin einen eigenen kleinen Altar in der Mitte der Kirche hatte, wo er beim Eintritte der Gläubigen deren Huldigung empfing. Man nannte diesen kleinern Altar das Salu= tatorium—den Begrüßungsaltar.—An diesem Altare legte er auch die heiligen Gewänder an, und ging dann zum Hochaltare, um dort die Messe zu beginnen. Als im Laufe der Zeit dieser kleine Altar außer Gebrauch kam, wurde es Sitte, daß der Bischof vor dem Hochaltare die hl. Gewänder nahm. Wir können dieses aus verschiedenen Aus= drücken kirchlicher Bücher, vorzüglich des Ceremonienbuchs für Bischöfe ersehen. Das Sa= lutatorium hieß auch bisweilen Sekretarium, das ist Privataltar.

tenannte wird der Kelch jedoch erst bei der Opferung zum Altare gebracht.) Nach einer Verbeugung zum Crucifixe, geht er zur Epistelseite, öffnet das Meßbuch für die Messe des Tages und geht wieder zum Fuße des Altars. Dort kniet neben ihm immer ein Meßdiener, der im Namen des Volkes antwortet und während der Messe dem Priester zur Hand geht. Wie= derum macht der Priester eine Verbeugung oder eine Knie= beugung, wenn das hl. Sakrament zugegen ist und beginnt die Messe.

§ 67.—Das Kreuzzeichen.

Der Priester macht zuerst das Kreuzzeichen, indem er seine Stirne, seine Brust, seine linke und rechte Schulter berührt und dabei spricht: In nomine Patris, et Filii et Spiritus sancti. Amen; „Im Namen des Vaters und des Sohnes und des heiligen Geistes. Amen." Bei der Berührung der Stirne sagt er: „Im Namen des Vaters," bei der Brust „und des Sohnes" und von der linken Schulter zur rechten „und des heiligen Geistes. Amen." Wir lenken die Aufmerksamkeit des Lesers vorzüglich darauf, daß oftmals die Worte falsch ver= theilt werden, indem bei der rechten Schulter nur das Wort „Amen" gesagt oder gehört wird. Dieses ist gegen die kirch= liche Anordnung des Kreuzzeichens, wie man leicht sehen kann, wenn man die eben gegebene Weise auch nur oberflächlich betrachtet. Wir brauchen kaum hinzuzufügen, daß es immer die rechte Hand ist, mit der wir das Kreuzzeichen machen.

Alte Gebräuche.—Es war in der alten Kirche häufig Ge= brauch, das Zeichen des Kreuzes auf der Stirne zu machen. Tertullian, der um 200 lebte, bezeugt dieses; so auch alte Kir= chenkalender in ihren Vorschriften für die Feier der heiligen Messe. Bisweilen pflegte man auch den Mund zu bezeichnen und in einigen Fällen bloß die Brust. In verschiedenen Ge= genden waren auch die Gebräuche verschieden. Wie aber die Kirche darauf bedacht ist, Spuren von alten frommen Gebräu= chen zu bewahren, so finden wir auch in gewissen Theilen des Gottesdienstes diese uralten Gewohnheiten wieder. Die drei Kreuzeszeichen auf Stirne, Mund und Brust können wir ver= eint am Anfange des Evangeliums sehen, wo der Priester zuerst das Buch bezeichnet und dann die drei obengenannten Kreuzeszeichen macht. Wir haben jetzt das Kreuzzeichen auf den Mund nur im Brevier, wenn der Priester die Worte sagt: Domine, labia mea aperies, „Herr, öffne meine Lippen."

Wie diese alten Gebräuche meist vergessen waren und die jetzige Weise des Kreuzzeichens in Gebrauch kam, war es lange Zeit hindurch Sitte die Hand von der rechten Schulter zur linken zu führen, statt der entgegengesetzten, jetzt gebräuchlichen Form. Die jetzige Weise wurde zur Zeit des hl. Pius V. im sechzehnten Jahrhunderte allgemein eingeführt.

Besondere Formen.—Die Landleute in Spanien sagen bei dem Kreuzzeichen: „Durch das Zeichen des heil. Kreuzes befreie uns von unsern Feinden, o Gott unser Herr; im Namen des Vaters und des Sohnes und des heiligen Geistes. Amen. Jesus." Auch in der Haltung der Finger gab es zu ein und derselben Zeit verschiedene Gebräuche. In der lateinischen Kirche wurden gewöhnlich die beiden letzten Finger, der Ring= finger und der kleine Finger, einwärts gebogen, die anderen Finger aber ausgestreckt, und mit der Hand dann das Zeichen gemacht. Die Bischöfe, sowie die Karthäuser und Dominikaner haben diesen Gebrauch beibehalten. Die zwei eingebogenen Finger sollen hier gegen Eutyches, der nur eine Natur in Christus annehmen wollte, die doppelte Natur in Christus bezeugen, die göttliche und die menschliche; die ausgestreckten drei Finger deuten auf die heilige Dreieinigkeit. So gibt auch immer der Papst seinen Segen, wie der Leser auch an jedem richtigen Bilde des heiligen Vaters sehen kann.

Morgenländischer Gebrauch.—Die alte Sitte, zuerst die rechte, und dann die linke Schulter zu berühren, wird jetzt noch von allen beobachtet, die dem griechischen Ritus folgen; allein die Haltung ihrer Finger ist eigenthümlich. Wenn der griechi= sche Priester das Kreuz macht, kreuzt er zuerst seinen Daumen über den vierten, den sogenannten Ringfinger, beugt dann den Mittelfinger und den kleinen Finger halbmondförmig, und hält bloß den Zeigefinger gerade. Dann erhebt er die Hand und macht das Kreuzzeichen entweder über sich selbst oder über das Volk. Ihre Auslegung hiervon ist kindlich fromm. Der gerade stehende Finger ist der griechische Buchstabe I, der Mit= telfinger in gekrümmter Form der Buchstabe C, den die alten Griechen Sigma, ſ, ẞ, nannten, und diese beiden Buchstaben bilden den Anfangs= und den Endbuchstaben des Wortes J e = f u s. Der Daumen, der mit dem Ringfinger gekreuzt ist, macht den griechischen Buchstaben X, unser ch, der kleine gebo= gene Finger wiederum ein C, den Anfangs= und den End= buchstaben des Wortes C h r i s t u s. Die Hand, die also in solcher Weise ausgebreitet wird, bedeutet „Jesus Christus."

Der griechische Priester versäumt nie, seine Finger so zu fal=
ten, und wenn er auch mit den heiligen Lichtern das Kreuz=
zeichen macht, hält er doch seine Finger in der beschriebenen
Form. Bei den Griechen gibt es nämlich zwei Arten heiliger
Lichter; die erste Art ist ein zweiarmiger Leuchter, Dikerion
genannt, durch den die doppelte Natur in Christus versinnbil=
det wird, die andere Art ein dreiarmiger, Trikerion, durch den
die hl. Dreifaltigkeit vorgestellt werden soll. Die fünf Lichter an
diesen beiden Leuchtern werden angezündet, der Bischof nimmt
jedes in eine Hand und segnet damit das Volk vor der Messe.

In der großen Kirche der heiligen Weisheit in Constan=
tinopel, über die wir schon so oft gesprochen haben, gab es ein
sehr berühmtes Gemälde unsers Heilandes, an der innern
Seite des Portals über dem Eingange, worauf der heilige Jo=
hannes der Täufer und die seligste Jungfrau dem göttlichen
Heilande zur Seite standen, der eben im Begriffe war, den
Kaiser Justinian zu segnen. Der Kaiser lag vor dem Hei=
lande auf seinen Knien. Der Heiland hatte auf dem Gemälde
die Finger in der eben beschriebenen Weise geordnet. Obgleich
dieser großartige Dom seit 1453 in den Händen der Muhame=
daner sich befindet und anstatt zum Preise des wahren Gottes
zu dienen, in eine muhamedanische Jami (so nennen die
Muhamedaner ihre größeren Gotteshäuser) verwandelt ist,
kann man noch Spuren dieses uralten Gemäldes dort sehen,
obgleich es absichtlich vernachlässigt wurde.

Wenn die Maroniten[1] das Kreuzzeichen machen, sagen sie:
„Im Namen des Vaters, und des Sohnes, und des heiligen
Geistes, des einen wahren Gottes.“ Und die Monophysiten,
welche mit aller Zähigkeit an ihrer alten Ketzerei hangen, daß
in Christus nur eine Natur sei, wollen diesen Glauben auch
durch die Art ihres Kreuzeszeichens ausdrücken, denn sie machen
es nur mit e i n e m Finger. Die Rechtgläubigen hingegen,
die unter den Monophysiten leben, gebrauchen im Gegentheil
zwei Finger. Wie uns von wohlunterrichteten Männern
bezeugt wird, machen die Armenier das Kreuzzeichen ebenso
wie wir.—Wir haben so viel Raum und Zeit auf dieses heilige
Zeichen verwendet, weil es eben den k a t h o l i s c h e n C h r i =
s t e n kennzeichnet, und weil es ja gerade das Kreuz ist, das die
Welt überwunden hat.

---

1) Wir sagten früher, der Name Maroniten sei von Maro abgeleitet, der ein heiliger
Einsiedler auf dem Berge Libanon war. Sie selbst jedoch leiten den Namen von Moran,
H e r r , ab, und sagen, dieser Name passe vortrefflich, weil sie nie den Glauben, den sie vom
Herrn empfingen, verloren hätten.

§ 68.—Das Staffelgebet.

Staffelgebet ist der allgemeine Name für die Gebete, die der Priester unten am Fuße des Altars zusammen mit dem Meßdiener verrichtet. Nachdem er das Kreuzzeichen gemacht hat, betet er zuerst den 42sten Psalm, Judica (Richte mich). Dieser Psalm wurde von David zur Zeit geschrieben und gesungen, als er durch den Verrath seines Sohnes Absolom und die Untreue seines Verwandten Saul aus Haus und Heim vertrieben, wie ein Flüchtling umherirrte. Es war sein einziger Trost, daß er noch immer hoffen durfte, zum Tabernakel des Herrn zurückzukehren, wo er besser als an irgend einem andern Orte seine Gedanken und Wünsche dem Herrn darlegen konnte. Der Hauptgedanke ist der Vers: „Und ich will hingehen zum Altare des Herrn, zum Herrn, der meine Seele erfreuet." So will ja auch der Priester hintreten zum Altare des Herrn.

Vor der Zeit des Papstes Pius V. war es dem Ermessen des Priesters anheimgestellt, diesen Psalm zu beten oder nicht, wie auch jetzt noch einige Gebete vor und nach der Messe nach Gutdünken des Priesters entweder gesagt werden oder nicht; der genannte Papst jedoch, der die Aufsicht über die neue Ausgabe des Meßbuches hatte, wie vom Conzil von Trient befohlen war, machte es allen Priestern zur Pflicht, diesen Psalm zu beten. Es wurde jedoch auch einigen alten Orden das Recht gegeben, die alte Form auch fernerhin beizubehalten. So beten z. B. die Karthäuser, Dominikaner und Ambrosianer ihn gar nicht. Die Carmeliter beten ihn auf dem Wege von der Sakristei zum Altare, und zwar in sehr leisem Tone, ohne vorher die Antiphon zu sagen. Weil der Psalm mehr oder weniger ein Freudenpsalm ist, wird er in Todtenmessen und in den letzten Wochen der Fastenzeit nicht gebetet; denn Ausdrücke, wie: „Weshalb bist du traurig, meine Seele, weshalb ängstigest du mich?" passen nicht wohl zu der trüben Stimmung bei Todtenmessen und zu den Betrachtungen über das bittere Leiden Christi. Andere geben noch als Grund, daß dieser Psalm ausgelassen wird, diesen an, daß wenigstens eine Spur der alten Gewohnheit, diesen Psalm nicht zu beten, beibehalten werde. Der Psalm wird mit dem „Ehre sei dem Vater" 2c. beschlossen.

Diese Lobpreisung heißt jetzt: „Ehre sei dem Vater, und dem Sohne, und dem heiligen Geiste; wie es war im Anfange, so jetzt und allezeit, und zu ewigen Zeiten. Amen."

In Bezug auf das Alter dieser Form können wir mit Sicher=
heit bemerken, daß fast alles Wesentliche von den Aposteln selbst
herstammt. Weil die Apostel in ihrem heiligen Amte öfters
die heilige Taufe spendeten, mußten sie natürlich auch den
größeren und wichtigeren Theil der Formel gebrauchen. Bis
zum Concil von Nicäa im Jahre 325 war die Formel: „Ehre
sei dem Vater, und dem Sohne, und dem heiligen Geiste, in
Ewigkeit. Amen." Der Theil: „wie es war im Anfange, so
jetzt und allezeit," wurde von den Vätern dieses Conzils gegen
den Ketzer Arius beigefügt, der behauptete, Christus sei nicht
gleich ewig, gleich mächtig, gleich glorreich mit dem Vater.
Der Papst Damasus im Jahre 366 soll auf das Bitten des
hl. Hieronymus diese Lobpreisung besonders in den Kirchen=
gebrauch eingeführt haben, weil er anordnete, daß sie nach
jedem Psalme gesungen werden solle. Die Griechen sagen es
nicht nach jedem Psalme, wenn mehrere zusammen gebetet
werden, sondern blos nach dem letzten, und dann gebrauchen
sie die Worte: „Ehre sei dem Vater und dem Sohne und dem
Geiste, jetzt und immer, und zu allen Zeiten. Amen." Im
Griechischen und im Lateinischen heißt das E h r e s e i u. s. w.
doxologia minor, d i e k l e i n e r e L o b p r e i s u n g, wäh=
rend das Gloria in excelsis (Ehre sei Gott in der Höhe)
doxologia major, d i e g r ö ß e r e L o b p r e i s u n g genannt
wird. Weder die eine noch die andere findet sich in Todten=
messen, wegen der trüben und traurigen Stimmung des Geistes
bei diesen Messen. Bei den Nestorianern heißt die kleinere
Lobpreisung: „Ehre sei Dir, o Vater; Ehre sei Dir, o Sohn;
Ehre sei Dir, o allheiligender Geist. Amen."

Das allgemeine Sündenbekenntniß.—Confiteor.—Gleich
nach dem Ende des 42sten Psalmes folgt das Confiteor, wobei
sich der Priester tief verbeugt. Die Worte dieses Bekenntnisses
sind: „Ich bekenne Gott, dem Allmächtigen, der heiligen, immer
jungfräulichen Maria, dem heiligen Michael, den Erzengel,
dem heiligen Johannes den Täufer, den heiligen Aposteln
Petrus und Paulus, allen Heiligen und euch, Brüder, daß ich
sehr gesündigt habe, in Gedanken, Worten und Werken, durch
meine Schuld, meine Schuld, meine größte Schuld. Deßhalb
bitte ich die heilige, immer jungfräuliche Maria, den heiligen
Michael den Erzengel, den heiligen Johannes den Täufer, die
heiligen Apostel Petrus und Paulus, alle Heiligen und euch,
Brüder, zum Herrn unserm Gott für mich zu beten." Obgleich
die Form des Bekenntnisses, wie sie uns jetzt vorliegt, auf kein

hohes Alter Anspruch machen kann, wird es doch allgemein zugegeben, daß die Hauptformen apostolischen Ursprungs sind. Wir müssen jedoch nicht glauben, daß es von den Zeiten der Apostel her einen Theil der Messe ausmachte; die besten Gewährsmänner sagen, daß es erst um das achte Jahrhundert hier eingeführt wurde. Cardinal Bona meinte zwar, daß eine Art Bekenntniß immer gebräuchlich gewesen sei, aber er wagte nicht zu bestimmen, worin dieses bestand und von wem es eingeführt wurde. Wie uns berichtet wird, war es besonders durch den Einfluß des dritten Conzils von Ravenna, im Jahre 1314, daß das Bekenntniß, welches wir jetzt vorfinden, vor allen andern Formen als das passendste ausgewählt wurde, und daß die andern bis dahin bestehenden allmählich aus dem Leben verschwanden.

Das Bekenntniß lautete nach dem alten Sarum Ritus, wie wir es in den alten Meßbüchern finden, also: Ich bekenne Gott, der seligen Maria allen Heiligen und euch, daß ich sehr in Gedanken und Werken gesündigt habe, durch meine Schuld. Ich bitte die selige Maria, alle Heiligen und euch, für mich zu beten." Dieses ist die kürzeste Form, die uns bekannt ist. Die Dominikaner haben diese Form: „Ich bekenne Gott, dem Allmächtigen, der seligsten immer jungfräulichen Maria, unserm seligen Vater Dominikus und allen Heiligen, daß ich sehr gesündigt habe, in Gedanken, Worten, Werken und in Unterlassungen, durch meine Schuld. Ich bitte die seligste immer jungfräuliche Maria, und unsern seligen Vater Dominikus und alle Heiligen, für mich zu beten."

Wenn der Priester sagt: „Durch meine Schuld, meine Schuld, meine größte Schuld," schlägt er dreimal an seine Brust zum Zeichen des tiefen Schmerzes, welchen er in sich fühlt, weil er Gott in dieser Weise beleidigt hat. Dieser Gebrauch ist sehr alt; der arme Zöllner im Tempel stand von ferne und schlug an seine Brust und die Menschen, die der Kreuzigung Christi zugeschaut hatten, kehrten zurück und schlugen an ihre Brust. In der alten Kirche war der Gebrauch sehr üblich. Der hl. Gregor von Nazianz sagt: „Wir betreten den Tempel in Sack und Asche, und schlagen Tag und Nacht zwischen dem Altare und den Stufen an unsere Brust." Es wird uns auch gesagt, daß das dreimalige Schlagen an die Brust uns an die drei nothwendigen Stücke des Bußsakramentes erinnern soll, nämlich an die Reue, Beichte und Genugthuung. Nach den jetzigen Regeln kann ohne besondere Genehmigung des heiligen Stuhles zum Confiteor nichts hinzugefügt werden. Mehrere geistliche Orden haben jedoch das Zugeständniß erhalten, die Namen ihrer Gründer hinzufügen zu dürfen; so z. B. die Benediktiner, Carmeliter, Dominitaner, Augustiner.

Bekenntniß im Alten Bunde.—Jüdische Gelehrte bezeugen, daß ein Bekenntniß der Sünden, wenigstens im Allgemeinen, auch im Alten Bunde nach den Gebräuchen der Priester gefordert war. Das jüdische Gesetzbuch, Mischna genannt, worin so viele alte Traditionen niedergelegt wurden, gab die Worte dieses Bekenntnisses an, und ein anderes Buch, genannt die Kabala[1]) suchte den tiefen Sinn dieser Worte zu ergründen. Die Formel, wie sie uns überliefert ist, lautete: „Wahrlich, o Herr; ich habe gesündigt; ich habe böse gehandelt; ich bin von Dir gewichen, und ich bin meiner Thaten wegen beschämt; von jetzt an will ich zu diesen nicht wieder zurückkehren." Es war also ein kurzer Akt der Reue über die begangenen Sünden.

Morgenländischer Gebrauch.—Alle Kirchen des Morgenlandes, wie wir aus ihren Liturgien ersehen, beobachteten den Gebrauch, vor der Messe ein gewisses Sündenbekenntniß abzulegen. Wenn wir das armenische ausnehmen, finden wir kein Bekenntniß, das mit dem unsrigen dem Wortlaut nach stimmt; allein der Gedankengang ist in allen der nämliche. Das Bekenntniß lautet bei den Maroniten, wie folgt: „Ich bitte Dich, o Gott, mich würdig zu machen, Deinem Altare mich ohne Makel und Flecken zu nahen; denn ich, dein Diener, bin ein Sünder und habe Sünden begangen und thöricht vor Dir gehandelt. Ich bin nicht würdig zu deinem reinen Altar und zu deinen heiligen Sakramenten hinzuzutreten; aber ich bitte Dich, guter, barmherziger Gott, Liebhaber der Menschen, mit deinen barmherzigen Augen auf mich zu schauen."

Nachdem der Priester das Bekenntniß gebetet hat, sagt der Meßdiener dasselbe im Namen des Volkes. Dann spricht der Priester: „Möge der allmächtige Gott euch gnädig sein, euch eure Sünden vergeben und euch zum ewigen Leben brin-

---

1). Die Kabala, die von den Juden die Seele der Seele des Gesetzes genannt wird, zum Unterschiede von der Mischea, die nur die Seele des Gesetzes heißt, enthielt alle Entscheidungen gelehrter Rabbiner über streitige kirchliche oder bürgerliche Rechtspunkte. Sie war das ungeschriebene Wort, das in der Tradition fortlebte, und enthielt alles, was nothwendig war, um das Gesetz und die Propheten zu verstehen. Nach den jüdischen Gelehrten war sie schon auf dem Berge Sinai dem Moses mitgetheilt worden, der sie jedoch nicht niederschrieb. Sie gab neben der wörtlichen auch sinnbildliche Erklärungen. Die Männer, die mit diesem Buche besonders vertraut waren, nannte man Kabalisten. Die vorzüglichsten Erklärungen dieser Kabala findet man in einem Buche, Zohar genannt, welches vom Rabbi Ben Jochai uns Jahr 120 nach Christus geschrieben sein soll.

gen." Der Diener antwortet: „Amen." Dann betet der Priester: „Möge der allmächtige und barmherzige Gott uns Vergebung, Verzeihung und Nachlaß unserer Sünden gewäh= ren." Der Diener antwortet wiederum: „Amen." Während des letztgenannten Gebetes, welches das "Indulgentiam" genannt wird, macht der Priester über sich das Kreuzzeichen, um anzudeuten, daß nur durch den, der für uns aus Liebe am Kreuze gestorben ist, wir Nachlaß und Vergebung der Sünden hoffen dürfen. Darauf werden noch einige Verse, die der heiligen Schrift entnommen sind, gebetet und mit diesen schließt das Staffelgebet.

§ 69.—Der Hintritt zum Altar.

Der Priester steigt die Stufen des Altars hinauf und betet inzwischen das Aufer a nobis, d. i. „Nimm hinweg von uns, wir bitten Dich, o Herr, unsere Missethaten, daß wir wür= dig werden, mit reinem Geiste in das Allerheiligste einzugehen, durch Christus unsern Herrn." Das Allerheiligste („das Heilige der Heiligen" nach dem lateinischen oder hebräischen Sprach= gebrauche) bezieht sich zuerst und in geschichtlicher Hinsicht auf den Theil des salomonischen Tempels, der für Alle unzugäng= lich war, mit Ausnahme des Hohenpriesters, und auch dieser durfte nur einmal im Jahre, am großen Versöhnungsfeste, im Monate Tisri, diesen Theil betreten. Zu jeder anderen Zeit war es verboten, in diesen Theil des Tempels hineinzugehen oder auch nur hineinzuschauen; selbst das Sonnenlicht war aus dem Allerheiligsten ausgeschlossen, und nichts durfte dort blei= ben, als die Bundeslade,[1] mit den steinernen Tafeln, über deren Deckel die göttliche Schechinah,[2] immer schwebte, die eine sichtbare Kundgebung der Gegenwart Gottes in der Form einer hellen Wolke war.

1) Die Bundeslade oder Arche des Bundes wurde nebst manchen andern erbeuteten Schätzen vom Kaiser Titus von Jerusalem nach Rom gebracht, und späterhin durch den Kaiser Constantin den Großen in die Kirche des hl. Johannes im Lateran als werthvolle Reliquie niedergelegt. Dort legte der Kaiser auch andere Schätze nieder, so das Hemd unsers Heilandes ohne Naht, das Rohr, das die Soldaten dem Heiland anstatt des Scep= ters gaben, den Topf mit Manna, die Ruthe Aarons und das Obergewand des heiligen Johannes des Täufers.
2) Das Dasein der Schechinah, welches Wohnung bedeutet, war einer der vorzüglichsten Vorzüge des Tempels Salomons, da sie nicht in den folgenden Tempeln war. Die Juden verstanden sie gewöhnlich als das Dasein des heiligen Geistes; und so finden wir in den jüdischen Büchern die verschiedenen Namen Jehovah, Gott, Memra, das Wort, Schechinah, der göttliche Geist. Nach den Auslegungen der Rabbiner trieb die Gegenwart der Schechinah die Fürsten der Finsterniß vom Tempel, schreckte die bösen Gei= ster, und gab Allem, was mit ihr verbunden war, eine eigenthümliche Heilig= keit. Eine sehr alte Ueberlieferung unter den Juden sagte, daß man bei der Zerstörung des Tempels durch die Chaldäer die Schechinah in der Form einer schönen Taube wegfliegen sah, die nie mehr zurückkommen sollte.

Dieses Gebet, besonders betrachtet mit der Hindeutung
auf das Allerheiligste, paßt sehr schön für diesen Theil der heiligen Messe. Im Tempel Salomons war das Allerheiligste
vollständig von den anderen Theilen abgesondert und durch
einen dicken Vorhang getrennt, welchen nur der Hohepriester
am großen Versöhnungstage heben durfte, und auch dann nur,
nachdem er eine geraume Zeit im Gebete zugebracht und alle
Reinigungen verrichtet hatte, die das Gesetz vorschrieb. Wenn
wir deshalb den allmächtigen Gott bitten, er möge von uns
unsere Missethaten hinwegnehmen, bitten wir ihn gewissermaßen den Vorhang zu heben; denn unsere Sünden bilden ja
diesen Vorhang, da sie uns hindern, ihn zu sehen, wie er ist,
und weil sie uns von dem Allerheiligsten ausschließen, wo nicht
bloß die Schechinah, das Zeichen der Gegenwart Gottes, wohnt,
sondern wo der große Jehovah des Neuen Bundes, der Sohn
Gottes selbst, mit Fleisch und Blut, mit Gottheit und Menschheit seinen Thron der Gnade aufgeschlagen hat. So sehr also
die Wirklichkeit über den Schatten erhaben ist, so sehr ist auch
unser Allerheiligstes über dessen Schatten im Tempel Salomon's erhaben, und der Tabernakel, in dem der Heiligste, Jesus
Christus, wohnt, ist unendlich heiliger und kostbarer, als die
Bundeslade mit den Geboten. Das Gebet selbst ist sehr alt,
und kann in allen alten römischen Meßformularen gefunden
werden, und ein seltenes im elften Jahrhundert geschriebenes
Buch gibt es schon in der jetzigen Form.

Wenn der Priester zum Altar gekommen ist, legt er seine
gefalteten Hände darauf, beugt sich ein wenig, und sagt das
Oramus Te Domine: „Wir bitten Dich, o Herr, durch die
Verdienste Deiner Heiligen, deren Reliquien hier sind, und
aller Heiligen, Du wollest Dich würdigen, mir alle meine Sünden zu vergeben." Wenn er sagt: „Deren Reliquien hier sind,"
küßt er den Altar aus Achtung für die heiligen Reliquien, wie
auch, um seine Liebe zum göttlichen Heiland zu bezeigen, da
der Altar ein Sinnbild der hingebenden Liebe Christi ist. Da
wir schon im zehnten Kapitel verschiedenes über die heiligen
Reliquien gesagt haben, brauchen wir hier nur zu bemerken,
daß selbst in dem Falle, daß keine Reliquien im Altare sind, wie
es bisweilen bei uns vorkommt, dieses Gebet mit den betreffenden Ceremonien nicht unterlassen werden darf. Ueberhaupt
darf der Priester in der Form der Messe nichts ändern, hinzufügen oder unterlassen, selbst wenn die Ausdrucksweise für den
betreffenden Fall unpassend sei. (Siehe hierüber auch Kap. 24.)

Bei einem Levitenamte räuchert der Priester den Altar nach diesem Gebete; in jeder andern Messe jedoch geht er sofort zum Meßbuche auf der Epistelseite.

Alte Gebräuche. — Obgleich das letztgenannte Gebet in sehr alten Meßbüchern gefunden wird, sogar bis in's neunte Jahrhundert zurück, war es doch in manchen Kirchen nicht im gewöhnlichen Gebrauche, und auch noch jetzt findet es sich nicht bei den Karthäusern und den Dominikanern. Die ersteren sagen dafür ein Vater unser und den englischen Gruß; die letzteren küssen blos den Altar, ohne etwas zu sagen. Früher war es auch wohl Sitte, anstatt den Altar an dieser Stelle zu küssen, diese Ehre dem Kreuze zu erweisen, welches auf das Meßbuch gezeichnet war. In einem vom Bischofe gesungenen Levitenamte ist es noch Sitte, daß er zuerst den Altar küßt und dann den Anfang des Evangeliums des Tages im Meßbuche, welches ihm der Subdiakon darreicht. Einige machten mit dem Finger ein Kreuz auf den Altar und küßten dann die Stelle. Diesen Gebrauch sehen wir noch bei den Dominikanern.

Morgenländische Gebräuche. — Die nestorianischen Priester küssen den Altar, sobald sie die Hände darauf gelegt haben, wie wir es thun, und wiederholen diesen Akt der Ehrfurcht öfters während der Messe. Die Armenier küssen ein schön gearbeitetes Kreuz auf der Rückseite des Meßbuches. Bei den übrigen Morgenländern ist der Gebrauch derselbe wie bei uns, wenigstens soweit man aus ihren Liturgien schließen kann.

§ 70. — Allgemeine Bemerkungen.

Wie wir im Laufe unserer Erklärungen schon öfters gethan haben, und noch ferner thun werden, wollen wir hier besonders auf einen Punkt hinweisen, der für die katholische Kirche bezeichnend ist, nämlich, daß kaum eine Ceremonie oder ein kirchlicher Gebrauch, der zu einer Zeit seine Geltung in der Kirche hatte, gänzlich vernachlässigt oder der Vergessenheit anheimgegeben wurde; daß im Gegentheil die Kirche bemüht ist, von jedem alten Gebrauch wenigstens Spuren zu bewahren. Was man in der stillen Messe nicht mehr finden kann, sieht man im Hochamte; was in der Messe des Priesters nicht mehr gebräuchlich ist, ist in der bischöflichen Messe beibehalten; was bei der bischöflichen Messe verändert wurde, ist nach der uralten Sitte in der päpstlichen Messe zu bewundern, und endlich was in den gewöhnlichen Tagesmessen jetzt vermehrt oder vermindert erscheint, kann man an besonderen Feierlichkeiten und Gelegenheiten in der uralten Form sich vor Augen geführt sehen. Wir wollen diese allgemeine Bemerkung hier durch einige Beispiele erläutern. In den älteren Kirchen war es gebräuchlich, den Friedenskuß in jeder Messe der ganzen Gemeinde zu geben; jetzt wird er blos in Hochämtern und auch dann nur denen gegeben, die im Chore zugegen sind. Früher war es Sitte, dem Priester ein Taschentuch an den linken Arm zu befestigen, ehe er zum Altare hinaufstieg; jetzt wird das Manipel, das Schweiß= oder Thränentuch, nur dem Bischofe am Fuße des Altars beim Indulgentiam an den Arm befestigt. Wie das Volk noch unter beiden Gestalten communizirte, wurden andere Kelche für das heilige Blut für das Volk verwendet, und nicht der, aus dem der Priester das heilige Blut nahm. Diese Kelche hatten lange Röhren am Deckel befestigt, durch die das Volk das heilige Blut aufsog, und diese Art des Kelches finden wir noch bei einer hochfeierlichen päpstlichen Messe. In Todtenmessen wird nach dem alten Gebrauche der 42. Psalm am Anfange der Messe ausgelassen, wie auch der Segen des Wassers bei der Opferung und des Volkes am Ende. Manche andere Spuren alter Gebräuche werden wir noch im Laufe unserer Erörterun= gen finden und wir wollen deßhalb jetzt blos im Allgemeinen darauf hinweisen. Nur ein Beispiel wollen wir aus dem Breviere anführen. Wie bekannt ist, war zur Zeit, als die Geheimlehre noch beobachtet wurde, das Vater unser eines der Gebete, welche die Katechumenen nicht lernen durften und auch nicht hören sollten. Weil jedoch alle zu dem öffentlichen Kirchen= gebete, dem Breviergebete, zugelassen wurden, wurde das Vater unser dort nie laut gebetet, damit die Uneingeweihten es nicht hörten; in der Messe jedoch war es anders. Kein Katechumen durfte nach dem Evangelium in der Kirche bleiben, und weil deßhalb nach der Wandlung nur die Gläubigen zugegen waren, wurde das Vater unser in der Messe laut gebetet, so daß alle es hören konnten. Derselbe Gebrauch besteht noch jetzt fort. Hier wollen wir eine Bemerkung über die Katechumenen beifügen, die vielleicht von Interesse sein mag, auf die wir durch einen geehrten Freund aufmerksam gemacht wurden. Am Samstag vor Ostern wurden die Katechumenen getauft, allein vorher mußten sie unterrichtet werden. Die Listen der zu Taufen= den waren bis zum Mittwoch in der vierten Fastenwoche auf= gelegt, dann wurde aber keiner mehr zugelassen, und diejenigen, die entweder die nothwendigen Kenntnisse nicht erhalten hatten oder deren Charakter an ihrer Treue zweifeln ließ, wurden zurückgewiesen. Deßhalb hieß dieser Tag der Tag der großen Entscheidung (dies magni scrutinii).

Einundzwanzigstes Kapitel.

Die Feier der heiligen Messe.—(Fortsetzung.)

§ 71.—Der Introitus.

Wenn der Priester das "Oramus Te, Domine" gebetet hat und zur Epistelseite gekommen ist, kehrt er sich zum Buche und liest den Introitus oder den Anfang der Messe des Tages. Während er die Anfangsworte spricht, macht er über sich selbst das große Kreuz (natürlich ohne zu sagen: I m N a = m e n u. f. w.), und wird dadurch an die alte Gewohnheit erinnert, der die Väter so oft Erwähnung thun, mit dem heiligen Kreuzzeichen jedes wichtigere Geschäft zu beginnen. Tertullian, der im zweiten Jahrhundert lebte, sagt: „Bei jedem Schritte und jeder Bewegung, wir mögen kommen oder gehen, im Bade, beim Tische, was immer wir thun, machen wir das Zeichen des Kreuzes auf der Stirn." Der Introitus ist, streng genommen, der Anfang der Messe, denn alles Vorhergehende kann als Vorbereitung angesehen werden, und wir haben gesehen, daß der größere Theil davon noch nicht lange in vorgeschriebenem Gebrauche ist. Bei den Ambrosianern in Mailand heißt der Introitus Ingressus (Eingang). Das mozarabische Meßbuch nennt ihn Officium (Pflicht oder Aufgabe); so wird er auch bei den Karthäusern, Dominikanern, Carmelitern und in den alten Meßbüchern von Sarum genannt.

Wie uns der gelehrte Merati versichert, wurde der Introitus vom Papst Cölestin (423—432) in das Meßbuch eingeführt. Vor diesem Papste begann die Messe mit den Lektionen und bei gewissen Gelegenheiten mit der Litanei, wie es jetzt noch in einigen Messen in der Fastenzeit gebräuchlich ist. Alle liturgischen Gewährsmänner stimmen aber darin überein, daß sie die Anordnung der verschiedenen Introite, wie sie jetzt uns vorliegen, wenigstens soweit sie den Psalmen entnommen sind, dem Papst Gregor dem Großen zuschreiben. Er sammelte diese, sowie die Gradualien, Offertorien, Communionen u. s. w. in ein eigenes Buch, A n t i p h o n a r genannt, und wenn sich die Nothwendigkeit darbot, nahm er daraus einen bestimmten Introitus für ein neues Fest. Wir wollen hier bemerken, daß

Gregor der Große diese Psalmen nicht aus der lateinischen Uebersetzung des hl. Hieronymus nahm, die jetzt in den lateini=
schen Bibeln steht, sondern aus einer alten, die vor Hieronymus
gebraucht wurde und die man Versis communis (allgemeine
Uebersetzung), Vetus Itala (die alte italische) und Editio
Vulgata (gewöhnliche Ausgabe) nannte. Daher kommt der
Unterschied in den Worten der Psalmen in der Messe und
der Vesper (dem Sinne nach sind dieselben nicht verschieden).
So hat z. B. die Messe cupit, das Brevier volet (er will) die,
Messe metuit, das Brevier timet (er fürchtet) u. s. w. Die
Introite der Mozaraber und der Ambrosianer, obwohl nicht
dieselben (denn sie sind verschiedenen Uebersetzungen entnom=
men, deren es zur Zeit des hl. Augustinus viele gab), kommen
der Uebersetzung des hl. Hieronymus sehr nahe.

Woher die Introite genommen sind.— Wir sagten, der
hl. Gregor der Große sei der Sammler aller Introite, die aus
den Psalmen genommen seien. Einige sind nicht den Psalmen
entnommen und einige sind von frommen Dichtern geschrieben,
ein einziger aus einem apokryphischen (d. i. unechten) Buche
der hl. Schrift, nämlich aus dem vierten Buche Esdras, von
dem weiter unten gesprochen werden soll. Die Introite, die
nicht aus den Psalmen, sondern von andern Theilen der heili=
gen Schrift genommen sind, nennen alte Schriftsteller unre=
gelmäßige, wahrscheinlich, weil sie nicht im Antiphonar
gefunden werden. So z. B. der Introitus für die dritte Weih=
nachtsmesse Puer natus (Ein Kind ist uns geboren), Isaias,
9. Kapitel, und für die Erscheinung des Herrn Ecce advenit
(Sieh, es kommt der Herrscher), Malach., 3. Kapitel. Die fol=
genden Introite sind nicht aus der hl. Schrift: Salve sancta
parens (Sei gegrüßt, heilige Mutter) für die gewöhnlichen
Feste der Mutter Gottes, von dem christlichen Dichter Sedulius
oder Shiels, der im fünften Jahrhundert lebte,[1] geschrieben;
Gaudeamus (Laßt uns Alle im Herrn fröhlich sein) für das
Fest der Himmelfahrt Mariens, und Benedicta (Gebenedeiet
sei die heilige Dreieinigkeit) am Dreifaltigkeitssonntage. In
unseren Meßbüchern wird dieses als vom Buche Tobias, Kapitel

---

1) Nach der gewöhnlichen Annahme war Sedulius oder Shiels ein Irländer von
Geburt. Schon früh ging er nach Italien, studirte dort, wurde Priester, und wie einige
sagen wollen, Bischof. Er war ohne Zweifel ein tüchtiger Gelehrter. Die Kirche gebraucht
mehrere seiner Hymnen, so das A solis ortus cardine, das im Deutschen so schön lautet:
Von Sonnen=Auf= bis Untergang, und Crudelis Herodes, Grausamer
Herodes, für das Fest der Unschuldigen Kinder. Ein anderer Sedulius lebte in Spa=
nien im achten Jahrhundert, welcher der Jüngere genannt wird und eine Geschichte Irland's
schrieb.

12, entnommen bezeichnet, allein dieses ist ein Irrthum; denn nirgends in der heiligen Schrift finden wir die heilige Drei= faltigkeit bei Namen erwähnt. Der größere Theil dieses Introitus ist vom 6. Verse des 12. Kapitels Tobias, aber die genauen Worte sind nicht in jenem Kapitel. Wir sagten, ein Introit sei aus einem apokryphischen Buche genommen, nämlich für Pfingstdienstag, der mit dem Worte Accipe (Nimm die Freude) anfängt. Er ist vom vierten Buch Esdras, 2. Kapitel. (Die Väter des Conzils von Trient hielten lange Berathungen, ob man dieses Buch zu den geoffenbarten zählen sollte, beson= ders da der Inhalt so erhaben ist; man entschied aber zuletzt dagegen.)

Bestimmung des Introitus. — Im Allgemeinen ist die Bestimmung des Introitus die, das Verständniß für die ganze Messe des Tages anzubahnen. Ist das Fest eines der größ= ten und der Introitus aus den Psalmen genommen, so ist er gewöhnlich aus einem Psalme, der von Freude und Jubel über= fließt. So am Ostersonntag, wo die ganze Welt in Lobgesänge über die glorreiche Auferstehung des Heilandes ausbricht, ist der Introitus aus dem 138. Psalm, dem schönsten unter allen Psalmen. An Tagen großer Trauer dagegen ist der Introitus aus den sogenannten elegischen (klagenden) Psalmen genom= men, z. B. am Septuagesima=Sonntag. Dann bekleidet sich die Kirche mit ihren Bußgewändern und ermahnt ihre Kinder ernstlich, sich durch Fasten und Buße auf das traurige Schau= spiel vorzubereiten, das in der letzten Fastenwoche unseren Augen vorgeführt wird. An den Festen gewisser Heiligen ist der Introitus gewöhnlich so gewählt, daß eine besondere Tugend oder Eigenschaft des betreffenden Heiligen durch= schimmert. So z. B. am Feste des hl. Hieronymus Amilia= nus, der weit und breit wegen seines vorzüglichen Mitleids für verlassene Kinder bekannt war, ist der Introitus von den Klageliedern Jeremiä: „Meine Leber ist über die Erde aus= gegossen wegen des Verderbens der Tochter meines Volkes, da die Kinder und die Säuglinge in den Straßen der Stadt dahinsiechen." Kap. 2, Vers 11.

Bestandtheile des Introitus. — Der Introitus besteht gewöhnlich aus einigen wenigen Versen der Psalmen oder anderer Theile der heil. Schrift, denen das Ehre sei Gott u. s. w. beigefügt ist. Früher wurde hier der ganze Psalm gesagt oder gesungen, entweder von dem Priester selbst oder vom Chore. Papst Benedikt XIV. sagt, daß dieser Gebrauch in vielen Kirchen bis zum sechszehnten Jahrhunderte dauerte. Nachdem der Priester den ganzen Introitus gelesen hat, wiederholt er den ersten Theil bis zum Psalmverse. Nach seiner mystischen Bedeutung, soll dieses einleitende Gebet das Flehen und die bange Erwartung des Messias zur Zeit der Patriarchen und Propheten des Alten Bundes, und die Wiederholung dieses Gebetes die immer erneuerte Sehnsucht nach dem Messias andeuten. Und so finden wir in den Psalmen David's häufige Beispiele dieser heiligen Ungeduld, und sind die wichtigsten Verse in ein und demselben Psalme bisweilen zwei und dreimal wiederholt, z. B. im 41. Psalme. Das Hohelied enthält mehrere, sehr auffallende Beispiele von Wiederholungen. So wird die Braut im 4. Kapitel dreimal eingeladen: „Komm vom Libanon, meine Braut, komm vom Libanon, komm."

Die Priester des Carmeliterordens wiederholen an gewöhnlichen Tagen den Introitus, wie wir; aber an höhern Festen sagen sie ihn dreimal. Nach einigen Gewährsmännern soll dies geschehen, um dem Priester bei dem Levitenamte Zeit zu geben, den Altar zu inzensiren, während der Chor die verschiedenen Theile des Introitus singt, wie es vorgeschrieben ist.

Es wird uns von Almarikus, Bischof von Trier, erzählt, daß Gott, um sein Wohlgefallen an diesem Theile der heiligen Messe auszudrücken, in der Kirche der heiligen Weisheit in Constantinopel am Feste der Erscheinung des Herrn, Engel vom Himmel den Psalm Venite exultemus (Kommt, laßt uns jubeln), singen ließ.

In Todtenmessen macht der Priester nicht das Kreuz über sich selbst beim Anfange des Introitus, sondern über das Buch, dem Fußboden und der Erde zu, als ob er die Erde segnen wolle, wo die Todten ruhen.

Am Charsamstage und am Samstage vor Pfingsten gibt es in der regelmäßigen Tagesmesse keinen Introitus; auch nicht in der vorconsekrirten Messe am Charfreitag.

Morgenländische Gebräuche.—In den östlichen Kirchen gibt es zwei Introite, obgleich keiner von der Beschaffenheit des bei uns gebräuchlichen ist; denn der Introitus ist im Osten eine Art Prozession; und man unterscheidet deshalb den kleinen Eingang und den großen Eingang. Der kleine Eingang (oder auch die kleine Prozession) findet ein wenig vor der Ausweisung der Katechumenen statt und

besteht bloß darin, daß der Diakon das heilige Evangelienbuch)
zum Altar bringt. (Zum Verständniß wollen wir hier bemer=
ken, daß, obgleich die Ausweisung der Katechumenen längst
außer Gebrauch gekommen ist, diese Ausdrucksweisen doch
immer beibehalten werden, wenigstens im Morgenlande.)
Der große Eingang oder die große Prozession folgt der Aus=
weisung der Katechumenen, und ist mit so überschwänglichen
Ceremonien begleitet, daß manche Anstoß daran genommen
haben. Um dieses zu begreifen, muß man bedenken, daß bei
dem großen Eingange die noch nicht consecrirten Gestalten, das
ist das reine Brod und der reine Wein, in feierlicher Prozession
von der P r o t h e s i s (dem Opferungstische), begleitet von
Weihrauch und einer Menge brennender Kerzen, zum Altare
gebracht werden. Verschiedene Diakone und niedrigere Die=
ner begleiten die Prozession und wo diese vorbeigeht, werfen
sich die Leute in stummer Anbetung auf die Knien. Gegen
diesen letztern Gebrauch wurde Einsprache erhoben und deshalb
schickte der heilige Stuhl Gesandte an die östlichen Kirchen, um
diese Ceremonie in den rechtgläubigen Kirchen abzuschaffen.
Die Morgenländer versuchten eine Vertheidigung dieses schein=
baren Mißbrauches, und behaupteten, es sei gar keine Anbe=
tung hier beabsichtigt, (natürlich würde diese ketzerisch und
grundfalsch sein), sondern nur eine Art vorausgehender Ehr=
erbietigkeit, mit Rücksicht darauf, daß während der heil. Messe
diese Gestalten in den Leib und das Blut Christi werden ver=
wandelt werden. So lautet die Erklärung des Exarchen Ga=
briel von Philadelphia, in Lydien in Kleinasien.

§ 72.—Das Kyrie eleison.

Nach dem Introitus geht der Priester zur Mitte des Al=
tars und sagt dort abwechselnd mit dem Meßdiener das K y =
r i e e l e i s o n oder die kleine Litanei, wie man es in frühe=
ren Zeiten nannte. In Hochämtern wird es am Meßbuche
gesagt: „Kyrie eleison" und das begleitende „Christe eleison"
sind griechische Wörter und bedeuten: „Herr, erbarme Dich
unser," „Christus, erbarme Dich unser." Wenn wir die
Worte des Priesters und des Meßdieners zusammennehmen,
haben wir neun Bitten; die ersten drei sind an Gott den Vater
wegen seiner großen Barmherzigkeit; die zweiten drei, Christus,
erbarme Dich, sind an Gott, den Sohn, den Urheber unserer
Erlösung, und die letzten drei an Gott den heil. Geist, den
Heiligmacher und Tröster.

Es gibt eine alte, und wenigstens sehr schöne Ueberliefer=
ung, nach welcher unser Heiland, nach seiner glorreichen Him=
melfahrt, einen Tag mit jedem der neun Chöre der Engel
verweilte, ehe er seinen himmlischen Thron bestieg, und des=
halb soll auch das K y r i e neunmal wiederholt werden. Nach
einigen der älteren Kirchenväter gibt uns diese Tradition
einen Anhaltspunkt für die Auslegung des Verses im Hohen=
liede, worin die Braut dargestellt wird als „springend über
Berge" und „hüpfend über Hügel." (2, 8.) Die Berge und
Hügel, so erklären die Väter, sind die verschiedenen Chöre der
seligen Geister.

Einige schreiben die Einführung des K y r i e in die
Messe dem heiligen Gregor dem Großen zu; dieses kann jedoch
nicht richtig sein, da dieser heilige Papst selbst sagt, er habe
befohlen, daß Priester und Volk es zusammen beten sollten,
während in der griechischen Kirche bloß das Volk dieses betete,
selbst dann aber ohne das „Christe eleison." Auch sprechen die
Väter des Conzils zu Vaison im Jahre 529 vom Kyrie in
einer Weise, die andeutet, daß es damals in der ganzen Kirche
wohl bekannt war; dieses war aber wenigstens sechszig Jahre
vor der Thronbesteigung Gregor's. Die Worte des Conzils
sind: „Wir wollen, daß die schöne Sitte der östlichen Provinzen
und Italien's, mit Erhabenheit und Zerknirschung das Kyrie
in der Messe, dem Matutin und den Vespern zu singen, auf=
recht erhalten werde; weil ein so süßer und lieblicher Gesang,
wenn er auch Tag und Nacht ohne Aufhören wiederholt werden
würde, nie Verdruß und Müdigkeit verursachen könnte."

In manchen Kirchen war es längere Zeit hindurch herr=
schender Gebrauch, mit dem Kyrie gewisse eingeschobene Sätze
zu verbinden, durch die auf die Natur des Festes hingedeutet
wurde. So z. B. lautete das Kyrie an den Festen der Jung=
frau Maria: „O Herr, du Liebhaber der Jungfräulichkeit,
glorreicher Vater und Schöpfer Marien's, erbarme Dich unser,"
und so auch bei den andern Theilen.

Die Ambrosianer in Mailand sagen das Kyrie an drei
verschiedenen Stellen der heiligen Messe; nämlich nach dem
G l o r i a , nach dem Evangelium und am Ende der Messe.

Weshalb es auf griechisch gesagt wird.—Es gibt gewisse
Worte und Ausdrücke, die der Sprache, in der sie entstanden
sind, so angemessen und für sie so passend sind, daß sie alle
Schönheit und alles Gewicht verlieren, wenn sie in eine andere
Sprache übertragen werden. Von dieser Art gibt es in der

Kirchensprache besonders drei Beispiele: Alleluja, Hosanna und Kyrie eleison. Jedoch gibt es noch einen tiefern Grund, weßhalb diese Ausdrücke beibehalten wurden. Die ursprüngliche Kirche zählte besonders drei Sprachstämme zu ihren Kindern, die Lateiner, die Griechen und die Hebräer; und um darzuthun, daß der Glaube dieser verschiedenen Stämme ein und derselbe sei, hielt die westliche oder lateinische Kirche es für angemessen, das Andenken daran in Worten zu bewahren, die von jeder einzelnen Sprache entlehnt waren. Vom Griechischen haben wir „Kyrie eleison," „Christe, eleison" und in den Klageliedern am Charfreitage „Agios Theos, Agios ischyros, Agios athanatos" (heiliger Gott, starker Gott, ewiger Gott); vom Hebräischen „Amen," „Alleluja," „Hosanna," „Sabaoth," „Cherubim," „Seraphim" und einige andere, die hier und da in den Episteln und Evangelien vorkommen. Liturgische Schriftsteller führen noch andere Gründe an, weßhalb diese · fremden Ausdrücke beibehalten wurden, so besonders, (und dieser Grund ist immer für sehr ehrwürdig gehalten worden), weil der Titel des Kreuzes in drei Sprachen abgefaßt war; und da das Opfer der Messe dasselbe ist mit dem Kreuzesopfer, nur mit dem Unterschiede, daß ersteres unblutiger Weise dargebracht wird, was könnte wohl passender sein, als diesen so geheiligten Sprachen einen Platz in der Messe einzuräumen? Auch hat die griechische Sprache noch fernere Ansprüche. Sie war die Muttersprache vieler, ja der meisten alten Kämpfer und Vertheidiger des heil. Glaubens, z. B. der hl. Johannes Chrisostomus, Gregor von Nazianz, Basilius des Großen, Johannes Damascenus und vieler anderen. Die älteste Uebersetzung des Alten Testamentes, die sogenannte Septuaginta, aus der die Apostel (und vielleicht Christus selbst) so viele Stellen zur Belehrung des Volkes anführten, war in der griechischen Sprache geschrieben. Und um alle andern Gründe zu übergehen, sollte schon der Umstand, daß Hebräisch die Sprache Melchisedech's, des Vorbildes unsers Heilandes im Alten Bunde war, dieser Sprache einen Platz in der hl. Messe einräumen. Hebräisch war aber auch die Muttersprache Christi und seiner gebenedeiten Mutter, sowie auch der Mehrzahl der Jünger Christi. Wir brauchen hier nicht auf die Einzelheiten in der Geschichte der hebräischen Sprache zurückzugehen, und wollen bloß bemerken, daß seit der Babylonischen Gefangenschaft kein wirkliches Hebräisch mehr von den Juden gesprochen wurde, und daß die Sprache, die im

Neuen Testamente die hebräische genannt wird, ein aramäi=
scher Dialect der syrischen Sprache war. Es kann fast bis zur
Gewißheit dargethan werden, daß diese die Sprache Christi war.

Morgenländische Gebräuche.—Die Liturgie des heiligen
Jakobus[1] ist die einzige im Morgenlande, in welcher der Prie=
ster das Kyrie betet. In allen anderen Liturgien wird es vom
Chor und dem Volke gebetet, aber C h r i s t e e l e i s o n wird
nirgends hinzugefügt. Die Liturgie des hl. Chrysostomus[2]
schreibt das Kyrie nach allen Hauptgebeten vor.

§ 73.—Das Gloria.

Nach dem Kyrie folgt das "Gloria in excelsis" (Ehre sei
Gott in der Höhe), auch lateinisch Doxologia major (größere
Lobpreisung) genannt, während welchem der Priester mehrere
Verbeugungen, nämlich bei den vorzüglichsten Theilen macht.
Am Ende bezeichnet er sich mit dem Zeichen des Kreuzes. Ueber
den Ursprung der Anfangsworte kann kein Zweifel sein, denn
die Evangelisten erzählen, daß sie von den himmlischen Heer=
schaaren zu Bethlehem bei der Geburt Christi gesungen wur=
den. Man streitet über den Verfasser der andern Theile. Eine
sehr weit verbreitete Meinung schreibt sie dem hl. Hilarius,
Bischof von Poitiers in Frankreich (353), zu. Jedoch, wer
immer der Verfasser sein mag, das ganze Gloria, wie wir es
jetzt beten, bestand schon im Jahre 325, zur Zeit des Conzils
von Nicäa. Weil wir deßhalb keinen Beweis haben, daß der
eine oder der andere der Verfasser ist, wollen wir lieber mit den
Vätern des vierten Conzils von Toledo in Spanien (im Jahre
633) sagen, daß „der Rest des Gloria von Kirchenlehrern ver=
faßt wurde, wer immer diese auch gewesen sein mögen."
Die ältere Kirche war sehr darauf bedacht, diesen heiligen
Lobgesang in Ehren zu halten. Deßhalb beschränkte sie das

---

1) Die Liturgie des hl. Jakobus hat den Vorrang unter allen Liturgien des Morgen=
landes. Sie soll die älteste sein, da sie schon um den Anfang des dritten Jahrhunderts in
ihre jetzige Form gebracht wurde. Obwohl sie jetzt selten ganz gebraucht wird, ist sie doch
die Grundlage aller Liturgien, die von den Maroniten, Syriern und Nestorianern gebraucht
werden; sie sollte auch den Gesetzen der Kirche gemäß in dem Patriarchat von Jerusalem
befolgt werden. Auf einigen Inseln im Archipel wird sie am Feste des hl. Jakobus gebraucht.
2) Die Liturgie des hl. Chrysostomus ist von der des hl. Basilius abgeleitet und etwas
abgekürzt, wie die letztere wiederum die Liturgie des hl. Jakobus als Grundlage hat. Im
Osten ist diese Liturgie von der größten Verbreitung. Was immer auch die Sprache sein
mag, wir finden die Liturgie des hl. Chrysostomus. In Rußland, den Patriarchaten von
Constantinopel, Alexandrien, Antiochien und Jerusalem, im Königreich Griechenland finden
wir sie überall. An einigen Tagen, z. B. an den Sonntagen der Fastenzeit, mit Ausnahme
des Palmsonntags, am Gründonnerstag, Charsamstag, den Vigilien von Weihnachten und
der Erscheinung des Herrn tritt die Liturgie des hl. Basilius an ihre Stelle.

Abbeten desselben auf hohe Festtage, und selbst dann durften bloß Bischöfe ihn beten. Anfangs aber war er nicht auf die Messe allein beschränkt; wir finden ihn auch für die Morgen=Andacht (das Matutin) des Breviers vorgeschrieben. Wann und durch wen er in die Messe als wirklicher Theil derselben eingeführt wurde, kann nicht mit Gewißheit dargethan werden. Einige schreiben die Einführung dem heiligen Papste Teles=phorus zu, allein mit Unrecht; denn wir wissen jetzt sicher, daß er blos den ersten Satz, nämlich die Worte der Engel für die Messe vorschrieb, und in Bezug auf die folgenden Worte nichts verordnete. Vor der Vollendung des ganzen Lobgesanges wur=den die Worte der Engel in der Mitternachtsmesse am heiligen Weihnachtstage gesungen und dieses ist alles, was der heilige Telesphorus wieder einschärfte. Papst Innocenz III. sagt, daß Papst Symmachus (498—514) den Lobgesang in der jetzigen Form für alle Sonntage und die Feste der heiligen Märtyrer vorschrieb. Einige behaupten, dieser Befehl sei ein allgemeiner gewesen, sowohl für Priester als für Bischöfe; Andere beschrän=ken ihn auf die Bischöfe. Wir können darüber nicht entscheiden, aber sicher ist, daß zur Zeit, als der hl. Gregor der Große Papst wurde (590), die Priester das „Gloria“ nur am Ostersonntage beteten, Bischöfe aber an Sonntagen und an höheren Festen. In einem sehr alten kirchlichen Kalender, der in der Vatikani=schen Bibliothek zu Rom aufbewahrt wird, findet sich die fol=genden Worte: „Wenn der Bischof die Messe feiert, wird das „Gloria“ nur an Sonntagen und höhern Festen gebetet. Prie=ster müssen es aber unter keiner Bedingung beten, außer am Ostersonntage.“ Diese Einschränkung wurde vom Papst Gre=gor bestätigt und erneuert. Derselbe Papst ließ das „Gloria“ auch in's Meßbuch an einer hervorragenden Stelle eintragen; und die alten Regeln dauerten nach den Zeiten Gregor's bis zur Mitte des elften Jahrhunderts. Damals wurden nämlich die früheren Einschränkungen aufgehoben und das Recht, das „Gloria“ zu beten, sowohl Priestern als Bischöfen eingeräumt, und zwar in allen Messen, in denen es zulässig ist.

Nach mehreren Schriftstellern wurde in früheren Zeiten dieser Lobgesang in Rom am Weihnachtsmorgen zuerst grie=chisch, dann lateinisch gesungen. So wurde er auch in Tours in der ersten Messe griechisch, in der zweiten aber lateinisch gebetet.

Wann das „Gloria“ gesagt werden darf.—Das „Gloria“ ist ein Freuden= und ein Festgesang; deßhalb soll es nicht zur Zeit der Buße und der Trauer gebetet werden. Es ist deßhalb

in der Fastenzeit und in Todtenmessen untersagt. Auch gibt
es noch verschiedene andere Anlässe, in denen es nicht gebetet
werden darf, z. B. in gewöhnlichen Votivmessen. Alte Schrift=
steller erzählen mit heiliger Entrüstung, daß der Bischof von
Bethlehem für sich das Recht in Anspruch nahm, an jedem
Tage, sei er nun ein Freuden= oder ein Trauertag, das „Glo=
ria" zu beten; weil er dazu das Vorrecht haben sollte, da ja in
seiner Stadt dieser Lobgesang zuerst gehört worden sei. Die
jetzige allgemeine Regel ist die, welche vom Papst Pius V.
gegeben wurde, nämlich: wenn im Brevier ein Te Deum
gebetet wird, wird in der Messe das „Gloria" gebetet. Es
gibt hierzu einige Ausnahmen; allein, wie wir schon früher
(in der Nachschrift zum 2. Kapitel) bemerkt haben, wollen wir
nur das Hauptsächliche und Wichtigere anführen.

Verschiedene Gebräuche. — Die kirchlichen Regeln der
Karthäuser und der Dominikaner schreiben vor, daß der
Priester, wie wir es auch thun, in der Mitte des Altars die
Anfangsworte singen, allein dann (gegen unseren Gebrauch)
den Lobgesang am Meßbuche beendigen soll. Dieses war auch
der Gebrauch nach dem Sarum Ritus.

Morgenländischer Gebrauch. — Es scheint sonderbar, daß
die Nestorianer die einzigen Christen des Ostens sind, welche
das „Gloria" in der Messe beten. Die griechische Kirche betet
es oft im Brevier, aber nie in der Messe. Nach der Liturgie
des hl. Jakobus werden die Worte der Engel auch bisweilen in
der Messe gebetet, aber nie das ganze „Gloria". Wenn aber
nun Papst Telesphorus, der im Jahre 154 starb, das ganze
„Gloria" für die Messe vorgeschrieben hätte, so würde es auch
sicher in die Liturgie des hl. Jakobus aufgenommen worden
sein; denn diese wurde erst um's Jahr 200 verfaßt, wie uns
die besten Zeugen darthun.

§ 74.—Das "Dominus vobiscum" und das "Pax vobis."

Nach dem „Gloria" bückt sich der Priester und küßt den
Altar, darauf wendet er sich zum Volke und redet es an mit den
Worten: Dominus vobiscum, „Der Herr sei mit euch." Diese
Worte finden wir öfters im Alten Testament (z. B. Ruth 2, 4;
2. Chron. 16 u. s. w.) und sind von der Kirche diesem entnom=
men worden. Die Juden waren sehr darauf bedacht, den
Namen Gottes oder wenigstens eine Andeutung einer guten
Gabe Gottes in allen ihren Begrüßungsformeln zu bewahren.

Die folgenden Formeln waren sehr gewöhnlich: 1. Der Segen Jehovah's sei mit Dir; 2. Gott sei mit Dir; 3. Sei gesegnet von Jehovah; 4. Friede sei mit Dir. Mit dieser letzteren Formel begrüßte der Erzengel Gabriel die allerseligste Jungfrau, wie er ihr die Nachricht brachte, daß sie die Mutter des von allen Völkern ersehnten Heilandes sein sollte. Denn was im Lateinischen durch das Wort Ave, im Deutschen durch den Ausdruck: „Gegrüßt seist Du," dargestellt wird, waren die syrischen Worte: "Slom lek." „Friede sei mit Dir," und in dieser Sprache redete der Engel die Jungfrau an.

Im vorhergehenden Paragraphen sehen wir, daß das „Gloria" zuerst und für eine lange Zeit auf die Bischöfe beschränkt war, und daß Priester es nicht beten durften. Weil aber d e r F r i e d e, der Friede Gottes, der, wie der Apostel sagt, „allen Verstand übersteigt," einer der Hauptgedanken dieses Lobgesanges ist, und weil auch Christus nach seiner Auferstehung seine Jünger immer mit diesen Worten anredete, hielt die Kirche es für angemessen, nach dem „Gloria" nicht das "Dominus vobiscum" zu gebrauchen, sondern dafür "Pax vobis," „der Friede sei mit euch," als Begrüßungsformel vorzuschreiben. Nur die Bischöfe durften Anfangs das „Gloria" beten, deßhalb sagten auch bloß diese: "Pax vobis," und obgleich jetzt auch die Priester das „Gloria" beten, ist doch das "Pax vobis" ein Vorrecht der Bischöfe geblieben. Der Bischof darf das "Pax vobis" jedoch nur in den Messen sagen, in denen er vorher das „Gloria" gebetet hat, in andern Messen sagt er "Dominus vobiscum." Einige Bischöfe in Spanien wollten das "Pax vobis" in jeder Messe sagen, aber sie wurden für diese Neuerung vom ersten Conzil zu Braga im Jahre 561 derbe zurechtgewiesen.

Morgenländischer Gebrauch.—Die Griechen sagen nie „Der Herr sei mit euch," sondern immer „Friede sei Allen," worauf geantwortet wird „Und mit deinem Geiste," ebenso wie in der lateinischen Kirche. Dieselben Formen werden mit kleinen Abweichungen in allen Kirchen des Ostens beobachtet. An vielen Theilen der hl. Messe machen die Nestorianer über sich das Zeichen des Kreuzes, wenn sie diesen Friedenswunsch gebrauchen. Bei ihnen sagen die Diakonen: „Friede sei mit uns." (Wir wollen zum Schlusse beifügen, daß der Ausdruck: „U n d m i t d e i n e m G e i s t e" ein hebräischer ist und so viel heißt, als: „U n d m i t D i r." So z. B. sagt Maria: „Meine Seele macht groß den Herrn," d. h. „i c h preise den Herrn," u. s. w. Die Seele, der Geist, ist der Hauptbestandtheil des Menschen und wird so für den ganzen Menschen gesetzt.

§ 75.—Die Collekte. (Gebete.)

Nach dem "Dominus vobiscum" geht der Priester zur Epistelseite, breitet seine Hände nach Art eines um Hülfe Flehenden aus und liest aus dem Meßbuche die Gebete, die für den Tag vorgeschrieben sind. Er ladet Alle ein, mit ihm zu beten und fängt deshalb immer mit dem Worte "Oremus," „Laßt uns beten," an. Früher war es gebräuchlich für den Priester, sich nach dieser Einladung zum Volke zu wenden und eine kurze Erklärung des folgenden Gebetes zu geben, und von einer solchen Erklärung haben wir noch eine Spur in der Messe am Charfreitag, wo jedem Gebete die Erklärung vorausgeschickt wird. Es war auch oft Sitte beim Volke, nach dem "Oremus" der Einladung zum Gebete, eine Zeitlang in stiller Sammlung und in kurzer Betrachtung zuzubringen, bis der Priester das allgemeine Gebet anfing. Bei den Griechen nannte man dieses Gebet Epiklesis, Anrufung, in der lateinischen Kirche nennt man es Collecta, (d. i. gesammeltes oder gesammtes Gebet), weil die nothwendigen Bedürfnisse des Volkes darin so zu sagen zusammengestellt waren und dem Allmächtigen vorgelegt wurden. Wir nennen das Gebet auch öfters Collekte.

Art und Weise die Gebete zu sagen.—Der Priester liest alle Gebete mit ausgestreckten Händen. Diese Art zu beten war auch im Alten Testament gebräuchlich; denn Moses betete in dieser Weise in der Wüste, und die hl. Schrift erzählt, daß die Israeliten in ihrem Kampfe gegen die Amalekiter im Thale Raphidim siegreich waren, so lange Moses seine Hände zum Herrn erhoben hielt, daß aber die Feinde sofort siegten, sobald Moses seine Hände sinken ließ. Auf diese Art, mit ausgestreckten Händen zu beten, deuten mehrere Ausdrücke im Alten Testamente hin, und der hl. Paulus sagt in seinem 1. Briefe an Timotheus 2, 8: „Ich will, daß die Männer beten und ihre reinen Hände zu Gott erheben sollen." Daß bei den ersten Christen diese Haltung des Körpers während des Gebetes beobachtet wurde, kann durch zahllose Belege bewiesen werden. In den Katakomben, den unterirdischen Begräbnißkapellen der ersten Christen in Rom, finden wir zahllose Gemälde, die uns Männer und Frauen in dieser Stellung betend vorführen. In der Messe beobachtet aber bloß der Priester diese Haltung. Das Volk betet heutzutage nur mit gefalteten Händen. Hier und da jedoch sowohl in Deutschland, wie in Irland kann man noch Spuren der alten Gewohnheit finden. Nach den mystischen Auslegungen sollen wir zuerst daran erinnert werden, daß Adam seine Hände nach der verbotenen Frucht ausstreckte und daß dann der göttliche Heiland seine Hände am Kreuzespfahle ausstrecken mußte, um für Adam genug zu thun. Einzelne Orden, z. B. die Karthäuser, die Karmeliter und Dominikaner, beten noch gewisse Theile der hl. Messe mit kreuzförmig ausgestreckten Händen.

Alte Gebräuche bei der hl. Messe. — Unsere Leser werden sicher hier und da eine kleine Abweichung erlauben, wenn wir auf ältere Gebräuche bei der hl. Messe ein wenig näher eingehen wollen. In der Regel hatten die alten Kirchen keine Sitze oder Stühle für das Volk, da es mit der Erhabenheit des Hauses Gottes sich nicht gut vereinigen ließ, daß Geschöpfe vor ihrem Schöpfer sich setzen sollten. Da jedoch in früheren Zeiten der Gottesdienst viel länger war, als jetzt, erlaubte man Denen, die wegen Schwäche oder Kränklichkeit nicht stehen konnten, lange Stäbe, um sich darauf zu lehnen und bisweilen auch Kissen, um sich darauf zu setzen, wie es noch fast überall in Spanien und hier und da auch sonst in Europa jetzt gebräuchlich ist. Nach der Regel stand man an Sonntagen, zum Andenken an die glorreiche Auferstehung Christi; man kniete aber während der Woche. Da das Knieen ein Akt der Buße und der Erniedrigung ist, war es auch während der Bußzeit und an allen Trauertagen üblich. Nach dem hl. Hieronymus, dem hl. Basilius dem Großen, Tertullian und Anderen, waren diese Regeln von den Aposteln selbst überkommen; aber weil einige sich setzten, wenn sie stehen sollten, oder standen, wenn sie hätten knien sollen, gebot das Conzil von Nicäa (325), um Gleichmäßigkeit herzustellen, in seinem 20. Canon, wie folgt: „Damit in jeder Pfarrei Alles in gleicher Weise angeordnet werde, hat es dieser hl. Synode gefallen, zu beschließen, daß Alle stehend ihre Gebete verrichten sollen." Natürlich betraf diese Regel nicht die öffentlichen Büßer, die während der ganzen Zeit, in der es ihnen erlaubt war, in der Kirche zu bleiben, knien mußten. Das vierte Conzil von Karthago verbot ihnen strenge, diese Haltung zu irgend einer Zeit zu ändern.

Wenn ein wichtiges Gebet oder eine Lesung dem Volke vorgelesen werden sollte, und wenn das Volk knieend zugegen war, sprach der Diakon: Erecti stemus honeste, d. h. „Laßt uns mit Anstand aufrecht stehen." Während der Bußzeit wurde das Volk eingeladen zum Knien durch die Worte: Flectamus

genua, „Laßt uns die Knie beugen,“ und wiederum zum Auf=
stehen durch das Wort: Levate, d. i. „Erhebet euch.“ Dieser
Gebrauch ist jetzt noch in der Fastenzeit und bei gewissen andern
Gelegenheiten herrschend. Es ist nicht nöthig, unseren katholi=
schen Lesern zu sagen, daß der Priester während der Feier der
Messe immer steht. Bei einem Levitenamte sitzen Priester,
Diakon und Subdiakon während des „Kyrie,“ des „Gloria“ und
des „Credo,“ sonst aber nicht. Zwei Beispiele werden uns er=
zählt, daß Messe sitzend gelesen wurde. Als Papst Benedikt XIV.
in seinen letzten Jahren weder stehen noch knieen konnte, las er
sitzend Messe, wie auch der heiligmäßige Papst Pius VII. Die
Zeitungen erzählten dasselbe auch vom Papste Pius IX., allein
wir wollen die Wahrheit desselben dahingestellt sein lassen.

Die Christen der ältern Kirche beteten gewöhnlich mit dem
Gesichte nach Osten gewandt, sowohl in, als außer der Kirche
und die größere Zahl der Kirchen war so gebaut, daß der Prie=
ster am Altare auch das Gesicht nach Osten gewandt hielt. Die
älteren Christen gaben für diesen Gebrauch die folgenden fünf
Gründe an: 1. Der Osten ist ein Sinnbild des Herrn, der in
der hl. Schrift der Orient (d. i. Osten) von Oben,
das Licht und die Sonne der Gerechtigkeit ge=
nannt wird. 2. Das Paradies war im Osten und vom Osten
kamen die Weisen, um ihre Geschenke an der Krippe unseres
Heilandes am Weihnachtsmorgen niederzulegen. 3. Nach dem
hl. Johannes Damascenus hing der Heiland am Kreuze mit
dem Rücken nach Osten gewandt und seinem Gesichte nach We=
sten; wir wenden uns deßhalb zum Osten, damit wir dem Ge=
kreuzigten in’s Angesicht schauen. 4. Die alten Christen bete=
ten in dieser Weise, um nicht den Ungläubigen gleich zu sein,
die sich nach jeder Weltgegend richteten, indem sie sich theilweise
der Mittagssonne zuwandten, theils aber dem Monde oder den
Sternen sich zukehrten; die Sarazenen wandten sich beim Gebete
zum Süden, die Juden ’gen Jerusalem, die Muhamedaner ’gen
Mekka. 5. Es ist eine alte Tradition, daß am jüngsten Tage
der Heiland mit seinem glänzenden Kreuze von der Ostseite er=
scheinen wird, die Lebendigen und die Todten zu richten.

Zahl der Collekten. — An großen Festen schreibt die Re=
gel bloß ein Gebet vor, an gewöhnlichen Tagen aber drei.
Man darf nie mehr, als sieben beten, und diese Zahl wird sel=
ten erreicht, wenn nicht mehrere besondere Andenken an Heilige
u. s. w. zugleich gefeiert werden müssen. Wie uns gelehrt

wird, soll das eine Gebet mystischer Weise die Einheit des Glaubens darstellen; drei Gebete werden zu Ehren der hl. Dreieinigkeit gesagt und zum Andenken an das dreifache Gebet Christi
im Oelgarten; fünf erinnern an die fünf Wunden, und sieben
an die sieben Gaben des hl. Geistes. Was aber auch die Zahl
der Collekten sein mag, die Gebete selbst dürfen nur aus dem
Meßbuche genommen werden. Schon im Jahre 416 wurden
durch das Concil von Mileve in Afrika Gesetze erlassen, in denen
es unter schweren kirchlichen Strafen verboten wurde, andere
Gebete in die Messe aufzunehmen, als die von der rechtmäßigen
Obrigkeit anerkannten. Diese Regel wird noch jetzt strenge
befolgt.

Morgenländischer Gebrauch.—Im Morgenlande sind die
Gebete viel zahlreicher, als bei uns, wie man leicht aus einer
ihrer Liturgien ersehen kann. Auch sind sie länger, und daher
dauert dort die Messe beinahe doppelt so lange, wie bei uns.
Die Kopten fügen gewöhnlich einige Gebete für den günstigen
Wasserstand des Niles bei, da nämlich die ganze Fruchtbarkeit,
ja sogar alles Wachsthum Aegyptens von der Ueberschwemmung
des Niles abhängt. Diese Oratio fluminis (F l u ß g e b e t)
lautet: „Gedenke, o Herr, der Wasser des Flusses, und segne
und mehre sie nach ihrem Maße."[1]

Amen. — Am Schlusse des Gebetes antwortet der Meßdiener A m e n, welches Wort dem Hebräischen entnommen ist
und „S o   s e i   e s" bedeutet. Der Gebrauch, in dieser Weise
zu antworten, ist aus dem Alten Testamente genommen, wo
wir es fast in jedem Buche finden; jedoch kommt es auch nicht
selten im Neuen Testamente vor. Nach großen Gewährsmännern ist dieses Wort eines derjenigen, die wegen ihrer Schönheit und Kraft in der Ursprache nicht übersetzt wurden. (Fast
in allen neuern Sprachen hat man das „A m e n" beibehalten;
jedoch ist es im Französischen übersetzt: Ainsi soit-il; und in
neuern deutschen Uebersetzungen ist oft das Wort W a h r l i c h
dafür gesetzt. Man hätte das A m e n festhalten sollen.)

---

[1] Auf der Insel Rhoda ist ein Instrument, um den Stand des Nilflusses zu messen.
Man nennt es Nilometer, oder Dir-el-Mekias, M a ß p l a t z. Man erzählt uns, daß ein
Flußstand von zwölf P i k e n eine Hungersnoth anzeige, von vierzehn ein gutes Jahr, von
sechzehn Getraide für zwei Jahre, von siebenzehn ein übervolles Jahr. Wenn jedoch der
Nil höher steigt, sind gefahrvolle Ueberschwemmungen zu befürchten, und deßhalb beten die
Kopten für das richtige Maß des Nilstromes.

§ 76.—Die Epistel.

Die Lesung der Epistel folgt unmittelbar nach den Gebeten. Der Priester senkt seine Hände, legt sie entweder auf das Meß= buch oder auf den Altar neben das Meßbuch, und liest die Epi= stel in einem hörbaren Tone. Die mystische Bedeutung des Legens der Hände auf das Buch soll, wie uns erzählt wird, diese sein, daß der Priester nicht blos das Gesetz liest, sondern es auch erfüllt, da die Hände das Symbol der Arbeit sind.

Die Epistel hat gewöhnlich eine Ueberschrift, worin gesagt wird, von welchem Theile der hl. Schrift sie genommen sei; z. B. die Lesung der Epistel des hl. Apostels Paulus an die Römer, oder an die Korinther u. s. w. Wenn die Epistel (oder vielmehr Lektion) aus den Büchern der Sprichwörter, des Ho= henliedes oder Ecclesiastikus genommen ist, heißt die Ueberschrift: „Die Lesung des Buches der Weisheit," ohne weitere nähere Angabe; weil diese drei Bücher von den alten Vätern immer so genannt werden.

Die alten Hebräer, wie auch die heutigen Juden es noch thun, fingen die Lesung mit dem 44. Verse des 4. Kapitels des 5. Buches Moses an: „Dieses ist das Gesetz, welches Moses den Kindern Israels vorlegte." In der alten Kirche, als die Briefe der Apostel noch nicht gesammelt waren, wurde auch aus dem Alten Testamente vorgelesen, wie zahlreiche Beweise bezeugen können. In der Apostelgeschichte finden wir diese Gewohnheit öfters angedeutet. Nach der Sammlung der Briefe der Apo= stel jedoch wurde dieser Gebrauch nach und nach abgeschafft. Der hl. Paulus wollte, daß seine Briefe in den Kirchen, die er gegründet, gelesen wurden. So schreibt er im Briefe an die Kolosser, im 4. Kapitel: „Nachdem dieser Brief vor euch ist verlesen worden, laßt ihn auch in der Kirche zu Laodicäa lesen:" Und im Briefe an die Thessalonicher spricht er: „Ich trage euch im Herrn auf, diesen Brief allen heiligen Brüdern vorzulesen." Der hl. Justinus, genannt der Märtyrer, im 2. Jahrhundert, sagt, daß diese Gewohnheit zu seiner Zeit allgemein war, und dieses scheint auch Tertullian zu besagen.

In manchen Kirchen der ältern Zeit las man zuerst einen Abschnitt vom Alten Testamente und darauf ein Kapitel aus dem Neuen, um anzudeuten, daß beide Theile unserer Hochach= tung werth sind und daß die Sittenlehre des Alten Bundes be= stehen bleibt, obwohl der Neue Bund diese vervollkommnet und geadelt hat. In dem mozarabischen und dem ambrosianischen

Ritus besteht dieser Gebrauch noch fort; die Karthäuser und Dominikaner beobachten ihn am Weihnachtsfeste und dem vorhergehenden Tage. Auch in unserem Meßbuche finden wir hie und da Spuren dieser Gewohnheit, besonders an den Quatembertagen. Weil nämlich an diesen Tagen die hl. Weihen ertheilt wurden und noch werden, liest man mehrere Lektionen, um den zu Weihenden anzudeuten, wie vertraut sie mit der ganzen hl. Schrift sein müssen. Das Conzil von Laodicäa im 4. Jahrhunderte und das dritte Conzil in Karthago verboten, irgend etwas in der hl. Messe zu lesen, das nicht der hl. Schrift entnommen sei. Bisweilen scheint jedoch eine Ausnahme vorgekommen zu sein, denn auch die Rundschreiben der Päpste, die Akten der Märtyrer und die Briefe der einzelnen Bischöfe wurden gelesen. (Anstatt unserer Epistel hatten die Juden Lesungen aus den fünf Büchern Moses. Diese waren nämlich in 53 oder 54 Abschnitte getheilt, nach der Zahl der gottesdienstlichen Tage, und je ein Theil wurde an jedem solchen Tage gelesen, so daß die ganzen fünf Bücher im Laufe eines Jahres vollendet wurden. Bei den heutigen Juden besteht dieser Gebrauch noch.)[1]

Man gibt jetzt fast allgemein zu, daß die gegenwärtige Ordnung der Episteln in der heiligen Messe auf Wunsch des Papstes Damasus vom heil. Hieronymus aufgestellt wurde. Zuerst wurden die Abschnitte in ein eigenes Buch, „Begleiter“ genannt, gesammelt, wurden aber bald dem vollständigen Meßbuche eingefügt.

Bei einem Levitenamte singt der Subdiakon die Epistel in einem Tone, das Gesicht gegen den Altar gewandt, während nachher der Diakon das Evangelium sich dem Volke zukehrend singt. Das Evangelium ist nämlich in ganz vorzüglicher Weise zur Belehrung des Volkes geschrieben. Das Volk setzt sich während der Lesung der Epistel, wie es schon bei den ersten Christen und auch bei den Juden während der Lesungen gebräuchlich war. Die Epistel soll vor dem Evangelium gesungen werden, um die Sendung Johannes des Täufers vorzustellen, der der Vorläufer Christi war.

---

1) Die Hebräer theilten die hl. Schrift in drei große Theile ein, nämlich 1. das Sepher Tora, d. i. Buch des Gesetzes, welches die fünf Bücher Moses umfaßte. 2. Die Nebiim oder die Propheten, 3. die Ketobim oder die heiligen Schriften. Die alten Väter nannten diese letzte Abtheilung die Hagiographa. Die Lesung des Sepher Tora begann im Nisan, dem ersten Monate der Juden und währte bis zum Ende des Adar, des letzten Monats. Es waren mit der Lesung viele Ceremonien verbunden.

DEO GRATIAS—Am Ende der Epistel sagt der Meßdiener Deo gratias, **Dank sei Gott**, um unsere Dankbarkeit für die so eben erhaltene geistige Nahrung an den Tag zu legen. Nach dem mozarabischen Ritus wird diese Antwort gleich nach dem Titel gegeben. Früher war der Ausdruck Deo gratias sehr gebräuchlich. Wie der hl. Augustinus sagt, war dieses der gewöhnliche Christengruß, wurde aber von den Ketzern jener Zeit verhöhnt. Wir können nicht unterlassen, ein schönes Beispiel anzuführen: Wie der römische Statthalter den hl. Cyprian zum Tode verurtheilte, sprach er: Cyprian soll durch's Schwert sterben," und der hl. Bischof antwortete: Deo gratias, Dank sei Gott dafür!

Morgenländischer Gebrauch. — In allen Kirchen des Ostens wird auch die Epistel gelesen. Bei den Kopten ist in der Messe die Lesung aus fünf Theilen der heil. Schrift: aus den Briefen Pauli, den katholischen Briefen, der Apostel-geschichte, den Psalmen und den Evangelien. Sollte ein Priester einen dieser Theile auslassen, würde er der Excom-munikation verfallen; und weil die alte koptische Sprache, in der die Messe gefeiert wird, dem Volke unverständlich ist, wer-den alle Theile nachher in der Landessprache, dem Arabischen, gelesen. Im Osten erzeigt man dem „Apostel," (so wird dort die Epistel genannt) große Achtung und Ehrerbietung.

Der Ambo. —Bei einer Levitenmesse, die in früheren Zeiten sehr gebräuchlich war, wurde die Epistel nicht am Al-tare, sondern von einem erhöhten Pulte, einer Art Kanzel, gesungen, und diese Kanzel hieß Ambo, von einem griechi-schen Worte, welches hinaufsteigen bedeutet. Der Ambo stand in der Mitte der Kirche auf der Epistelseite. Es gab jedoch drei verschiedene Ambones, einen für die Epistel, einen für das Evangelium, und einen für die Prophezeihungen. In der alten St. Clemens-Kirche in Rom sind sie noch zu sehen. Gewöhnlich war aber nur ein Ambo in der Kirche, so auch in der Kirche der heiligen Weisheit zu Constantinopel, die für die best ausgestattete Kirche galt. Der Ambo war bisweilen aus Holz verfertigt, bisweilen aber auch aus sehr kostbaren Stoffen. In der Kirche der heil. Weisheit war er aus reinem Alabaster, mit Säulchen von Silber und Gold verziert und mit Edelsteinen geschmückt. In dem alten Dome zu Durham in England bestand er aus Erz, und viele kamen von entfernten Gegenden, ihn zu sehen. Ueber ihn schwebte ein vergoldeter Pelekan, der seine Jungen mit seinem eigenen

Herzensblute nährte. (Der Heiland soll der hl. Gertrud in der Form eines Pelekans erschienen sein, während sein heiliges Blut aus dem Herzen floß. Man glaubte früher, daß zur Zeit der Noth der Pelekan seine Jungen mit seinem eigenen Blute füttere.) Auf dem Ambo waren oft Figuren ange= bracht; bisweilen war es der Erzengel Michael mit der Trom= pete zum jüngsten Gerichte, gewöhnlich aber ein großer Adler, der mit ausgebreiteten Schwingen sich zum Himmel erhob. Diese letztere Figur fand sich häufig auf dem Evangelien— Ambo. Von diesem Ambo wurde auch bisweilen gepredigt; in Aegypten wurden die Feste davon verkündigt und die Dip= tychen (siehe unten) verlesen. In Constantinopel wurden die Kaiser auf dem Ambo gekrönt.

Obgleich der wirkliche Ambo jetzt nicht mehr gebraucht wird, kann man ihn doch in vielen Kirchen Europa's noch finden. In Lyon ist die alte Gewohnheit noch heute bestehend, vom Ambo die Epistel und das Evangelium zu verlesen.

§ 77.—Das Graduale.

Das Graduale (Stufengesang), welches gleich nach der Epistel gebetet wird, erhielt seinen Namen von dem Um= stande, daß es auf den Stufen des Ambo gesungen wurde. Der alte römische Kirchenkalender sagt: „Nach der Lesung müssen die Sänger des Graduale sich auf die untere Stufe der Kanzel (oder des Ambo) stellen;" und ein alter Schriftsteller bemerkt: „Die Verse, die in der Messe gesungen werden, haben zum Unterschiede von anderen den Namen Graduale, weil sie auf den Stufen gesungen worden, während sonst die Verse überall gesungen werden dürfen." Man nennt das Graduale auch Responsorium, Antwort, weil es eine Art Antwort oder Fortsetzung der Epistel ist, um deren heilsame Mahnun= gen den Gläubigen noch dringender an's Herz zu legen. Es wurde besonders eingeführt, weil früher nach der Epistel die Prozession zur Absingung des Evangeliums geformt wurde und ziemlich viel Zeit in Anspruch nahm. Das Graduale besteht aus zwei Versen der Psalmen oder anderer Theile der hl. Schrift, denen zwei Alleluja beigefügt sind und noch einem Verse mit einem Alleluja.

Alleluja. — Dieses Wort ist hebräischen Ursprungs und bedeutet: Preiset Gott. Bei den ersten Christen wurde

es nur bei festlichen Gelegenheiten gebraucht. Der hl. Hiero=
nymus erzählt uns, daß die hl. Paula in einem von ihr
gegründeten Kloster die Nonnen mit diesem Worte zu den
betreffenden Andachten zusammenrief, indem sie öfters in
den Gängen mit lauter Stimme sang.[1] Zur Zeit, wo das
Hebräische wenig oder gar nicht bekannt war, schrieben einige
(unter Andern auch der hl. Anselm, Erzbischof von Canter=
bury) den englischen Chören den Ursprung dieses Wortes zu,
was natürlich von Andern wieder belächelt wurde.

Während der Bußzeit und an Trauertagen wird nach dem
lateinischen Ritus kein Alleluja gesagt, im mozarabischen Ritus
und in der griechischen Kirche jedoch immer.

Der Tractus.—Wenn kein Alleluja gesagt wird, nimmt
der Tractus (wörtlich Ausdehnung, Länge) dessen
Stelle ein. Der Tractus besteht aus drei oder vier Versen,
(bisweilen, z. B. am Palmsonntage und am Charfreitage aus
einem ganzen Psalme) und soll sein Name daher rühren, daß
er in einer langsamen, eintönigen Weise abgesungen zu wer=
den pflegte.

§ 78.—Sequenzen.

Nach dem Graduale werden an gewissen Tagen versartige
Gebete oder Gesänge eingefügt, die man Prosen, Jubi=
lationen oder Sequenzen nennt. Sie heißen Pro=
sen, weil sie versartig zwar geschrieben, aber nicht in der
strengen dichterischen Form durchgeführt sind, wenigstens nicht
wie es der lateinische Sprachgebrauch fordert. Man nannte sie
Jubilationen, weil sie größtentheils an Tagen großer
Feier und Freude gesungen wurden, und Sequenzen
(d. h. Fortsetzungen), weil sie dem Alleluja folgten und
es gewissermaßen fortsetzten. (Für Diejenigen, die den Kir=
chengesang kennen, wird es unnöthig sein, zu bemerken, daß die
letzte Silbe des Alleluja lange nachgesungen und verschieden
modulirt wurde—welches man Pneuma, Athemholen, nannte,—
und dieses war vielfach der Anfang der Sequenz. Ueber den

---

1) Der hl. Hieronymus sagt, daß Gott bei den alten Hebräern mit zehn verschiedenen
Namen benannt wurde : a) El oder Al, der Starke ; b) Eloah, der Anbetungswürdige ;
c) Adonai, mein großer Herr ; d) Sabaoth, Gott der Heerschaaren ; e) Jah, der Ewige ;
f) Nzhelion, der Höchste ; g) Elohim, Götter, vielfach eine Andeutung an die heiligste
Dreieinigkeit ; h) Havah, der Seiende ; i Shaddai, der Allmächtige ; j Jehovah, er,
der war, ist und sein wird. Diesen letzten Namen wollen die Juden nie aussprechen,
und anstatt seiner lesen sie aus Ehrfurcht immer Adonai dafür.

Kirchengesang und besonders das Pneuma siehe Haberl, Magister choralis, eine kurze, aber sehr gute Anleitung zum guten Gesange.)

Lange Zeit hindurch hatte jeder Sonntag, mit Ausnahme der Fastensonntage, seine Sequenz, wie man aus irgend einem alten Meßbuche ersehen kann. In Lyon ist es jetzt noch so. Bald wurden jedoch Sequenzen in die Messe eingeschoben, die ganz unkirchlich waren, und man hielt es für gerathen, alle Sequenzen einer strengen Prüfung zu unterwerfen und bloß solche beizubehalten, die diesen Vorzug ihrer inneren Erhaben=heit wegen verdienten. Im Conzil zu Köln (1536) und endlich in Rheims (1564) wurde dieses Unternehmen ausgeführt und von allen Sequenzen bestanden nur f ü n f die strenge Probe; 1. Victimae Paschali am Ostern; 2. Veni Sancte Spiritus am Pfingsten; 3. Lauda Sion am Frohnleichnamstage; 5. Stabat Mater für das Fest der sieben Schmerzen Mariens; 4. Dies irae für Todtenmessen. Den „Minderen Brüdern" wurde es erlaubt, eine besondere Sequenz für das Fest des Namens Jesu beizubehalten.

Verfasser.—Ueber diese wird man wahrscheinlich nie zur Uebereinstimmung kommen, wir wollen deshalb die gewöhn=lichen Ansichten vorlegen.

1) Victimae Paschali (D e m O s t e r l a m m) wird gewöhnlich dem Mönche Notker von St. Gallen zugeschrie=ben, der im neunten Jahrhundert durch seine Dichtkunst sehr berühmt war. Auf Rath des Papstes Nikolaus (858) soll er zuerst die Sequenzen in die Messe eingeführt haben. Andere schreiben die Abfassung des Victimae dem Alkuin, dem Lehrer Karls des Großen zu; wieder Andere dem König Robert von Frankreich.

2) Veni Sancte Spiritus (K o m m , h e i l i g e r G e i s t) wird gewöhnlich dem seligen Hermann, gewöhnlich Herman-nus Contractus (Hermann der Krüppel) genannt, zugeschrie=ben. Die Geschichte dieses Mannes ist sehr interessant und wir halten es nicht für unangemessen, ihr ein paar Zeilen zu widmen. Er war der Sohn des Grafen Weringer in Liefland und wurde im Alter von 14 Jahren nach St. Gallen zur Aus=bildung geschickt. Er war lahm und ein Krüppel und sehr langsamer Auffassung. Er machte keine Fortschritte. Sein Lehrer Hilperich sah, wie sehr sich der Knabe sein Unglück zu Herzen nahm, bedauerte ihn und gab ihm den Rath, sich im Gebete an die allerseligste Jungfrau und Gottesmutter zu

wenden. Hermann befolgte den Rath und ungefähr zwei Jahre nachher erschien ihm die hl. Jungfrau im Schlafe und redete ihn also an: „Mein gutes Kind, ich habe dein Gebet erhört und komme, dir zu helfen. Nun wähle eins von beiden: entweder mag dein Körper geheilt sein oder du magst alle Wissenschaften bewältigen, die Du willst. Wähle nur und es wird dir gegeben werden." Hermann wählte ohne Zögern die Gaben des Geistes, und sein Fortschritt war von der Zeit an so staunenswerth, daß er als der gelehrteste unter seinen Zeitgenossen angesehen wurde. Er übertraf Alle in Philosophie, Rhetorik, Astronomie, Poesie, Musik und Theologie; verfaßte Bücher über Geometrie, Musik, Astromie, Sonn= und Mondfinsternisse u. s. w.; schrieb Erklärungen zu griechischen und lateinischen Schriftstellern; übersetzte arabische Bücher; schrieb eine Geschichte von der Erschaffung der Welt bis auf's Jahr 1052 und mehrere kirchliche Hymnen, so z. B. unser Veni, Sancte Spiritus. Er starb im Jahre 1054 im Alter von 41 Jahren. Das Veni, Sancte Spiritus wird von Andern auch dem Papste Innocenz III., dem hl. Bonaventura, und Robert, König von Frankreich, zugeschrieben.

3) Lauda Sion (Lobe, o Sion) wurde vom „englischen Lehrer", dem hl. Thomas von Aquin, verfaßt, wie er auf Bitten des Papstes Urban IV. die kirchliche Feier des Frohnleichnamsfestes zusammenstellte, wie wir schon oben bemerkt. (Siehe das dritte Kapitel.)

4) Stabat mater (Christi Mutter) soll nach einigen vom Papste Innocenz III., nach andern von Jacoponi, der als Franziskanermönch Jakobus de Benedictis hieß, nach andern vom hl. Bonaventura verfaßt sein. Die meisten schreiben es dem Papste Innocenz III. zu. Weil Jacoponi einige sehr mittelmäßige Hymnen schrieb, kann er diese erhabene Sequenz wohl kaum verfaßt haben.

5) Dies irae (Tag des Zornes) wird sehr verschiedenen Verfassern zugeschrieben, jedoch scheint Latino Orsini, genannt Frangipani, dem sein Onkel, Papst Nikolaus III. im Jahre 1278 zur Cardinalswürde erhob, den bestgegründeten Anspruch darauf zu haben. Er war früher Dominikaner und wurde auch Cardinal Malabranca genannt. Nach ihm werden verschiedene Andere als Verfasser genannt, so z. B. Papst Gregor der Große, der hl. Bernhard und Thomas von Calano, dessen Ansprüche auch wohl begründet sind. Die Dominikaner schreiben es vielfach ihrem früheren Ordensgeneral Humbert

und die Augustiner dem Augustinus de Biella zu. Nun ist
aber das Dies irae, wie wir es lesen, bloß eine Umarbeitung
und Vollendung eines uralten Hymnus, der längst bekannt
war, ehe irgend einer von den angeführten Männern lebte.
Wir wollen auch deßhalb nicht weiter über den Verfasser
forschen.

Würde und Erhabenheit.—Bis zum Jahre 1576 durften
die Dominikaner zu Salamanka in Spanien das Dies irae
nicht beten. Große Männer nahmen auch Anstoß daran, daß
ein so erhabener Gesang an Trauertagen und in Todtenmessen
gebraucht werde. Es würde unmöglich sein, Alles auch nur
kurz zusammenzufassen, was zum Lobe dieses hehren Gesanges
schon gesagt worden ist. Das Dies irae ist in alle Sprachen
Europa's übersetzt worden, sogar in's Hebräische; große Männer und Musiker ohne Unterschied des Glaubens haben es
bewundert und ein neuerer protestantischer Theologe in Amerika, Dr. Schaff, schreibt: „Dieser großartige Hymnus ist das
anerkannte Meisterwerk der lateinischen Dichtkunst und der
erhaltenste aller Gesänge außerhalb der heil. Schrift. Die
schreckeneinflößende Größe des Gegenstandes, der tiefe Ernst
des Dichters, die einfache Erhabenheit und feierliche Musik
der Sprache, das stattliche Versmaß, der dreifache Reim, verschiedene Wortanklänge in richtiger und passender Zusammen-
fügung — alles dieses zusammengenommen macht auf uns
einen überwältigenden Eindruck, als ob wir schon in Wirklichkeit den Zusammensturz der Welt, die Bewegung der sich
öffnenden Gräber, die Trompete des Erzengels, der die Lebenden und die Todten ruft, und den König der schrecklichen Majestät auf dem Throne der Gerechtigkeit und Barmherzigkeit
vor Augen hätten." Der berühmte Musiker Mozart verdankt
einen großen Theil seines Ruhmes seiner Musik für diesen
Hymnus; und diese Musik erregte ihn so, daß sie seinen Tod
beschleunigte; eine Art Lähmung bemächtigte sich seiner, und
er selbst sagte: „Ich bin gewiß, daß ich dieses Requiem für
mich selbst schreibe. Es wird mein Grabgeleite sein." So
wurde es auch in Wirklichkeit, denn Mozart konnte nicht einmal das Ganze vollenden.

In der dritten Zeile des Hymnus ist eine Anspielung
auf die heidnische Prophetin, die Sibylle. In Frankreich
wurde diese Zeile anfangs umgeändert, um nichts Heidnisches
darin zu finden. Allein manche der ältesten Kirchenväter lehrten, daß, wie Gott den falschen Propheten Balaam zum Werk-

zeuge der Wahrheit machte, so haben auch die Sibyllen öfters die Wahrheit gesprochen, selbst gegen ihren Willen. So lehrt besonders der heil. Augustinus. Es gab im Alterthume verschiedene Sibyllen, von denen besonders zwei berühmt sind, die von Erythräa und die von Delphi. Beide wurden von dem großen Maler Michael Angelo in der päpstlichen sogenann= ten Sixtinischen Kapelle in Rom gemalt. Wie fast allgemein geglaubt wird, prophezeite die Sibylle von Erythräa die wohl= bekannten Worte von der Ankunft des Heilandes und von sei= ner Wiederkunft als Richter am Ende der Welt. Wir wollen jedoch nicht weiter darauf eingehen.

Auch das Stabat mater ist nach der Meinung der besten Richter und Kenner eines der gefühlvollsten Gedichte, die je geschrieben wurden. Wer kennt nicht die alte deutsche Ueber= setzung:

> Christi Mutter stand mit Schmerzen,
> Bei dem Kreuz, und weint von Herzen,
> Da ihr lieber Sohn anhing u. s. w.

Große Männer haben es „einen göttlichen Ausfluß eines gedrückten und gereinigten Herzens" genannt. Pergolasi und Rossini, zwei berühmte Musiker, haben sich durch die Musik für diesen Gesang unsterblich gemacht.

Der vorzügliche Werth des Lauda Sion besteht darin, daß es eine der besten theologischen Auslegungen der Kirchen= lehre von der Gegenwart Christi im allerheiligsten Sakramente ist. Alle möglichen Einwendungen gegen diese sind in diesem Hymnus beantwortet. Ueberhaupt ist der heilige Thomas der Lehrer des heiligen Altarssakramentes.

Morgenländischer Gebrauch.—Wie im siebenten Kapitel bemerkt wurde, hat man keine Instrumentalmusik in der morgenländischen Kirche. Dagegen hat die heilige Dichtkunst dort ein weites Feld. Keine Messe wird dort gefeiert, in der nicht wenigstens sechs Hymnen (Tropania genannt) vorkom= men, und alle enden mit einer andächtigen Anrufung der hl. Jungfrau. Wir haben versucht, ein paar Strophen eines dieser Hymnen in's Deutsche zu übertragen. Natürlich wer= den sie dort auf Griechisch gesungen. Die beiden Verse würden auf Deutsch ungefähr so lauten können

Stürmisch war die wilde Woge,
Dunkel war die Nacht;
Ruder stöhnten in den Wassern,
Weißlich glänzt' der Schaum;
Fischer, ängstlich, bange zagen,
Den Gefahr war nah,
Dann sprach Gott, der Sohn des Ew'gen:
Friede, ich bin da!

Jesus, Retter und Bewahrer,
Komm auch her zu mir;
Auf dem Meere dieses Lebens
Schütze Du auch mich;
Wenn auf mich der Sturm des Todes
Heulend braust sehr nah,
Sprich, Du Wahrheit ewiger Wahrheit:
Friede, ich bin da!

§ 79.—Das Munda cor meum.

Nach der Epistel und den folgenden Gebeten geht der Prie=
ster zur Mitte des Altars und sagt dort tiefgebeugt das Munda
cor meum (Reinige mein Herz). Er bittet Gott, er
möge sein Herz und seine Lippen reinigen, wie er die Lippen
des Propheten Isaias mit glühender Kohle reinigte, damit er
die guten Wahrheiten des Evangeliums in einer würdigen
Weise verkündigen könne. Unterdessen wird das Meßbuch von
der Epistelseite zur Evangelienseite getragen und so gestellt,
daß beim Lesen des Evangeliums der Priester sich ein wenig
dem Volke zuwendet, zum Andenken an die alte Gewohnheit,
das hl. Evangelium vor dem versammelten Volke vom Ambo
zu verlesen.

Der natürliche Grund der Uebertragung des Meßbuches
von der Epistelseite ist die, daß früher das Volk jetzt die Gaben
auf den Altar legte, die beim Offertorium dargebracht werden
sollten, sowie auch, um Raum für die Patene zu haben, die in
früherer Zeit weit größer war, als jetzt (siehe das 3. Kapitel.)
In mystischer Weise bedeutet die Uebertragung des Buches,
daß die Juden, versinnbildet durch die Epistelseite, das Wort
Gottes nicht annahmen, und daß deshalb das Evangelium den
Heiden gepredigt wurde, die durch die Evangelienseite darge=
stellt werden. So sagen ja auch Paul und Barnabas in der
Apostelgeschichte, (13, 46): „Es geziemte sich, euch zuerst das
Wort Gottes zu verkündigen; weil ihr es aber verwerfet, und

euch selbst des ewigen Lebens unwürdig erachtet, sehet, deßhalb wenden wir uns zu den Heiden." Die Uebertragung des Meß= buches auf die Epistelseite am Ende der Messe zeigt an, daß die Juden am Ende der Welt, durch die Predigten Elias und Henochs bekehrt, sich dem Christenthume zuwenden werden.

Wir sagten, daß um die alte Sitte des Verlesens des hl. Evangeliums vom Ambo uns vor Augen zu führen, das Meß= buch ein wenig dem Volke zugewandt werde. Weßhalb, so mag gefragt werden, thut man es nicht auch so mit der Epistel, da auch sie vom Ambo verlesen wurde? Wir antworten: Die Epi= stel wurde immer von einem niedrigen Platze des Ambos, oft= mals nur von dessen Stufen verlesen, nie von dem oberen Theile, und immer in einer solchen Weise, daß der Leser sich dem Altare zuwandte; denn, bei ihrer Einführung in die hl. Messe, war sie nicht darauf berechnet, so sehr zur Belehrung des Volkes beizutragen, als das Evangelium naturgemäß thun soll; auch wurde die Epistel nie solcher Ehre für würdig gehal= ten, wie das Evangelium sie genießt, obgleich sie ebensowohl die Schriften der Apostel enthält, wie das Evangelium.

§ 80.—Das Evangelium.

Nach dem Munda cor meum geht der Priester zum Meß= buche und beginnt dort mit hörbarer Stimme das "Dominus vobiscum", ohne sich jedoch ganz dem Volke zuzuwenden, und liest darauf den Titel des Evangeliums der Messe. Während der Lesung des Titels macht er das Zeichen des Kreuzes mit dem Daumen auf die Anfangsworte des Evangeliums, dann auf sich selbst, auf Stirn nämlich, Mund und Brust. Durch das Kreuz über die Anfangsworte sollen wir erinnert werden, daß das Evangelium die Worte Dessen enthält, der für unsere Rettung und Erlösung am Kreuze starb; das Kreuz auf Stirn und Mund bezeichnet unsern festen Entschluß, uns der Lehre Christi nie schämen zu wollen, nach den Worten des Heilandes (Lukas 9, 26): „Wer sich meiner und meiner Worte schämt, Dessen wird sich auch der Menschensohn schämen, wenn er in seine Herrlichkeit kommt." Das Kreuz auf die Brust erinnert an die Worte des Hohenliedes: „Lege mich als ein Siegel auf dein Herz." (8. Kap.) Nach dem Titel antwortet der Meßdie= ner: Gloria Tibi, Domine, (Ehre sei Dir, o Herr!) und alle Umstehenden bezeichnen sich mit dem Kreuzeszeichen, wie der Priester es gethan. Die Antwort Gloria Tibi, Domine zeigt unsern Dank an für die geistlichen Segnungen des hl. Evangeliums. Die Apostelgeschichte (13, 48) erzählt uns, wie die Heiden das Wort Gottes priesen, und ihren Dank gegen Paul und Barnabas ausdrückten, die ihnen die heilsamen Wahrheiten überbrachten, welche die Juden zurückgewiesen und verschmäht hatten.

Während der Lesung des Evangeliums sollen alle Gläubigen stehen, um ihre Hochachtung gegen das Wort Christi zu bezeugen und um ihre Bereitwilligkeit an den Tag zu legen, Alles zu befolgen, was das Evangelium lehrt. So standen auch die Juden im Alten Bunde, wie wir es z. B. finden, als nach der Babylonischen Gefangenschaft der Schriftgelehrte Esdras ihnen das Gesetz Moses vorlas. Als es noch Sitte war, lange Stäbe mit zur Kirche zu bringen, um sich darauf zu stützen, mußten diese bei der Lesung des Evangeliums abseits gestellt werden. So mußten auch alle königlichen und fürstlichen Abzeichen, wie Scepter, Krone, Degen u. s. w., abgelegt werden, damit alle als Diener vor Christus dem Herrn erscheinen könnten. Einige geistliche Ritterorden, wie z. B. der Orden des hl. Johannes[1], hatten das Vorrecht, beim Evangelium das nackte Schwert in der Hand tragen zu dürfen, zum Zeichen, daß alle Mitglieder das Evangelium bis auf's Blut zu vertheidigen bereit seien.

Am Ende des Evangeliums küßt der Priester den Anfang desselben im Meßbuche zum Zeichen der Verehrung des Wortes Christi (das Evangelium wurde früher oft das Buch Christi genannt), und sagt dabei: „Durch die Worte des Evangeliums mögen unsere Sünden ausgetilgt werden." Die Karthäuser küssen den Rand des Meßbuches anstatt der Worte. Wenn ein hoher Würdenträger (z. B. ein Bischof) im Chore zugegen ist, wird ihm gewöhnlich das Buch zum Kusse überbracht, und der Celebrant küßt dann das Buch nicht. In den ersten Zeiten des Christenthumes küßte nicht blos der Priester das Evangelium, sondern alle Umstehenden thaten desgleichen. Im Sarum Ritus war ein eigenes Buch für diesen Zwecke zurecht gelegt. Der

---

1) Die Johannesritter wurden zu Jerusalem um das Jahr 1098 gestiftet, und haben verschiedene Namen. Sie heißen die Hospitaliter, weil ihr erstes Haus vorzüglich der Krankenpflege gewidmet war; Rhodiserritter, weil sie eine Zeit lang auf der Insel Rhodus wohnten; Malteser, weil sie auch auf der Insel Malta ansässig waren. Als eine unabhängige ritterliche Körperschaft existirt der Orden nicht mehr, doch kann man noch in Italien, England und anderen Theilen Europas Männer antreffen, die dem Namen nach diesem Orden angehören und auch die gewöhnlichen Gelübde ablegen. Ihr Großmeister führt den Titel: Vorzüglichster (Eminentissimus, wie die Kardinäle). Ihr Patron ist der hl. Johannes der Täufer, ihr Abzeichen ein weißes Kreuz mit acht Sternen, die die acht Seligkeiten vorstellen.

Gebrauch), Briefe und Schreiben von großer Wichtigkeit zu küs=
sen, ist uralt und weitverbreitet und ist an königlichen Höfen, vor=
züglich im Osten, jetzt noch üblich. Schreiben des Papstes sind
auch jetzt noch überall in dieser hochachtungsvollen Weise zu be=
handeln. Bei den ersten Christen wurde jedoch nicht bloß das
Evangelium geküßt, sondern fast jedes Geräth der Kirche, bis=
weilen auch die Thürpfosten und Säulen, wie aus manchen
alten Schriften zu ersehen ist. Am Ende antwortet der Meßdiener: Laus. Tibi, Christe,
(Lob, sei Dir, Christus). Im mozarabischen Ritus
heißt die Antwort bloß „Amen", wie es in alter Zeit überall
der Fall war. Die Carmeliter beobachten noch den Gebrauch,
am Ende das Kreuzzeichen zu machen.

Gebräuche beim Levitenamte.—Beim Hochamte wird das
Evangelium vom Priester laut gesungen, beim Levi=
tenamte jedoch vom Diakon. Es sind damit verschiedene
bedeutungsvolle Ceremonien verbunden. Wenn nach dem
Munda cor meum der Priester zur Evangelienseite geht, um
dort das Evangelium zu lesen, nimmt der Diakon vom Cere=
monienmeister das Evangelienbuch, trägt es hochachtungsvoll
zum Altare und legt es oben auf den Altar vor den Taber=
nakel. Dort bleibt er, bis der Priester Weihrauch in's Weih=
rauchfaß gelegt und gesegnet hat. Dann kniet der Diakon
auf die obere Altarstufe, sagt dort das Munda cor meum,
nimmt das Evangelienbuch vom Altare und bittet kniend den
Priester um seinen Segen. Nach dem Segen küßt er die Hand
des Priesters, steigt vom Altare hinunter und geht mit den
andern Dienern in Prozession zu dem Platze an der Evange=
lienseite, wo er das Evangelium, dem Volke zugewandt, singt.
Während der Diakon das Evangelium singt, hält der Subdia=
kon das Buch in den Händen und zwar so hoch, daß es vor
seiner Stirne ruht. Nach dem Dominus vobiscum und nach
der Lesung der Ueberschrift, wobei er auch die üblichen Kreuzes=
zeichen macht, räuchert der Diakon das Buch in der Mitte, zur
rechten und zur linken Seite. Nach dem Absingen des Evan=
geliums bringt der Subdiakon das Buch dem Priester zum
Kusse und der Diakon schwingt ihm dreimal Weihrauch ent=
gegen.

Bedeutung dieser Gebräuche.—Wie Papst Innozenz III.
lehrt, soll das Herabnehmen des Buches vom Altare uns daran
erinnern, daß „das Gesetz von Sion kam, und das Wort des

Herrn von Jerusalem"; jedoch nicht das Gesetz des Alten, son=
dern des Neuen Bundes, von dem Jeremias schrieb: „Siehe,
spricht der Herr, die Tage werden kommen und ich werde einen
Neuen Bund mit dem Hause Israel und mit dem Hause Juda
machen. Ich werde mein Gesetz in ihr Innerstes prägen und
es in ihre Herzen schreiben, und ich werde ihr Gott und sie
werden mein Volk sein." (31. Kap.) Der Diakon bittet in
demüthig flehender Haltung den Priester um seinen Segen,
um uns die Nothwendigkeit vor Augen zu führen, zuerst Er=
laubniß zu besitzen, das Wort Gottes verkündigen zu dürfen,
und demnächst auch vom Segen Gottes begleitet zu sein, damit
das Wort Frucht bringe. Wer die schwere Bürde der Verkün=
digung des Wortes Gottes sich aufladen würde, ohne von Gott
berufen zu sein, würde anstatt des Segens Gottes, dessen Fluch
auf sich herabfordern. Der hl. Paulus betont ganz besonders
die Nothwendigkeit eines besonderen Berufes für das Prediger=
amt. (Röm. 10. Kap.) Wiederum erinnert das Herabnehmen
des Buches vom Altar und das laute Vorlesen des Evangeliums
besonders an die Rückkehr Moses vom Berge Sinai und an die
Lesung des Gesetzes vor dem versammelten Volke. Der Sub=
Diakon geht dem Diakon vorher, um anzuzeigen, daß Johannes
der Täufer, der durch die Epistel und durch den Subdiakon
versinnbildet wird, dem Heilande, der im Evangelium uns vor=
gestellt wird, vorherging. Wir gebrauchen beim Evangelium
Weihrauch nach den Worten Pauli (2. Korinth, 2. Kap.), daß
wir Gott an jedem Orte den guten Geruch Christi darbringen
sollen. Auch werden Kerzen getragen, um unsere Freude des
erhaltenen Evangeliums halber auszudrücken und unsere Ach=
tung Demjenigen zu erweisen, der das Licht der Welt ist. Das
Evangelium wird endlich gegen Norden gewandt gesungen,
weil die Lehre Christi vorzüglich gegen Lucifer gerichtet war,
welcher sagte: „Ich will meinen Sitz im Norden aufschlagen
und dem Allerhöchsten gleich sein." (Isaias.) In früheren
Zeiten geschah das Absingen des Evangeliums vom Ambo zur
Erinnerung an die Vorschrift des Herrn: „Was ich zu euch
spreche im Dunkeln, redet ihr im Lichte: und was ihr in dem
Ohre höret, predigt auf den Dächern." Matth. 10. Kap. Wir
finden in alten Büchern oft den Ausdruck „vom Adler predigen,"
weil nämlich das Pult, worauf das Evangelienbuch ruhte, einen
Adler vorstellte.

Achtung gegen das Evangelium in älterer Zeit.—Wir
erkennen diese Achtung besonders aus den kostbaren Einbänden,

mit denen das Evangelienbuch versehen wurde. Wir finden Einbanddecken von echtem Golde und reinem Silber, mit Edel=steinen besetzt. Manche alte Schriftsteller haben uns solche Evangelienbücher beschrieben. Wenn die Bücher nicht ge=braucht wurden, waren sie in Kästchen verschlossen, die auch oft aus kostbarem Material verfertigt, bisweilen sogar mit Gold=platten belegt waren. Die kunstvollste Handarbeit und das feinste Schnitzwerk war oft an diesen Kästchen zu sehen. Ein erfahrener Kenner, Dr. Rock, erzählt, daß Goldplatten, mit großen Perlen und Diamanten belegt, öfters den Einband bil=deten, und daß die Schrift des Buches manchmal aus Gold=buchstaben auf purpurfarbenen Grunde bestand. In allen kirchlichen Versammlungen erhielt das Evangelienbuch einen hohen Rang. Im Concil zu Ephesus z. B. im Jahre 431, war in der Kirche der Mutter Gottes dieses Buch vor dem An=gesichte aller versammelten Väter auf einem erhöhten Throne zur Beherzigung aufgestellt.

Ehe wir diesen Abschnitt beschließen, wollen wir nach=träglich bemerken, daß bei einem Hochamte, welches der Papst selbst singt, die Epistel und das Evangelium zuerst in der lateinischen, dann in der griechischen Sprache gesungen werden, um die Einheit des Glaubens beider Kirchen auszudrücken.

Das Evangelium in der morgenländischen Kirche.—Die Ceremonien bei der Lesung oder beim Absingen des Evange=liums im Osten sind den unsrigen sehr ähnlich. Nach der Liturgie des hl. Chrysostomus kniet der Diakon zu Füßen des Priesters mit dem Buche, ehe die Prozession zum Ambo beginnt, und bittet um den Segen mit folgenden Worten: „Herr, segne den Prediger des hl. Apostels und Evangelisten Matthäus (oder Johannes u. s. w.)" Der Priester macht über ihn das Zeichen des Kreuzes und spricht: „Möge Gott, durch die Predigt des heiligen und glorreichen Apostels und Evangelisten Matthäus Dir das Wort mit vieler Kraft geben, der Du das Evangelium verkündest zur Erfüllung des Wortes seines geliebten Sohnes, unsers Herrn Jesu Christi." Dann bewegt sich die Prozession zum Ambo und alles geht fast ebenso vor sich, wie bei uns in der Levitenmesse. Bei den Abyssiniern in Afrika macht der Diakon in dieser Prozession die Runde durch die ganze Kirche, und singt während dieses Ganges: „Steht auf, und hört das Evangelium und die frohe Botschaft unseres Herrn und Heilandes Jesu Christi." Durch diese

Runde durch die ganze Kirche soll die Verbreitung des Evangeliums über die ganze Welt versinnbildet werden, nach den Worten des Psalmes: „Ihr Schall ist in jedes Land gedrungen, und ihre Worte bis zum Ende der Welt." (Psalm 18, 5.) Die Kopten machen nicht die Runde durch die Kirche, sondern gehen in Prozession um den Altar. Voran geht eine Menge untergeordneter kirchlicher Diener mit Fackeln und Weihrauch und endlich kommt der Diakon mit dem Buche. Nach der Absingung des Evangeliums wird das Buch zuerst von der Geistlichkeit geküßt, dann mit einem seidenen Tuche bedeckt und dem Volke zum Kusse dargereicht. Die kirchlichen Würdenträger bei den Kopten, die bei der Messe zugegen sind, legen ihre Mitra und ihren Stab ab, und stehen während des Evangeliums ein wenig gebückt. Die griechischen Bischöfe stehen nicht bloß auf bei der Lesung des Evangeliums, sondern legen auch ihr bischöfliches Abzeichen, das sogenannte Amophorion, ab, um nach der Auslegung des hl. Simeon von Thesalonich, dadurch anzudeuten, daß sie sich Christus ganz hingeben. Das Omophorion ist nämlich eine Art Pallium, das bei uns nur die Erzbischöfe tragen, bei den Griechen aber jedem Bischofe zukommt. Wie das Pallium besteht es aus einem wollenen Streifen, der aber ziemlich breit und um den Hals mit einem Knoten befestigt ist. Gewöhnlich ist es auch mit Silber- und Seidenfäden verziert und soll das verlorene Schaf vorstellen.

Zweiundzwanzigstes Kapitel.

Die Feier der hl. Messe—Fortsetzung.—Die Predigt.

§ 81.—Die Predigt in der Kirche im Allgemeinen.

Nach dem Evangelium der Messe folgt die Predigt, wenn an dem betreffenden Tage eine solche gehalten wird. Wie die jetzigen Kirchengesetze vorschreiben, die vorzüglich durch das Concil von Trient (1545—1563) erlassen wurden, muß während jeder Pfarrmesse an Sonn= und Feiertagen eine Predigt gehalten werden, um die großen Heilswahrheiten darin dem Volke vorzulegen und zu erklären. Damit man dieses mit größerem Nutzen ausführen könne, ist es rathsam, den Haupt= Gedanken in dem Evangelium des Tages aufzufassen und ihm zu folgen, da es der Wunsch der Kirche ist, daß dieser Theil der hl. Schrift sorgfältig erklärt und in seiner ganzen Tragweite den Gläubigen an's Herz gelegt werde.

Der Gebrauch, während der hl. Messe zu predigen, ist sehr alt; ja nach den besten Gewährsmännern kann man ihn von den Zeiten der Apostel herleiten, wie es denn auch scheint, daß die hl. Schrift gute Anhaltspunkte für diesen Gebrauch liefert. Der hl. Justinus der Märtyrer (167 nach Christus) sagt uns in seiner Vertheidigung des Glaubens, daß es zu seiner Zeit gebräuchlich war, zuerst in den Versammlungen der Gläubigen Abschnitte der hl. Schrift vorzulesen, und deren Inhalt und Wichtigkeit dann zu erklären. Die alten Hebräer predigten auch zum Volke nach der Lesung des Sepher Tora, des Buches des Gesetzes, wie die fünf Bücher Moses genannt wurden.

Wessen Pflicht es war, zu predigen.—Wenn der Bischof der hl. Messe beiwohnte, wie es fast in allen Domkirchen tag= täglich vorkam, war es seine Pflicht, zu predigen. (In frühe= ren Zeiten waren die betreffenden Diözesen sehr klein, wie noch jetzt in Italien, und gewöhnlich war in jeder größeren Stadt ein Bischof.) Dieser Pflicht genügten die Bischöfe in einem solchen Maße, daß es selten vorkam, daß Priester die Gläubigen anredeten. Es wurde als eine hohe Gunstbezeugung betrachtet, wenn ein Bischof einen Priester hie und da zur Verkündigung des Wortes Gottes zuließ; sehr selten erhielt ein Priester die Erlaubniß, überall und zu jeder Zeit predigen zu dürfen. Der hl. Ambrosius sagt: „Es ist das vorzügliche Amt des Bischofes, das Volk zu lehren," und der hl. Chrysostomus, der über dieses Amt spricht, meint, jeder Bischof, der dieser Pflicht nicht nach= käme, solle seines Amtes entsetzt werden.

Als die ersten gefährlichen Irrlehren in der Kirche auftra= ten, wandte man die größte Vorsicht bei der Wahl der Prediger an, so daß ja Keiner die Kanzel betreten würde, der nicht die besten Eigenschaften als Redner und Theologe besaß. Beson= ders war dieses der Fall, als die Ketzerei des Arius im Morgen= lande weit um sich griff (siehe Kapitel 23). Diese letztere Irr= lehre hielt man für so gefährlich, daß man im Osten wiederum den Priestern jegliche Erlaubniß, zu predigen, entzog, und die Bischöfe ermahnte, mit größerem Eifer, als zuvor, den Pflichten ihres Amtes zu genügen. Das Conzil zu Chalcedon im Jahre 451 untersagte das Predigen der Mönche, da Eutyches, der in diesem Conzil verdammt wurde, ein hervorragender Mönch ge= wesen war.

Dennoch, obgleich die alten Väter so strenge verfuhren, wenn es galt, dem Volke die Wahrheiten des Glaubens vorzu= legen; obgleich sie immer darauf bestanden, nur Männer von erprobter Rechtgläubigkeit, sittlicher Würde und aus den höhern kirchlichen Würdenstellen zum Predigtamte zuzulassen, finden wir in einigen wenigen Fällen Ausnahmen von dieser Strenge, so daß bisweilen nicht blos niedere Geistliche als Prediger gewählt wurden, sondern sogar solche, die noch keine geistlichen Weihen erhalten hatten. Der Geschichtschreiber Eusebius erzählt, daß der berühmte Origenes oft in Jerusalem predigte, als er noch Laie war, und er fügte hinzu, daß diese Erlaubniß auch an ge= wissen Tagen dem Kaiser Konstantin dem Großen eingeräumt wurde. (Wir geben hier blos die Worte, wie wir sie bei Euse= bius finden; wir bezweifeln sehr, ob Konstantin wirklich pre= digte — wahrscheinlich war eine solche Predigt nichts anderes, als eine kaiserliche Ermahnung, den Bischöfen zu folgen. Kon= stantin war damals noch nicht getauft, und wir glauben nicht, daß ihm von irgend einem Bischofe die Verkündigung des Evangeliums übertragen wurde. Eusebius ist der Lobredner Konstantin's, und wir müssen seine Angaben mit großer Vor= sicht annehmen.)

Das Betragen des Volkes während der Predigt war ge= wöhnlich erbaulich. Bisweilen jedoch konnte man an Einigen eine gewisse Unaufmerksamkeit und Nachlässigkeit bemerken, während Andere, was jedoch selten geschah, in leichtsinnigem Gespräche sich unterhielten. Sobald dieses bemerkbar wurde, mußte der Diakon am Altare aufstehen und Ruhe und Ordnung gebieten. Silentium habete, waren die gewöhnlichen Worte: „Beobachtet Ruhe." Der hl. Ambrosius, Bischof von Mailand, hatte oft Veranlassung, sich bitter über Unaufmerksamkeit zu beklagen, jedoch noch öfter über das theatermäßige Wesen der Gläubigen, da sie ihm manchmal in der Kirche Beifall klatsch= ten, als wären sie in einem öffentlichen Schauspielhause (siehe unten).

Gewöhnlich stand der Priester, mochte er nun von der Kan= zel (dem Ambo) seine Predigt halten, oder, was früher der übliche Gebrauch war, von dem Altare. Die Sitte, vom Ambo zu predigen, soll vom hl. Johannes Chrysostomus zuerst einge= führt worden sein. Wenn jedoch der Prediger wegen Alters= schwäche, Krankheit oder sonstigen Ursachen nicht stehen konnte, war es ihm auch erlaubt, sich auf einen Stuhl zu setzen. So that es besonders, wie wir erfahren, der hl. Augustinus in seinen letzten Lebensjahren, und manche der älteren Väter liebten diesen Gebrauch sehr, weil auch Christus sich bei der Bergpredigt, die immer als endgültiges Muster der Predigt gelten wird, vor seinen Jüngern und dem versammelten Volke setzte. An vielen Orten ist es noch jetzt der Gebrauch bei der bischöflichen Predigt. Wenn es nun auch dem Prediger erlaubt war, zu stehen oder sich zu setzen, war es hingegen nach dem Zeugnisse mancher alter Väter, besonders des hl. Gregor von Nazianz und des hl. Chrysostomus, immer strenge Regel, daß das Volk stehen sollte. Wenn der Prediger etwas sagte, das besonderen Beifalles werth war, pflegte das Volk auch wohl bis= weilen seine Zustimmung äußerlich an den Tag zu legen, z. B. durch Kopfnicken, Handbewegungen, öfters auch durch Hände= klatschen oder Bewegungen mit den Kleidern. Letztere Arten waren es vorzüglich, gegen die der hl. Ambrosius eiferte. Im Morgenlande aber, wo das Blut noch feuriger ist, wurden oft laute Ausrufe hörbar; so wird uns erzählt, daß einstens, als der hl. Chrysostomus eine seiner salbungsvollen Predigten ge= halten hatte, das Volk ausrief: „Du bist des Priesterstandes würdig; Du bist der dreizehnte Apostel; Christus hat Dich ge= sandt, unsere Seelen zu retten."

Vor der Predigt wurde schon zur Zeit der alten Väter ein kurzes Gebet gesagt. Bisweilen war dieses nichts anders, als ein Stoßgebet oder ein Gruß an das Volk, wie z. B.: „Friede sei mit euch!" „Möge Gott euch segnen!" „Der Herr sei mit euch!" Der Gebrauch, der jetzt in vielen Ländern besteht, ein „Gegrüßet seist Du, Maria!" oder ein ähnliches Gebet zur Mutter Gottes zu verrichten, wurde im fünfzehnten Jahrhunderte durch den hl. Vincentius Fererius eingeführt, als Abbitte für die großen Beleidigungen und Beschimpfungen, die von den Ketzern der damaligen Zeit auf die allerseligste Jungfrau gehäuft wurden.

In Bezug auf den Vortrag der Predigt waren die alten Väter ziemlich genau. Dieser Ernst des Predigers und wahres Gefühl für das Wohl des Volkes waren die beiden Stücke, die in einer jeden Predigt sich finden mußten: Zu häufige Bewegungen, die der Predigt einen weltlichen Anstrich geben konnten, wurden immer getadelt; und wenn ein jüngerer Prediger Zeichen von Nachlässigkeit oder Eitelkeit gab, oder solche Ausdrucksweisen oder Bewegungen auf die Kanzel brachte, die der Würde des Ortes und der Sache nicht entsprachen, wurde er sofort zum Schweigen gebracht und für immer vom Predigtamte ausgeschlossen. Es wird uns über den Ketzer Paul von Samosata erzählt, daß er in seinen Bewegungen so aufgeregt wurde, daß er mit den Füßen stampfte, mit den Händen auf die Kanzel schlug, sich selbst an Brust, Armen und Beinen zerrte, kurz, in einer sehr unanständigen Weise sich betrug, weshalb denn auch zuletzt das Conzil von Antiochien im Jahre 272 sich bitter über ihn beim Papste Dionysius beklagte.

§ 82.—Die Predigt und die Geheimlehre.

Wir glauben, es ist hier am Platze, etwas näher auf einen Gebrauch einzugehen, der in der Beschreibung der Gebräuche der älteren Kirche oft weniger beachtet wird, als man erwarten dürfte. Wir meinen den Gebrauch der sogenannten Geheimlehre (disciplina arcani, siehe 1. Kap.), nach welcher die vorzüglichsten Geheimnisse des Glaubens und der tiefe Sinn mancher kirchlicher Gebete sorgfältig vor allen Denen geheim gehalten wurden, die noch nicht zur Familie der Gläubigen gehörten, und dieser Geheimlehre galten als tiefer Grund die Worte des Heilandes: „Werfet nicht die Perlen den Schweinen und das Heilige den Hunden vor." Der hl. Athanasius gibt

in kurzen Worten seine Gründe für die Geheimlehre so an:
„Die Geheimnisse müssen nicht öffentlich vor den Uneingeweih=
ten zur Schau getragen werden, damit die Heiden, die sie nicht
verstehen, sie nicht belachen und die Katechumenen nicht zur
Neugier gereizt und so zur Sünde verleitet werden."
Weil die Prediger während der Jahrhunderte, in denen
diese Geheimlehre in der Kirche beobachtet wurde (bis gegen
das sechste Jahrhundert) große Vorsicht in ihren Vorträgen
anwenden mußten, finden wir in den Reden oft Stellen, die
uns etwas sonderbar vorkommen. Häufig waren bei den Pre=
digten Juden, Heiden, Ungläubige jeder Art zugegen, manch=
mal von bitterem Hasse gegen die Christen erfüllt, die jeden
Vorwand sich zu Nutzen machen wollten, um gegen die Christen
auftreten zu können. Hätten diese manchmal die Lehren, welche
vorgetragen wurden, in ihrem ganzen Umfange gekannt, wür=
den sie ohne Zweifel oft eine neue Verfolgung gegen die „An=
hänger des Nazareners," wie sie den göttlichen Heiland oft
nannten, in's Leben gerufen haben. Dieses ist deßhalb der
wirkliche Grund für den dichten Schleier der scheinbaren „Ge=
heimnißthuerei" (man muß uns diesen Ausdruck entschuldigen,
da er vielleicht am Besten auf den Wortlaut der Predigten
paßt); dieses ist auch der Grund, warum so manche Predigten
der alten Väter so kurz abbrechen und uns Vieles selbst zum
Nachdenken überlassen. Manchmal endete z. B. der hl. Chry=
sostomus seine Predigten auf einmal mit den Worten: „Die
Eingeweihten verstehen, was ich sagen will." So sagte er ge=
wöhnlich, wenn er Jemanden in der Kirche bemerkte, der nicht
zur Gemeinschaft gehörte. Einstens predigte er in eindringli=
cher Weise vor seinen Gläubigen und erklärte die Geheimnisse,
als er auf einmal inne hielt und sagte: „Ich wünsche, offen
zu sprechen, aber ich wage es nicht, aus Rücksicht auf die, welche
nicht eingeweiht sind. Diese Leute machen uns unsere Erklä=
rungen sehr schwierig, da sie uns zwingen, entweder in dunkeln
Worten zu sprechen, oder Geheimnisse aufzudecken, die bloß für
Heilige bestimmt sind; dennoch werde ich versuchen, so viel, als
möglich, in dunkeln und verhüllten Ausdrücken mich auszuspre=
chen." Tertullian, der um 200 nach Christus lebte, sagt in
Bezug auf die Geheimlehre: „Die Uneingeweihten sind von
dem Zuschauen und dem Beiwohnen der heiligen Geheimnisse
ausgeschlossen, und Diejenigen, welche Zuschauer sein dürfen,
werden sorgfältig geprüft."

Der heil. Epiphanius, der im vierten Jahrhundert lebte, gibt uns vielleicht das deutlichste Beispiel, wie zurückhaltend die Christen der ersten Jahrhunderte besonders über das heilige Altarssakrament sprachen. Damit er nicht den kleinsten Aus= druck gebrauchen sollte, wodurch er die Neugier der Uneinge= weihten wach rufen könnte, sprach er in folgender Weise, die natürlich nur für die Christen von irgend welchem Verständniß sein konnte : „Wir sehen, daß unser Herr E t w a s in seine Hände nahm, als er von dem Tische aufstand, daß er das E t= w a s aufnahm und, nachdem er Dank gesagt hatte, sprach: „D i e s e s i s t d a s M e i n i g e." Der hl. Gregor von Na= zianz sagt : „Wir sollten eher unser Blut lassen, als unsere Geheimnisse Fremden mittheilen."

Wir müssen nicht unterlassen, auch noch einen Grund an= zugeben, warum die Prediger so vorsichtig waren. Es gab zu jener Zeit manche Schnellschreiber (Stenographen nennt man sie heute, damals hießen sie Tachygraphen oder Oxygraphen), die von den Heiden zu den verschiedenen christlichen Kirchen ge= schickt wurden, um Alles aufzuschreiben, was sie in diesen Ver= sammlungen hören würden. Die alten Geschichtsschreiber re= den oft von ihnen, und, wie der heilige Gregor von Nazianz bezeugt, sah er manchmal während der Predigt, wie Leute die= ser Art sich unter die Gläubigen mengten und sich verbargen, um bei ihrer Arbeit nicht entdeckt zu werden ; daß sie oftmals, wenn sie nichts hören konnten, das ihrer Aufmerksamkeit werth zu sein schien, verschiedene Ausdrücke selbst bildeten und dem Prediger dann Worte unterschoben, die seiner Aus= drucksweise ganz zuwider liefen. Der hl. Gaudentius (420) beklagt sich noch bitterer über diese geheime Spionierung.

Wir haben diesen Punkt etwas ausführlicher berührt, weil so manche Protestanten so gern als Schwierigkeit den Umstand anführen, daß die alten Väter wenig oder nichts über die wirk= liche Gegenwart Christi im hl. Altarssakramente sagen. Mö= gen sie nur bedenken, daß bis zum sechsten Jahrhundert strenge verboten war, diese Lehre offen zu predigen, so werden sie sich nicht mehr über dieses kluge Schweigen wundern. Der alte Kirchengeschichtsschreiber Sozomenus hatte eine solche Achtung für diese Geheimlehre, daß er zuerst das Glaubensbekenntniß des Conzils von Nicäa im Jahre 325 nicht aufschreiben wollte. Auch das Glaubensbekenntniß nämlich fiel unter die Geheimlehre.

§ 83.—Predigt in der morgenländischen Kirche.

Wenn wir den Berichten der neueren Reisenden Glauben schenken dürfen, ist die Predigt bei den Morgenländern beinahe in Vergessenheit gerathen; wenigstens bei den Schismatikern. Wir brauchen uns aber auch darüber nicht zu wundern, wenn wir die oberflächliche Bildung beachten, wodurch die jungen Leute zum Priesterstande vorbereitet werden. An einigen Orten werden sie geweiht, wenn sie nur wenige Gebete außer dem Glaubensbekenntniß hersagen können, und wie wir schon oben bemerkten, ist die Bildung bei den Kopten auf einer so niedrigen Stufe, daß man es für nothwendig erachtete, die Rubriken der Messe auf Arabisch zu drucken, damit die Geistlichen wenigstens die Haupttheile verstehen konnten.

In der russischen Kirche ist man so rücksichtslos auf das Predigen, daß das Predigtamt oft Leuten anvertraut wird, die ganz ohne Bildung sind; Geistlichen und Laien ohne Ausnahme, die dann auch oft die größten Ketzereien predigen. Man legt dort auch wenig Gewicht auf die Rechtgläubigkeit des Predigers.

§ 84.—Entlassung der Katechumenen.

Sobald die Predigt beendigt war, oder wenn nicht gepredigt wurde, gleich nach dem Evangelium, mußten die Katechumenen die Kirche verlassen, denn dann begann die Messe der Gläubigen. Die Thüren wurden dann geschlossen. Der heil. Augustinus sagt: „Nach der Predigt endet die Messe für die Katechumenen, die Gläubigen bleiben." Mit den Katechumenen wurden auch manche Andere aus der Kirche gewiesen, so die Energumenen, d. h. Diejenigen, welche von unreinen Geistern besessen waren, die Lapsi (Gefallenen), d. h. Solche, die öffentlich den Glauben verläugnet hatten, öffentliche Sünder, deren Bußzeit noch nicht beendet war, endlich Heiden, Juden und Ungläubige. Da die Zahl aller dieser ziemlich groß war, verursachte das Hinausgehen bisweilen Störung; deshalb fand man es für gerathen, an den Thüren Hüter aufzustellen, welche darauf sehen mußten, daß die größtmöglichste Ordnung beobachtet werde, und daß nichts vorfalle, das mit der Würde des Hauses Gottes nicht vereinbar sei.

Die Form dieser Entlassung war in den verschiedenen Kirchen verschieden. Bisweilen sagte man: „Wenn irgend ein

Katechumen zugegen ist, möge er hinausgehen;" bisweilen auch: „Katechumenen, gehet fort! Katechumenen, gehet fort!" Der Diakon mußte dieses zu verschiedenen Malen ausrufen. Bisweilen sagte man auch: "Si quis non communicat, det locum," „Wenn Jemand nicht die Absicht hat, zu kommuniziren, so soll er seinen Platz verlassen." Wir werden weiter unten (Kap. 29) sehen, daß in den ersten Zeiten des Christenthums es für Jeden Sitte war, bei jeder Messe zu kommuniziren, wenn er nicht zu den Exkommunizirten gerechnet werden wollte. Nach der Liturgie des hl. Jakobus war die Form der Entlassung: „Möge jetzt keiner der Katechumenen bleiben, möge keiner der Uneingeweihten, keiner von Denen, die nicht im Gebete sich mit uns vereinigen können, zurückbleiben." — Dann rief der Diakon laut: „Zur Thür! Zur Thür! Stehet Alle auf!"

Die mozarabische Liturgie in Spanien ist jetzt die einzige im Westen, die in ihrer kirchlichen Ausdrucksweise die alten Namen: „Messe der Katechumenen, Messe der Gläubigen" beibehalten hat. Obgleich diese Namen bei ihnen noch im Gebrauche sind und sich in der östlichen Kirche fast überall noch finden, ist doch die Sitte, die Katechumenen zu entlassen, schon seit Jahrhunderten aufgegeben worden. Diese Worte sind blos Spuren uralter Gebräuche.

Dreiundzwanzigstes Kapitel.

Die Feier der hl. Messe.—(Fortsetzung.)—Das Credo.

§85.—Das apostolische Glaubensbekenntniß.

Das Glaubensbekenntniß, Credo, wird auf lateinisch symbolum genannt. Diesem Worte sind mehrfache Auslegungen gegeben worden. Daß es aus der griechischen Sprache entlehnt wurde, steht fest, und so wollten denn Einige behaupten, daß Credo heiße Symbolum, nämlich ein zusammengesetztes Ding, weil es von allen Aposteln zusammen verfaßt worden sei. Das letztere läßt sich wohl nicht bezweifeln, allein diese Ableitung ist falsch. Das griechische Wort bezeichnet ein Erkennungszeichen, ein Abzeichen, wodurch sich einer von allen anderen unterscheidet. Nun ist aber das Glaubensbekenntniß das hauptsächliche Unterscheidungszeichen zwischen Christ und Nichtchrist. Wer diese Worte sagen konnte, wurde als zur Gemeinschaft der Christen gehörig erkannt. (Wir müssen hier von der Ansicht des Verfassers abweichen, da sie nicht die richtige sein kann. Er vertheidigte nämlich die entgegengesetzte Meinung.) Es wird oft gesagt, die betreffenden Gaben, welche Jeder zu einem gemeinsamen Mahle mitbrachte, seien auch symbola genannt worden; also etwas Hineingeworfenes, Zusammengesetztes. Für diejenigen, die der lateinischen Sprache unkundig sind, wollen wir aber bemerken, daß symbolum, Erkennungszeichen, sächlichen Geschlechtes ist, während symbola, eine Gabe oder Zugabe, zum weiblichen Geschlechte gehört.— Wir können unsere deutschen Leser ähnlicher Weise auf die Worte „der Thor" (ein Narr) und „das Thor" (eine Oeffnung) zur Erklärung verweisen. Das Glaubensbekenntniß ist also ein Erkennungszeichen, wodurch sich der Christ als Christ zeigt. Es heißt das apostolische, weil es nach dem allgemeinen Glauben der alten Väter von den Aposteln verfaßt wurde, ehe sie sich in die Welt zerstreuten.

Schon im Mittelalter fragte man: Welchen Theil hat denn jeder Apostel verfaßt? Wir besitzen ein altes Meßbuch des hl. Columbanus, eines Heiligen Irlands, der im sechsten

Jahrhundert lebte. Am Ende desselben ist eine merkwürdige Abhandlung über das Glaubensbekenntniß, worin auch unter Anderm jedem Apostel sein besonderer Theil angewiesen wird. Nach diesem ist die Ordnung die folgende:

1. Der hl. Petrus: Ich glaube an Gott den Vater, den Allmächtigen, Schöpfer Himmels und der Erde.

2. Der hl. Johannes: Und an Jesus Christus, seinen eingebornen Sohn, unsern Herrn.

3. Der hl. Jakobus: Der empfangen ist vom heiligen Geiste, geboren aus Maria der Jungfrau.

4. Der hl. Andreas: Gelitten unter Pontius Pilatus, gekreuzigt, gestorben und begraben.

5. Der hl. Philippus: Abgestiegen zur Hölle.

6. Der hl. Thomas: Am dritten Tage wieder auferstanden von den Todten.

7. Der hl. Bartholomäus: Aufgefahren zum Himmel und sitzet zur rechten Hand Gottes, des allmächtigen Vaters.

8. Der hl. Matthäus: Von dannen er kommen wird zu richten die Lebendigen und die Todten.

9. Der hl. Jakobus, Sohn des Alphäus: Ich glaube an den heiligen Geist.

10. Der hl. Simon der Eiferer: Eine heilige, katholische Kirche, Gemeinschaft der Heiligen.

11. Der hl. Judas Thaddäus: Nachlaß der Sünden.

12. Der hl. Matthias: Auferstehung des Fleisches und ein ewiges Leben.

Nach einigen wurde diese Zusammensetzung von Dans Scotus, einem gelehrten Theologen des dreizehnten Jahrhunderts, zuerst gemacht; allein wenn auch Dans Scotus Doctor subtilis (der scharfe Lehrer) wegen der Schärfe seines Verstandes genannt wird, muß ihm doch diese Theilung des apostolischen Glaubensbekenntnisses abgesprochen werden. Wir glauben, der hl. Columbanus ist der erste, der die Theilung versucht und durchgeführt hat.

Weil das Credo eines der Gebete war, welches die Katechumenen nicht hören durften, wurde es erst gebetet, wenn sie die Kirche verlassen hatten, und vor dem Conzil von Nicäa war es nie durch die Schrift, sondern nur durch mündliche Ueberlieferung fortgepflanzt worden. Wir sehen dieses klar aus den

Schriften des hl. Cyrillus, der besonders in seinen Katechis=
musreden seine Schüler anredet wie folgt: „Dieses Gebet
(nämlich das Credo) solltet ihr nach dem genauen Wortlaut
lernen und mit der größten Sorgfalt unter euch wiederholen,
schreibet es jedoch nicht auf, sondern drückt es eueren Herzen
durch das Gedächtniß ein und seid in eueren Gedächtniß=
übungen auf euerer Hut, daß kein Katechumen diese Worte
hört, die euch jetzt überliefert sind.“ Der hl. Ambrosius sagt
noch: „Ich gebe euch die Warnung, dieses Bekenntniß nicht
aufzuschreiben.“

Es ist die Meinung mehrerer Gelehrten, daß vor dem
Conzil zu Nicäa im Jahre 325 das apostolische Glaubens=
bekenntniß in der Messe gebetet wurde, daß aber nachher das
sogenannte Nicänische seine Stelle einnahm, weil es um ver=
schiedene Zusätze vermehrt und nach den Bedürfnissen der Zeit
vervollkommnet war. Es ist wohl kaum nöthig, noch zu bemer=
ken, daß wir das Bekenntniß Credo nennen, weil es im Latei=
nischen mit diesem Worte anfängt.

§ 86—Das nicänische Glaubensbekenntniß.

Im Jahre 325 berief Papst Sylvester die Bischöfe der ka=
tholischen Kirche nach Nicäa, einer Stadt in Bithynien in
Kleinasien, um in einem allgemeinen Conzil über eine Ketzerei
zu entscheiden, die zu jener Zeit großen Anhang fand. Der
Name des Ketzers war Arius und seine Lehre war in Kürze der
Satz: Christus ist nicht wahrer Gott.

Das Conzil. — Papst Sylvester saß auf dem päpstlichen
Stuhle, allein er war selbst nicht auf dem Conzil zugegen.
Zwei Priester aus Rom, Vitus und Vinzentius, und Bischof
Hosius von Cordova aus Spanien waren die Stellvertreter
des Papstes. Man glaubt, daß dieser Bischof Hosius als Lei=
ter des Conzils den Vorsitz hatte, wenigstens gibt es kaum einen
Zweifel darüber, daß er das Glaubensbekenntniß verfaßte und
es den Vätern vorlegte. Die Verhandlungen wurden alle in
der griechischen Sprache gehalten. Unter den Vätern, die auf
diesem berühmten Conzil zugegen waren (welches auch das erste
nach den Zeiten der Apostel war), und die nach ihrer Zahl noch
jetzt im Osten als „die Dreihundert und achtzehn“
genannt werden, waren mehrere, an deren Körper man noch
die Narben und Wunden sehen konnte, die sie in den vorher=

gegangenen Verfolgungen erhalten hatten. Dort war der große Bischof Propheutius aus der Thebais in Aegypten, dem in der Verfolgung des Kaisers Maximian das rechte Auge ausgestochen und die rechte Hand bis zum Armgelenke verbrannt worden war. Kaiser Konstantin war über die Anwesenheit dieses heiligen Glaubenshelden so gerührt, daß er sich nie von ihm trennte, ohne vorher seine Wunden zu küssen. Dort war auch der heilige Paulus von Neu-Cäsarea, dessen Hände beide von dem Profonsul Licinius verbrannt worden waren. Dort war auch endlich der heilige Potamon, Bischof von Heraklea, dem man in den Verfolgungen das rechte Auge ausgebrannt hatte. Solche und ähnliche Männer, alt und schwach dem Körper nach, aber feurig, wo es galt, für den Glauben einzustehen, waren über Land und Meer nach Nicäa geeilt, um die Unversehrtheit des Glaubens gegen die schlimmste Ketzerei, die bis dahin sich in der Kirche gezeigt hatte, zu vertheidigen. Auch der Kaiser Konstantin der Große war zugegen. Er kam, als die Väter sich eben versammelt hatten. Als seine Ankunft ihnen angezeigt wurde, erhoben sie sich Alle, um ihn zu begrüßen, und er wurde zu einem prachtvollen, goldverzierten Throne geführt, der für ihn in dem Versammlungssaale hergerichtet war. Nur diejenigen Begleiter des Kaisers durften ihm folgen, die die heilige Taufe schon erhalten hatten. Der Kirchengeschichtsschreiber Eusebius, der auch zugegen war, beschreibt alles dieses in folgender Weise: „Der Kaiser erschien wie ein Bote Gottes, geschmückt mit Gold und Edelsteinen, eine stattliche Figur, groß und schlank, voll Anmuth und Würde. Mit dieser Würde vereinte er große Bescheidenheit und fromme Demuth, so daß er ehrfurchtsvoll seine Augen zu Boden schlug und erst dann auf dem goldgezierten Throne sich niederließ, als die Väter ihm ein Zeichen gegeben hatten. Nachdem er sich gesetzt hatte, nahmen die Väter ihre Sitze ein." Nach der Beglückwünschung von Seiten der Väter redete der Kaiser in sanftem Tone die Bischöfe an. Er sprach lateinisch, aber ein Schreiber, der ihm zur Seite saß, übersetzte Alles sofort in's Griechische. Am Ende dieser Rede wurden die Schriften in Bezug auf die Ketzerei des Arius verlesen und besprochen, und dann wurde Arius selbst vorgerufen.

Arius.—Arius wird dargestellt als ein Mann von ernstem Aeußern, schlank und hager, abgemagert und einsilbig, aber dennoch von sehr einnehmendem Wesen. Er wird geschildert als ein gelehrter Mann, ein scharfer und schneller Denker, aber auch als stolz, ehrgeizig, unaufrichtig und verschlagen. Der heilige Epiphanius nennt ihn eine treulose Schlange. Arius hatte die alten griechischen Philosophen studirt, und mit dem vielen Wahren auch manche heidnische Gedanken sich angeeignet. Der alte heidnische Jude Philo hatte gelehrt, daß es ein Mittelwesen gebe, geringer als Gott, aber größer als alles Erschaffene, welches das Werkzeug in der Hand Gottes bei der Schöpfung der Welt war. Dieses war einer der Irrthümer, dem auch Arius zu folgen schien. Dann aber wollte Arius behaupten, der Sohn Gottes könne nicht gleich ewig mit dem Vater sein, weil er nämlich den Gedanken der menschlichen Zeugung auf Gott übertragen wollte. Gerade dieses aber leitete zur Verdammung seiner Irrlehre.

Es war besonders ein Wort, welches die Väter in ihrer Lehre über die Ewigkeit der Zeugung des Sohnes Gottes gegen Arius gebrauchten und welches in späterer Zeit noch mehrfach wieder Anlaß zu theologischen Fragen gab. Das griechische Wort würde Homo usios lauten. Im Lateinischen steht dafür gewöhnlich consubstantialis. In der griechischen Sprache kann das Wort verschiedene Bedeutungen haben und wir können nicht leicht beweisen, daß die in Nicäa versammelten Väter strenge genommen Alles dadurch ausdrücken wollten, was es wirklich bedeutet, z. B. die Einheit Gottes in den drei Personen, die als wirklicher Glaubenssatz erst im vierten Lateranconzil im Jahre 1215 gegen die Irrlehre des Abtes Joachim ausgesprochen wurde. Wir wollen deßhalb etwas näher auf den Sinn des Wortes eingehen. Die wörtliche Uebersetzung dieses Wortes ist „gleich seiend," oder „von gleicher Wesenheit." Nun ist aber Christus auch von gleicher Wesenheit mit uns und war es mit seiner reinen Mutter. Seine gleiche Wesenheit mit Gott muß etwas mehr sein. Man kann und darf es aber nicht „das gleiche Sein oder das gleiche Wesen" übersetzen, denn dann würden wir dem Sabellius folgen, der irrig lehrte, der Vater und der Sohn seien nur eine und dieselbe Person und bloß dem Namen nach verschieden. Wenn wir nun auch nicht genau wissen, was die Väter alles durch dieses Wort ausdrücken wollten, so ist so viel sicher, nach den damaligen Umständen konnte kein passenderes und schlagenderes Wort gefunden werden, um den Irrthum des Arius zu verdammen, und Arius sah selbst die Folgen der Aufnahme dieses Wortes in das Glaubensbekenntniß wohl ein und setzte deshalb Himmel und Erde in Bewegung, der Macht dieses Wortes auszuweichen. Wir glauben am Besten den Sinn durch die Umschreibung „von gleich ewigem Sein" ausdrücken zu können. Diejenigen, die weitere Auskunft wünschen, verweisen wir auf eine jegliche gute Kirchengeschichte.

Das nicänische Glaubensbekenntniß ist eine Erweiterung des apostolischen und hatte dieses zur Grundlage. Nur solche Theile wurden hinzugefügt oder anders ausgedrückt, die von Arius oder anderen Irrlehrern falsch und ketzerisch gedeutet worden waren. Wir können noch hinzufügen, daß der Arianismus nie eine wirkliche vollständige Kirche bildete, wie manche andere Irrlehren, z. B. der Nestorianismus und der Eutychianismus, die noch jetzt im Osten bestehen. Obgleich Arius seiner Zeit viele Anhänger zählte, kann man doch jetzt nirgends einen Arianer finden.

Wir wollen nun die vorzüglichsten Worte anführen, die die Väter zu Nicäa dem apostolischen Bekenntnisse hinzufügten, und zugleich kurz erklären, gegen welche Irrlehren sie gerichtet waren.

a) Deum verum de Deo vero, wahrer Gott vom wahren Gott. Diese Worte waren gegen Arius und die sogenannten Eunomianer gerichtet, welche behaupteten, Christus der Herr sei nicht wahrer Gott seiner Natur nach, sondern nur in ähnlicher Weise, wie auch manche Menschen in der heiligen Schrift Götter genannt werden, z. B. im 81. Psalm.

b) Genitum, non factum, gezeugt, nicht geschaffen. Dieses sollte den Irrthum Derer unterdrücken, die behaupten wollten, Christus sei nur ein geschaffenes Wesen. Auch Arius gehörte in gewisser Weise dazu.

c) Consubstantialem Patri, von gleich ewigem Sein mit dem Vater. Dieses Wort, wie wir schon oben sagten, war die Waffe, durch die Arius zu Boden geschmettert wurde, da es ihm den letzten Haltpunkt für seine Irrlehre nahm. Durch dieses Wort wurden aber auch andere Irrlehren zu gleicher Zeit verdammt.

d) Per quem omnia facta sunt, durch den Alles gemacht ist. Manche der alten Irrlehrer behaupteten, der Vater allein sei der Schöpfer aller Dinge, und schlossen den Sohn gänzlich davon aus, obgleich Christus selbst, (Johannes, Kap. 5) sagt: „Was er (der Vater) thut, thut auch der Sohn in gleicher Weise." In den Werken Gottes n a ch a u ß e n, wie die Theologen sagen, sind alle drei göttlichen Personen zusammen und vereint thätig.

c) Et incarnatus est, et homo factus est. u n d e r h a t F l e i s ch a n g e n o m m e n u n d i st M e n s ch g e w o r d e n. Dieses wurde gegen Diejenigen hinzugesetzt, welche behaupteten, der Leib unseres Heilandes sei nicht, genau genommen, ein menschlicher Leib; wie auch gegen Diejenigen, welche meinten, die Gottheit nehme in Christus die Stelle der menschlichen Seele ein.

Cardinal Bona glaubt, daß die Kirchen des Ostens dieses Credo sofort in ihre Messen aufnahmen, sobald nämlich das Conzil den Kirchen verkündigt wurde; alle Gläubigen, so meint er, wie auch die Katechumenen lernten es sofort, und Diejenigen, die es nicht offen bekannten, wurden als Arianer betrachtet. Für diese Meinung sprechen die besten Gründe.

§ 87.—Das constantinopolitanische Credo.

Arius und seine Irrlehre waren in Nicäa verurtheilt worden, allein bald kam eine andere Irrlehre auf, daß nämlich der heilige Geist nicht wahrer Gott sei. So lehrte Macedonius. Die Bischöfe des Ostens versammelten sich im Jahre 381 in Constantinopel und dort wurde die Irrlehre verdammt. Das Conzil war eigentlich kein allgemeines oder ökumenisches, (d. h. wo die Bischöfe des ganzen bewohnten Erdenrundes unter dem Vorsitze des Papstes zugegen sind,) allein durch die Annahme von Seiten des Papstes wurde es ein allgemeines.

Weil das Glaubensbekenntniß einen wirklichen Zuwachs in diesem Conzil bekommen hatte, der für die damalige Zeit von sehr großer Wichtigkeit war, hielt man es für angemessen, auf die Grundlage des nicänischen Bekenntnisses ein anderes auszuarbeiten, worin die Eigenschaften jeder der drei göttlichen Personen genau und vollständig dargelegt wurden. Es ist allgemeiner Glaube, daß der Verfasser dieses Bekenntnisses von Constantinopel der hl. Gregor von Nazianz war. Als das Credo vollendet den Vätern vorgelegt wurde, riefen sie alle einstimmig aus: „Dieses ist unser aller Glaube; dieses ist der rechte Glaube; dieses glauben wir alle."

Obgleich dieses Credo vorzüglich gegen die Irrlehren über den heiligen Geist verfaßt war, erklärte es doch auch mehrere

Ausdrücke im nicänischen Bekenntnisse über den Sohn. So z. B. sagte das nicänische über den Sohn einfach: „geboren, gelitten, auferstanden am dritten Tage"; das constantinopoli= tanische aber: „geboren aus Maria, der Jungfrau, gelit= ten unter Pontius Pilatus, auferstanden von den Todten gemäß der Schrift." Die lateinische Form des nicänischen Bekenntnisses enthält 95 Wörter, das constantino= politanische zählt 167. Diese beiden Bekenntnisse werden oft mit einander verwechselt, und manche glauben noch jetzt, daß das Credo, welches wir in der Messe lesen, das nicänische ist. Im Grunde genommen, ist es weder das nicänische noch das constantinopolitanische, sondern das von den Vätern des Con= zils von Trient (1545—1563) aufgestellte. Wir wollen jedoch nicht damit besagen, daß dieses Conzil irgend etwas Neues diesem Credo einverleibte. Die verschiedenen Aenderungen liegen bloß in der Ausdrucksweise, nicht im Sinne; dem Sinne nach ist es durchaus constantinopolitanisch.

Wie schon oben bemerkt, wurde das nicänische Bekenntniß fast unmittelbar nach dem Conzil überall im Osten eingeführt, und wurde das Beten desselben nie unterlassen. Weil aber in der westlichen Kirche, wenigstens in den ersten Zeiten nach dem Conzil von Nicäa, die arianischen Irrlehren nicht verbreitet waren, fand man es auch nicht für nothwendig, dieses Credo dort zu beten. Wir müssen, um uns genau auszudrücken, sagen: das nicänische Bekenntniß wurde nie in der westlichen Kirche gebetet; denn als es auch im Westen Gebrauch wurde, ein von dem apostolischen verschiedenes Credo zu beten (wel= ches, wie Papst Benedikt XIV. sagt, ungefähr um's Jahr 471 geschah), war es das constantinopolitanische, welches eingeführt wurde. Wie Papst Benedikt XIV. auch sagt, wurde das Credo erst seit Benedikt VIII. (1012—1024) in der römischen Kirche gesungen. Der letztgenannte Papst schrieb das Singen auf inständiges Bitten des hl. Heinrich II., Kaisers von Deutsch= land, vor. Früher war es in Rom nur in der Stille gebetet worden.

§ 88.—Filioque. (Und dem Sohne.)

Die kurze Ueberschrift dieses Abschnittes mag unseren Lesern eigenthümlich vorkommen, allein wir wollen versuchen, in wenigen Worten das Dunkel zu lichten. Das constantino= politanische Credo sagte: qui ex patre procedit, nachher betete

man mit einem kleinen Zusatze: qui ex patre filioque procedit. Ersteres heißt: der (nämlich der heilige Geist)
vom Vater ausgeht; letzteres: der vom Vater
und dem Sohne ausgeht. Die äußeren Umstände,
die sich mit diesem Worte verbanden, haben es zu einer
Berühmtheit erhoben, die vielleicht kein anderes Wort in der
Welt hat. Da wir aber weder eine Kirchengeschichte schreiben,
noch über Glaubenswahrheiten eine Abhandlung verfassen,
wollen wir bloß die hauptsächlichsten Punkte hervorheben, die
für uns wichtig sind.

Gewöhnlich findet man die Behauptung aufgestellt, die
lateinische Kirche sei in einer Glaubenswahrheit von der
griechischen verschieden, weil die lateinische Kirche glaube, der
heilige Geist gehe vom Vater und dem Sohne aus, während
die griechische im Gegentheil lehre, der hl. Geist gehe vom Vater
allein aus. Daß diese Behauptung falsch ist, werden wir unten
sehen. Als fernere Behauptung wird aufgestellt, daß der Zusatz
filioque die Ursache der Trennung der beiden Kirchen war.
Wir wollen deßhalb einfach die betreffenden geschichtlichen
Thatsachen kurz anführen, um die Unrichtigkeit dieser Behauptung darzuthun. Im Jahre 858 war Ignatius Patriarch von
Constantinopel. Aber der Kaiser Bardos war mit ihm unzufrieden und setzte ohne viele Umstände den Photius, einen
gelehrten, aber auch trotzigen Mann, der aber bloß Laie war,
auf den Patriarchenstuhl, nachdem Ignatius für abgesetzt
erklärt worden war. Von dieser Zeit an schreibt sich die
Trennung der griechischen von der römischen Kirche. Weil
nämlich Photius in kurzer Zeit wohl einsah, daß seine gewalt-
thätige Handlung in Rom keine Schonung finden würde, versuchte er auf jegliche Weise feindselige Gefühle gegen die Römer
bei den Griechen zu schüren und begann damit den Argwohn
der Griechen auf gewisse Gebräuche der römischen Kirche zu
lenken; er deutete an, die Lateiner seien Manichäer, da sie
zwei Prinzipien in der Gottheit annähmen; daß die lateinische
Kirche, gegen den ausdrücklichen Wunsch und die Erklärungen
älterer Conzilien, lehre, der hl. Geist gehe vom Vater und dem
Sohne aus und daß sie deßhalb vom Glauben abgefallen und
ketzerisch geworden sei. Die lateinische Kirche sah von Anfang
an, daß die trüben Ereignisse in Constantinopel wohl dieses
Ende nehmen würden; deßhalb hatte sie sich jeder öffentlichen
Kundgebung zu Gunsten des Filioque enthalten, bis die

Gemüther und Geister der Griechen, die immerhin sehr reiz=
bar waren, besänftigt sein würden. Daß die Griechen selbst
fühlten, wie unrecht sie handelten, zeigt der Umstand, daß v i e r =
z e h n M a l eine Vereinigung mit Rom versucht und zu
Stande gebracht wurde, obgleich jedesmal nur von geringer
Dauer. Das letzte Mal wurde die Vereinigung auf dem Conzil
zu Florenz unterzeichnet, allein kaum ausgeführt. Heutzutage
irren die Griechen von der wahren Einheit der Kirche entfernt,
wie die Juden vom wahren Glauben, umher, ein Schreckbild
und Mahnzeichen für die ganze Nachwelt.

Wir sind jetzt sicher, daß in Betreff der Kirchenlehre über
den heiligen Geist der Unterschied der beiden Kirchen nur in
W o r t e n bestand, da beide Kirchen denselben wahren Glau=
ben hatten. Der gelehrte Dr. Brownson schrieb im Jahre
1868: „Die Griechen behaupteten nie, daß der heilige Geist
nicht auch vom Sohne als Mittler ausgehe; sie behaupteten, er
gehe nicht vom Sohne aus, insofern der Sohn ein ewig wir=
kendes Prinzip, unabhängig vom Vater sei. Hierin lag das
Mißverständniß. Die Lateiner glaubten zuerst, die Griechen
wollten den Sohn ausschließen, und dieses wäre ohne Zweifel
eine Ketzerei; die Griechen behaupteten, die Lateiner lassen den
heiligen Geist von den zwei v e r s c h i e d e n e n Prinzipien, dem
Vater und dem Sohne ausgehen, und auch dieses wäre eine
Häresie und Irrlehre. Die Erörterungen auf dem Conzil zu
Florenz 1439 zeigten, daß beide Kirchen denselben Glauben
hatten, nur daß er in den beiden Kirchen verschiedentlich aus=
gedrückt war. In Glaubenssachen (die Oberaufsicht des Pap=
stes ausgenommen) sind die Griechen rein und katholisch.

Die Zeit der Einführung des Filioque.— Es wird kaum
nöthig sein, die Aufmerksamkeit des Lesers auf den Unterschied
zwischen der Jetztzeit und dem Mittelalter zu lenken. Dieser Un=
terschied ist außerordentlich groß. Es gab keine schnellen Schiffe,
über große Seen in kurzer Zeit zum Bestimmungsorte zu ge=
langen, keine Posten, keine geebneten Straßen, viel weniger
Eisenbahnen und Telegraphen. Nachrichten von einem Orte
zum andern wurden selten und langsam übermittelt, und ge=
wöhnliche Vorkommnisse wurden nicht außerhalb des betreffen=
den Sprengels bekannt. Obgleich nun Rom, der Mittelpunkt
des Glaubens, immer ein wachsames Auge auf Alles hatte, was
den Glauben gefährden konnte, konnte man doch in Rom von
örtlichen Vorkommnissen und Gebräuchen nur langsam und

auch dann nicht einmal sicher unterrichtet werden. So kam es denn, daß in vielen Kirchen besondere Gebräuche eingeführt wurden und schon tiefe Wurzel gefaßt hatten, ehe Rom von diesen etwas gehört hatte. So wurde auch das „Filioque" zuerst ohne Wissen und Willen Rom's in das Credo aufgenommen. Wann dieses jedoch geschah, darüber herrschen sehr verschiedene Ansichten; man schwankt zwischen 400 und 590. Es ist aber sicher, daß es zuerst in Spanien hinzugefügt wurde, daß es von Spanien in das fränkische Reich und von da in die östlichen Theile Deutschlands vordrang, bis es zuletzt in Italien seine wahre Geltung durch die päpstliche Bestätigung erhielt.

Die spanischen Kirchen wurden von Rom zur Rechenschaft gezogen, weil eine eigenmächtige Hinzufügung irgend eines Wortes zum Glaubensbekenntnisse nie einem einzelnen Manne oder einem Theile der Kirche gestattet werden kann. Die spanischen Bischöfe rechtfertigten sich mit der Antwort, daß sie die Gottheit des Sohnes so stark als möglich ausdrücken müßten, um gegen die Arianer Stand halten zu können. Damals waren nämlich die Westgothen in Spanien eingefallen, hatten das Land erobert, aber auch die arianische Irrlehre mitgebracht. Wie gesagt, kam das Filioque von Spanien in das fränkische Reich. Hier gab es jedoch mehrere Männer, die ihre wohlbegründeten Zweifel über die Zulässigkeit dieses Wortes aussprachen. Da berief Kaiser Karl der Große im Jahre 809 die Bischöfe und Gelehrten seines Reiches zu einem Conzil nach Aachen, um über den Gegenstand ernstlich sich zu berathen. Papst Leo III. war der regierende Papst. Das Conzil beschloß, den Stand der Frage dem Papste zu unterbreiten und sich nach seiner Entscheidung zu richten. Zwei Männer, der Bischof Bernhar von Worms und Adelard, Abt von Corby, wurden als Abgeordnete zum Papste abgesandt. Die Frage, die sie vorlegen sollten, war, ob es dem hl. Vater genehm sei, nach dem Beispiele Spanien's das Filioque in das Credo einzufügen oder nicht. Papst Leo III. war sehr unangenehm berührt, als er erfuhr, daß ohne eine Entscheidung von Seiten Rom's abzuwarten, Zusätze zum Glaubensbekenntnisse gemacht seien. Er zeigte sein Mißfallen den Gesandten gegenüber sehr deutlich. Er wollte weder sagen, man solle es hinzufügen, noch wollte er anordnen, daß es ausgelassen werden sollte. Ordnete er das erstere an, so konnte er voraussetzen, wie sehr sich die streitsüchtigen Griechen darüber empören würden, die jede Abänderung des Bekenntnisses von

Nicäa oder Constantinopel mit Argwohn betrachteten; befahl er hingegen das zweite, so würden ihn vielleicht die spanischen Bischöfe der Hinneigung zum Arianismus zeihen. Seine Antwort war deshalb eine ausweichende. Er sagte: Hätte man mich vor der Einführung befragt, so würde ich dagegen gewesen sein, aber jetzt (dieses sage ich aber nicht als eine endgültige Entscheidung, sondern blos, wie ich mit Euch hierüber mich bespreche), so weit ich urtheilen kann, kann beides in folgender Weise zu Stande gebracht werden: Unterlaßt von jetzt an, das Credo im Palaste zu singen, weil es ja auch nicht in der römischen Kirche gesungen wird, dann werden Andere auch unterlassen, was ihr nicht mehr beachtet. Auf diese Weise können vielleicht beide Vortheile gesichert werden." Die Gesandten reisten nach erhaltener Antwort wieder ab, und Papst Leo III. verordnete, zwei Silberplatten zu schlagen, das Credo auf Lateinisch und Griechisch darauf zu prägen und diese Platten an die Thüre der Kirche des hl. Paulus anzuschlagen. Hierdurch wollte er seinen festen Willen zeigen, das Glaubensbekenntniß unversehrt zu bewahren. Man kann in größeren Kirchengeschichten, z. B. von Baronius, auch in der Conziliengeschichte von Hefele, mehr Nachweisungen über diese Verhandlungen finden.

Die kirchliche Einführung des Filioque geschah nach den meisten Geschichtsforschern durch Papst Nikolaus den Großen zwischen 858 und 867; nach andern erst durch Benedikt VIII. am Anfange des elften Jahrhunderts. Die unirten Griechen sind nicht gehalten, das Filioque in ihrer Messe zu beten, und wenn sie vor dem Papste selbst die heil. Messe lesen. (Siehe Kap. 1.) Der hl. Stuhl verlangt von ihnen blos, die Glaubenswahrheit, die dadurch ausgesprochen wird, anzuerkennen und wenn nothwendig, sie wie jede andere Wahrheit des Glaubens zu vertheidigen.

§ 89.—Wann das Credo gebetet wird.

In der lateinischen Kirche wird das Credo unmittelbar nach dem Evangelium oder nach der Predigt gebetet. In der mozarabischen Liturgie hat es seinen Platz unmittelbar vor dem Pater noster nach einem Beschlusse des dritten Conzils von Toledo im Jahre 589, damit die Gläubigen den Leib und das Blut unseres Herrn in ihre Herzen, die eben von frischem Glauben und reiner Liebe erfüllt wurden, aufnehmen möchten.

Oeſtlicher Gebrauch.—Die Armenier beten auch, wie wir, das Credo gleich nach dem Evangelium. In der Liturgie des hl. Jakobus folgt es bald nach der Ausweiſung der Katechume= nen; in der des hl. Chryſoſtomus iſt es ein wenig weiter zu= rück verſetzt. Die Neſtorianer beten es gleich nach dem Canon und die Kopten unmittelbar vor dem Friedenskuſſe. Die ruſ= ſiſche Kirche hat eine ſolche Verehrung für das Credo, daß die große Glocke auf dem Kreml (dem alten kaiſerlichen Palaſt in Moskau) während der ganzen Zeit, daß es geſungen wird, an= geſchlagen wird. Manche der ruſſiſchen Großen tragen es in Perlen auf ihre Staatstracht geſtickt.

Ceremonien beim Beten des Credo. — Bei uns wird das Credo faſt ebenſo gebetet, wie das Gloria. Der Prieſter ſteht in der Mitte des Altars, aber wenn er ſagt et in carnatus est, (und er hat Fleiſch angenommen) beugt er ſeine Knie und berührt den Boden bei den Worten et homo factus est (und iſt Menſch geworden), um ſich lebendig die Demuth des Heilandes vor Augen zu führen, der unſertwegen auf dieſe Erde herabkam und unſere Natur annahm. Die Karthäuſer machen blos eine kleine Kniebeugung, ohne den Boden zu berühren. Nach dem römiſchen Gebrauche betet der Prieſter das ganze Credo in der Mitte des Altars; die Domi= nikaner ſagen dort bloß die Anfangsworte und gehen dann zur Evangelienſeite, wo das Meßbuch iſt. Wenn ſie zu dem Theile kommen, wo die Kniebeugung gemacht werden muß, gehen ſie wieder zur Mitte des Altars, legen den vorderen Theil des Meßgewandes auf den Altartiſch und knien wie wir. Dann beendigen ſie es am Meßbuche auf der Evangelienſeite. In allen Meſſen, die in der Kirche des heil. Grabes zu Jeruſalem geleſen werden (die alle, nebenbei geſagt, von der Auferſtehung [de resurrectione] ſein müſſen) ſagt der Prieſter nicht bloß et sepultus est (und iſt begraben worden), ſondern et sepultus est hic (und iſt hier begraben worden.

In welchen Meſſen das Credo geſagt wird. — Da das Credo nicht in allen Meſſen gebetet wird, wollen wir hier die allgemeinen Regeln darüber anführen. Es wird gebetet an allen Sonntagen des Jahres zum Andenken an die Auferſte= hung Chriſti an dieſem Tage und weil vorzüglich der Sonntag der Verehrung der heiligſten Dreieinigkeit geweiht iſt. Wäh= rend der Woche wird es gewöhnlich nicht gebetet. Früher wurde es auch nicht gebetet an den Festen der heiligen Engel, weil sie mit dem Glaubensbekenntnisse nichts gemein hatten, allein jetzt wird es gesagt, da sie unter „alles Unsichtbare" fallen. Die hl. Maria Magdalena ist (mit der Mutter Gottes natürlich) die einzige weibliche Heilige im Himmel, die das Credo in ihrer Messe hat, weil sie in der Sprache der Kirche die Apostola Apostolorum (die Apostolin der Apostel) ist, da ihr, wie uns die heil. Schrift bezeugt, der Heiland zuerst erschien, nachdem er auferstanden war. Die alten Rubricisten geben für die andern Feste den sonderlichen Ausruck: Da credit, muc non cr‚dit, d. i. Da hat ein Credo, Muc nicht. Da bedeutet d-Doctores Kirchenlehrer, a Apostel, die immer ein Credo ha= ben; Muc bedeutet M-Marthrer, u-Virgines (weibliche Hei= lige) c-Confessores (Bekenner), die alle kein Credo zulassen. Die Feste unseres Heilandes und seiner seligsten Mutter haben immer das Credo. Bei uns wird das Credo auch nie in Mes= sen für die Verstorbenen gebetet, wohl aber bei den Griechen, die auch die Todtenmessen in rothen Meßgewändern feiern, nicht in schwarzen, wie es bei uns Gebrauch ist.

Vierundzwanzigstes Kapitel.

Die Feier der heiligen Messe.—(Fortsetzung).
Die Opferung. — Offertorium.

§ 90.—Die Opferung der Gläubigen.

Das Wort Opferung in Bezug auf die Messe hat eine dreifache Bedeutung. Zuerst nämlich war es Gebrauch, daß die Gläubigen während der Messe Gaben darbrachten, und man nannte dieses die Opferung der Gläubigen (oblationes oder oblata fidelium). Zweitens gibt es ein kleines Gebet, oder vielmehr einen Vers, den der Priester aus dem Meßbuche liest, und den der Chor singen soll; auch diesen nennt man die Opferung oder das Offertorium. Drittens gibt es verschiedene Gebete, die der Priester bei der Opferung des Kelches und der Hostie verrichten muß, und man nennt diese die Opferung der Hostie und des Kelches (oblatio hostiae, oblatio calicis). Von der Opferung im ersten Sinne, nämlich der der Gläubigen, handeln wir zuerst; die anderen beiden Bedeutungen werden nachher erörtert werden.

Der Altar mußte von den Gläubigen mit allem versehen werden, was zum hl. Opfer nothwendig war; darum opferte man Brod und Wein für den Gebrauch des Priesters und der in der Messe Communizirenden, Oel für die Lampen der Kirche und besonders für das ewige Licht, Weihrauch zum Gebrauche beim Hochamte, auch wohl Kornähren und Trauben als Erstlingsfrüchte. Dann galt auch das Wort des Apostels: Wer dem Altare dient, soll vom Altare leben; deßhalb brachten die Gläubigen bei der Messe auch solche Gaben dar, die vielfach nur für den Unterhalt des Priesters bestimmt waren. Der dritte sogenannte apostolische Kanon verbot, irgend etwas auf den Altar zu legen, was nicht mit dem Opfer in Verbindung stand; man hatte für die andern Gaben einen besonderen Seitentisch, gazophy lacium, Schatzkammer, genannt, auf die z. B. Oel, Milch und Honig gelegt wurden. Nach dem Conzil von Carthago im Jahre 397 durften am Ostertage zum Gebrauche für die Neugetauften auch Milch und Honig auf den Altar gelegt werden, jedoch untersagte dieses das Conzil von Trullo (692.) (Trullo war ein Saal im kaiserlichen Palaste in Constanti= nopel, der einem Becken glich und daher Trullo, Schüssel, genannt wurde. Auf diesem Conzil wurde es auch verboten, Kreuze auf den Fußpfaden anzubringen, damit sie nicht entehrt würden.) Bei dem Seitentische saß ein Schreiber, der die Namen der Geber in ein Buch schrieb, sowohl um nachher dem Priester sagen zu können, für welche er besonders beten müsse, als auch, um zu wissen, wer nachher communiziren würde. Alle, die ihre Gaben darbrachten, sollten der Regel nach auch communiziren.

Die Opferung der Gläubigen ist in der eben beschriebenen Weise längst außer Gebrauch; sie besteht noch in Lyon, sowie bei der Priester= und Bischofsweihe. Die neugeweihten Prie= ster opfern dem Bischofe nämlich eine Kerze; der neugeweihte Bischof dagegen zwei brennende Kerzen, zwei Laibe Brod und zwei kleine Fässer Wein. Bis zum dreizehnten Jahrhundert war jedoch die alte Sitte des Opferns überall gebräuchlich. Die jetzige Sitte, in der Kirche mit einem Teller oder dem sogenannten Klingelbeutel Gaben zu sammeln, ist noch nicht sehr alt.

Aus einem alten römischen Kirchenkalender des neunten Jahrhunderts erfahren wir, daß zuerst die Männer ihre Gaben darbrachten und zwar in reinen leinenen Tüchern, und darauf die Frauen. Letztere opferten bisweilen auch Weizenkuchen, Krüge mit Wein 2c. Auch der Diakon und der Subdiakon opferten Brod. Der Celebrant, gewöhnlich der Bischof, mußte die Gaben der Gläubigen entgegennehmen. Er setzte sich zu diesem Zwecke an die Communionbank. Neben ihm standen ein Erzdiakon, ein Subdiakon und zwei niedere Diener. Der Subdiakon trug einen leeren Kelch. Der Wein wurde zuerst dem Bischofe überreicht, und von diesem dem Erzdiakon gege= ben, der ihn in den Kelch des Subdiakons schüttete. Der Bischof überreichte das Brod sofort dem Subdiakon, und dieser wiederum den niedern Dienern. Nach der Opferung wusch sich der Bischof die Hände. (So thut es noch jetzt der Bischof.) Zum Altare zurückgekehrt, empfing er die Gaben der Altar= diener. Was nicht für die unmittelbaren Bedürfnisse des Altars nothwendig war, wurde in die gemeinsame Kasse für den Unterhalt der Geistlichkeit und die Armen der Gemeinde zurückgelegt.

Die Gläubigen kamen also der Regel nach nur an die Communionbank, um dort ihre Gaben zu opfern. Man fragt wohl: Kamen sie nie an den Altar selbst? In der griechischen Kirche wurde die Regel, nur die Diener des Altars innerhalb der Altarschranken zuzulassen, strenge beobachtet; blos in Betreff des Kaisers von Constantinopel war eine Ausnahme gestattet. In der lateinischen Kirche, wie wir aus vielen Conzilsgesetzen und kirchlichen Vorschriften ersehen können, galt dieselbe Regel, wenigstens im Allgemeinen. Allein es gab Zeiten und Orte, wo Ausnahmen von dieser Regel gestattet wurden, und öfters kamen alle Männer der Gemeinde mit ihren Opfergaben in die Schranken zum Altare, während jedoch die Frauen immer an der Communionbank opferten. So war es z. B. der Fall in der Diözese Orleans in Frankreich, wie wir aus einem Gesetze Theodulfs, Bischofs daselbst, ersehen. Cardinal Bona sagt, daß nach und nach der alte Gebrauch vergessen wurde, und Männer und Frauen am Altare ihre Gaben opferten.

In England bestand bis zum 16. Jahrhundert ein sonder= barer Gebrauch, denn wir hier beschreiben wollen. Wenn die Messe für die Seelenruhe eines verstorbenen Edelmannes gele= sen wurde, pflegte man am Altare bei der Opferung die Waf= fen und kriegerischen Auszeichnungen des Verstorbenen, sowie seine besten Pferde als Gabe darzubringen. Wir lesen, daß einmal acht Pferde mit voller Rüstung beim Begräbnisse eines hohen Adeligen in der Kirche geopfert wurden. Und als der Leichnam König Heinrich's VII. in der Westminster Abtei bei= gesetzt wurde, wurden zuerst die königlichen Insignien auf den Fuß des Altars gelegt und darauf ritt Sir Edward Howard in die Kirche auf einem stattlichen Rappen, der die Wappen Eng= land's auf dem Geschirre trug, und übergab ihn dem Abte des Klosters. Aehnliches geschah bei der Beerdigung des Lord Bray im Jahre 1557, wie auch bei der Seelenmesse für Prinz Ar= thur, Sohn König Heinrich's VII.

§ 91.—Das Offertorium.

Bis zum vierten Jahrhunderte fand die Opferung der Gläubigen im Stillen statt, nachher wurde aber Gesang wäh= rend derselben eingeführt, um die Stille, sowie die Eintönig= keit zu unterbrechen. Gewöhnlich wurden Psalmen gesungen. Der hl. Augustinus spricht davon und wir sehen im Alten Te=

ſtamente ein Vorbild im 50. Kapitel des Buches Ecclefiaſtikus,
wo der Hohepriester das Blut der Taube opferte und unterdeſ=
ſen die Söhne Aarons ſilberne Trompeten bliefen und die Sän=
ger ihre Stimmen erhoben und das ganze große Haus von ihren
ſüßen Melodien wiederhallen ließen. Auch nach jeßigem Ge=
brauche ſoll noch ein Vers, der auch Antiphon genannt wird,
gefungen werden, obgleich wir öfters anſtatt deſſen ein Motett,[1]
von Inſtrumenten begleitet, hören. Die Kirche duldet dieſe Mo=
tette zwar, ſie müſſen aber auf Lateiniſch gefungen werden, nie
in einer anderen Sprache; auch müſſen ſie durch Ernſt und
Würde, ſowohl in Sprache, als auch im Gefange ſich auszeich=
nen, ſo daß ſie geeignet ſind, die Gefühle eher zur Betrachtung
himmliſcher Wahrheiten, als zur Sinnenluſt zu bewegen. So
ſpricht der große Papſt Benedikt XIV. Wo es möglich iſt, ſoll
jedoch der Vers des Offertoriums ſelbſt gefungen werden.

Nach der jeßigen Anordnung des Meßbuches, iſt dieſer
Vers, d a s O f f e r t o r i u m, gewöhnlich ſehr kurz, ſelten
mehr, als fünf oder ſechs Zeilen lang. Gewöhnlich iſt es aus
den Pſalmen Davids genommen und wurde früher A n t i=
p h o n genannt, weil in dem kirchlichen Buche des heil. Gregor
des Großen, A n t i p h o n a r i u m betitelt, dieſer Vers mit
gewiſſen dazu paſſenden andern Verſen und Antworten enthal=
ten war. Wenn die Opferung der Gaben der Gläubigen au=
ßergewöhnlich lange Zeit in Anſpruch nahm, ſang man wohl
den ganzen Pſalm oder wenigſtens ſo viele Verſe, als die Opfe=
rungszeit in Anſpruch nahm. In der lateiniſchen Kirche iſt es
jeßt Gebrauch, daß der Prieſter nach dem Credo (oder nach dem
Evangelium, wenn die Meſſe kein Credo hat), das Volk mit
dem Dominus vobiscum begrüßt, und dann ſofort das kurze
Offertorium lieſt, ehe er zur Opferung der Hoſtie ſchreitet.

Obwohl ſehr wenig über dieſe Verſe im Allgemeinen zu
ſagen iſt, müſſen wir doch auf ein Offertorium, nämlich das
in der Todtenmeſſe, etwas näher eingehen. Dieſes Offerto=
rium, welches jeßt einzig im ganzen Meßbuche daſteht, beſteht
aus den alten drei Theilen, Antiphon, Vers und Antwort. Es

---

[1] Das Wort M o t e t t kommt von einem lateiniſchen Worte, das b e w e g e n bedeu=
tet; ob es heißt, von der Bewegung und Rührung des Herzens, oder von der beweglichen
Form und Melodie, wollen wir nicht erörtern. Wir geben die folgende Erklärung eines
guten Muſikers, Morley: „Ein Motett iſt eigentlich ein für die Kirche verfaßter Gefang,
eine Ausführung eines Hymnus, eine Antiphon oder dergleichen, und dieſen Gefängen habe
ich den Namen Motett gegeben, im Gegenſaße zum feſten Gefange, dem canto firmo; denn
Bewegung iſt das Gegentheil von Feſtigkeit, und darum nennen wir das Motett einen be=
wegenden Gefang, weil er gewiſſermaßen dem anderen Gefange ganz entgegen iſt.“

ist jedoch nicht den Psalmen entnommen, steht überhaupt nicht in der hl. Schrift. Da dieses Offertorium, wie wir schon im 1. Kapitel andeuteten, so manche sonderbare Fragen veranlaßt hat und da sogar Einige daraus folgern wollten, daß die Kirche in diesem Gebete eine Hoffnung für die Verdammten in der Hölle ausspricht, wollen wir es in seiner vollen Form hier nie=derschreiben und nachher unsere Erklärungen und Bemerkungen hinzufügen. Es lautet: „Herr Jesus Christus, König der Glo=rie, befreie die Seelen aller verstorbenen Christgläubigen von den Qualen der Hölle und dem tiefen Sumpfe; befreie sie vom Rachen des Löwen, damit Tartarus sie nicht verschlinge und sie nicht in den düsteren Ort fallen; laß' vielmehr Deinen Fahnenträger, den hl. Michael, sie zum heiligen Lichte bringen, welches Du ehe=dem dem Abraham und seinen Nachkommen versprochen hast.“

Im weiteren Sinne kann zwar alles Dieses auf das Feg=feuer angewandt werden, aber nach unserem Dafürhalten würde die innere Schönheit und Kraft des ganzen Gebetes verloren gehen, falls wir uns mit dieser einzigen Erklärung begnügten. Die wahre Erklärung ist diese: In den ersten Zeiten des Chri=stenthumes wurde das heil. Opfer für die Verstorbenen darge=bracht, wenn es bekannt wurde, daß irgend Jemand im Todes=kampfe lag und folglich außer dem Bereiche der Wiederherstel=lung war. Es machte dann keinen Unterschied, zu welcher Ta=geszeit Dieses geschah, auch nicht, ob der Messe lesende Priester noch nüchtern war oder nicht. Man setzte dann voraus, daß die Kraft und Wirkung des heil. Opfers zugleich mit der schei=denden Seele vor Gott erscheine, ihr in dem schrecklichen Ge=richte zur Seite stehe, den Zorn Gottes mildere, und deshalb wurde der barmherzige Gott angefleht, diese Seele nicht zu den Flammen der Hölle zu verdammen. Um dem Leser wenigstens einen Namen zu nennen, so ist es der gelehrte Papst Benedikt XIV. unter Anderen, der diese Erklärung gibt. Und es ist klar, daß die ursprüngliche Bedeutung dieses Gebetes nicht auf das Fegfeuer bezogen werden kann. Denn wie könnte man Furcht hegen, daß eine Seele vom Tartarus (d. h. Hölle) ver=schlungen werde oder in dem tiefen Sumpfe umkomme, wenn sie schon in dem mittleren Orte sicher war und wenn ihre ewige Freude nur eine Frage der Zeit sein konnte? Die Seelen im Fegfeuer sind im Stande der Gnade, und da keine Gefahr vor=handen ist, daß sie je diesen Stand verlieren, so würde es eitel, ja ketzerisch sein, für sie zu beten, als ob eine solche Gefahr vor=handen sei.

Gegen diese Erklärung wird oft eingewendet, daß der ganze Zusammenhang der Messe uns Fingerzeige gebe, anzunehmen, daß die Seele, für deren Ruhe die Messe aufgeopfert wird, schon eine längere Zeit aus diesem Leben geschieden ist; wie kann denn, so fragt man, dieses mit eben gegebener Deutung in Einklang gebracht werden? Obwohl die alte Gewohnheit, diese Messe während des Todeskampfes der Seele zu feiern, außer Gebrauch gekommen ist, hat die Kirche die Worte der Messe nicht verändern wollen, weil die Worte leicht wahr werden, wenn man diese Messe als gerade zu der Zeit gefeiert denkt, als die Seele den Körper verließ; wenn man sich also in diese Zeit zurückversetzt denkt, darnach spricht, darnach handelt. Wir können Beispiele aus dem Kirchenleben anführen, wo ein solches Zurückdenken, ein solches Sich-Zurückversetzen in eine vergangene Zeit vorkommt. Die ganze Zeit des Advents z. B. ist auf diesem Gedanken begründet. Wir beten dann für das Kommen des Messias mit eben solchem Ernste, als ob wir ihn noch erwarteten. Wir rufen die Himmel an, sich zu öffnen und den Gerechten herabzuregnen. Wir bitten Gott, uns einen Erlöser zu senden und wir ersuchen ihn um die Hülfe seiner göttlichen Gnade, damit wir durch diese in unserem Herzen eine angemessene Wohnung ihm bereiten können, um ihn würdig aufzunehmen. Manche Beispiele ähnlichen Gedankenganges könnten angeführt werden, um zu zeigen, daß diese Art des Gebetes keineswegs zu den ungewöhnlichen gehört. — Der hl. Michael wird hier Gottes Fahnenträger genannt, weil er das Haupt der himmlischen Heerschaaren ist, und ihm, so lautet die alte Ueberlieferung, wurde von Gott der Auftrag gegeben, Satan und die anderen gefallenen Engel aus dem Himmel zu vertreiben. Er wird der geflügelte Engel genannt und trägt in den Werken der Kunst immer Speer und Schild. Wenn er dargestellt wird als der Ueberwinder des Satans, steht er in voller Rüstung mit einem Fuße auf dem Teufel, der in Gestalt eines schrecklichen Drachen danieder liegt. Als Herr über die Seelen hält er eine Waage in der Hand. Nach einer alten Legende erschien er der allerseligsten Jungfrau, um ihr die Zeit ihres Todes anzuzeigen; wie er sie auch nachher zum Throne ihres göttlichen Sohnes geleitet haben soll. In England gab es früher ein Geldstück, auf dem der Erzengel Michael geprägt war. Daß Michael früher als der besondere Schutz- patron der Deutschen angesehen wurde, scheint jetzt leider fast vergessen zu sein, und man denkt kaum daran, daß der Ausdruck „deutscher Michel", den man jetzt oft als Schimpfnamen hört, der ehrenvollste Name jedes ehrbaren deutschen Mannes war.

§ 92.—Die Opferung der Hostie.

Unmittelbar nach der Lesung des Offertoriums beginnt der Priester die wirkliche Opferung, den ersten Haupttheil der heiligen Messe. Er nimmt das Velum und die Palla vom Kelche, der bis dahin auf dem Corporale in der Mitte des Altares stand, nimmt die Patene mit der Hostie in beide Hände, erhebt sie bis an die Augen und opfert sie Gott auf in folgenden Worten: „Nimm an, o heiliger Vater, allmächtiger, ewiger Gott, diese makellose Hostie, die ich, Dein unwürdiger Diener, Dir, meinen lebendigen und wahren Gotte aufopfere für meine zahllosen Sünden, Vergehen und Nachlässigkeiten, und für alle Gegenwärtigen; dann auch für alle gläubigen Christen, Lebende und Verstorbene, daß sie mir und ihnen ver= helfen möge zum Heile und zum ewigen Leben."

Nach diesem Gebete macht er mit der Patene ein Kreuz über das Corporale und legt die Hostie darauf; dort bleibt die Hostie bis zur Communion, wenn nicht der Priester mit ihr das Zei= chen des Kreuzes macht, oder sie sonst berührt oder aufhebt. Von diesen einzelnen Handlungen des Priesters werden wir, wenn immer Gelegenheit sich darbietet, ausführlicher sprechen. Die Patene selbst wird zur Rechten des Priesters halb unter das Corporale geschoben und nachher völlig mit dem Purifikato= rium bedeckt. Bei Levitenämtern jedoch wird sie dem Subdiakon übergeben, der sie in ein langes Schultervelum einwickelt und, unten am Altare stehend, bis nach dem Pater noster in seiner Hand trägt. Diese Ceremonie ist eine Spur eines sehr alten Gebrauches, der in folgender Weise dargestellt wird: Während den ersten sechs Jahrhunderten der Kirche wurden die Hostien auf der Patene (die, wie wir schon früher sagten, eine sehr große Schüssel war) consekrirt und gebrochen, und von ihr auch dem Volke in der hl. Communion ausgetheilt. Wir sehen die= ses deutlich aus den Worten, die Papst Gregor der Große in seinem Sakramentarium (siehe 14. Kap.) bezüglich der Patene gebraucht: „Wir consekriren und heiligen diese Patene, um in ihr den Leib unsers Herrn Jesu Christi zu feiern." Als jedoch dieser Gebrauch aufhörte, wurde die Patene auf dem

Altare in gewissen Theilen der Messe überflüssig, und um nicht durch diese große Schüssel im heiligen Opfer gehindert zu wer=den, gab man sie dem Subdiakon, der sie bewahren mußte, bis sie wieder auf dem Altare nothwendig war. Der Subdiakon muß gemäß seines Amtes auf das geopferte Brod Acht haben, wie wir es noch jetzt aus den Worten der Subdiakonsweihe er=sehen; dieses war der hauptsächlichste Grund, weshalb ihm die Patene übergeben wurde, jedoch war auch d e r Grund entschei=dend, daß seine Dienste von der Opferung bis zur Commu=nion am Altare entbehrt werden konnten. In Bezug auf den Ausdruck „makellose Hostie,“ der von d e m B r o d e gebraucht wird, sind oft zweifelnde Fragen aufgeworfen worden. Wir müssen sagen, daß dieser Name dem Brode hier nur deshalb gegeben wird, weil es nach der Wandlung die makellose Hostie (d. h. das Opfer) werden wird. Ein gewichtiger Schriftsteller sagt: „Wir nennen nicht Brod und Wein die makellose Hostie, sondern den Leib und das Blut des Herrn, worin sie werden verwandelt werden. Deßhalb wird dieser hehre Name nicht von Dem gebraucht, was jetzt auf dem Altare ist, sondern von Dem, was das Brod nach der Wandlung sein wird.“

§ 93.—Anordnung und Opferung des Kelches.

Nach der Opferung des Brodes geht der Priester zur Epi=stelseite, nimmt den Kelch und gießt Wein und Wasser, welches der Meßdiener ihm darreicht, hinein. Es ist allgemeine Regel, daß der Priester so viel Wein in den Kelch gieße, als ein kleines Weinglas enthalten kann, das hinzugegossene Wasser soll etwa von drei bis sieben Tropfen sein. Um diesem Maße so nahe, als möglich zu kommen, ist es an manchen Orten in Europa ge=bräuchlich, einen kleinen Löffel zu diesem Zwecke zu benutzen. Der Wein wird ohne Segen und ohne Gebet in den Kelch ge=gossen, ehe aber das Wasser hinzugemischt wird, macht der Priester das Zeichen des Kreuzes darüber und sagt das folgende Gebet: „O Gott, der Du die Wesenheit der menschlichen Natur auf wunderbare Weise erschaffen und noch wunderbarer er=neuert hast, gib, daß wir durch das Geheimniß dieses Wassers und Weines mit der Gottheit Desjenigen vereinigt werden, der sich gewürdigt hat, an unserer Menschheit Theil zu nehmen, Dein Sohn, Jesus Christus, unser Herr, der mit Dir und dem heiligen Geiste lebt und regiert, Gott von Ewigkeit zu Ewig=keit. Amen.“

Liturgische Schriftsteller scheinen alle darin übereinzustim=
men, daß der natürliche Grund für das Mischen des Wassers
mit dem Weine in der Handlung unseres Heilandes beim letzten
Abendmahle zu suchen ist. Was er that, das thun wir, und
wie er es that, so thun wir es. Zur Zeit Christi war es im
Osten gebräuchlich, wie es noch jetzt ist, vor dem Genusse des
Weines immer ein wenig Wasser hinzu zu gießen. Bei den
Juden wurde die Unterlassung dieses Gebrauches als ein gro=
ber Verstoß gegen den Anstand betrachtet.[1] Allein es gibt auch
verschiedene mystische Gründe für diesen alten Gebrauch, und
zwar zuerst diesen, daß wir durch die innige Vereinigung des
Wassers mit dem Weine an die innige Verbindung zwischen
uns und unserem Heiland erinnert werden, wie es ja auch in
dem Gebete ausgedrückt ist; an die Verbindung, die uns in ge=
wisser Weise seiner Gottheit theilhaftig macht, wie er an un=
serer Menschheit Theil nahm und nach den Worten des Apostels
in Allem uns gleich wurde, die Sünde allein
ausgenommen. Zweitens ruft uns diese Mischung in's
Gedächtniß, daß aus der vom Speer durchstochenen Seite Christi
Blut und Wasser floß. Drittens wollen Einige hierin eine An=
deutung an die hl. Taufe finden, in der wir Alle wiedergeboren
wurden. Die geringe Anzahl der hinzugemischten Tropfen Was=
sers soll uns an die kleine Anzahl der Auserwählten am jüngsten
Tage erinnern.

Weshalb das Wasser hier gesegnet wird. — Es wird uns
immer unerklärlich bleiben, wie die Segnung des Wassers so
viele und so kleinliche Fragen veranlassen konnte, und wie
dadurch so viele beinahe endlose Untersuchungen hervorgerufen
wurden, da doch der Grund dieser Segnung so klar auf der
Hand liegt. Das Wasser wird hier einfach deßhalb gesegnet,
weil es nachher nicht mehr in seinem rein natürlichen Zustande
auf dem Altare ist, während der Wein erst gerade vor der Wand=
lung gesegnet wird, wenn nämlich der Priester darüber das
Kreuz macht und benedixit, er segnete, sagt. (Siehe Kap. 27.)
Auch wird das Brod erst unmittelbar vor der Wandlung
gesegnet und nicht beim Offertorium. Früher wurde das

---

1) Glaubwürdige Zeugen berichten, daß am Feste des Passovers immer Wasser mit
Wein vermischt wurde, und daß der Vorsitzende in der Versammlung in der folgenden Weise
das Gebet verrichtete; Gebenedeit seist Du, o Herr, der Du die Frucht der Rebe erschaffen
hast.

Wasser an dieser Stelle nicht gesegnet (in Todtenmessen wird noch jetzt die Segnung unterlassen), sondern man goß das Wasser in Form eines Kreuzes in den Kelch, wie die Karthäuser es noch jetzt thun. Die Carmeliter und Dominikaner gießen Wein und Wasser schon am Anfange der Messe in den Kelch; die Karthäuser gießen Wein in den Kelch am Anfange der Messe, Wasser aber erst bei der Opferung. Man sagt vielfach, daß man schon jetzt das Wasser mit dem Wein mische, damit das Wasser vor der Wandlung schon in die Wesenheit des Weines übergehen könne. So sagt z. B. das Meßbuch der Dominikaner: „Der Priester gießt so viel Wasser in den Kelch, als leicht ganz und gar in die Wesenheit des Weines übergehen kann." Im Mittelalter, besonders am Ende desselben, gab es zwar verschiedene theologische Streitfragen, vor Allem war es aber eine Frage, die manchen scharfsinnigen Geist beschäftigte, nämlich: Was wird aus dem Wasser, das dem Weine bei der Opferung beigemischt wird? Einige behaupteten, das Wasser werde sofort von dem Weine aufgenommen und gehe in die Wesenheit des Weines über; andere hingegen, es bleibe immer nur Wasser und werde auch nicht durch die Wandlung oder nachher in das Blut Christi verwandelt; es sei und bleibe nur Wasser. Der gelehrte Papst Innocenz III. spricht über diese Frage in seinem Buche über die Messe mit großer Weitläufigkeit, wagt es aber nicht, eine bestimmte Entscheidung zu geben. Der hl. Thomas von Aquin und der hl. Bonaventura lehren, daß das Wasser nicht unmittelbar in den Leib und das Blut Christi verwandelt werde, sondern blos mittelbar, indem es erst in die Wesenheit des Weines und dann in das Blut Christi durch die Wandlung übergehe. Diese Ansicht ist auch jetzt die gewöhnliche.

Oertliche Gebräuche. — Die Priester des ambrosianischen Ritus in Mailand sagen bei der Mischung des Wassers mit dem Weine: „Aus der Seite Christi floß zu gleicher Zeit Blut und Wasser. Im Namen des Vaters und des Sohnes und des heiligen Geistes. Amen." In der Domkirche zu Lyon sagt man: „Aus der Seite unseres Herrn Jesu Christi floß zur Zeit seines Leidens Blut und Wasser; dieses ist ein Geheimniß der heiligsten Dreieinigkeit. Der Evangelist Johannes sah es und gab Zeugniß davon, und wir wissen, daß sein Zeugniß wahr ist." In der mozarabischen Liturgie heißen die Worte: „Aus der Seite unsers Herrn Jesus Christus soll

Blut und Wasser geflossen sein, und deßhalb mischen wir beide, damit der barmherzige Gott sich würdige, beide zur Erlösung unserer Seelen aufzunehmen."

Opferung des Kelches.—In der Mitte des Altars nimmt der Priester den Kelch in beide Hände, hält ihn empor und sagt das folgende Gebet: „Wir opfern Dir, o Gott, den Kelch des Heiles, und bitten Deine Milde, daß er zum Angesichte Deiner göttlichen Majestät mit dem Geruche der Süßigkeit zu unserm und der ganzen Welt Heile emporsteige. Amen." Dann setzt er den Kelch auf das Corporale und bedeckt ihn mit der Palla. Bis zum fünfzehnten Jahrhundert war es gewöhnlicher Gebrauch, den Kelch nicht hinter die Hostie zu stellen, wie wir es jetzt thun, sondern zur Rechten der Hostie, um anzudeuten, daß das Blut aus der Seite Christi floß; denn nach der Tradition sowohl der östlichen wie der westlichen Kirche war es die rechte Seite, nicht die linke, die dem am Kreuze hangenden Heilande durchstochen wurde. Die Form der Mehrzahl „wir opfern", anstatt der Einzahl „ich opfere", ist hier beibehalten, wie einige glauben, weil beim Levitenamte der Diakon auch den Kelch bei der Opferung berührt und so zusammen mit dem Priester gewissermaßen opfert. Der Diakon spricht auch die Worte zusammen mit dem Priester. Andere sehen in der Beibehaltung der Mehrzahl eine besondere Hinweisung auf das Amt des Diakons, nämlich den Kelch dem Volke auszutheilen, als die alte Gewohnheit, unter beiden Gestalten zu communiziren, noch bestand. Daß aber auch in stillen Messen, wenn kein Diakon zugegen ist, die Mehrzahl gebraucht wird, leiten manche von der Vorliebe Gregors des Großen für diese Form her, der es in dem von ihm verbesserten Meßbuche so stehen ließ, wie auch in anderen Formen, z. B. wenn der Subdiakon sagt: Benedicite, Pater reverende, (Segnet, ehrwürdiger Vater.

Nach der Opferung des Kelches beugt sich der Priester über den Altar, legt seine gefalteten Hände darauf und sagt dieses Gebet: „Im Geiste der Demuth und mit zerknirschtem Herzen mögen wir von Dir aufgenommen werden, o Herr, und gib, daß das Opfer, welches wir heute vor Deinem Antlitze opfern, Dir, unserem Herrn und Gott, wohlgefällig werde." Dann richtet sich der Priester auf, erhebt seine Hände, faltet sie aber sogleich wieder, und ruft den heiligen Geist an mit den Worten: „Komm, o Heiligmacher, allmächtiger, ewiger Gott, und ſegne dieſes Opfer, das Deinem heiligen Namen bereitet iſt." Wenn er „ſegne" ſagt, macht er das Zeichen des Kreuzes über die Hoſtie und den Kelch. Dieſes Gebet iſt das einzige in der Meſſe, worin der heilige Geiſt beſonders und bei Namen ange= rufen wird, und deßhalb haben einige gemeint, daß dieſes Gebet an Gott den Vater gerichtet ſei; allein wir ſagen nicht von Gott dem Vater, daß er komme, ſondern gebrauchen dieſen Ausdruck nur vom Sohne und dem heiligen Geiſte; dieſe werden nämlich geſandt, oder angerufen, auf daß ſie kommen, Gott der Vater hingegen, der ſie ſendet, wird nie in dieſer Weiſe angefleht. In einigen alten Meßbüchern wurde der heilige Geiſt auch wirklich genannt, und dieſes iſt noch der Fall im mozarabiſchen Ritus, wo dieſes Gebet anfängt: „Komm, o heiliger Geiſt, Heiligmacher uſw." Papſt Bene= dikt XIV., in ſeinem Buche über die Meſſe, ſagt von dieſem Gebete, daß es an die dritte Perſon der heiligſten Dreieinigkeit gerichtet iſt, auf daß wir durch den heiligen Geiſt auf dem Altare Gottes neu geſchaffen werden, wie Chriſtus durch die Kraft und Wirkung deſſelben heiligen Geiſtes in dem keuſchen Leibe der ſeligſten Jungfrau Fleiſch annahm.

Bei einem Levitenamte wird nach dieſem Gebete Weih= rauch zum Altare gebracht und die Opfergaben, ſowie der Altar und die Altardiener werden inzenſirt. Nachher wird dieſe Inzenſation auch auf alle im Chore Gegenwärtigen, ſowie auf die ganze Gemeinde ausgedehnt. Wir haben die= ſes hier angeführt, glauben aber, auf die Einzelheiten nicht näher eingehen zu müſſen.

Händewaſchung. — Nach dem Gebete „Komm, o Heilig= macher" geht der Prieſter auf die Epiſtelſeite und wäſcht dort die Spitzen von Daumen und Zeigefinger, weil er mit dieſen nur das heiligſte Sakrament berührt und berühren darf. Dieſe Finger werden deßhalb oftmals die kanoniſchen Finger genannt, und dieſe werden beſonders bei der Prie= ſterweihe vom Biſchofe mit dem heiligen Oele geſalbt. Wäh= rend dieſer Waſchung betet der Prieſter den Theil des 25ſten Pſalmes, der mit Lavabo beginnt, „ich will meine Hände mit den Unſchuldigen waſchen." Außer dem natürlichen Grunde für dieſe Fingerwaſchung, gibt es auch eine ſchöne myſtiſche, daß nämlich das Gewiſſen des Prieſters von jeder, auch der leiſeſten Sündenmakel frei ſein muß, um ein ſo erhabenes

Opfer darzubringen, worin das Opferlamm kein anderes, als
der Sohn Gottes selbst ist. Der hl. Cyrillus von Jerusalem
sagt bezüglich des Händewaschens: „Dieses bedeutet, daß unsere
Seelen von jeder Sünde und Schlechtigkeit frei sein müssen.
Denn wie die Hände die Werkzeuge unserer Handlungen sind,
so zeigt das Waschen derselben die Reinheit unserer Wünsche.“
Der hl. Germanus sagt: „Das Waschen der Hände des Prie=
sters soll ihn daran erinnern, daß wir uns dem heiligen Tische
mit reinem Gewissen, reinem Geiste und reinen Gedanken (die
die Hände der Seele sind) nahen müssen, dann auch mit Furcht,
Sanftmuth und tiefgefühlter Aufrichtigkeit.“ Wir müssen hier
auch bemerken, daß aus Ehrfurcht gegen das hl. Sakrament im
Tabernakel oder gegen das Cruzifix der Priester seine Hände
nicht vor der Mitte des Altares wäscht, sondern an der Epistel=
seite. Wenn das heiligste Sakrament zur Verehrung ausge=
stellt ist, muß der Priester aus Ehrerbietung von der oberen
Altarstufe hinabsteigen, seinen Rücken der Wand zuwenden
und so seine Hände waschen, damit er nicht dem heiligen
Sakramente den Rücken zukehre. In allem, was das heiligste
Sakrament betrifft, ist die Kirche sehr genau.

Gemeinsames Opferungsgebet.—Nach der Händewaschung
geht der Priester wiederum zur Mitte des Altars, beugt sich
ein wenig und verrichtet das folgende Gebet: „Nimm an, o
heilige Dreieinigkeit, diese Gaben, welche wir Dir aufopfern
zum Andenken an das Leiden, die Auferstehung und Himmel=
fahrt unseres Herrn Jesus Christus, zur Ehre der seligen
Maria, der immerwährenden Jungfrau, des hl. Johannes des
Täufers, der hl. Apostel Petrus und Paulus, dieser und aller
Heiligen, daß es zu Deiner Ehre und zu unserem Heile sei,
und daß diejenigen, deren Gedächtniß wir auf Erden feiern,
für uns im Himmel bitten. Durch denselben Christum, unsern
Herrn. Amen.“ Während der ersten vier Jahrhunderte war
die Kirche sehr zurückhaltend mit dem Namen der heiligsten
Dreieinigkeit, weil sie fürchtete, dieses möchte Heiden und
Ungläubigen Anlaß geben, zu glauben, die Christen verehr=
ten mehrere Götter. Deßhalb wurden die Gebete gewöhnlich
nur an Gott den Vater gerichtet. Obgleich also dieses letzte
Gebet nicht so alt sein kann, als die andern, so finden wir es
doch schon in dem sogenannten Illyrischen Meßbuch, welches
aus dem siebenten Jahrhundert stammen soll.

§ 94.—Die Opferung in den morgenländischen Kirchen.

Da wir schon früher (Kap. 16) von der großen Sorgfalt gesprochen haben, mit der die Morgenländer ihre Opfergaben bereiten, werden wir uns nicht wundern, daß der Gebrauch der westlichen Kirche, Brod und Wein für Altarzwecke von den Gläubigen anzunehmen, im Osten kaum bekannt oder anerkannt wurde. Die Morgenländer nehmen nichts für die heil. Messe, das nicht von der Geistlichkeit gegeben und zubereitet worden ist. Es gibt dort also, strenge genommen, keine Opferung von Seiten der Gläubigen; doch werden Gaben, besonders Geldgaben, zum Unterhalte der Geistlichkeit gefordert und gegeben. Die folgende Beschreibung ist einem neuern Buche entnommen: „Ehe die Priester zum Seitentische gehen, um mit dem Gottesdienste zu beginnen, kommen alle die guten Leute, welche ihre Freunde, gegenwärtige oder abwesende, lebende oder todte, in der Messe erwähnt haben wollen, zu den Priestern und lassen die Namen aufschreiben; es gibt ein Buch für die Lebenden, ein anderes für die Verstorbenen. Hierfür geben sie den Priestern einige Asper (jeder gilt ungefähr einen Cent), oder größere Gaben in Silber oder Gold, je nach ihrem Stande und ihrem guten Willen. Diese Gaben machen den größten Theil des Unterhalts der Priester aus, besonders in Landplätzen." Wir sehen also, daß diese Opferung im Osten vor der Messe, bei dem kleinen Eingange, (dem Introitus) stattfindet. Es gibt nachher keine weitere Opferung von Seiten des Volkes.

§ 95.—Uebergangsgebete vor der Präfation.

Nach dem letzten Opferungsgebete wendet sich der Priester zum Volke und sagt: Orate, fratres, „Betet Brüder," und fährt leise fort; auf daß mein und euer Opfer Gott, dem allmächtigen Vater, angenehm werde." Es wird als Grund dafür, daß der Priester bloß die ersten Worte des Gebetes in einem hörbaren Tone sagt, dieser angegeben, daß die Sänger, die beim Altare standen, nicht in ihrem Gesange gestört werden sollten. Der Diener antwortet: „Möge der Herr dieses Opfer von Deinen Händen annehmen, zum Lobe und Preise seines Namens, auch zu unserm Heile und zum Heile seiner ganzen heiligen Kirche." Der Priester sagt dazu: „Amen."

Im Falle, daß bloß Frauen bei der heiligen Messe zugegen
seien, wie es oftmals in Frauenklöstern der Fall ist, darf doch
der Priester die Form dieser Bitte nicht abändern; der Priester
darf also nicht sagen: Orate, sorores, „Betet Schwestern;"
jedoch finden wir, daß früher an einigen Orten solche Aender=
ungen gemacht wurden, so sagt z. B. das Sarum Meßbuch:
Orate, fratres et sorores, „Betet, Brüdern und Schwestern,"
wie auch ein Kölnisches Meßbuch, das im Jahre 1133 geschrieben
wurde.[1]

Die Sekrete. Stillgebete. — Der Priester liest unmit=
telbar nach der Antwort des Meßdieners aus dem Meßbuche,
das auf der Evangelienseite steht, die Gebete, die Secretae
genannt werden. Ihre Zahl ist dieselbe mit der der Collekten
am Anfange der Messe. Weshalb sie Secretae heißen, haben
Verschiedene auf verschiedene Weise erklärt. Einige sagen, sie
seien so genannt, weil sie die ersten Gebete seien, die nach der
Ausweisung der Katechumenen für die Gemeinde gebetet wur=
den. Sie leiten diese Auslegung vom Lateinischen her. (Se-
creta heißt auch abgesondert.) Andere sagen, sie heißen die
abgesonderten Gebete, weil sie über den Theil der Gaben
der Gläubigen gebetet wurden, der nach dem alten Gebrauche,
von den anderen Gaben abgesondert und für das heilige
Opfer selbst bestimmt war. Die meisten und namhaftesten
Schriftsteller hingegen sind entschieden geneigt, das Wort
Secretæ durch stille Gebete zu übersetzen, weil sie im
Stillen, das ist in flüsterndem Tone, vom Priester gebetet
wurden, um die Sänger nicht zu stören, die nahe beim Altare
standen. Um nun möglichst geringe Unterschiede in der Feier
der heiligen Messe zu haben, hat die Kirche manches auch für
die stillen Messen erlaubt, was eigentlich nur für das Hochamt
bestimmt war. Früher jedoch waren die Hochämter bei weitem
mehr gebräuchlich, als jetzt, und stille Messen waren vielmehr
eine Seltenheit.

Mit diesen Uebergangsgebeten sind wir zur Präfation
gekommen; allein, ehe wir zu diesem Theile übergehen, haben

---

1) Die Domkirche in Köln ist das schönste und vollkommenste gothische Gebäude der
ganzen Welt und wurde im Jahre 1248 in Bau genommen. Die beiden Thürme sind jeder
500 Fuß hoch, d. i. 50 Fuß höher als St. Peter's in Rom, und 25 Fuß höher als der
Thurm des Straßburger Münsters. Die Kathedrale in Köln hat auch den Ruhm, die
Gebeine der drei Weisen zu besitzen, die aus dem Morgenlande zur Anbetung des neugebornen Heilandes kamen. Die Gebeine ruhen in silbernen Schreinen, und die Namen, Caspar,
Melchior, Balthasar, sind in Rubinen gesetzt.

wir einige liturgische Geräthe zu beschreiben, die besonders bei dem Offertorium und nachher in der Messe gebraucht wurden. Diese sind: 1. Der heilige Fächer (Sacrum flabellum). 2. Der Seiher (colum). 3. Der Kamm (pecten).

§ 96.—Alte liturgische Geräthe.

Längere Zeit hindurch war es in der westlichen Kirche Ge= brauch, wie es im Osten noch jetzt ist, einen Fächer von der Opferung bis zur Communion zu benutzen, um Fliegen und andere Insekten vom Priester und den heiligen Gaben fern zu halten. Der Diakon hatte diesen Fächer in Verwahrung, und es galt früher, wie jetzt noch bei den Griechen, bei der Diakons= weihe für nothwendig, diesem den heil. Fächer zu überreichen.

Nach dem alten S a r u m = R i t u s waren diese Fächer wegen ihrer Schönheit und ihrer feinen Arbeit sehr sehens= werth, bisweilen auch sehr kostbar, weil sie hier und da von reinem Golde und Silber, in seltsamen Formen zusammenge= legt, verfertigt wurden. In einem Inventar der Domkirche von Salisbury in England vom Jahre 1222 wird ein silberner Fächer erwähnt. In dem großen Dome zu York war ein kost= barer Fächer, der auf einer Seite das emaillirte Bild des Bi= schofs zeigte. Bisweilen waren diese Fächer aus sehr feinem Pergament gemacht, bisweilen auch aus Pfauenfedern. Die lange Handhabe war gewöhnlich aus Elfenbein. Hano, Bischof von Rochester, gab seiner Domkirche im Jahre 1346 einen Fä= cher aus Seide mit feinem elfenbeinernem Handgriffe.

Die erste bestimmte Nachricht, die wir von diesen Fächern haben, finden wir in den sogenannten Apostolischen Constitutio= nen. Diese geben die folgenden Regeln in Betreff des Gebrau= ches desselben: „Zwei Diakone sollen an den Seiten des Altares stehen, jeder mit einem kleinen Fächer aus Pergament, Pfauen= federn oder feiner Leinwand, und diese sollen mit sanfter Be= wegung die Fliegen vertreiben, damit keine in den Kelch falle." Man bedeckte nämlich den Kelch damals nicht mit der Palla, wie wir es jetzt thun. Wir sagten, der Gebrauch des Fächers während der heiligen Messe bestehe noch im Osten. Bei den Maroniten ist der Fächer rundlich und hat am Rande eine An= zahl winziger Schellen. Gewöhnlich besteht er aus Silber oder Erz. Der griechische Fächer ist nach der Form des geflügelten Gesichtes eines Cherubim. In der westlichen Kirche waren die

Fächer ein Sinnbild des heiligen Geistes, und die Fliegen und andere lästige Insekten, die durch sie verscheucht wurden, wurden als die eitlen und zerstreuten Gedanken ausgelegt. Weil bei den Griechen die Fächer dem Cherubim ähnlich waren, sollte ihre Bewegung während der Messe das Schweben der seligen Geister vor dem Throne Gottes versinnbilden.

Der Seiher.—Damit der Altarwein in jeder Hinsicht von unreinen Stoffen frei sei, war es früher gebräuchlich, ihn durch einen fein durchlöcherten Seiher in den Kelch zu gießen oder fließen zu lassen. Wie alle andern Geräthe, die bei der hl. Messe gebraucht wurden, war auch dieser Seiher öfters aus kostbarem Metalle verfertigt, zumal da man ihn zur Würde des Opfers für unentbehrlich hielt. Gewöhnlich bestand er aus Silber, hatte die Form eines Löffels und war, wie gesagt, fein durchlöchert. Cardinal Bona, in seinem Buche über die Messe, gibt uns diese und ähnliche Beschreibungen.

Der Kamm.—Wir hätten vom Kamme vielleicht eher sprechen können oder sollen, da er nicht blos für die Haupttheile der Messe bestimmt war, sondern den Zweck hatte, das Haupt- und Barthaar des Priesters während der ganzen Messe in Ordnung zu halten. Gewöhnlich war er aus Elfenbein gemacht, allein wir lesen auch von einigen, die aus Silber und Gold verfertigt waren und Perlenschmuck trugen. Der Dom zu Sens in Frankreich hat noch jetzt in seiner Schatzkammer einen solchen Kamm aus Elfenbein mit der Inschrift; "Pecten Sti Lupi," „Der Kamm des heiligen Lupus," der um's Jahr 609 Bischof daselbst war. Der Gebrauch des Kammes ist also sehr alt. Die Domkirche von Sarum in England hatte eine beträchtliche Anzahl solcher liturgischer Kämme von Elfenbein, und als geschichtliches Kuriosum wollen wir anführen, daß der englische Nabuchodonosor, Heinrich VIII., bei seiner Klosterplünderung aus der Glastonbury Abtei „einen goldenen Kamm entführte, der mit Türkissteinen und anderen seltsamen Juwelen geschmückt war." Wenn der Bischof das Hochamt sang, kämmte der Diakon und der Subdiakon sein Haar, sobald er seine Sandalen angezogen hatte; wenn der Celebrant bloß Priester war, kämmte er sein Haar zuerst in der Sakristei und dann an festgesetzten Zeiten während der hl. Messe. In dieser Hinsicht war es Regel, daß des Priesters Haar gekämmt wurde, wenn er von seinem Sessel aufstehend, den Kopf entblößte und wieder zum Altare gehen wollte. Während des Kämmens wurde ihm ein

Tuch über die Schultern gelegt, damit die heiligen Gewänder
nicht beschmutzt würden. Wir lesen auch von einer mystischen
Bedeutung des Kammes. „Die ungeordneten Haare, die hier
und da auf dem Kopfe liegen, sind die überflüssigen und aus=
schweifenden Gedanken, die uns von Zeit zu Zeit belästigen
und ein Hinderniß sind, die richtige Aufmerksamkeit unseren
heiligen Pflichten zu schenken." Der Gebrauch des Kammes ist
in der westlichen Kirche jetzt ganz unbekannt, aber in den Kir=
chen des Ostens kann man ihn noch treffen, denn fast alle Geist=
liche des Ostens lassen ihr Barthaar nach dem Gebrauche der
Alten wachsen und es wird deßwegen oft nothwendig, dieses
Barthaar zu kämmen und zu ordnen, um in ordentlicher und
anständiger Weise vor dem Volke zu erscheinen. In Rußland
findet man auch diese Kämme öfters.

Fünfundzwanzigstes Kapitel.

Die Feier der hl. Messe.—(Fortsetzung.)
Die Präfation.

§ 97.—Die Präfation in der lateinischen Kirche.

Am Ende des letzten Stillgebets sagt der Priester mit lauter Stimme: Per omnia saecula saeculorum („Von Ewigkeit zu Ewigkeit") und der Diener antwortet: Amen. Dann sagt er: Dominus vobiscum, ohne sich jedoch zum Volke zu wenden, darauf beginnt die Präfation, d. i. Vorrede oder Einleitung, weil sie eine Vorrede zum heiligsten Theile der Messe den Kanon, bildet. Der Priester wendet sich bei dem Dominus vobiscum nicht zum Volke, weil nach einem alten Gebrauche, der früher auch im Westen bestand, aber jetzt nur im Osten zu finden ist, der Vorhang vor dem Altare bei der Präfation niedergelassen wurde, so daß der Priester das Volk nicht sehen konnte. Weil damals, als dieser alte Gebrauch bestand, der Priester beim Gruße Niemanden sehen konnte, war es auch nicht nöthig, sich dem Volke zuzuwenden, und obgleich der Vorhang im Westen längst verschwunden ist, blieb die alte Begrüßungsweise doch bestehen, ein Zeichen der Liebe der Kirche zu althergebrachten Gebräuchen.

Man fragt wohl, wo fängt denn eigentlich die Präfation an? Strenge genommen gehören weder das Per omnia saecula saeculorum, noch das Dominus vobiscum dazu und fängt sie also erst bei dem Sursum corda „Erhebet eure Herzen empor" an; allein, weil alle unsere Meßbücher das Per omnia saecula saeculorum schon dazu zählen, ist dieses in uneigentlicher und weiterer Weise als der Anfang der Präfation zu betrachten. Beim Sursum corda erhebt der Priester seine Hände, um Herz und Hand zum Lobe Gottes zu vereinigen. Der Diener antwortet: Habemus ad Dominum, „Wir haben sie zum Herrn erhoben." Das Sursum corda ist ohne Zweifel aus den Klageliedern Jeremiä (3, 41) genommen, und es findet sich in allen Liturgien des Ostens und des Westens. Die feierliche Bewegung der Hände des Priesters empor zum Himmel wird von einigen liturgischen Schriftstellern sehr passend mit der Bewe= gung der Taube verglichen, wenn sie sich in die Lüfte schwingen will, und führt uns den schönen Ausdruck des Königs David vor Augen: „Wer wird mir die Flügel einer Taube geben, und ich werde fliegen und Ruhe finden?" (Psalm 54.) Nach dem Sur- sum corda sagt der Priester: Gratias agamus Domino Deo nostro, „Laßt uns den Herrn, unsern Gott, Dank sagen," und der Diener antwortet: Dignum et justum est, „Es ist würdig und recht." Hiermit schließt der vorbereitende Theil und der Priester fängt nun mit der eigentlichen Präfation an.

In der mozarabischen Liturgie heißt die Präfation Inlatio, welches Wort man durch „Schlußfolgerung" oder „Folgerung" übersetzen kann. So wird es wenigstens gewöhnlich aufge= faßt, daß der Priester nämlich von der Antwort des Volkes: „Es ist würdig und recht," die F o l g e r u n g zieht: „Wahr= lich es ist würdig und recht," wie der Priester die wirkliche Präfation immer beginnt. In einigen alten Meßbüchern wird sie Immolatio, O p f e r u n g, genannt, weil sie gewisser= maßen eine Einleitung zu dem heiligen Theile der Messe ist, worin Christus der Herr, das makellose Lamm, auf's Neue geopfert wird, wie er einst sich auf dem Calvarienberge opferte.

Zahl der Präfationen. — Die Präfationen, die seit der ältesten Zeit, ja nach den besten Gewährsmännern, von der apostolischen Zeit her in der Kirche gebräuchlich waren, waren zu verschiedenen Zeiten und an verschiedenen Orten auch ver= schieden. Eine geraume Zeit hindurch hatte man für jedes Fest eine eigene Präfation, so daß die Zahl sehr groß war. Nach den Zeugnissen der Gelehrten sind uns ungefähr zwei= hundert und vierzig aufbewahrt worden. In dem mozarabi= schen Ritus gibt es noch jetzt eine besondere Präfation für jeden Sonntag und für jede größere Festlichkeit, und die Ambrosianer in Mailand haben eine besondere für jeden Tag der Woche. Die römische Kirche jedoch beschränkte ihre Zahl im Anfange des elften Jahrhunderts auf neun, denen aber nachher zwei andere hinzugefügt wurden, so daß jetzt im Meßbuche ihre Zahl sich auf elf beläuft. Wir geben im Folgenden ihre Namen und fügen auch im Allgemeinen bei, wann sie gebraucht werden. Für genauere Angaben möge man Ceremonienbücher nachlesen.

1. Die Präsation der **Geburt Christi** wird zu Weihnachten und während der Oktav gebraucht, sowie an allen Festen des allerheiligsten Sakramentes.

2. Die Präsation der **Erscheinung des Herrn**, für dieses Fest und die Oktav.

3. Die Präsation der **Fastenzeit**, vom Aschermittwoch bis zum fünften Sonntag in der Fasten, dem sogenannten Passionssonntage.

4. Die Präsation des **Kreuzes und des Leidens Christi**, für die beiden letzten Wochen der Fastenzeit, sowie für alle Feste, die auf das Kreuz oder das Leiden Christi Bezug haben.

5. Die Präsation der **Auferstehung Christi**, für Ostern und die ganze österliche Zeit bis zum Feste der Himmelfahrt Christi.

6. Die Präsation der **Himmelfahrt Christi**, für dieses Fest und die Oktav.

7. Die Präsation des **heiligen Geistes**, für Pfingsten und dessen Oktav, sowie für alle Feste des heiligen Geistes.

8. Die Präsation der **heiligsten Dreieinigkeit**, für das Fest der heiligen Dreieinigkeit und für alle Sonntage des Jahres, die keine eigene Präsation haben.

9. Die Präsation der **allerseligsten Jungfrau**, für ihre Feste und deren Oktaven.

10. Die Präsation der **Apostel**, für deren Feste und deren Oktaven.

11. Die **gewöhnliche** (oder gemeine) Präsation, für solche Tage, an denen keine der vorhergehenden gesagt werden kann.

Da die anderen Präsationen nichts Außerordentliches zur Beschreibung darbieten, wollen wir uns auf die Betrachtung zweier, nämlich der Präsation der allerheiligsten Dreieinigkeit und der der allerseligsten Jungfrau beschränken.

Die Präsation der allerheiligsten Dreieinigkeit.—Es ist allgemein anerkannt, daß diese Präsation ein Musterstück in Sprache und Ausdruck sowohl, als in Gedanken ist. Man könnte versucht werden, zu glauben, sie sei auf besondere Eingebung Gottes geschrieben worden; sie ist wenigstens, wenn wir den theologischen Gehalt betrachten, bei weitem die erhabenste unter allen. Wir versuchen, von dieser Präsation eine

Uebersetzung zu geben, allein wir wollen zum Voraus bemerken, daß die meisten Schönheiten in der Uebersetzung verloren gehen. Um die kräftige Ausdrucksweise zu würdigen, muß man die Präfation in der lateinischen Sprache lesen. Sie lautet unge= fähr wie folgt: „Wahrlich, es ist würdig und recht, billig und heilsam, daß wir immer und an allen Orten Dir Dank sagen sollten, o heiliger Herr, allmächtiger Vater, ewiger Gott, der Du mit Deinem eingebornen Sohne und dem heiligen Geiste, ein Gott und ein Herr bist, nicht in der Einheit einer Person, sondern in der Dreieinigkeit einer Wesenheit. Denn alles, was wir von Deiner Glorie nach Deiner Offenbarung glauben, das glauben wir auch von Deinem Sohne und von dem heil. Geiste, ohne jeglichen Unterschied oder jedwede Verschiedenheit, so daß in dem Bekenntnisse der wahren und ewigen Gottheit wir einen Unterschied der Personen anbeten, eine Einheit der Wesenheit, eine Gleichheit der Majestät, den die Engel und Erzengel prei= sen, wie auch die Cherubim und Seraphim, die ohne Unterlaß täglich mit vereinter Stimme ausrufen. Heilig, heilig, heilig, Herr, Gott der Heerschaaren. Himmel und Erde sind Deiner Ehre voll. Hosanna in der Höhe! Gebenedeiet sei, der da kommt im Namen des Herrn. Hosanna in der Höhe.“

Wenn wir diese Präfation genauer betrachten, scheint es, daß sie nach dem Conzil zu Nicäa ziemlich verändert und erwei= tert wurde; vor diesem Conzil nämlich, wie wir schon früher sagten, war die Kirche sehr vorsichtig in der Wahl ihrer Worte in Bezug auf das Geheimniß der h e i l i g s t e n D r e i e i n i g= k e i t, und zwar so sehr, daß über die Beziehungen der einzel= nen Personen zu einander, wir können fast sagen, ein tiefes Dunkel schwebte. Es war besonders in Folge der Geheimlehre, daß dieses heilige Geheimniß den Heiden und, in seinen ge= nauen Beziehungen, auch manchen Gläubigen unklar blieb. Nun erklärte zwar die Kirche gegen Arius, daß der Sohn con- substantialis (gleicher Wesenheit oder gleich ewigen Seins) mit dem Vater sei, allein erst nach neunhundert Jahren wurde die absolute Einheit der göttlichen Natur als Glaubenssatz auf= gestellt und anerkannt, während manche Ausdrücke der alten Väter anscheinend bloß eine allgemeine Einheit anerkennen. So sagt auch Cardinal Newman: „Erst im dreizehnten Jahr= hunderte gab es in der Kirche eine genaue Darlegung der Zahl= einheit der göttlichen Natur, welche einige alte Väter in ihren Schriften s c h e i n b a r, aber auch nur scheinbar, verneinen.“

Es war nämlich der Abt Joachim im 12. Jahrhunderte, welcher lehrte, die drei Personen seien in ähnlicher Weise ein Gott, wie viele Menschen ein Volk ausmachen. Gegen diesen Grundirr= thum bestätigte das Conzil vom Lateran im Jahre 1215, daß Gott der Z a h l nach nur e i n e r sei.

Die Präfation der allerseligsten Jungfrau.—Diese Prä= fation wird bisweilen die w u n d e r b a r e genannt. Wie nämlich die Legende uns erzählt, wollte einst Papst Urban II. im Jahre 1095 in Piacenza in der Kirche der Jungfrau Maria Messe lesen. Nachdem er bis zur Präfation gekommen war, wollte er die gewöhnliche Form nehmen, weil bis dahin keine besondere in der Kirche üblich war. Da hörte er Engel die fol= genden Worte in die Präfation setzen: „Die durch die Ueber= schattung des heiligen Geistes Deinen eingebornen Sohn em= pfing, und, während die Würde ihrer Jungfrauschaft immer unversehrt blieb, der Welt das ewige Licht gebar, Jesus Chri= stus, unsern Herrn." Der heiligmäßige Papst ließ dann diese Worte durch das Conzil von Piacenza (1095) in die gewöhn= liche Präfation einsetzen, und wird deßhalb ihm auch die Prä= fation der Jungfrau Maria gewöhnlich zugeschrieben. An vie= len Orten herrschte der Gebrauch, bei den Worten: Adorant Dominationes, „Die Herrschaften beten an," ehrfurchtsvoll sich zu verbeugen. So schreibt es auch ein römischer Kirchenkalen= der aus dem achten Jahrhunderte vor, wenigstens für Klöster.

Alle Präfationen endigen mit: „Heilig, heilig, heilig rc.," wie vorher bei der Präfation der heiligsten Dreieinigkeit. Diese Lobpreisung heißt der t r i u m p h i r e n d e H y m n u s, auch wohl der s e r a p h i s c h e, und ist aus Isaias 6, 3, genommen. Der hl. Johannes fügt ihn auch in seine geheime Offenbarung im 4. Kapitel ein. Die Mozaraber sagen diesen Hymnus so= wohl auf Griechisch, als auch auf Lateinisch.

Bei einem Hochamte wird, wie unsere Leser wohl wissen, die Präfation ganz gesungen. Die Musik ist einfach, aber sehr erhebend. Große Meister der Musik, wie z. B. Mozart, be= wunderten diese Melodien. Wir erzählten im siebenten Kapitel, wie gerührt die alten Väter oft wurden, wenn sie diesen Theil der Messe sangen, und wie oft bei den Tönen dieser himmli= schen Melodie Thränen der Sehnsucht nach dem himmlischen Vaterlande ihren Augen entquollen. Der Gesang in Lyon und in Mailand ist nur sehr wenig von dem unsrigen verschie= den, wie auch die mozarabische Liturgie denselben Hauptton einhält. Manche unserer Leser werden sich auch der schönen, hier und da etwas abweichenden Melodien der Präfation erinnern, die in vielen Gegenden Deutschlands's gebräuchlich sind, z. B. in Münster in Westfalen.

§ 98.—Die Präfation in der morgenländischen Kirche.

Die Morgenländer haben keine Verschiedenheit in ihrer Präfation. In jeder Liturgie finden wir eine eigene Präfation, und diese wird dann auch während des ganzen Jahres gebraucht. Es wird daran bei keiner Festlichkeit etwas geändert. In den östlichen Kirchen heißt sie Anaphora, d. i. Erhebung (obwohl dieses Wort auch für den Canon der Messe gebraucht wird). Sie fängt an und endet in derselben Weise, wie die unsrige. Nach einem Rituale Gabriels, Patriarchen von Alexandrien, soll der Priester beim Sursum corda dreimal das Kreuzzeichen machen, zuerst über sich selbst, dann über die Diakone und endlich über das Volk. Wie bei uns, so ist es auch im Osten üblich, beim Anfange des Gesanges der Präfation sich zu erheben, aus Achtung für diesen Theil, der ja den Canon einführt. Bei einer stillen Messe sollen jedoch Alle knieen.

Die Griechen haben dieselben Namen für das „Heilig, heilig, heilig," wie wir. Sie nennen das Gloria in excelsis den englischen Hymnus. (Wir wollen nebenbei bemerken, daß auch in der lateinischen Kirche, wenn vom hymnus angelicus die Rede ist, das Gloria darunter verstanden wird.) Sie haben auch eine Lobpreisung, von der wir im 16. Kapitel sprachen, welche sie das Trisagion, „Dreimal heilig," nennen. Diese beginnt mit den Worten: „Heiliger Gott, Heiliger Starker, Heiliger Unsterblicher." Sie haben endlich einen cherubischen Hymnus, der in der Messe gleich nach der Ausweisung der Katechumenen gebetet wird. Er lautet: „Laßt uns, die wir in geistiger Weise die Cherubim vertreten und den heiligen Gesang der lebenverleihenden Dreieinigkeit singen, jetzt alle weltlichen Sorgen ablegen, auf daß wir den König der Glorie empfangen mögen, der unsichtbar von den englischen Chören begleitet ist. Alleluja, alleluja, alleluja."

In der äthiopischen Liturgie werden vier Erzengel bei Namen genannt, nämlich Michael, Gabriel, Raphael und Suriel, oder wie er gewöhnlich heißt, Uriel. Die syrische Liturgie, die von Philoxenus ihren Namen hat, nennt die englischen Chöre

in einer etwas eigenthümlichen Weise: „Das Jubeln der En=
gel, das Singen der Erzengel, die Leier der Mächte, die reinen
und dankbaren Stimmen der Herrschaften, das Rufen der
Thronen, das Donnern der Cherubim und die schnelle Be=
wegung der Seraphim." Unmittelbar vor dem Ende der Prä=
fation wird in der Liturgie des heil. Chrysostomus gesagt, daß
die englischen Chöre „singen, brüllen, schreien und sprechen." —
Nach einigen Auslegungen sind hier die vier Evangelisten dar=
gestellt. Das S i n g e n bezieht sich auf den heil. Johannes,
der wegen des erhabenen Schwunges seiner Gedanken sehr schön
mit einem Vogel, gewöhnlich mit dem Adler, verglichen wird,
und auch gewöhnlich mit einem Adler an seiner Seite darge=
stellt wird. Das B r ü l l e n bezieht sich auf den heil. Lukas,
der gewöhnlich mit einem Ochsen, das Zeichen des Opfers, an
seiner Seite dargestellt wird, weil er einerseits mit dem Opfer
des Zacharias sein Evangelium beginnt und zweitens das Prie=
sterthum unseres Heilandes in so lebhaften Farben malt.
Durch das S c h r e i e n oder Heulen wird der heil. Markus
versinnbildet, weil er mit dem Schreien des Johannes in der
Wüste sein Evangelium beginnt und besonders der Geschichts=
schreiber der Auferstehung des Heilandes ist. (Eine Sage bei
den Morgenländern sagt, daß junge Löwen todt zur Welt kom=
men und erst nach drei Tagen — so lange war ja auch Christus
im Grabe — durch das Brüllen des alten Löwen zum Leben
kommen.) Das S p r e c h e n endlich bezieht sich auf den heil.
Matthäus, der sein Evangelium mit dem Lebens= und Ge=
schlechtsregister Christi anfängt und auch in diesem Evangelium
so sehr auf die menschliche Natur unseres Herrn Rücksicht
nimmt. In der Kunst wird dem hl. Matthäus gewöhnlich
ein Engel beigefügt, der aber ursprünglich ein kleines Kind war.

Nachträglich wollen wir noch beifügen, daß am Ende der
Präfation bei dem „Heilig, heilig, heilig" ein Zeichen mit der
Schelle gegeben wird, um das Volk aufmerksam zu machen, daß
jetzt der heiligste Theil der Messe beginne und daß Jeder mit
voller Sammlung des Herzens sich zur Ankunft des Herrn vor=
bereiten solle.

Sechsundzwanzigstes Kapitel.

Die Feier der heiligen Messe. — (Fortsetzung.)
Der Kanon I.

§ 99. — Der Kanon im Allgemeinen.

Wir kommen jetzt zum heiligsten Theile der ganzen Messe; heilig einerseits, weil dieser Theil von den Zeiten der Apostel herrührt, doppelt heilig aber, weil er die hehren Worte unsers Herrn beim letzten Abendmahle enthält, durch welche er Brod und Wein in sein hl. Fleisch und Blut verwandelte. Schon dieses letzteren Umstandes halber sollte man den Kanon nur knieend lesen. (Der Kanon fängt an mit dem Sanctus und endet beim Pater noster.)

Name. — Das Wort K a n o n hat eine Menge Bedeutungen. Ursprünglich bedeutete es ein Brett, wodurch irgend etwas in gerader Lage gehalten wurde. Diese Bedeutung dehnte sich dann in verschiedener Weise aus. In der Baukunst wurde es theilweise das Lineal, dann das Loth, dann die Wasserwaage; in Gewichten war es die Zunge der Waage; in der Zeitrechnung der Hauptabschnitt 2c., und in der Schreibweise und der Verfassung von Büchern bedeutete es solche Schriften, die ihrer inneren Vorzüge halber als Muster gelten konnten. So wurden manche griechische Schriftsteller ihrer Mustergültigkeit wegen kanonische genannt. Der Kanon der Messe aber kann als vollkommenes Muster angesehen werden, und deßhalb wurde er auch früher in goldenen Buchstaben geschrieben. Manche sagen dagegen, der Kanon sei die u n v e r ä n d e r l i c h e R i c h t = s c h n u r, weil er allein in der hl. Messe nicht verändert wird, und dieses ist im Allgemeinen wahr, denn die geringen Veränderungen an gewissen hohen Festtagen bestärken nur noch die Regel. (Der Uebersetzer sah sich hier gezwungen, von der Meinung des Verfassers abzuweichen, der die letztere Ableitung und Erklärung für unzulässig erachtet.)

Unveränderlichkeit. — Die Kirche ist so strenge gegen jedwede Neuerung oder Veränderung des K a n o n s, daß sie unter den härtesten Strafen allen und jedem verbietet, an ihm etwas zu verändern. Nicht einmal eine Verbesserung wird zugelassen aus Furcht, an der alten Form etwas zu ändern. Wir wollen ein paar Beispiele anführen. Der Kanon endet bekanntlich beim Pater noster, aber wir finden in jedem Meßbuche das Wort Canon als Titel vom Sanctus bis zum Ende der Messe gedruckt. Dieses war offenbar zuerst ein Schreib= oder Druckfehler; allein wegen des hohen Alters hat die Kirche diesen Fehler stehen lassen, und die apostolischen Buchdrucker müssen nach strengen Befehlen dieses ebenso drucken, wie es von Alters her war, ohne den Fehler verbes= sern zu dürfen. Ein noch auffallenderes Beispiel ist folgendes: Als im Jahre 1815 die Andacht zum hl. Joseph, dem Bräuti= gam der allerseligsten Jungfrau und dem Nährvater unseres Heilandes, einen großen Aufschwung erhalten hatte, wurden von verschiedenen Seiten inständige Bitten an die hl. Congre= gation der Riten (die im Namen des Papstes und für ihn entscheidet) gerichtet, daß der Name des hl. Joseph in diesen Theil der Messe aufgenommen werden möge. Als einer der Hauptgründe wurde die besondere Andacht angeführt, welche viele Leute zum hl. Joseph hegten. Die Bitte wurde nicht gewährt, die Antwort lautete einfach: Negative, d. i. nein; und um ferneren Bitten den Weg abzuschneiden, lautete die Ueberschrift: Urbis et orbis, d. h. für Rom und die ganze Welt.

Alter. — Daß der Kanon von sehr hohem Alter ist, ist anerkannte Thatsache. Wann er aber abgefaßt wurde und wer der Hauptverfasser war, läßt sich nicht leicht ermitteln. So viel ist gewiß, daß seit der Zeit Gregors des Großen (600) der Kanon unversehrt geblieben ist, und die paar Worte, welche dieser Papst hinzufügte, sind ohne besondere Wichtigkeit. Sogar die Form des jetzigen Kanons bringt uns zurück in die Zeit, in der Männer lebten, die von Angesicht zu Angesicht mit Christus oder wenigstens mit den Aposteln verkehrten. Der Kanon und sein Inhalt bilden den ehrwürdigsten Schatz der katholischen Kirche.

Namen. — Manche andere Namen, die wir noch bisweilen in Büchern finden, wurden früher dem Kanon gegeben. Papst Gregor der Große nannte ihn immer das Gebet, der heilige Ambrosius die kirchliche Regel (ein Beweis für die Bedeutung des Wortes Kanon, welches auch Regel heißt), der hl. Basilius Sekret oder Stillgebet. Von man= chen alten Vätern und der Kirche selbst wurde er oft Actio, Handlung, genannt, und so wird er noch im Meßbuche bei den verschiedenen Festen betitelt.

Ursprünglicher Anfang.—Die Präfation gehört jetzt nicht zum Kanon, allein wir haben die besten Beweise, daß sie früher einen Theil davon bildete, wie noch jetzt in der morgenländischen Kirche. So sehen wir besonders aus dem Meßbuche des heiligen Papstes Gelasius, der diesen Titel vor der Präfation hat: „Anfang des Kanons."

Art und Weise, den Kanon zu lesen.—Aus tiefer Achtung gegen diesen feierlichsten Theil der heiligen Messe, so wie auch um die größtmögliche geistige Sammlung bei Priester und Volk zu befördern, ist es seit undenklichen Zeiten Sitte, den Kanon ganz im Stillen, leise zu beten. Man gibt auch noch einen anderen Grund für diese Leseweise an, nämlich: die heiligen Worten sollten nicht den Ohren zu tagtäglich werden, was nicht leicht hätte vermieden werden können, wenn man sie laut gelesen hätte, denn da der Kanon der Regel nach nicht verändert wird, sondern in jeder Messe derselbe bleibt. würden die Gläubigen dieselben Worte bei jeder Messe gehört, sich dieselben in's Gedächtniß geprägt, und vielleicht nachher zum großen Aergerniß für andere und zum Nachtheile der hl. Religion im gewöhnlichen Leben wiederholt und gebraucht haben.

In einem alten Buche, die geistliche Wiese genannt, welches ums Jahr 630 von einem Einsiedler Johann Moschus verfaßt wurde, und welches von den Vätern des siebenten allgemeinen Conzils zu Nicäa im Jahre 787 hoch gepriesen wurde, finden wir eine rührende Erzählung, die wir in dieser Verbindung mittheilen dürfen. In Apamea, in Syrien, hüteten eines Tages einige Knaben ihre Heerden und wollten zum Zeitvertreibe die Messe spielen. Der eine war der Priester, der andere Diakon und der dritte Subdiakon. Wie sie in ihrem Spiele bis zu den Worten der Wandlung kamen, fiel plötzlich ein feuriger Ball, hart wie ein Meteor, mitten unter die Knaben und betäubte sie so, daß sie alle zur Erde fielen. Als dieses Ereigniß dem Bischofe mitgetheilt wurde, untersuchte er den Platz und nachdem er alle Umstände genau erforscht hatte, ließ er dort zum Andenken eine Kirche bauen.

Von diesem Ereignisse an soll der Kanon immer leise gebetet worden sein. Wie dem auch sei, die besten liturgischen Schriftsteller behaupten, daß der Kanon von Anfang an ein Stillgebet war. Und wir haben für diese heilige Stille

auch) Vorbilder in der hl. Schrift. Wenn am hehren Ver=
söhnungstage der Hohepriester an dem goldenen Altar dem
Herrn Weihrauch opferte, herrschte eine tiefe Stille durch den
ganzen Tempel und alles Volk sprach die Gebete im Stillen.
Der heil. Johannes spricht auch in seiner Offenbarung: „Es
war eine Stille im Himmel, ungefähr eine halbe Stunde
lang." (8, 1.) Auch bei den spätern Juden war es gebräuch=
lich, bei einem vollkommenen Opfer Stille zu beobachten.[1]

Bild am Anfange des Kanons.—In allen Meßbüchern
der Jetztzeit finden wir vor dem Anfange des Kanons ein Bild
des gekreuzigten Heilandes, auf den die drei Marien unten mit
trauriger Betrachtung schauen, nämlich Maria Kleophä, Ma=
ria Magdalena, und Maria, die Mutter des Heilandes. Der
Priester soll durch dieses Bild während des wichtigsten und
hehrsten Theiles der hl. Messe fortwährend an das Kreuzes=
opfer erinnert werden, welches dem Wesen nach eins und das=
selbe mit dem Meßopfer ist. Der Gebrauch, dieses Bild an
dieser Stelle einzufügen, ist uralt. Wir finden es in alten
geschriebenen Meßbüchern und alle alten liturgischen Schrift=
steller kennen es. So z. B. schreibt Honorius von Autun, der
im 12. Jahrhunderte lebte: „Hier ist ein Cruzifix in den
Meßbüchern gemalt, damit das Leiden Christi in die Augen
des Herzens eingeprägt werde." Papst Innozenz III. spricht
auch von dieser Gewohnheit und betont dann vorzüglich, daß
seltsamerweise auch das erste Gebet des Kanons mit dem alten
Zeichen des Kreuzes beginne, nämlich mit dem lateinischen
großen Buchstaben T. Dieser Buchstabe war auch deßhalb in
manchen alten Meßbüchern reich verziert und gemalt und von
großer Länge, (man nennt solche Anfangsbuchstaben i l l u =
m i n i r t e I n i t i a l e n), damit das Auge des Priesters
darauf ruhen und sich das geheimnißvolle T a u (T) des Pro=
pheten Ezechiel vorstellen solle, dem der Auftrag gegeben wurde,
diesen Buchstaben auf die Stirn der Menschen zu zeichnen,
„welche trauern und zagen wegen der Verbrechen, die in ihrer
Mitte begangen werden." In einem alten angelsächsischen

---

1 In der Mischen, dem jüdischen Traditionsbuche, lesen wir über das T r a n k =
o p f e r : „Dann kam die Zeit für das Trankopfer und der Sagan nahm den Wein, stand
neben dem Altare, beobachtete genau die Zeit des Opfers und des Schweigens und gab dann
mit einem Tuche der Musik ein Zeichen, anzufangen. Daß er so lange wartete, kam daher,
weil es vor Gott ein vollkommenes Opfer sein sollte und Stillschweigen am Besten für das
Opfer paßte." Der Sagan war eine hohe Person bei den Juden, da er die Stelle des Ho=
henpriesters vertrat, wenn immer der Letztere nicht beim Opfer zugegen sein konnte. Der
Name Sagan findet sich jedoch nicht in der heiligen Schrift.

Meßbuche ist dieser Buchstabe reichlich in Gold illuminirt, und reicht beinahe über die ganze Seite. In einem andern alten Meßbuche sehen wir in diesem Buchstaben T auch ein illumi= nirtes Bild des Opfers Abraham's.

In einigen Kirchen war es gebräuchlich für den Priester, am Beginne des Kanons das Bild zu küssen. In Mailand, wo der ambrosianische Ritus befolgt wird, wäscht der Priester seine Hände, ehe er den Anfang des Kanons betet.

§ 100.—Das erste Gebet. Te igitur.

In dem ersten Gebete des Kanons, welches mit den Wor= ten Te igitur (Dich also) anfängt, bittet der Priester, Gott möge diese Gaben gnädig aufnehmen für die Kirche, den Papst, den Bischof (weltliche Regenten) und das gesammte christliche Volk.

Beim Anfange dieses Gebetes steht der Priester tief ge= beugt vor dem Altare und legt seine Hände darauf; bei den Worten „diese Gaben, diese Geschenke, diese heiligen und ma= kellosen Opfer" richtet er sich empor und macht dreimal das Zei= chen des Kreuzes über die Hostie und den Kelch. Die Kreuzes= zeichen an dieser Stelle mahnen uns inniger, als zuvor, daran, daß bald der feierliche Augenblick kommen wird, in dem Derje= nige, der unser Heil auf dem Kalvarienberge wirkte, auf dem Altare erscheint. Daß drei Kreuzeszeichen gemacht werden, hat seinen Grund in einem alten Gebrauche, der noch von den Kart= häusern beobachtet wird. Man machte nämlich aus den Ho= stien, die für die Kommunion der Gläubigen auf den Altar ge= legt waren, zwei kleine Häufchen, die rechts und links von der großen Hostie für den Priester gelegt wurden. Der Priester machte dann über jeden der drei Theile ein Kreuz, und dieser Gebrauch des dreifachen Kreuzzeichens wird noch jetzt beibehalten. Wenigstens so lehren uns die bestunterrichteten Männer.

Früher war man nicht einig in Bezug auf die Zahl der Kreuzeszeichen, die hier gemacht wurden. Wir sehen dies aus alten Meßbüchern. In dem gallikanischen war blos ein Kreuz vorgeschrieben, in dem gelastanischen aber fünf, zum Andenken, wie uns gesagt wird, an die fünf Wunden Christi. Man war darüber so uneinig, daß der hl. Bonifazius, Apostel der Deut= schen, (750) an den Papst Zacharias um Belehrung schrieb. Der Papst antwortete ihm, er wolle ihm einen Kanon schicken und dort anmerken laſſen, wo immer ein Kreuz müſſe gemacht werden. Wenn e i n Kreuz gemacht wird, ſoll es die Einheit Gottes vorſtellen; z w e i Kreuze deuten die zwei Naturen in Chriſtus an, d r e i die heil. Dreieinigkeit und f ü n f die fünf Wunden Chriſti.

In dieſem Gebete betet der Prieſter, wie geſagt, für die allgemeine Kirche, dann für den Stellvertreter Chriſti, den Papſt, der hier bei Namen genannt wird, dann für den Biſchof der Diözeſe, worin der Prieſter Meſſe lieſt, endlich für alle recht= gläubigen Vertheidiger des katholiſchen Glaubens. Wenn er des Papſtes gedenkt, nennt er ihn bei Namen, z. B. Leo, Pius, Gregor u.ſ.w., nennt aber die Zahl nicht, z. B. nicht Leo XIII. und verbeugt ſich ein wenig bei dieſen Namen, aus Ehrfurcht gegen Chriſti Stellvertreter. So wird auch der Biſchof ge= nannt, nämlich blos mit ſeinem Vornamen, aber ohne Verbeu= gung. Wenn der Biſchof krank oder alt iſt, oder wegen ſonſti= gen Gründen das Bisthum ſelbſt nicht verwaltet, ſondern einen Gehülfsbiſchof hat, darf der Name dieſes Gehülfsbiſchofes nicht genannt werden, ſelbſt wenn er die ganze Leitung der Diözeſe beſäße. Wenn der Biſchof ſelbſt Meſſe lieſt, ſagt er nicht „und unſer Biſchof N.", ſondern „und ich, Dein unwürdiger Diener." Der Papſt ſagt anſtatt der anderen Worte „ich, Dein unwür= diger Diener, den Du über Deine Heerde zu wachen geſetzt haſt." In Rom betet der Prieſter natürlich nur für den Papſt, der ja auch der Biſchof von Rom iſt. Unter Biſchöfen gibt es keinen Unterſchied in dieſem Gebete zwiſchen Biſchöfen, Erzbiſchöfen und Cardinälen. Die Mitglieder religiöſer Orden müſſen auch für den Biſchof der Diözeſe beten, nicht für ihre eigenen Obern.

In dem letzten Theile finden wir zwei Ausdrücke, die anſcheinend dieſelbe Bedeutung haben. Der Prieſter betet für „alle Rechtgläubigen und für diejenigen, die den katholi= ſchen und apoſtoliſchen Glauben bewahren." Manche wollen behaupten, daß durch den Namen „Rechtgläubige" auch diejeni= gen bezeichnet werden, die von der Einheit der Kirche getrennt ſind, aber keine ketzeriſchen Meinungen haben; dann würde die griechiſche Kirche, ſowie die ruſſiſche Kirche hierin begriffen ſein. Natürlich kann einer ein S c h i s m a t i k e r ſein, ohne ein Ketzer ſein zu müſſen. Ein Ketzer macht ſich ſelbſt zum oberſten Richter des Glaubens und wählt ſich ſeinen Glauben ſelbſt. Ein S c h i s m a t i k e r iſt derjenige, welcher ſich von der ä u ß e r n Kircheneinheit trennt, indem er mit den äußern

Regeln oder der Oberhoheit des Papstes nicht zufrieden ist und diese nicht anerkennt. Während nun die griechische Kirche seit dem neunten Jahrhundert schismatisch ist, (d. h. der nicht mit der römischen Kirche vereinigte Theil; es gibt nämlich auch unirte, mit der römischen Kirche vereinigte Griechen,) hat die römische Kirche sie doch nie als ketzerisch erklärt, und so lange der apostolische Stuhl sich eines Urtheils enthält, wollen wir auch solches nicht unternehmen zu thun. Manche glauben des= halb, daß in dem Gebete die Rechtgläubigen auch die Schisma= tiker einschließen. Gegen diese Auslegung wissen wir blos einen gewichtigen Grund anzuführen, nämlich diesen, daß es gegen die Gewohnheit der Kirche ist, das heilige Opfer für diejenigen darzubringen, die wissentlich und mit Willen von der Einheit der Kirche getrennt sind.

In katholischen Ländern ist es Gebrauch, unmittelbar nach dem Namen des Bischofs der Diözese den Namen des jedesma= ligen Regenten beizufügen. Die Venetianer nannten ihren Dogen. Die Ungarn beteten längere Zeit für ihren König, allein nach einem neuen Gesetze müssen Alle, die in dem Gebiete Oesterreichs leben, für den Kaiser beten. Wir brauchen kaum beizufügen, daß es ohne ausdrückliche Erlaubniß Roms keinem gestattet ist, irgend einen Namen hier einzusetzen.

Morgenländischer Gebrauch. — Wie schon öfters bemerkt, fängt in der morgenländischen Kirche der Kanon mit der Prä= fation an. In der Liturgie des hl. Basilius des Großen geht dem Kanon die ernste Mahnung voran: „Ihr Menschen, kommt her! Steht mit zitternder Ehrfurcht und schauet gen Osten!" In fast allen morgenländischen Liturgien werden ähnliche Mahnworte dem Kanon voran geschickt, und sobald die Um= stehenden sie hören, stehen sie achtungsvoll und aufmerksam auf. Die Maroniten, denen es gestattet ist, Stäbe in der Kirche zur Stütze zu haben, da es bei ihnen nicht Sitte ist, Sitze in der Kirche zu gebrauchen, müssen hier selbst ihre Stäbe zur Seite legen, zum Zeichen ihrer großen Ehrfurcht gegen diesen heiligen Theil der Messe. Bei den Armeniern lautet das Gebet für die geistlichen und die weltlichen Obrig= keiten wie folgt: „Für unseren Herrn, den heiligsten Patriar= chen N., für seine Gesundheit und das Heil seiner Seele. Für alle Bartabeds (d. h. Klosterpriester, die gewöhnlich auch die Prediger sind). Priester, Diakone und Subdiakone. Für den Kaiser, die kaiserliche Familie, den Hof und das Lager." Die=

ſes letztere Gebet für die kaiſerliche Familie iſt in der ruſſiſchen
Kirche ſehr lang, da jedes Mitglied derſelben bei Namen genannt
werden muß, und wehe dem Prieſter oder Biſchof, der es wagen
ſollte, einen Namen auszulaſſen; der Czar nämlich iſt oberſter
Herr in geiſtlichen und weltlichen Angelegenheiten in ſeinem
ganzen Reiche und es iſt ſein anerkanntes Recht, ſeinen Namen
und ſeine Titel, wo ſie auch gefunden werden mögen, immer
mit großen Buchſtaben ſchreiben zu laſſen. Das Gebet für den
weltlichen Herrſcher in der Liturgie des heiligen Markus iſt ſehr
ſchön. Es heißt: „Für den rechtgläubigen und Chriſtus lieben=
den König. Lege Deine Hände auf ſeinen Schild und ſeinen
Panzer, und ſtehe auf, ihm zu helfen. Bedecke ſein Haupt in
den Tagen des Kampfes, ſprich gute Eingebungen in ſein Herz
für Deine heilige katholiſche und apoſtoliſche Kirche und für
alles Volk, das Gott liebt.“ Das Gebet in der Liturgie des
hl. Clemens lautet alſo: „Für jede biſchöfliche Würde unter
dem Himmel, die das Wort Deiner Wahrheit richtig austheilt,
laßt uns unſer Bittgebet aufopfern, und für unſeren Biſchof
Jakobus und ſeine Pfarreien laßt uns beten; für den Biſchof
Clemens und ſeine Pfarreien, laßt uns beten; für unſeren
Biſchof Evodius und ſeine Pfarreien laßt uns beten, auf daß
Gott in ſeiner Barmherzigkeit ſie ihren Kirchen erhalten möge,
feſt, ehrbar, eines langen Lebens, und daß er ihnen ſelbſt ein
ehrwürdiges Greiſenalter in Frömmigkeit und Tugend gebe.“

§ 101.—Das zweite Gebet. Memento. Gedächtniß der Lebendigen.

Beim Beginn dieſes Gebetes erhebt der Prieſter ſeine
Hände langſam, faltet ſie vor ſeinem Geſichte und verharrt
dann eine Zeitlang in ſtummem Gebete für diejenigen, für
welche er beſonders zu beten gedenkt. Hier kann er im Stillen
und im Geiſte für irgend Jemanden beten, mag dieſer Betref=
fende in oder außer dem Verbande der Kirche ſein, denn das
Gebet iſt ein Privatgebet, über welches die Kirche nicht richtet.
Das Memento lautet: „Gedenke, o Herr, Deiner Diener und
Dienerinnen N. N. (hier betet der Prieſter im Stillen) und
aller hier Gegenwärtigen, deren Glaube Dir bekannt und deren
Andacht Dir offenbar iſt, für die wir, oder die ſelbſt Dir dieſes
Opfer des Lobes darbringen für ſich und alle ihre Angehörigen,
für die Rettung ihrer Seelen, für die Hoffnung ihres Heiles
und ihrer Wohlfahrt, und die ihre Gebete Dir, dem ewigen,
lebendigen und wahren Gott aufopfern.“

In Bezug auf die Worte: „die selbst dieses Opfer dar=
bringen", müssen wir nicht daran denken, daß dem Volke das
Recht oder die Macht gegeben sei, das wahre Opfer darzubrin=
gen; dieses kann nur der Priester. Die Ausdrucksweise ist
eine tagtägliche Form, um die Theilnahme des Volkes am
Opfer zu kennzeichnen, und deutet besonders auf die alte
Gewohnheit hin, von dem Volke Brod und Wein als Gaben
für den Altar entgegenzunehmen. Einige wollen behaupten,
das Gebet besage bloß: „für die wir u n d die selbst Dir
opfern." Natürlich hängt die Menge der Gnaden, welche die
Umstehenden durch Beiwohnung des heil. Opfers empfangen,
sehr viel von ihrer eigenen Andacht ab.

Es war früher gebräuchlich, bei den Buchstaben N. N. mit
lauter Stimme die Namen aller derer vorzulesen, die auf eine
besondere Erinnerung Anspruch hatten. Im Levitenamte
mußte der Diakon dieses thun. Er stand bei dieser Lesung
entweder auf den Altarstufen oder bestieg den Ambo, was
gewöhnlich Sitte war; in stillen Messen las der Priester
selbst, nachdem er sich dem Volke zugewandt hatte, die Na=
men aus den Diptychen vor. Nach der gewöhnlichen Meinung
war diese Lesung bis zum elften Jahrhundert gebräuchlich,
aber zuletzt sah sich die Kirche genöthigt, wegen der Eitelkeit so
mancher Christen, die sich mit der Vorlesung ihrer Namen und
ihrer Gaben brüsteten, diesen alten Gebrauch abzuschaffen.

Die Diptyche. — Wir gebrauchten soeben dieses Wort,
ohne es zu erklären. Wir werden etwas länger dabei ver=
weilen müssen. Das Wort stammt aus dem Griechischen und
heißt „g e f a l t e t e n T ä f e l c h e n". Die Diptyche waren
eine Art Brieftasche und auf jeder Seite waren drei Abthei=
lungen oder Spalten. In die e r s t e S p a l t e wurden die
Namen der hl. Märtyrer geschrieben, die offen für den Glau=
ben gestorben waren, und die man deßhalb k a n o n i s i r t e
H e i l i g e nannte, weil sie für würdig erachtet waren, im
Kanon der Messe verlesen zu werden. Dieses war die
ursprüngliche Form der Kanonisation oder Heiligsprechung.
Wir haben noch jetzt eine Spur davon. Wenn nämlich der
Papst einen Diener Gottes förmlich in die Zahl der Heiligen
aufnimmt, nennt er in der feierlichen Messe, die er bei dieser
Gelegenheit selbst liest, nach den anderen Heiligen, die im
Kanon genannt werden, auch den Namen des eben heilig
Gesprochenen. Die z w e i t e S p a l t e der Diptychen enthielt

die Namen derer, die unter den Lebenden sehr hohen Ranges waren, seien es nun geistliche oder weltliche Obern. Hierher gehörten die Namen des Papstes, des Patriarchen, des Erzbischofs, des Bischofs der Diözese, des regierenden Fürsten und solcher, die Oberhoheit in irgend einer Weise besaßen. In diese Spalte wurden jedoch auch diejenigen versetzt, für deren besondere Meinung das Meßopfer dargebracht wurde, und die in freigebiger Weise für die Bedürfnisse des Altars und den Unterhalt der geistlichen Diener gesorgt hatten. Da es strenge verboten war, Geschenke von denen anzunehmen, deren Leben Aergerniß gab, oder die nicht im wahren Sinne des Wortes religiöse Katholiken waren, konnten auch deren Namen nicht in die Diptyche versetzt werden, wenn sie auch eine sehr hohe Stellung einnahmen. In die dritte Spalte wurden alle anderen gesetzt, für die wir jetzt in vier Gebeten zu Gott bitten, im Memento für die Lebenden, dem Communicantes, dem Nobis quoque peccatoribus und dem Memento für die Verstorbenen, von welchen Gebeten wir weiterhin ausführlicher sprechen werden. Obgleich nun die Lesung der Namen längst außer Gebrauch ist, dürfen doch die Buchstaben N. N., die in diesem Gebete stehen, nicht von dem Buchdrucker ausgelassen werden, obwohl der Priester nicht verpflichtet ist, irgend einen bei Namen zu nennen. Wir haben hier also ein ferneres Beispiel der Unwandelbarkeit des Kanons.

Ceremonien bei der Lesung der Diptyche.—In manchen Domkirchen war die Lesung der Diptyche von vielen feierlichen Ceremonien begleitet und Vorbereitungen wurden für diese Lesung gemacht, die denen ähnlich waren, welche wir oben bei der Abhandlung vom Lesen des Evangeliums geschildert haben. Wir bemerkten schon, daß die Lesung gewöhnlich auf dem Ambo geschah. Die versammelten Gläubigen richteten deßhalb ihre Augen darauf, und diejenigen, welche bequem dahin gelangen konnten, schaarten sich um den Ambo, bis alle Namen verlesen waren. Wenn irgend ein Name verlesen wurde, der besonderer Achtung werth war, rief das Volk oftmals: Gloria Tibi, Domine (Ehre sei Dir, o Herr), zum Dank für die Ehre, die diesem Namen erwiesen wurde. So geschah es z. B. in dem fünften allgemeinen Conzil zu Constantinopel im Jahre 553, als die Namen des Papstes Leo des Großen und der heiligen Bischöfe Macedonius und Euphemius verlesen wurden. Auch wurden zur Erbauung des Volkes oft die Namen der allgemeinen Conzilien genannt, in denen eine große Glaubenswahrheit erklärt oder eine Ketzerei verdammt worden war. Oefters jedoch, wenn die Verlesung der Namen zu viel Zeit in An= spruch nehmen würde, wurde ein Verzeichniß derselben dem Priester auf den Altar vor Augen gesetzt und die Namen nicht verlesen, um das Volk nicht allzu lange hinzuhalten. Der Priester sagte dann: „Gedenke, o Herr, Deiner Diener und Dienerinnen, und aller derer, die ein besonderes Recht haben, vor dem Angesichte Deiner göttlichen Majestät erwähnt zu wer= den, sowie auch derer, auf deren Namen wir jetzt blicken oder die wir in Worten ausdrücken." Es wird uns auch erzählt, daß bisweilen der Subdiakon mit leiser Stimme dem Priester die Namen derer zuflüsterte, die eines besonderen Gedächtnisses würdig waren. In der lateinischen Kirche finden wir die Diptyche noch in dem mozarabischen Ritus in Spanien.

Diptyche in der morgenländischen Kirche.—Aus einem einfachen Ueberblick über die Meßbücher des Morgenlandes ersehen wir leicht, daß die Lesung der Diptyche noch überall besteht. Besondere Regeln finden sich dort am Anfange der Messe, um dem Diakon Anweisungen zu geben. Die Rang= ordnung ist bei den Kopten diese: Zuerst betet der Priester für die Kirche im Allgemeinen, dann für alle Bischöfe, dann für den Patriarchen und alle Rangstufen der Geistlichkeit und zuletzt für den günstigen und fruchtbringenden Stand des Nilflusses. In der griechischen Liturgie des h. Basilius wird auch der Papst erwähnt, allein dieser ist nicht, wie man vielleicht denken könnte, der Papst von Rom, sondern der Patriarch von Alexandrien, dem dieser Titel im Osten immer gegeben wird. In einigen Kirchen in Syrien ist es Gebrauch, nach dem Namen eines jeden "Kyrie eleison" zu antworten. Wir verlassen nun dieses Gebet und wenden uns zum nächsten, wobei wir etwas länger verweilen müssen.

§ 102.—**Das dritte Gebet.** Communicantes.

Der Priester betet dieses Gebet mit erhobenen und aus= gestreckten Händen, und macht eine Verbeugung, wenn der Name Jesu vorkommt, sowie auch wenn an dem betreffenden Tage das Fest oder das Andenken eines dort genannten Heili= gen gefeiert wird. Wir werden versuchen, über den in dem Gebete genannten Heiligen weiterhin einige besondere Worte

zu sagen. Das Gebet selbst lautet ungefähr so: „Wir vereini=
gen uns (mit den Heiligen) und verehren das Andenken der=
selben, zuerst der seligen und glorreichen Jungfrau Maria,
Mutter Gottes, unsers Herrn Jesu Christi, wie auch Deiner
heiligen Apostel und Märtyrer, Petrus und Paulus, Andreas,
Jakobus, Johannes, Thomas, Jakobus, Philippus, Bartho=
lomäus, Matthäus, Simon und Thaddäus, Linus, Cletus,
Clemens, Xystus, Cornelius, Laurentius, Chrysogonus, Jo=
hannes und Paulus, Cosmas und Damianus, und aller Deiner
Heiligen; durch ihre Verdienste und Gebete gib, daß wir in
Allem unterstützt und gestärkt werden durch Deine Hilfe. Durch
denselben Christus, unsern Herrn.

Die einzelnen Heiligen, die hier aufgeführt sind. — Ehe
wir über die einzelnen Heiligen näher berichten, wollen wir
zuvor anführen, daß nur Märtyrer, keine Bekenner und keine
Jungfrauen oder sonstige Heilige genannt werden, weil die
Feste der letzteren erst im fünften Jahrhundert nach Christus
in Gebrauch kamen. Es wird also auch dieser Theil des
Kanons schon vor dem fünften Jahrhundert vollständig
im Gebrauch gewesen sein.

a) Mit Recht und Billigkeit, da sie ja den hohen Titel
„Königin aller Heiligen und der Märtyrer" hat, ist die aller=
seligste Jungfrau zuerst in diesem Gebete aufgeführt mit der
Lobpreisung „der seligen und glorreichen Jungfrau Maria,
Mutter Gottes, unsers Herrn Jesu Christi." Es gibt keine
Liturgie im Morgen= oder Abendlande, in der die allerseligste
Jungfrau mit ihren Vorrechten und Würden nicht erwähnt
wird. In der Liturgie des hl. Jakobus wird sie „die heiligste,
unbefleckte, außerordentlich glorreiche, gebenedeite Frau, Mutter
Gottes und immerwährende Jungfrau Maria" genannt. In
der Liturgie des hl. Chrysostomus: „Die heiligste, unbefleckte,
außerordentlich lobwürdige, glorreiche Frau, Mutter Gottes
und immerwährende Jungfrau Maria." Beim hl. Basilius
dem Großen heißt sie „die allheilige, unbefleckte, über alles
gesegnete, glorreiche Frau, Mutter Gottes und immerwäh=
rende Jungfrau Maria". Bei den Kopten in Egypten: „Vor
allen unsere heiligste, glorreichste, unbefleckte, gebenedeite liebe
Frau, Mutter Gottes und immerwährende Jungfrau Maria."
Selbst die Nestorianer, die ihr den glorreichen Titel „Mutter
Gottes" nicht zuerkennen wollen, erzeigen ihr in jeder anderen
Art die größte Ehrfurcht. Sie sagen: „Mögen die Gebete der

Jungfrau Maria, Mutter Christi, unsers Erlösers, uns immer ein Schutzwall bei Tag und Nacht sein." An einer anderen Stelle sagen sie: „Freue Dich und frohlocke, Du voll der Gnaden, heilige und keusche Jungfrau Maria, Mutter Christi, weil der Erzengel zu Dir als himmlischer Gesandter kam, der Du in Jungfrauschaft den Wundervollen, den Rath= geber und den Erlöser der Welt gebarst." Protestanten der heutigen Zeit verwundern sich, daß überall die alten Ketzer, sogar die Nestorianer, eine so tiefe Achtung gegen die aller= seligste Jungfrau hegen. Wir lernen von einem neueren protestantischen Reisenden, daß die Nestorianer bisweilen selbst den Ausdruck „Mutter Gottes" gebrauchen, den doch Nestorius selbst der heiligen Jungfrau abstritt, weßhalb er im Conzil von Ephesus im Jahre 431 verdammt wurde.

b) **Petrus.**—Der Apostelfürst war gebürtig aus Bethsaida, und der Ueberlieferung nach ungefähr zehn Jahre älter, als Christus. Sein früherer Name war Simon oder Simeon (d. h. Gott hat gehört), der Heiland aber änderte seinen Na= men in Kipho oder Cephas, d. h. Felsen. Petrus war verheirathet, aber nach einer vom hl. Hieronymus sehr beton= ten Tradition lebten er und seine Gattin nach seiner Berufung zum Apostelamte in steter Enthaltsamkeit. Nach der Tradition war Petronilla, deren Fest die Kirche am 31. Mai feiert, seine Tochter. Dieser glorreiche Apostel duldete den Martertod unter dem Kaiser Nero, der ihn auf dem Batikanischen Hügel mit dem Kopfe nach unten (nach dem Wunsche Petri selbst) kreuzi= gen ließ. Auf alten Gemälden hat er den Oberkopf immer kahl geschoren und nur einen Kranz von Haaren am Rande stehen, wie wir es noch jetzt bei den Tonsuren gewisser Orden finden. In deutscher und anglo=sächsischer Kunst ist er ohne Bart, denn es ging die Legende, daß die Heiden seinen Bart und seine Haare schoren, um ihn vor dem Volke so lächerlich, als möglich, zu machen. Seit dem 8. Jahrhundert trägt er ein paar Schlüssel in der Hand, die seine Gewalt über das Himmelreich kennzeichnen. Es wird von Vielen behauptet, daß zum Andenken an die Schmach, die dem heil. Petrus durch das Scheren seiner Haare angethan wurde, die Tonsur in die Kirche eingeführt wurde. Bekanntlich ist sein Todestag der 29. Juni 68.

c) **Paulus.**—Der hl. Paulus war gebürtig aus Tarsus, einer Stadt Ciliciens in Kleinasien. Nach seiner wunderba=

ren Bekehrung ging er nach Jerusalem, wo er durch seinen Gefährten, den heil. Barnabas, mit Petrus und Jakobus bekannt wurde. Mit dem heil. Petrus wirkte er zuletzt in Rom, und duldete mit ihm am selben Tage den Martertod. Von diesen beiden Aposteln, die immer zusammen genannt werden, singt die Kirche: „Im Leben liebten sie sich einander, im Tode sind sie nicht getrennt." Paulus, der früher Saulus hieß, soll seinen Namen vom Prokonsul Paulus erhalten haben, den er zuerst zum Glauben bekehrte. Andere leiten den Namen vom Lateinischen ab, wo es „klein" heißt, weil der heil. Paulus oft sagt, er sei der G e r i n g ste d e r A p o st e l.

d) **Andreas.** 30. November.—Der heil. Andreas war der Bruder Petri; ob älter oder jünger, als der Letztere, wissen wir nicht. Nach der Theilung der Welt unter die Apostel soll ihm Scythien zugefallen sein. Er predigte in Kappadocien, Galatien, Bithynien und in allen Gegenden am schwarzen Meere, und starb, wie sein Meister, am Kreuze. Nach den best verbürgten Nachrichten geschah dieses zu Patras in Achaia. Im vierten Jahrhunderte wurden einige seiner Reliquien durch den heil. Regulus nach Schottland gebracht und seit der Zeit wird er als der Patron des Landes, sowie des „Distelordens," des ersten Ordens Schottlands, verehrt. Er ist auch der Patron des „Ordens des goldenen Bließes" in Burgund, sowie des ganzen russischen Reiches und des „Ordens des hl. Andreaskreuzes" daselbst. Das sogenannte Andreaskreuz, an dem der Heilige litt, gleicht einem großen lateinischen X.

e) **Jakobus.** 25. Juli.—Der hl. Jakobus der Aeltere war der Bruder des heil. Johannes des Evangelisten und Sohn des Zebedäus und der Salome. Er war n i ch t der sogenannte Bruder des Herrn. Der hl. Jakobus, mit Petrus und Johannes, war bei der Verklärung Christi zugegen, wie auch im Oelgarten vor dem Leiden. Die Apostelgeschichte erzählt uns, daß Herodes seine Hände ausstreckte, um Einige aus der Kirche zu bedrücken und den heil. Jakobus durch's Schwert umbringen ließ, ungefähr um 43 nach Christus. Der Leib des Apostels wurde zuerst in Jerusalem begraben, soll aber nachher nach Spanien übertragen worden sein und wurde dort in der Stadt Jria Flavia (El Padron), an der Grenze Galiziens, beigesetzt. Er wurde auf Befehl des Königs Alphons des Keuschen von Leon nach Compostella übertragen, wo er noch jetzt den Gläubigen zur Verehrung gezeigt wird. Von diesem Umstande wurde der hl. Jakobus Patron Spaniens unter dem Namen: "Sant Jago di Compostella." Ein militärischer Orden, ge= nannt „St. Jakob der Edle," wurde im Jahre 1175 von Fer= dinand II. zu seiner Ehre gestiftet.

f) **Johannes.** 27. Dezember. — Dieser heil. Apostel und Evangelist, „den der Herr liebte," war ein Galiläer, der Bru= der des Vorigen. Er soll bis zum Tode der Jungfrau Maria im Jahre 48 in Jerusalem gewohnt haben, dann nach Klein= Asien gereist sein, wo er die sieben Kirchen, die in der Offenba= rung genannt sind, gründete. Wir wissen sicher, daß er zu Ephesus starb und dort begraben wurde. Er wurde ungefähr 100 Jahre alt. Nach alten Nachrichten trug der hl. Johannes stets das goldene Täfelchen des Hohenpriesters mit der Inschrift „Heiligkeit vor Jehovah" vor seiner Stirne. Die Griechen nennen ihn „den heil. Johannes den Göttlichen." Manche der alten Väter glaubten, daß er wegen seiner großen Reinigkeit und seiner besonderen Freundschaft mit dem göttlichen Erlöser gleich Henoch und Elias mit Leib und Seele in den Himmel aufgenommen wurde. Obgleich er eines natürlichen Todes starb, wird er doch als ein Märtyrer verehrt, weil er den Mar= tertod dulden wollte, als er auf Befehl des Kaisers Domitian in einen Kessel siedenden Oels geworfen wurde. Er wurde je= doch nicht verletzt.

g) **Thomas.** 21. Dezember. — Nach der allgemeinen Mei= nung war auch dieser Apostel ein Galiläer. Nach der Theilung der Erde wanderte er zu seinem Theile, Parthien. Die Brah= minen in Indien sollen ihn mit einem Spieße getödtet haben. Er wird gewöhnlich der „zweifelnde Jünger" genannt, er wollte nämlich nicht den Worten der anderen Apostel glauben, die ihm vom auferstandenen Erlöser erzählten, und erklärte, er würde nicht glauben, bis er die Wundmale gesehen und untersucht habe. Man behauptet oft, daß wegen der Kürze seines Glau= bens auch der kürzeste Tag im Jahre zu seinem Gedächtnißtage bestimmt worden sei.

h) **Jakobus.** 1. Mai. — Der heil. Jakobus der Jüngere. wurde nach hebräischem Sprachgebrauche der Bruder des Herrn genannt, da er der leibliche Vetter Christi war. Man nennt ihn auch Jakobus den Gerechten. Er war der Sohn des Al= phäus und der Maria, Schwester der allerseligsten Jungfrau. Nach der Auffahrt Christi war er Bischof von Jerusalem. Auch er trug, wie der hl. Johannes, das goldene Täfelchen des Ho=

henpriesters vor seiner Stirn. Wie uns durch den hl. Hiero=
nymus verbürgt wird, wurde er von den Juden von den Zin=
nen des Tempels gestürzt und nachher mit einem Walkerbaum
getödtet. Die Aehnlichkeit dieses Apostels mit Christus soll so
groß gewesen sein, daß es schwierig war, sie von einander zu
unterscheiden; deßhalb mußte Judas den Juden ein Zeichen
geben: „Den ich küssen werde," so sprach er, „der ist es; legt
eure Hände auf ihn und führt ihn sorgfältig weg." Nach der
Legende machte der heil. Jakobus ein Gelübde, nichts zu essen
von dem letzten Abendmahle an bis zur Auferstehung Christi.
Gleich nach der Auferstehung soll dann der Heiland ihm er=
schienen sein und um einen Teller und um Brod gebeten haben.
Nachdem er es ihm gegeben, habe der Heiland es ihm wieder
dargereicht mit den Worten: „Mein Bruder, esse Dein Brod,
denn des Menschen Sohn ist von den Schlafenden erstanden!"
Nach dem heil. Gregor von Tours wurde er auf dem Oelberge
in einem von ihm selbst gebauten Grabe bestattet. Er ist der
Verfasser der Epistel, von der Luther einst sagte, sie sei eine
„stroherne Epistel," weil Jakobus sehr betont, daß der Glaube
ohne gute Werke ein todter Glaube ist.

i) **Philippus.** 1. Mai.—Der hl. Philippus, gebürtig aus
Bethsaida, erhielt zu seinem Antheile bei der Theilung der
Apostel das obere Asien. In Phrygien duldete er den Marter=
tod in hohem Alter. Ein Arm des Apostels wurde im Jahre
1204 von Konstantinopel nach Florenz gebracht; die übrigen
Theile seines Körpers sind in der Kirche der hl. Philippus und
Jakobus in Rom.

j) **Bartholomäus.** 24. August.—Es ist ein ziemlich be=
gründeter Glaube, daß der heil. Bartholomäus und Nathanael
dieselbe Person ist. Er war, so sagt die Legende, aus Kana
in Galiläa gebürtig. Sein Vater hieß Tolmai, denn Bar=
tholomäus heißt Sohn des Tolmai. (Im alten Hebräischen
hieß Sohn ben, so z. B. Ben-jamin, Sohn meiner rechten
Hand; nach der babylonischen Gefangenschaft sprachen die Ju=
den nicht das wahre Hebräische, sondern einen Dialekt, der ara=
mäisch genannt wurde, und in diesem Neu=Hebräischen hieß
Sohn bar, z. B. Bar-jona, Sohn des Jonas, bar-timaeus,
Sohn des Timäus.) Daß dieser Apostel den Martertod dul=
dete, und zwar, wie Gregor von Tours ausdrücklich bemerkt, in
Groß=Armenien, ist festgestellt; wir wissen aber die Art seines
Martertodes nicht sicher. In der Kunst wird er gewöhnlich
mit einem großen Fleischermesser dargestellt, weil man glaubt,

er sei mit einem solchen Messer getödtet worden. Ein Arm des Heiligen wurde durch den Bischof von Benevent dem heil. Edward dem Bekenner, König von England, als Geschenk übersschickt und nachher in der Domkirche zu Canterbury bewahrt.

k) **Matthäus.** 21. September.—Nach der Ueberlieferung war Matthäus aus Nazareth gebürtig und Zolleinnehmer daselbst. Er hieß vor seiner Berufung Levi. Er wirkte und predigte in Aethiopien, d. h. im alten Chaldäa, wo er in Nadabar, einer ansehnlichen Stadt daselbst, den Martertod litt.

l) **Simon.** 28. Oktober.—Es gab drei bekannte Personen im Neuen Testamente, die den Namen Simon trugen: Simon Petrus, Simon, Bruder des heil. Jakobus des Jüngern, und Simon der Kanaanit, auch wohl Simon Zelotes, d. h. der Eiferer, genannt. Nach dem hl. Hieronymus bedeutet Kanaanit auch Eiferer, und muß deßhalb nicht angenommen werden, daß er aus Kana war. Griechische Schriftsteller behaupten, der hl. Simon sei gegen Ende seines Lebens nach England gekommen und habe dort den Martertod erlitten. Nach Andern duldete er in Persien.

m) **Thaddäus.** 28. Oktober.—Dieser Apostel hat drei Namen im Neuen Testamente: Judas, Thaddäus und Lebbäus. Der letztere Namen ist der gewöhnliche beim hl. Matthäus. Er soll seinen früheren Namen Judas in Thaddäus umgeändert haben, um nicht denselben Namen mit dem Verräther zu besitzen. Andere jedoch geben andere Gründe an. Er predigte zuerst in Samaria, dann in Syrien und zuletzt in Persien, wo er auch für Christus starb. Er schrieb eine Epistel, die man zu den katholischen zählt und die so genannt werden, weil sie nicht an einzelne Personen, sondern an die ganze katholische Kirche gerichtet waren.

n) **Linus.** 23. September.—Der heil. Linus war der erste Nachfolger Petri. Er regierte ungefähr zwölf Jahre und wurde um's Jahr 78 zu Rom enthauptet.

o) **Cletus.** 26. April.—Der hl. Cletus, der dritte Papst, regierte ungefähr dreizehn Jahre. Er litt den Martertod um's Jahr 91. Unter den ersten Päpsten finden wir auch einen Papst, Namens Anacletus, und obgleich Manche behaupten wollen, Cletus und Anacletus seien dieselbe Person, scheint doch die entgegengesetzte Meinung die sichere zu sein. In dem alten sogenannten Liberianischen Kalender werden sie als verschiedene Persönlichkeiten aufgezählt, so auch in den neuen päpstlichen Kalendern.

p) **Clemens.** 23. November. — Der hl. Clemens, Beglei=
ter und Mitarbeiter Pauli, war nach den besten Ueberlieferun=
gen ein Jude von Geburt. Der hl. Paulus sagt von ihm, sein
Name sei im Buche des Lebens. Er schrieb eine Epistel an die
Römer, um sie in ihren Leiden zu trösten, und Manche haben
diesen herrlichen Brief als von Gott eingegeben betrachtet. —
Der Brief ist dem Briefe Pauli an die Hebräer sehr ähnlich,
und haben deßhalb Manche den letzteren auch oft dem hl. Cle=
mens zugeschrieben. Der hl. Clemens wurde unter der Regie=
rung Trajans enthauptet.

q) **Xystus.** — Manche wollen unter diesen Heiligen den
Papst Xystus II. verstehen, der im Jahre 258 am 6. August
gemartert wurde; Andere jedoch Papst Xystus I., der unter
Antoninus getödtet wurde und dessen Fest auf den 6. April
fällt. Es scheint uns wahrscheinlicher, daß der Letztere ge=
meint ist

r) **Cornelius.** 16. September. — Dieser Heilige wurde
Papst im Jahre 254. Der heil. Cyprian nennt ihn einen „se=
ligen Märtyrer."

s) **Cyprian.** 16. September.—Gebürtig aus Karthago in
Afrika, litt der heil. Cyprian um's Jahr 258. Wie er seine
Verurtheilung verlesen hörte, sagte er: "Deo gratias" (Dank
sei Gott). Der heil. Cyprian hatte einen heftigen Kampf mit
den Bischöfen und Päpsten seiner Zeit über die Frage, ob die
Ketzertaufe eine gültige sei. Der hl. Papst Stephan entschied
für die Gültigkeit und verbot die Wiederholung einer solchen
Taufe mit den Worten: „An Dem, was uns überliefert ist,
darf Nichts verändert werden."

t) **Laurentius.** 10. August. — Der heil. Laurentius war
wahrscheinlich gebürtig aus Spanien; war Diakon des Papstes
Xystus II. und litt den Martertod im Jahre 258, indem er auf
einem glühenden Roste lebendig gebraten wurde. Das groß=
artigste Denkmal, das zu Ehren des heil. Laurentius erbaut
wurde, ist der berühmte Palast des Eskurial, fünfzehn Meilen
von Madrid in Spanien. Er wurde von Philipp II. zum
Danke für einen Sieg über die Franzosen am hl. Laurentius=
tage 1557 gestiftet und ausgelegt. Der Palast ist in Gestalt
eines Rostes gebaut, in dem die königlichen Gemächer die Hand=
habe, der Dom den Rost selbst vorstellen. Der Palast ist von
echtem Granit, 700 Fuß lang, 564 Fuß weit und 330 Fuß hoch.
Ueber einem der Thore sind die Bildsäulen der sechs jüdischen

Könige, David, Salomon, Josaphat, Ezechias, Manasses und Josias; jede 17 Fuß hoch). Der Palast ist vielleicht einer der größten Merkwürdigkeiten der Welt.

u) **Chryſogonus.** 24. November.—Wir wiſſen wenig über dieſen Heiligen. Er wurde enthauptet und ſein Leichnam in die See geworfen, jedoch nachher wieder aufgefunden und wird jetzt in Venedig aufbewahrt. In Rom wurde ihm zu Ehren vom Papſte Gregor dem Großen eine Kirche jenſeits der Tiber gebaut.

v) **Johannes und Paulus.** 26. Juni.—Dieſe beiden Hei= ligen waren Brüder und dienten im römiſchen Heere unter Julian dem Abtrünnigen. Beide litten den Martertod um's Jahr 362.

w) **Cosmas und Damianus.** 27. September. — Es gab drei Heiligenpaare mit dieſen Namen. Manche glauben, daß es Diejenigen ſeien, die in A r a b i e n (nicht in Rom) unter Diokletian den Martertod litten, während Andere meinen, es ſeien römiſche Heilige dieſes Namens. Es iſt wahrſcheinlich, daß die Letzteren hier gemeint ſind.

Hiermit ſchließt die Aufzählung. Wir finden weder den heil. Markus, noch den heil. Lukas, weil es nicht feſtſteht, ob ſie den Martertod duldeten oder nicht, und weil bloß Martyrer im Kanon aufgezählt ſind.

Das Communicantes in der morgenländiſchen Kirche. — Die Proteſtanten der Jetztzeit möchten gerne beweiſen, daß die Heiligenverehrung bloß auf die römiſche Kirche beſchränkt ſei, und nicht auch in der morgenländiſchen Kirche einen Platz habe, jedoch Beweiſe, die ſie nicht ablehnen oder in Zweifel ziehen können, thun ſonnenklar dar, daß die morgenländiſche, wie die abendländiſche Kirche die Lehre, daß die Heiligen, als Diener und Freunde Gottes, verehrt und angerufen werden ſollen, glaubt, bekennt und ausübt. So z. B. ſagt das ruſſiſche Ri= tual über die Verehrung der Heiligen in dem Abſchnitte über die letzte Oelung: „Ich glaube und bekenne, nach der Meinung der hl. öſtlichen Kirche, daß die Heiligen, die mit Chriſtus im Himmel herrſchen, würdig ſind, verehrt und angerufen zu wer= den, und daß ihre Gebete und ihre Fürbitte den allbarmherzi= gen Gott zur Rettung unſerer Seelen bewegen." Die Arme= nier gebrauchen in dem Communicantes die folgenden Worte: „O Gott, durch die Fürbitte der unbefleckten Mutter Deines eingebornen Sohnes und die Fürſprache aller Heiligen und besonders derer, die am heutigen Tage erwähnt werden, nimm unser Gebet gnädig an." Und die Nestorianer beten: „O ihr Heiligen, Propheten, Apostel, Doktoren, Bekenner, Märtyrer, Priester und Einsiedler, betet mit all eurer Kraft bei Gott für uns, auf daß wir durch eure Gebete aus seinem Schatze eine Antwort erhalten mögen auf all unser Flehen, in so weit es für uns nützlich sein mag." Wir könnten noch manche andere Bei= spiele anführen von allen Kirchen des Ostens ohne Ausnahme, um zu zeigen, für wie heilig die Pflicht der Verehrung der Heiligen in allen jenen Gegenden angesehen wird und wie nützlich und fruchtbringend sie nach dem Glauben des Ostens ist; wir glauben jedoch, da keine Abweichung von der lateini= schen Kirche besteht, in den wenigen angeführten Zeugnissen dem Leser genug zur Hand gegeben zu haben.

§ 103.—Das vierte Gebet.   Hanc igitur.

In diesem Gebete fleht der Priester, daß Gott „diese Dar= bringung seiner Knechtschaft, sowie der ganzen Familie Gottes (d. i. der Gemeinde) in Gnaden aufnehmen möge, die Tage des Lebens Aller in Frieden beschützen und vor der ewigen Ver= dammniß sie bewahren wolle." Während er dieses Gebet spricht, hält er beide Hände über die Hostie und den Kelch ausgestreckt, nach der Art der Priester des Alten Bundes, die bei den Schlachtopfern einen ähnlichen Gebrauch beobachteten. (Exod. 29 Levit. 1. 4.) Da dieses Gebet kurz vor der Wand= lung gesagt wird, ist es gebräuchlich für den Meßdiener, hier ein Zeichen mit der Schelle zu geben, um das Volk aufmerksam zu machen, daß der Augenblick naht, in dem Christus auf den Altar hinabsteigt. Papst Leo der Große soll den ersten Theil dieses Gebetes verfaßt haben, der letztere Theil wurde vom Papste Gregor dem Großen beigefügt, um Gott um Abwen= dung von Krieg und Pest, mit denen Rom zu seiner Zeit be= droht war, zu bitten.

In alten Vorschriften über die Messe finden wir, daß dieses Gebet mit hoch erhobenen Händen gesagt werden solle, wie es noch jetzt bei den Dominikanern Gebrauch ist und früher auch in England, wo der Sorum Ritus bestand. Die Carme= liter beugen sich tief und legen die Hände auf den Altar. Unser jetziger Gebrauch ist kaum älter, als das fünfzehnte Jahrhundert, und in der morgenländischen Kirche finden wir ihn nirgends.

§ 104.—Das fünfte Gebet. Quam oblationem.

Dieses Gebet lautet wie folgt: „Wir bitten Dich, o Herr, Du wollest diese Darbringung gnädig in jeder Hinsicht segnen, bestätigen, bekräftigen, vernünftig und Dir angenehm machen, auf daß sie der Leib und das Blut unsers Herrn Jesu Christi werden." Das Wort „vernünftig" ist hier nicht von dem Prie= ster gebraucht, sondern es bezeichnet das Opfer, nämlich Jesus Christus selbst, der die ewige Weisheit ist, und als solche gänz= lich sich unterscheidet von den Opfern im Alten Bunde, die aus unvernünftigen Thieren bestanden. Andere wollen jedoch hier „vernunftgemäß" lesen, insofern es nicht der Ver= nunft gemäß sei, wenn der Priester nicht mit gehöriger An= dacht und tiefer Sammlung das Opfer darbringe. Jedoch scheint diese letztere Erklärung nicht die richtige zu sein.

Während dieses Gebetes macht der Priester fünfmal das Kreuzzeichen über die Gaben, dreimal über Hostie und Kelch zugleich, einmal über die Hostie und einmal über den Kelch allein. Die Erklärung dieser fünf Kreuzeszeichen ist nicht die= selbe bei allen Lehrern. Eine wörtliche oder natürliche Erklä= rung wird nirgends gegeben, sondern bloß eine figürliche oder mystische. Einige behaupten, die fünf Kreuze seien eine Er= innerung an die fünf Wunden; andere hingegen, daß die drei Kreuze die dreifache Ueberlieferung unsers Heilandes an die Hohenpriester, die Schriftgelehrten und die Pharisäer bedeuten und die zwei letzten die zweifache Natur in Christo. Eine schöne Erklärung ist die, welche Papst Benedikt XIV. gibt, daß die fünf Kreuze uns die Schmerzen der fünf Sinne des Opfer= lammes versinnbilden sollen, wie er nämlich in seinem Ge= sichtssinn litt, als die Juden sein Gesicht verhüllten, durch seinen Gehörssinn, als sie im Hohne ihn verlach= ten; durch seinen Geschmackssinn, als sie ihm Essig und Galle zu trinken gaben; durch seinen Geruchssinn, als sie ihn auf den Calvarienberg führten, auf welchen Hügel todte Leichname geworfen wurden, woher denn auch der Name „Ort der Schädel" „Schädelstätte"; endlich durch seinen Ge= fühlssinn, als seine Hände und Füße unter den grausam= sten Qualen an's Kreuz genagelt wurden und eine Lanze seine Seite öffnete.

Siebenundzwanzigstes Kapitel.

Die Feier der heiligen Messe. — (Fortsetzung.)
Der Kanon II.

§ 105. — Die Wandlung.

Am Ende des letzten Gebetes legt der Priester seine Hände auf das Corporale und reibt die Daumen und Zeigefinger beider Hände darauf, um Staub oder Schmutz, der vielleicht daran kleben sollte, davon zu entfernen, aus Achtung gegen die Hostie, die er im Augenblicke der Wandlung in der Hand hält. Dann nimmt er die Hostie auf und spricht: „Welcher am Tage, ehe er litt, Brod in seine heiligen und ehrwürdigen Hände nahm, und mit gen Himmel zu Dir, o Gott, seinem allmächtigen Vater, erhobenen Augen, Dir Dank sagend, es segnete, brach und seinen Jüngern gab, indem er sprach: **Nehmet und esset alle davon: Denn dieses ist mein Leib.**" Die Wandlung des Brodes ist vollendet; und um den auf dem Altare gegenwärtigen Heiland anzubeten, knieet der Priester, sobald er die heiligen Worte gesprochen hat. Dann erhebt er die heil. Hostie über sein Haupt zur Anbetung für das Volk und nachdem er sie auf das Corporale niedergelegt und noch einmal eine Kniebeugung gemacht, beginnt er die Wandlung des Weines. Er nimmt die Palla, womit der Kelch seit dem Offertorium bedeckt war, und legt sie gegen die Altartafel, nimmt darauf den Kelch in beide Hände und spricht: „In gleicher Weise, nachdem er gegessen hatte, indem er diesen hehren Kelch in seine heiligen und ehrwürdigen Hände nahm und Dir Dank sagte, segnete er (ihn) und gab (ihn) seinen Jüngern, mit den Worten:

Nehmet und trinket alle daraus: **„Denn dieses ist der Kelch meines Blutes des Neuen und Ewigen Testamentes, das Geheimniß des Glaubens, welches für euch und für viele zur Vergebung der Sünden vergossen werden wird."**

Nun ist die Wandlung vollendet, und während der Priester wiederum zur Anbetung knieet, spricht er: „So oft als ihr

dieses thut, thut es zu meinem Andenken." Dann erhebt er
den Kelch, wie vorhin die hl. Hostie, bedeckt den Kelch mit der
Palla und macht noch eine Kniebeugung. Mit Ausnahme
einiger Worte, sind die beiden Formen der Wandlung der heil.
Schrift entnommen. Was immer hinzugefügt worden ist,
werden wir nach den besten Gewährsmännern erklären. Wir
bemerken zuvor, daß die wesentliche Form der Wandlung des
Brodes die Worte sind: D i e s e s   i s t   m e i n   L e i b, und des
Weines: D i e s e s   i s t   m e i n   B l u t; jedoch wäre es eine
Todsünde, auch nur eines von den andern Worten auszulassen.

Der am Tage, ehe er litt.—Diese Worte sind nicht aus
der heil. Schrift, wurden aber schon früh hinzugefügt. Wal=
fried schreibt sie dem Papst Alexander, der von 121 bis 132
regierte, zu; der gelehrte Cardinal Bona mit andern Gewährs=
männern führt sie auf einen der Apostel zurück. Sie finden
sich in den Liturgien des heil. Jacobus und des heil. Clemens.
Der Tag vor dem Leiden, Gründonnerstag genannt, fiel im
Jahre des Todes unsers Heilandes wahrscheinlich auf den
22. März.[1]

Nahm Brod in seine heiligen und ehrwürdigen Hände.
—Die beiden ersten Worte stehen in der Bibel, die andern
wurden schon früh hinzugefügt und finden sich in den Litur=
gien des Ostens.

**Mit zu Dir, o Gott, seinem allmächtigen Vater, erho=
benen Augen.**—Diese Worte stehen nicht in der heil. Schrift,
aber es ist eine uralte Tradition, daß Christus seine Augen
zum Himmel erhob, so oft er etwas Wichtiges und Großes thun

---

1) Die Juden feierten das Osterfest immer am 14. Nisan, dem ersten Monate ihres
Kirchenjahres. Damit die Christen nicht mit den Juden das Osterfest an demselben Tage
feiern sollten, wurde im Conzil von Nicäa im Jahre 325 beschlossen, daß das christliche
Osterfest immer am ersten Sonntage nach dem ersten Vollmond nach dem 21. März
gefeiert werden müsse. Ostern kann demnach nie vor dem 22. März und nie nach dem
25. April fallen. Nach dem gregorianischen Stile, der vom Papste Gregor XIII., den
Namen hat, ist die Art der Berechnung des Osterfestes nicht astronomisch, sondern absolut,
so daß die Feier auf der ganzen Erdenrunde an demselben Tage geschieht, welches nach der
astronomischen Weise nicht stattfinden könnte, wegen der großen Entfernung der verschiede=
nen Orte von einander. Jedoch ist auch die absolute gregorianische Weise nicht ganz frei
von Ungenauigkeiten. Der sogenannte Mondzirkel dieses Kalenders stimmt nämlich nicht
genau mit der astronomischen Berechnung. So kann der Fall eintreten, daß nach der gre=
gorianischen Berechnung der Vollmond auf den Samstag 11 Uhr Abends angesagt wird,
während er in Wirklichkeit erst auf den Sonntag 1 Uhr Morgens fällt. Dann wird Ostern
an diesem Sonntage gefeiert, während es erst am nächsten Sonntage gefeiert werden sollte.
Auch kann bisweilen, wenn auch sehr selten, der Fall eintreten, daß das jüdische und das
christliche Osterfest zusammenfallen, wie z. B. im Jahre 1825. Allein, solche Ausnahmen
könnten nur durch eine ganz neue Art der Zeitrechnung vermieden werden, und die jetzige
Art ist so vollkommen, wie man sie auf gewöhnliche Weise nur machen kann.

wollte. So sagt dieses der heil. Matthäus von ihm bei der wunderbaren Brodvermehrung; und der hl. Johannes bei der Erweckung des Lazarus aus dem Grabe.

Er segnete.—Während dieses Wortes macht der Priester das Kreuzzeichen über die Hostie, (wie nachher über den Kelch). Einige sonderbare Erklärungen sind über diesen Ausdruck gegeben worden. Der gelehrte Bischof und Dominikaner Am= brosius Catharinus, (1552) der im Conzil von Trient so manche schwierige Fragen vorbrachte, glaubte, daß die Wand= lung des Brodes und nachher des Weines durch diesen Segen Christi schon stattgefunden habe und daß die Worte: Dieses ist mein Leib u. s. w. bloß hinzugefügt seien, um die so eben vollzogene Wandlung den Aposteln anzuzeigen. Er hatte diese Meinung, weil er es für unangemessen hielt, daß die Apostel das Brod und den Wein schon in ihren Händen hielten, als Christus die Worte der Wandlung sprach. Der heil. Augusti= nus, dem sich diese Schwierigkeit auch aufdrängte, meinte, die Ordnung der Worte hätte vielleicht eine andere sein können und daß sie wahrscheinlich in folgender Weise zu nehmen sei: „Er segnete, sprechend: Dieses ist mein Leib, dann brach er und gab seinen Jüngern.“ Der hl. Augustinus glaubte, durch die Worte: Dieses ist mein Leib, habe Christus die Wandlung vollendet. Der hl. Thomas von Aquin, der große Lehrer des hl. Altarssakramentes denkt ähnlich, wie der heil. Augustinus und gibt die folgende Ordnung der Worte an: „Indem er Brod in seine heil. Hände nahm, segnete er es, w ä h r e n d er sprach: Dieses ist mein Leib“: so daß der Segen zu gleicher Zeit auch die Form in sich schloß. Mehrere sagen hingegen: Man kann nicht voraussetzen, daß in einem so großen Geheim= nisse die Evangelisten auch nur den kleinsten Umstand änderten. Weil sie aber nun alle die Worte in der gleichen Ordnung erzählen, ist es uns nicht zuständig, diese Ordnung der Evan= gelien zu ändern; deßhalb sollten wir lesen: „Er segnete,“ indem er den Namen seines Vaters über das Brod anrief, auf daß es sein Leib w e r d e n m ö g e, „brach,“ in so viele Stücke, als Personen zugegen waren für die heil. Communion, „gab seinen Jüngern,“ d. h. in ihre Hände, indem er dabei sprach: „Nehmet und esset, dieses ist mein Leib.“ Um zum Schlusse zu gelangen, ist es für uns unwichtig, ob die Ordnung der Worte diese oder eine andere gewesen; wir wissen durch die Lehre der Kirche, daß die wesentliche Form der Wandlung ist:

„Dieses ist mein Leib," „Dieses ist mein Blut." Es wird oft gefragt, ob Christus das Kreuzeszeichen machte, als er segnete; wir müssen es verneinen, da das Kreuz noch nicht seine Würde, Hoheit und Wirksamkeit erlangt hatte, die es erst durch den Tod Christi erhielt.

Er brach.—Gewöhnlich wird angenommen, daß Christus das Brod in dreizehn Stücke theilte, weil er selbst communizirte und dem Verräther mit den andern zu communiziren erlaubte. Die Kirchenväter des Ostens wie des Westens lehren dieses. Der Heiland muß auch die hl. Hostie mit besonderen Ceremonien gebrochen haben, da ja auch die Jünger in Emaus ihn am Brodbrechen erkannten.

Denn dieses ist mein Leib.—Das Wort **denn** ist nicht in der Bibel. Der hl. Thomas von Aquin lehrt, daß der heil. Petrus es hinzufügte. In der syrischen Sprache, in welcher der Heiland mit seinen Jüngern verkehrte, waren die Worte der Wandlung kurz, zwei für jede Gestalt: Honau pagri: Dieses (ist) mein Leib; Honau demi: Dieses (ist) mein Blut. Das Wort **ist** steht nicht für sich allein, sondern ist in dem Worte **Dieses** enthalten, so daß kein Zweifel obwalten konnte, was Christus meinte, als er diese Form gebrauchte.— (Theologen sprechen hier auch gewöhnlich über die Frage, wie diese Worte in der heiligen Messe gesprochen werden müssen, ob bloß **erzählend** oder **bezeichnend**. Der große Papst Benedict XIV. lehrt, daß sie in **bezeichnender** Weise gesprochen werden müssen, so daß nämlich der Priester sie in der Weise spricht, als ob Christus selbst sie aussprächе. Der hl. Thomas von Aquin lehrt dasselbe, fügt aber bei, der Priester müsse sie auch als erzählende Worte aussprechen.

Die Ambrosianer in Mailand gehen unmittelbar vor der Wandlung auf die Epistelseite und waschen die Hände, ehe sie die Hostie berühren. In keinem andern Ritus finden wir diesen Gebrauch.

Nachdem der Priester die hl. Hostie wieder auf das Corporale gelegt hat, legt er die Daumen und Zeigefinger beider Hände zusammen und trennt sie vor der Communion nur von einander, wenn er die hl. Hostie berührt. Dieses thut er aus Ehrfurcht gegen das heil. Sakrament, damit kleine Theilchen, die vielleicht an den Fingern kleben mögen, nicht verloren gehen. Er trennt den Daumen vom Zeigefinger erst wieder nach der Communion.

Da vieles, was wir über die Wandlung des Brodes gesagt haben, auch die Wandlung des Weines berührt, können wir uns über letztere kurz fassen. Nach einer figürlichen Redeweise sagte Christus: „Dieses ist der Kelch meines Blutes," anstatt zu sagen: „Dieses ist mein Blut, das in diesem Kelche enthalten ist." So lehrt ausdrücklich der hl. Thomas von Aquin.

Des ewigen Testamentes.—Diese Worte finden sich nicht in den Evangelien, aber es wird allgemein geglaubt, daß einer der Apostel sie hinzufügte, um anzudeuten, daß das hl. Priesterthum des Heilandes immer fortdauern werde, nach den Worten David's. Du bist Priester in Ewigkeit nach der Ordnung Melchisedech's. Auch ist hierin eine Hinweisung auf das Alte Testament enthalten, welches nur durch das Blut der Stiere bekräftigt war, nicht durch das wahre und kostbare Blut Christi.

Das Geheimniß des Glaubens.—So wird das heilige Sakrament genannt, weil seine wirkliche Größe unsern Sinnen verborgen ist und wir mit diesen äußern Sinnen nichts mehr wahrnehmen können, als wenn diese unendliche Wandlung gar nicht vorgekommen wäre. Alles ist dem Glauben überlassen, und mit dem größten Rechte heißt dieses Sakrament „das Geheimniß." Der heil. Thomas von Aquin sagt davon: „Was Du nicht fassest, was Du nicht siehst, bestätigt Dir dein lebendiger Glaube, über die natürliche Ordnung der Dinge.—(Wir können nicht umhin, an dieser Stelle unseren scharfen Tadel gegen Buchdrucker auszusprechen, die öfters diese Worte: mysterium fidei auf den Altartafeln in Klammern eingeschlossen drucken. Was die Kirche als zur Form der Wandlung gehörend auffaßt, seien es auch nicht die genauen biblischen Worte, sollte sich kein Buchdrucker erdreisten, in Klammern einzuschließen. Wir hoffen, auch fernerhin gedruckten Altartafeln einem solchen schnöden Mißbrauche nicht wieder zu begegnen.)

Welches für viele vergossen werden wird.—Papst Benedikt XIV. und manche Andere lehren, daß das Wort „viele" so viel heißt als alle, wie es in der heiligen Schrift häufig vorkommt. Der hl. Thomas lehrt dasselbe. In dem andern Sinne würden wir in den calvinistischen Irrthum verfallen, daß nämlich Christus nur für die Auserwählten gestorben sei.

Die Wandlung in der morgenländischen Kirche.—Wir haben schon früher bemerkt, daß dort, wo die heiligen Weihen gültig ertheilt werden, auch in den Priestern die Gewalt ruht, gültig die heilige Messe zu lesen, mögen sie auch Ketzer oder Schismatiker sein; daß also in der morgenländischen Kirche das heilige Meßopfer das wahre ist und dort Christus ebensowohl im heiligen Sakramente zugegen ist, wie bei uns. Es mag sonderbar scheinen, daß die Liturgien des Ostens in der Form der Wandlung immer die Vermischung des Wassers mit dem Weine anführen. Die Liturgie des hl. Gregorius von Alexandrien sagt: „Du nahmst den Kelch und mischtest die Frucht des Weinstocks mit Wasser"; die Jakobiten in Syrien sagen: „Er nahm Wein und nachdem er es in rechtem Maße mit Wasser vermischt hatte" u. s. w., so auch noch mehrere andere. Im Osten ist es Gebrauch, daß der Priester die Worte der Wandlung laut spricht; das Volk antwortet A m e n nach jedem Abschnitte. So z. B. heißt es in der Liturgie des heiligen Basilius: „Priester: E r s e g n e t e e s; Volk: A m e n; Priester: U n d h e i l i g t e e s; Volk: A m e n; Priester: U n d a ß e s u n d g a b s e i n e n J ü n g e r n; Volk: A m e n." Wir sehen, daß die Liturgien des Ostens auch die Communion des Heilandes anführen. In der ä t h i o p i s c h e n Liturgie des hl. Athanasius heißen die Worte der Wandlung: „Dieses Brod ist mein Leib, von dem keine Trennung ist; dieser Kelch ist mein Blut, von dem keine Theilung ist; so oft ihr dieses Brod esset und diesen Kelch trinket, verkündet meinen Tod und meine Auferstehung und bekennet meine Himmelfahrt und meine Wiederkunft in Glorie, während ihr wartet." Die A r m e n i e r sagen: „Indem er Brod in seine heiligen, göttlichen, reinen und ehrwürdigen Hände nahm, segnete er und gab seinen heiligen, erwählten Mitjüngern, indem er sprach: „Dieses ist mein Leib, der für euch und für viele zur Vergebung der Sünden hingegeben wird." Die Form für den Kelch ist ähnlich. Nach der Liturgie des hl. B a s i l i u s heißt es: „In der Nacht, als er sich für das Leben der Welt hingab, nahm er Brod in seine heiligen und makellosen Hände, zeigte es Dir, seinem Gott und Vater, sagte Dank, segnete, heiligte und brach es, gab es dann seinen Jüngern und Aposteln, indem er sprach: Nehmet, esset; dieses ist mein Leib, der für euch zur Vergebung der Sünden gebrochen ist." Und für den Kelch: „In gleicher Weise nahm er den Kelch der Frucht des Weinstocks, mischte ihn, dankte, segnete und heiligte ihn, gab ihn dann seinen heiligen Jüngern und Aposteln, indem er sprach: Trinket alle daraus, denn dieses ist mein Blut des Neuen Testaments, wel-

ches für euch und für viele zur Vergebung der Sünden wird
vergossen werden." In der koptischen Liturgie des heiligen
Cyrillus heißt die Form: „Er nahm Brod in seine heiligen,
unbefleckten, reinen, gesegneten und lebenden Hände, schaute
auf zum Himmel zu Dir, seinem Gott und Vater und Herrn
unser aller, dankte, segnete und heiligte es, brach es und gab
seinen heiligen Jüngern und reinen Aposteln und sprach:
Nehmet, esset alle davon; denn dieses ist mein Leib, der für
euch gebrochen wird und für viele zur Vergebung der Sünden
hingegeben werden wird." Die Form in der Liturgie des
heiligen Jakobus ist fast wörtlich dieselbe, und da jene in
der Liturgie des heiligen Chrysostomus kaum von der
unsrigen abweicht, halten wir es nicht für nothwendig, sie
anzuführen. Wenn wir sagten, die Worte der Wandlung
würden im Osten laut gesprochen, so muß daraus nicht gefol=
gert werden, daß die anderen Theile der heiligen Messe auch so
gesprochen werden. Im Gegentheil sagen die Morgenländer
manche Gebete leise und brechen das Schweigen nur dann,
wenn das Volk einstimmt oder antwortet. Wir finden sehr
häufig die Aufforderung: „Jetzt sollen alle in Furcht und
Schweigen stehen und beten."

§ 106.—Die Elevation. (Aufhebung der heiligen Hostie und des heiligen Blutes.)

Wir haben schon gesagt, daß unmittelbar nach der Wand=
lung der Leib unsers Herrn vom Priester zur Anbetung erho=
ben wird. Vor dem elften Jahrhundert war dieses nicht hier
der Fall, sondern unmittelbar vor dem "Pater noster", wo
wir jetzt die sogenannte kleinere Elevation haben (siehe unten
§ 112). Der heutige Gebrauch wurde eingeführt, um eine
feierliche Verdammung Berengar's zu sein, der die Wand=
lung und die wirkliche Gegenwart Christi leugnete. Die
Elevation wurde zuerst in Frankreich eingeführt (dort hatte
nämlich Berengar gelebt), wurde dann in Deutschland üblich,
und fand ihren Weg von Deutschland in die übrigen Länder
Europa's, bis sie zuletzt durch Kirchengesetz allgemein vorge=
schrieben wurde. Man muß jedoch nicht glauben, daß schon
von Anfang an sowohl die heilige Hostie, wie das heilige Blut
aufgehoben wurden; im Gegentheile dauerte es längere Zeit,
bis die Elevation des Kelches hinzukam. Noch jetzt sehen wir

bei den Karthäusern bloß eine kleinere Elevation des Kelches, wo wir die größere haben. Es schien genügend zu sein, eine Gestalt dem Volke zur Anbetung zu zeigen, da ja beglei=tend (concomitanter), wie der kirchliche Ausdruck lautet, auch das Blut, die Seele, die Gottheit und Menschheit Christi in jeder Gestalt zugegen ist. Um das Jahr 1280 war jedoch schon die Elevation des Kelches gebräuchlich, da Durandus, Bischof von Mende, der im Jahre 1296 starb, in seinen Werken davon spricht. Die Art und Weise, den Kelch zu erheben, war auch verschieden, da viele, wie noch jetzt die Mozaraber in Spanien, den Kelch zuerst mit der Palla bedeckten.

Man hat oft gefragt: Hat es immer eine Elevation gege=ben? Die Antwort lautet verschieden; aber Cardinal Bona lehrt, daß nach allen Zeugnissen es unmöglich sei, zu bestim=men, ob die Elevation früher höher gewesen sei, als bei der jetzigen kleinen Elevation, oder nicht. Als Vorzeichen im Al=ten Bunde können wir anführen, daß der Hohepriester bei den regelmäßigen Opfern das Opferlamm hoch emporhob. (Exod. 29. Levit. 7. und 23.)

Die Elevation in der morgenländischen Kirche. — Nir=gends im Osten gibt es eine Elevation nach der Wandlung, wie bei uns, sondern erst vor der Kommunion. Wenn der er=habene Augenblick naht, wendet sich der Diakon zum Volke und ruft mit lauter Stimme: „Laßt uns aufmerksam sein." In einigen Gegenden ruft er: „Laßt uns in der Furcht Gottes auf=merksam sein." Aethiopier sagen: „Laßt uns aufblicken." Nach dieser Mahnung folgt die Elevation, welche die östlichen Kirchen ebenso beobachten, wie wir; allein, während tiefe Stille in un=sern Kirchen herrscht bei dieser hehren Handlung, herrscht dort betäubendes Rufen, da Priester und Volk zusammen sehr laut beten. Wenn nämlich der Priester die hl. Hostie erhebt, ruft er laut: „Heiliges für Heilige," und das Volk oder der Chor antwortet: „Ein Heiliger, ein Herr, Jesus Christus zur Ehre Gottes des Vaters." Nach der syrischen Liturgie des heil. Ja=kobus, der alle Jakobiten folgen, ruft der Priester: „Heiliges wird Heiligen gegeben in Vollkommenheit, Reinheit und Hei=ligkeit," und das Volk antwortet: „Ein heiliger Vater, ein hei=liger Sohn, ein heiliger Geist; gesegnet sei der Name des Herrn; denn er ist derselbe im Himmel und auf Erden; Ehre sei ihm in Ewigkeit." Bei den Maroniten ruft der Priester bei der Elevation der hl. Hostie mit lauter Stimme: „Heiliges

wird Heiligen gegeben in Vollkommenheit, Reinheit und Hei=
ligkeit," und das Volk antwortet: „Ein heiliger Vater, ein hei=
liger Sohn, ein heiliger Geist; Ehre sei dem Vater, dem
Sohne und dem heil. Geiste." Bei der Elevation des Kelches
ruft der Priester: „So, o Herr, glauben wir wahrhaftig an
Dich, wie die hl. katholische Kirche an Dich glaubt, daß Du ein
heiliger Vater bist, dem Ehre gebührt, Amen; ein heil. Sohn,
dem Ehre gebührt, Amen; ein heil. Geist, dem Ehre und Dank
für immer gebührt, Amen." Bei ihnen ist die Elevation auch
unmittelbar vor der Kommunion. In einigen morgenländi=
schen Kirchen ist es für den Priester gebräuchlich, sich vor der
Elevation zum Volke zu wenden und es dreimal zu segnen, und
nach der Elevation mit der hl. Hostie in den Händen dem Volke
wiederum sich zuzukehren, wie wir es beim Segnen thun. Die=
ser Gebrauch besteht fast überall in Syrien.

Die Worte: „Ein heiliger Vater, ein heiliger Sohn, ein
heiliger Geist," die überall vorkommen, sollen ein Bekenntniß
des Geheimnisses der heiligsten Dreieinigkeit sein. Die Kop=
ten bekennen hier ihren Glauben an die wirkliche Gegenwart
Christi, welches Bekenntniß wir hier wegen seiner Schönheit
niederschreiben: „Ich glaube, ich glaube, ich glaube und ich
bekenne bis zum letzten Athemzuge, daß dieses das wahre, Leben
gebende Fleisch Deines eingebornen Sohnes unsers Herrn,
Gottes und Erlösers Jesu Christi ist; er nahm es an aus der
gebenedeiten Frau, der Mutter Gottes und immerwährenden
Jungfrau Maria." Im Osten ist es auch gebräuchlich, wie in
manchen unserer Kirchen, bei der Elevation an die Brust zu
schlagen. In Bezug auf diesen Gebrauch sagt die koptische
Uebersetzung der Liturgie des heil. Basilius: „Dann (d. i. bei
der Elevation) soll der Priester den heil. Leib in seine Hände
nehmen und ihn emporheben, so weit seine Arme reichen, sein
Haupt beugen und mit lauter Stimme rufen: H e i l i g e s
f ü r H e i l i g e; alle Versammelten sollen das Haupt beugen,
ihren Herrn in Furcht und Zittern anbeten und mit Thränen,
mit Ernst und m i t S c h l a g e n a n d i e B r u s t um Ver=
gebung der Sünden bitten, sowie auch um Standhaftigkeit im
wahren Glauben bis zum letzten Athemzuge." An Sonntagen
ist blos eine einfache Kniebeugung vorgeschrieben, aber an Wo=
chentagen müssen Alle ihre Häupter bis auf den Boden beugen.
Das Rufen der Morgenländer bei der Elevation, welches in
den verschiedenen Kirchen bisweilen ein wenig verschieden ist,

soll das Rufen des reuigen Schächers versinnbilden. Oftmals
sind die Worte: „Gott, sei mir Sünder gnädig," oft auch
die Worte des Schächers: „Herr, gedenke mein, wenn Du
in Dein Reich kommst," bei der Elevation üblich. Im Osten
werden bei der Wandlung auch Schellen gebraucht, besonders,
wie wir wissen, bei den Aethiopiern und den Syriern.
Die Morgenländer sagen wenig über die Elevation des
Kelches, weil sie den Kelch und die Hostie als ein und dasselbe
ansehen; daß jedoch diese Elevation auch dort stattfindet, kön=
nen wir aus ihren Liturgien deutlich ersehen. In der Litur=
gie des heil. Xystus wird z. B. der Kelch emporgehoben mit den
Worten: „O Herr, wir glauben, und glauben wahrhaftiglich,
ebenso, wie die heil. katholische Kirche an Dich glaubt, daß es
einen heiligen Vater gibt, einen heiligen Sohn und einen hei=
ligen Geist; Ehre sei dem Vater und dem Sohne und dem hei=
ligen Geiste, die eins sind bis in Ewigkeit." Dieses ist fast
dasselbe, was auch in der Maronitischen Kirche bei der Eleva=
tion des Kelches gesagt wird.

Nachtrag. — Bei jeder Elevation wird in der lateinischen
Kirche geschellt, um das Volk daran zu erinnern, daß Christus
jetzt auf dem Altare zugegen ist, und der Meßdiener, der vor
der Wandlung auf die oberste Altarstufe neben dem Priester
hingekniet ist, hebt das untere Ende des Meßgewandes auf. —
Die Ceremonie, dem Priester das Meßgewand emporzuheben,
ist jetzt zwar nicht durchaus nothwendig, denn wenn es so wäre,
würde der Diener dasselbe bei jeder Kniebeugung des Priesters
thun müssen; aber es wird beibehalten als Andenken an den
alten Gebrauch, daß der Diakon und der Subdiakon die Ge=
wänder des Priesters emporhoben, als noch die weite und lange
Form des Meßgewandes gebräuchlich war. Dieses wurde deß=
halb gethan, damit der Priester in dem heiligen Augenblicke der
Wandlung durch nichts gehindert werde, weil ja der geringste
Zufall große Betrübniß erregen könnte. In einigen Gegenden
ist dieser alte Gebrauch, das Meßgewand emporzuheben, fast
vergessen, oder wird wenigstens vernachlässigt; man sollte die=
ses aber keinen Augenblick dulden, da es eine freche Uebertre=
tung der von der höchsten Kirchen=Obrigkeit vorgeschriebenen
Rubrik ist, die auch nur durch diese, d. i. den Papst selbst, ab=
geschafft werden kann. Wir kennen kein Beispiel, wo die Kir=
chenvorschriften vernachlässigt werden können, ohne der Schön=
heit der Ceremonien Eintrag zu thun, und schon deßhalb, um

alle anderen Gründe zu übergehen, sollte jede, auch noch so kleine Veränderung in den Ceremonien als eine Art Entweihung des Allerheiligsten angesehen und in keinem Falle geduldet werden.

§ 107.—Das erste Gebet. Unde et memores.

Dieses erste Gebet verrichtet der Priester mit ausgestreckten Armen, ebenso wie er die Collekte betete, nur hat er jetzt immer den Daumen mit dem Zeigefinger vereinigt. Die Karthäuser, Karmeliter und Dominikaner halten jetzt ihre Arme in Form eines Kreuzes ausgestreckt, wie es auch im Sarum Ritus der Fall war. In diesem Gebete kommen die Worte vor: „ein reines Opfer, ein heiliges Opfer, ein unbeflecktes Opfer, das heilige Brod des ewigen Lebens und den Kelch des immerwäh= renden Heiles." Bei diesen Worten macht der Priester fünf Kreuze, drei über die heilige Hostie und den Kelch zusammen, eines über die heilige Hostie allein, und eines über den Kelch allein. Man fragt, weßhalb diese Kreuze gemacht werden. Alle stimmen darin überein, daß sie keine Segnung bedeuten können, denn weder Hostie noch Kelch bedürfen jetzt einer sol= chen; was sie aber bedeuten, ist nicht recht klar. Nach den meisten liturgischen Gewährsmännern, müssen sie in mystischer Weise ausgelegt werden, als Erinnerung an das Leiden unse= res Heilandes, und wie der hl. Thomas von Aquin lehrt, als besondere Mahnung an die fünf Wunden. Ein neuerer fran= zösischer Schriftsteller, der Priester Le Brun, gibt folgende sehr schöne Deutung: „Von diesen fünf Kreuzeszeichen deutet das erste bei den Worten „ein reines Opfer" an, daß hier das reine Lamm liegt, welches an's Kreuz geheftet wurde; das zweite bei den Worten „ein heiliges Opfer", daß hier das heilige Lamm liegt, welches am Kreuze geopfert wurde; das dritte bei den Worten „ein unbeflecktes Opfer", daß hier das Lamm liegt, welches makellos sich selbst opferte; das vierte bei den Worten „das heilige Brod des ewigen Lebens", daß wir jetzt das heilige Brod des Lebens vor uns haben, nämlich ihn, der gesagt hat: „Ich bin das wahre Brod des Lebens, das vom Himmel kam und am Kreuze geopfert wurde, euch Leben zu geben"; das fünfte endlich bei den Worten „den Kelch des immerwährenden Heiles", daß das Blut in dem Kelche dasselbe ist, welches am Kreuze zur Erlösung der Welt vergossen wurde." Kurz, wäh= rend die Kreuze vor der Wandlung immer eine Weihe bedeu=

ten oder vielmehr sind, deuten sie nach der Wandlung die wirkliche Gegenwart des göttlichen Opferlammes, Jesu Christi, auf dem Altare an.

Morgenländischer Gebrauch. — Weil manche, sogar in der katholischen Kirche, diese Kreuze als eine leere Ceremonie betrachten, freuen wir uns, denselben Gebrauch in der Kirche des Ostens nachweisen zu können. Eine Vorschrift in der Liturgie des hl. Basilius heißt: „Dann beugt der Diakon sein Haupt und zeigt mit seiner Stola auf das heilige Brod und spricht leise: „Herr, segne das heilige Brod"; und der Priester steht hierauf auf, bezeichnet die heiligen Gaben und spricht leise: Dieses Brod ist der kostbare Leib unsers Herrn und Gottes und Erlösers Jesus Christus. D i a k o n : Herr, segne den Kelch. P r i e s t e r : Dieser Kelch ist das kostbare Blut unsers Herrn und Gottes und Erlösers Jesus Christus." Hernach werden Hostie und Kelch zusammen gesegnet, wie bei uns, so daß unsere Sitte der Segnung mit der der Morgen= länder übereinstimmt. Wir wollen keine weiteren Beispiele anführen; es genüge zu sagen, daß man denselben Gebrauch in allen östlichen Liturgien finden kann.

§ 108.—Das zweite Gebet : Supra quae propitio.

In diesem Gebete wird eines dreifachen Opfers Erwäh= nung gethan, nämlich des Opfers Abels, Abrahams und Mel= chisedechs. Diese drei Opfer werden besonders hervorgehoben, weil sie mehr als alle anderen Opfer Vorbilder des heiligen Meßopfers sind. Denn erstens ruft das Blut A b e l s, des Gerechten, das gewaltthätig von seinem Bruder Kain vergos= sen wurde, uns die Bosheit der Juden in's Gedächtniß, die den unschuldigen Heiland zum Tode führten, der dem Fleische nach, ihr Verwandter war. Wie denn auch Abel die Erstlinge seiner Heerde Gott aufopferte, versinnbildet er wiederum Christus, der nach dem hl. Paulus „der Erstgeborne unter seinen Brü= dern" genannt wird. (Römer 8, 29.)

Das Opfer A b r a h a m s ist ebenfalls doppelt sinnbildlich. Abraham führte seinen einzigen Sohn Isaak auf den Berg, um ihn zu opfern; Gott der Allmächtige opferte seinen einge= bornen Sohn, unsern Herrn und Gott, für uns; Isaak selbst trug das Holz, auf dem er geopfert werden sollte; Christus selbst trug auch das Kreuz, an dem er sterben sollte.

Auch Melchisedech's Opfer ist voll wichtiger Bedeutung. In der heiligen Schrift heißt er ein Priester des Allerhöchsten; wir kennen aber weder seinen Vater noch seine Mutter, weder seine Voreltern noch seine Nachkommen, weder den Anfang noch das Ende seines Lebens. Deshalb ist er unserem Herrn ähnlich, von dem gesagt wird: „Wer wird seine Abstammung erklären?" Jedoch noch mehr. Melchisedech war sowohl Prie= ster als König; Christus ist auch König und Priester. Der König von Salem opferte Brod und Wein, weil er ein Prie= ster des Allerhöchsten war; Christus opfert sich selbst in der hl. Messe unter denselben Gestalten und wird vom königlichen Psalmisten „ein Priester in Ewigkeit nach der Ordnung Mel= chisedech's" genannt. (Psalm 109.) Die letzten Worte dieses Gebets: „ein heiliges Opfer, ein makelloses Opfer," wurden diesem Gebete vom Papst Leo dem Großen beigefügt. Sie beziehen sich nicht auf die alten Opfer, sondern auf das hei= lige Meßopfer, in welchem der Heiland, das makellose Lamm, das Opferlamm ist.

§ 109.—Das dritte Gebet: Supplices Te rogamus.

Beim Anfange dieses Gebetes beugt sich der Priester tief über den Altar, auf dem seine Hände ruhen. Das Gebet lau= tet: „Flehentlich bitten wir Dich, allmächtiger Gott, Du wollest befehlen, daß diese Gaben durch die Hände Deines heiligen Engels zu Deinem erhabenen Altare, vor das Angesicht Deiner göttlichen Majestät gebracht werden, damit wir Alle, die wir durch die Theilnahme an diesem Altare den heiligsten Leib und das heiligste Blut Deines Sohnes empfangen werden, mit jedem himmlischen Segen und allen Gnaden erfüllt wer= den. Durch denselben Christum unsern Herrn. Amen." Bei den Worten „Theilnahme an diesem Altare" küßt der Priester den Altar, macht bei den Worten „den heiligsten Leib" ein Kreuz über die heilige Hostie, bei den Worten „das heiligste Blut" eins über den Kelch, und bezeichnet sich selbst bei den letzten Worten „himmlischen Segen ꝛc." Wer der hier genannte heilige Engel sei, darüber gibt es verschiedene Ansichten. Einige glauben, es sei der Engel, der in besonderer Weise von Gott geschickt werde, um über das Opfer zu wachen, wie auch im Alten Bunde Geister gesandt wurden, um die Opfer in Schutz zu nehmen, wie wir in der heiligen Schrift öfters lesen

(Gen. 22, 11, Abraham's Opfer und der Engel; Richter 6, 21, Gedeons Opfer; Richter 13, 16 ff., Manue's Opfer; Lukas 1, 1 ff., Zacharias); allein, nach den meisten Auslegern ist der hier genannte heilige Engel Christus selbst, der in der hl. Schrift der „Engel des großen Rathes" genannt wird. Die Carmeliter und Dominikaner beten den ersten Theil dieses Gebetes tief gebeugt und mit vor der Brust gekreuzten Armen.

Bei den G r i e ch e n ist dieses Gebet von eigenthümlicher Form. Sie bitten nämlich darin, daß Gott das Brod in seinen heiligen Leib und den Kelch in sein heiliges Blut verwandeln möge. Weil dieses Gebet aber nach der Wandlung gesprochen wird, verlangten die Väter des Conzils von Florenz im Jahre 1439 von den Griechen eine Erklärung oder Veränderung dieser Ausdrücke. Die Griechen versuchten, es zu vertheidigen, und behaupteten, das Gebet in der lateinischen Kirche, nämlich dieses Supplices, sei auch nicht tadellos. Da sie jedoch vollständig zugaben und eingestanden, daß die Worte der Wandlung: „Dieses ist mein Leib", für sich allein und nur diese Worte die wirkliche Ursache der Wandlung seien, wollten die lateinischen Väter diese Frage nicht weiter vor das Conzil bringen und erlaubten den Griechen, dieses Gebet an dem althergebrachten Platze zu sagen, anstatt es vor der Wandlung zu beten.

Nach der Wandlung gibt es bei den Griechen einen sonderbaren Gebrauch, nämlich w a r m e s W a s s e r i n d e n K e l ch z u g i e ß e n und dieses mit dem Blute Christi zu vermischen. Im ersten Theile der Messe gießen sie, ebenso wie wir es thun, einige Tropfen gewöhnlichen Wassers in den Wein, und zwar mit derselben buchstäblichen und figürlichen Auslegung; aber das Zumischen warmen Wassers, besonders nach der Wandlung, ist unsern Gefühlen zuwider und erscheint als ein sonderbarer Gebrauch. Ueber diese Ceremonie hatten die Väter im Conzil zu Florenz eine lange und feurige Debatte, da die lateinischen Väter den Gebrauch sehr tadelten und zuerst entschlossen waren, die Griechen zu zwingen, ihn abzuschaffen, ehe die Vereinigung der lateinischen und der griechischen Kirche unterzeichnet und bestätigt werden sollte. Jedoch machte Dorotheus, Bischof von Mitylene, eine so beredte und entscheidende Vertheidigung des alten Gebrauches, daß er alle Väter auf seine Seite zog, und da der Papst seine Bewunderung über die Vertheidigung aussprach, wurde die alte Ceremonie bestätigt und ist noch bei den Griechen üblich.

Die Worte, die bei dieser Ceremonie gebraucht werden, zeigen ihren tiefen mystischen Sinn an. Sie lauten: „Das Feuer des Glaubens, voll des heiligen Geistes. Amen." Diese Worte werden dreimal wiederholt und Wasser wird in Form eines Kreuzes in den Kelch gegossen. Der heilige Germanus schreibt über diese Ceremonie, wie folgt: „Wie Blut und warmes Wasser zusammen aus der Seite Christi flossen, so gibt warmes Wasser, nach der Wandlung mit dem Blute Christi vermischt, ein klares Bild dieses Geheimnisses allen Denen, die diesen Leben gebenden Trank aus dem Kelche, wie von der Seite Christi trinken."

§ 110.—Das vierte Gebet: Memento. Gedächtniß der Verstorbenen.

Dieses schöne Gebet lautet: „Gedenke auch, o Herr, Deiner Diener und Dienerinnen, N. N., die uns vorangegangen sind mit dem Zeichen des Glaubens und den Schlaf des Friedens schlafen. — Ihnen, o Herr, und Allen, die in Christus rufen, gib, wir bitten Dich, einen Ort der Erquickung, des Lichtes und des Friedens, durch denselben Christum unsern Herrn. Amen." Beim Anfange dieses Gebetes erhebt der Priester seine Hände langsam und faltet sie vor seinem Gesichte bei den Worten: „den Schlaf des Friedens schlafen." Diese lang= same Bewegung der Hände soll in bedeutungsvoller Weise auf die langsame, zurückhaltende Bewegung deuten, mit der die Seele vom Körper scheidet, und das Falten der Hände ruft uns in ernster Weise in's Gedächtniß, wie der Leib zur langen Ruhe zur Erde bestattet wird. Mit gefalteten Händen betet der Prie= ster eine Zeitlang für sich im Stillen. Früher wurde bei den Buchstaben N. N. ein Theil der Diptyche verlesen, nämlich derjenige, worin die Namen der kürzlich Verstorbenen verzeich= net waren. Da jetzt diese Diptyche nicht mehr im Gebrauche sind, kann der Priester nach seiner eigenen Meinung für die Verstorbenen beten. Weil ferner dieses Gebet nur ein priva= tes und kein öffentliches ist, kann er auch für solche Hingeschie= dene beten, für welche die Kirche öffentlich nicht beten würde und könnte. Sollte das heilige Opfer für einen Verstorbenen dargebracht werden, der keine Frucht davon erhalten könnte. Sollte das heilige Opfer für einen Verstorbenen dargebracht werden, der keine Frucht davon erhalten könnte, entweder weil er ewig verloren ist, oder weil er schon zur ewigen Glorie

gelangte, so kommen die Verdienste des Opfers nach der Mei=
nung der kirchlichen Gelehrten in den Schatz der Kirche, und
werden nachher bei solchen Ablässen oder Gnaden verwandt,
wie Gott den Austheilern seiner Gaben und Gnaden es ein=
geben mag. Diese letztere Meinung ist jedoch kein absoluter
Glaubenssatz. Es hat auch einige Lehrer gegeben, die behaup=
teten, Gott wende diese Gebete sogleich andern Verstorbenen zu.
Wir lenken die Aufmerksamkeit des Lesers besonders auf
den Ausdruck: „den Schlaf des Friedens". Das rauhe Wort
T o d, welches wir jetzt gebrauchen, wurde sehr selten von den
ersten Christen angewendet, wenn sie von ihren dahingeschie=
denen Brüdern sprachen. Für sie war der Tod nichts anders
als ein Schlaf bis zum großen Auferstehungstage, wann Alle
wiederum beim Schalle der Trompete des Engels erwachen wer=
den, und dieser Gedanke belebte ihren Geist und stärkte ihre
Hoffnungen, wenn sie mit ihren abwesenden Freunden im
Gebete verkehrten. So sprachen sie auch vom Begräbnißplatze.
Dieses harte und gefühllose Wort gebrauchten sie nicht, son=
dern den Ausdruck Cœmeterium, Ort der Ruhe oder des
Schlafes. Auch wurde das Wort „beerdigen, begraben" nicht
gebraucht, denn alle diese Worte waren rauh; man b e s t a t=
t e t e die Leichen, wie man irgend einem müden Wanderer
eine S t ä t t e, eine R u h e s t ä t t e anbietet, oder wie man
einen Schatz an sicherer S t ä t t e aufhebt, bis es dem allmäch=
tigen Gott gefällt, diesen Schatz wieder an's Licht zu bringen.
Der alte deutsche Ausdruck für einen Begräbnißplatz ist viel=
leicht der schönste von allen. Es ist der G o t t e s a c k e r, auf
dem die Verstorbenen als Saat gesäet werden, um am Tage
der allgemeinen Auferstehung als glorreiche Leiber aufzugehen.
Nach diesem schönen Gedanken war das Kreuz auf dem Grabe
des Entschlafenen nichts anders, als eine Inschrift, die der
Gärtner an einen Pfosten bindet, um den Vorübergehenden
den Namen der Blume anzuzeigen, die dort zum Knospen
bereit liegt. Dieser Gedanke des Schlafes, wenn vom Tode
gesprochen wird, geht durch die ganze heilige Schrift; wir
finden den Ausdruck: „Er entschlief zu seinen Vätern"; „er
schlief mit seinen Vätern"; „Ich habe geschlafen und wurde
erquickt," wie der Psalmist im 3. Psalm von unserm Heilande
im Grabe spricht, „den Schlaf des Friedens" u. s. w. Ueber=
haupt war es ein Gedanke des auserwählten Volkes im Alten
Bunde, wie der Christen im Neuen, daß der Tod nicht ein ewi=
ges Scheiden, sondern nur eine kürzere oder längere Ruhe sei.

Morgenländischer Gebrauch.—Die Gebete der Morgen=
länder für die Verstorbenen sind rührend, und einzig in ihrer
Art. In der koptischen Liturgie des heil. Basilius heißt das
Memento: „Gedenke ebenfalls, o Herr, aller derer, die schon
zur Ruhe gegangen sind, sowohl aus dem Priesterstande wie
aus den Gläubigen; gib gnädiglich ihren Seelen Ruhe in
dem Schooße Abrahams, Isaaks und Jakobs; bringe sie an
einen guten Platz bei den Wassern der Erquickung; in das
Paradies der Freude, aus welchem Kummer und Elend und
Seufzen verbannt sind; zum Glanze der Heiligen." Die
Morgenländer behalten die alten Schriftausdrücke sehr gerne
bei; deßhalb wird auch oft von ihnen der Ausdruck „Abra=
hams Schooß" von diesem reinigenden Mittelplatze des Jen=
seits gebraucht, den wir allgemein als Reinigungsort oder
Fegfeuer bezeichnen. Eine syro = jakobitische Liturgie, (die
sogenannte Liturgie des Joannes Bar-Maadan) spricht wie
folgt: „Nimm sie auf in die Zahl Deiner Erwählten; bedecke
sie mit der leuchtenden Wolke Deiner Heiligen; setze sie mit
den Schafen zu Deiner rechten Hand und bringe sie in Deine
Wohnung." Die Liturgie des hl. Chrysostomus, der fast alle
katholische und schismatische Griechen des Ostens folgen, sagt:
„Gedenke aller, die in der Hoffnung der Auferstehung zum
ewigen Leben dahin geschieden sind; und gib ihnen Ruhe, wo
das Licht Deines Angesichtes ihnen leuchtet." Unter allen
Morgenländern zeichnen sich die Nestorianer, obgleich sie Ketzer
sind, durch ihre zarte und innige Theilnahme an den Ge=
schicken ihrer verstorbenen Brüder aus. Aus einem ihrer Bü=
cher, die für den Gottesdienst und die Erklärung der einzelnen
Theile geschrieben sind, führen wir folgende Stelle an: „Der
Gottesdienst für die Verstorbenen wird am dritten Tage gehal=
ten, weil Christus am dritten Tage vom Grabe erstand; am
neunten Tage, sowie am dreißigsten Tage sollte eine Gedächt=
nißfeier sein, weil das Volk so lange über Moses trauerte.
Auch nach einem Jahre soll eine besondere Gedächtnißfeier für
die Verstorbenen stattfinden, und soll etwas von ihrem Besitz=
thum zum Andenken an die Dahingeschiedenen den Armen
gegeben werden. Dieses sagen wir jedoch nur von den Gläu=
bigen; den Ungläubigen würde dieses Almosen nichts helfen,
und sollten auch alle Schätze der Welt zu ihrem Nutzen ge=
schenkt werden." Die Armenier nennen das Fegfeuer „Woh=
nung," die Chaldäer „Reinigungsort;" bei andern wird es auch
„Bußort" oder „Sühnort" genannt.

Wir könnten noch zahlreiche Beispiele anführen, um zu be=
weisen, daß es im Osten keine Kirche gibt, die auf den Namen
einer christlichen Kirche Anspruch machen kann, in der nicht das
Gebet für die verstorbenen Gläubigen, sowie die Darbringung
des hl. Meßopfers für deren Seelenruhe als eine heilige und
ernste Pflicht des Glaubens betrachtet wird.   Protestanten, die
gern das Gegentheil glauben möchten und deßhalb auch o f t
in ihren Schriften über das Morgenland gegentheilige Ansich=
ten niederlegen, werden unsere Schilderung wahrheitsgetreu
finden, wenn sie sich an irgend eine morgenländische Liturgie
wenden und sie untersuchen.   Wir sagten, Protestanten stellen
o f t gegentheilige Behauptungen auf ; es gibt jedoch auch
ehrenhafte, aufrichtige Protestanten, und unter diesen wollen
wir einen nennen, den ehrw. Dr. J. M. Neale.   In einem
seiner Werke über die östliche Kirche schreibt er mit wahrheits=
getreuer Offenheit: „Ich glaube jetzt nicht, beweisen zu müssen,
daß die Kirche östlich, westlich und südlich, einstimmig und all=
gemein, von den apostolischen Zeiten in dem heil. Altarssakra=
mente für die Verstorbenen betet und gebetet hat, da nur blin=
der Fanatismus und religiöse Vorurtheile dieses verneinen
können."   Hätten wir nur unter den Protestanten mehrere
Männer, die in ähnlicher aufrichtiger Weise sprächen, anstatt
der neuern Halbgelehrten und Vielwisser, die den Osten und
Westen bereisen und nachher ihre Beobachtungen niederschrei=
ben, als ob sie Augen hätten und doch nicht sehen könnten!

§ 111.—Das fünfte Gebet.   Nobis quoque peccatoribus.

Wenn der Priester die ersten Worte dieses Gebetes: „Auch
uns Sündern," spricht, schlägt er an seine Brust. und spricht
diese Worte, die einzigen im ganzen Kanon, mit lauter Stimme.
Er schlägt an die Brust, wie einst der Zöllner that, als er von
ferne im Tempel stand.   In einigen Gegenden Irland's ist es
Gebrauch, daß der Meßdiener darauf antwortet : Parce nobis
Domine, „Verschone uns o Herr," wie wir diese Sitte auch bis=
weilen nach Amerika verpflanzt finden; jedoch ist es uns nicht
möglich, diesen Gebrauch, sowie seinen Ursprung zu erklären,
und finden ihn auch in keinem Buche erwähnt.   Weßhalb ge=
rade jetzt der Priester diese Worte laut spricht, ist noch nie zur
Genüge erklärt worden.   Kirchliche Schriftsteller begnügen sich
damit, darauf hinzudeuten, daß dieser Ausruf das reuige Bit=

ten des Schächers am Kreuze darstellen soll; wir glauben aber, wenigstens nach allen Anzeichen, die wir aus alten Ceremonien= Büchern und dergleichen zusammenlesen konnten, daß der laute Ausruf in früherer Zeit ein Zeichen für die Altardiener war, für eine jetzt nothwendige Dienstleistung sich bereit zu halten. So hat ein alter römischer Kirchenkalender die Weisung: „Wenn er Nobis quoque peccatoribus sagt, stehen die Sub= Diakone auf." Noch jetzt bereitet sich der Diakon bei einer Le= vitenmesse nach diesen Worten vor, dem Priester bei der kleine= ren Elevation behülflich zu sein. Einige meinen indeß, es sei eine Mahnung für das Volk, in sich zu gehen und mit dem Priester reuig vor dem Angesichte Gottes zu stehen. Die Kart= häuser erheben ihre Stimme hier nicht, sondern schlagen bloß an die Brust, und dieser Gebrauch wird auch in der Domkirche zu Lyon beobachtet.

Das Wort quoque, „auch," welches hier steht, zeigt die Verbindung dieses Gebetes mit dem vorhergehenden an, als ob nämlich gesagt würde: „Wir haben um einen Ort der Ruhe und des Friedens für unsere dahingeschiedenen Brüder gebetet; wir bitten auch um eine ähnliche Gunst für uns selbst, damit wir mit Deinen heiligen Aposteln und Märtyrern vereinigt werden."

Weil hier wiederum manche Heilige aufgeführt werden, wollen wir in ähnlicher Weise, wie vorhin beim Gebete Communicantes eine kurze Erklärnng desselben geben.

a) **Johannes.**—Lange war es eine Streitfrage unter den liturgischen Schriftstellern, ob der heil. Johannes der Evange= list, oder der heil. Johannes der Täufer gemeint sei. Gewich= tige Gründe konnten für beide Meinungen angeführt werden. Papst Innozenz III., als Gelehrter sprechend, meinte, es sei der Evangelist. Wie er glaubte, würde er zweimal im Kanon ge= nannt, nämlich einmal als Apostel im Communicantes, und hier als jungfräulicher Jünger. Andere glaubten auch, daß der Evangelist hier bezeichnet werde, nicht seiner Jungfräulich= keit willen, sondern weil er gewissermaßen zwei Mal starb; zu= erst, als er auf Befehl des Kaisers Domitian in den Kessel siedenden Oeles geworfen wurde, woraus er unversehrt hervor= gezogen wurde; dann, wie er eines natürlichen Todes zu Ephe= sus starb. Diese letzte Meinung hatte nie viele Anhänger, und wir denken, mit Recht. Der Hauptgrund, warum der heil. Johannes der Täufer nicht genannt werden sollte, war der, daß er eigentlich kein Heiliger des Neuen Testamentes war, da er ja vor dem Leiden des Heilandes getödtet wurde. So stritt man darüber längere Zeit, da die Meinungen getheilt waren, obgleich die besseren Gründe für den Evangelisten Johannes zu sprechen schienen. Die heil. Congregation der Riten in Rom, die im Namen des Papstes entscheidet, sollte dann eine endgültige Antwort geben. Auf die erste Anfrage im April 1823 wurde geantwortet: Dilata, d. h. verschoben bis auf weitere Untersuchung. Jedoch im März 1824 entschied die Congregation, daß der hier genannte Heilige Johannes der Täufer sei. Darauf hatte natürlich aller Streit ein Ende. Der heil. Johannes der Täufer hat zwei Feste zu seiner Ehre: das Fest seiner Geburt, am 24. Juni, und seiner Enthauptung, den 29. August. Ein Theil des Hauptes des Vorläufers Christi ist in der Kirche des hl. Sylvester zu Rom aufbewahrt, und ein anderer Theil in Amiens, in Frankreich.

b) **Stephanus,** 26. Dezember. — Dieser Heilige wird gewöhnlich durch den Titel Protomartyr, Erstlings= märtyrer ausgezeichnet, weil er, strenge genommen, der erste Märtyrer des Neuen Bundes war. Etwa vierhundert Jahre nach seinem Tode wurden seine Gebeine von Jerusalem nach Rom übertragen, und wie die Legende sagt, neben den Gebeinen des hl. Laurentius beigesetzt. Darauf sollen die Gebeine des hl. Laurentius sich an die Seite bewegt haben, um dem hl. Stephanus den Ehrenplatz in der Mitte einzuräu= men. Man nennt deshalb auch den hl. Laurentius in Rom il cortese Spagniolo, d. h. den höflichen Spanier, weil er aus Spanien gebürtig war. Im Süden Frankreich's war der St. Stephanstag der sogenannte Strohetag, weil an diesem Tage Stroh geweiht wurde. In England und Irland hieß er der Zaunkönigs = Tag, weil man einen Zaunkönig suchte und zu Tode steinigte. Noch jetzt wird der Tag dort von den jüngeren Leuten in dieser Weise gefeiert. Im Norden Deutschland's war der Tag öfters ein Tag großer Aufregung und bisweilen auch wilder Lustbarkeiten.

c) **Matthias,** 24. Februar. — Weil durch den Tod des Verräthers Judas eine Lücke entstanden war, mußte ein ande= rer Apostel erwählt werden, und das Loos fiel auf Matthias. Wir wissen nicht genau seine Todesart, aber es ist allgemei= ner Glaube, daß er gekreuzigt wurde. Er wird nicht mit den andern Aposteln im Communicantes genannt, weil er erst nach dem Leiden Christi in deren Zahl aufgenommen wurde; auch wird er nirgends im Evangelium genannt. Weshalb, so mag man fragen, wird denn der heilige Paulus im Communicantes genannt, der doch zur Zeit des Leidens Christi noch nicht Christ war? Wir antworten: Um ihn nicht vom heiligen Petrus zu trennen, denn die Kirche singt von Beiden: „Im Leben liebten sie sich einander, im Tode waren sie nicht getrennt.“ Dieses ist die Antwort, die von allen Gelehrten gegeben wird.

Barnabas, 11. Juni. — Der hl. Barnabas war gebürtig aus Cypern. Er hieß früher Joses, aber er änderte diesen Namen in Barnabas, welches „Sohn des Trostes“ bedeutet. Er war der Freund und Begleiter des hl. Paulus auf seinen Missionsreisen. Nach dem alten Stile war das Fest des heil. Barnabas der längste Tag im Jahre[1] (der lange Barnabas).

e) **Ignatius,** 1. Februar. — Der hl. Ignatius war nach einer frommen Legende das Kind, welches der Heiland auf seine Arme nahm, als er seinen Aposteln sagte: „Wer immer eines dieser Kleinen in meinem Namen aufnimmt, der nimmt mich auf.“ Er wurde am Anfang des zweiten Jahrhunderts Bischof von Antiochien, und endete sein Leben in glorreichem Martertode unter Trojan im Jahre 107. Er soll zuerst die Antwortgesänge in die Kirche eingeführt haben, wie er es nach der Legende oft von Engeln gehört hatte.

f) **Alexander,** 3. Mai. — Der hl. Alexander wurde Papst im Jahre 109, und der hl. Gregor der Große führt ihn als einen glorreichen Märtyrer an.

g) **Marcellinus,** 2. Juni. — Der hl. Marcellinus war Priester in Rom. Während der Verfolgung des Diocletian wurde er im Jahre 304 gemartert und zugleich mit ihm h) der heilige **Petrus,** der noch kein Priester, sondern blos Exorcist, d. h. in den niederen Weihen war.

i) **Perpetua,** 7. März. — Die hl. Perpetua duldete den Martertod in Carthago, in Afrika, im Jahre 202, als sie erst 22 Jahre alt war. Sie wurde in's Amphitheater geführt, wo

---

1) Rußland ist das einzige christliche Land, welches nach dem alten, dem sogenannten julianischen Stile die Zeitrechnung beibehält. Der alte Stil macht das Jahr 365 Tage und 6 Stunden lang, während es nur 365 Tage, 5 Stunden, 48 Minuten und 48 Sekunden lang ist. Der neue Stil, auch der gregorianische genannt, vom Papste Gregor XIII., füg im Jahre 1582 an. Um das wahre Datum des neuen Stiles vom alten zu bekommen, muß man für das sechzehnte und siebenzehnte Jahrhundert zehn Tage abziehen, für das achtzehnte elf Tage und für das neunzehnte zwölf. Die Nichtbeachtung dieser Regel hat schon oft Mißverständnisse herbeigeführt.

Stiergefechte und Kämpfe mit andern wilden Thieren gehalten wurden. Ein wilder Stier wurde auf sie losgelassen, der sie schrecklich verstümmelt und todt auf dem Platze zurückließ.

j) **Felicitas, 7. März.** — Wir wissen wenig von dieser Heiligen; kaum dieses, daß sie zugleich mit der hl. Perpetua zu Tode geführt wurde. Andere wollen jedoch glauben, daß sie die hl. Felicitas sei, die unter dem Kaiser Antonius Pius gemartert wurde. Es gab sehr viele Heilige, die den Namen Felicitas führten. Die hl. Perpetua und Felicitas wurden vom Papst Gregor dem Großen in den Kanon der Messe aufgenommen.

k) **Agatha, 5. Februar.** — Die hl. Agatha soll aus Sicilien gebürtig gewesen sein, und um's Jahr 251 unter der Verfolgung des Kaisers Dezius den Martertod erduldet haben. Ihre Qualen waren schrecklich, und Gott verherrlichte sie durch manche Wunder.

l) **Lucia, 13. Dezember.** — Die hl. Lucia war gebürtig aus Syrakus in Sicilien und wurde um's Jahr 304 gemartert. Ihr Leib ruht jetzt in Metz, wo er an gewissen Tagen der Jahres den Gläubigen zur Verehrung gezeigt wird. In der christlichen Kunst wird sie dargestellt mit einem Palmzweige in der einen Hand und mit einer Lampe in der anderen, weil ihr Name von dem lateinischen Worte lux, Licht, abgeleitet sein soll.

m) **Agnes. 21. und 28. Januar.** — Die hl. Agnes wurde in der alten Kirche sehr verehrt. Als Kind von dreizehn Jahren soll sie schon den Martertod erlitten haben, nachdem alle möglichen Künste des Teufels vorher gegen sie in Anwendung gebracht worden waren. In manchen Gegenden war der 21. Januar ein Feiertag zu ihrer Ehre. Das zweite Fest, am 28. Januar, ist eine Art Oktav oder Nachfeier. Ihr Tod fällt ins Jahr 305. Ihre Kirche in Rom an der Via Nomentana ist die Titelkirche eines Kardinals, d. h. der jedesmalige Pfarrer der Kirche ist Kardinal, und diese Kirche gibt auch alljährlich die Lämmer, aus deren Wolle die Pallien für die Erzbischöfe gemacht werden.

n) **Cäcilia. 22. November.** — Nach den besten Nachrichten litt die hl. Cäcilia im Jahre 230. Wegen ihrer großen Neigung, die Wohlthaten Gottes zu preisen und sein Lob zu singen, wird sie gewöhnlich als Patronin der Musik verehrt und wird dargestellt mit einer Leier in der Hand. In der älteren Kirche war sie so angesehen, daß für ihr Fest eine eigene Präfation geschrieben war, die Papst Gregor der Große in sein Meßbuch aufnahm. Man sagte von ihr, sie habe immer das Evangelienbuch bei sich getragen, wie es bei den ältesten Christen öfters der Fall war, und wie wir es hier und da noch jetzt finden.

o) **Anastasia.** 25. Dezember.—Die hl. Anastasia soll ihren Martertod im Jahre 304 während der Verfolgung Diokletians in Illyrien erduldet haben, indem sie auf dem Scheiterhaufen lebendig verbrannt wurde. Sie wird so hoch verehrt, daß ihr Fest selbst am heiligen Weihnachtstage in der zweiten Messe erwähnt wird.

§ 112.—Die kleinere Elevation. Schluß des Kanons.

Die Worte des S ch l u s s e s sind erhaben. Sie lauten: „Durch den (d. i. Christus) Du alles Gute für uns schaffest, hei= ligest, belebest, segnest und gewährest. Durch ihn und mit ihm und in ihm sei Dir, Gott, allmächtiger Vater, in Einigkeit des h. Geistes, alle Ehre und Glorie." Bei den Worten „heiligest, be= lebest, segnest" macht der Priester dreimal das Kreuz über die Hostie und den Kelch. Dann nimmt er die Palla vom Kelche, kniet, nimmt die hl. Hostie zwischen Daumen und Zeigefinger der rechten Hand und macht mit ihr drei Kreuze über den Kelch bei den Worten „durch ihn, mit ihm und in ihm," sowie zwei zwischen dem Kelche und seiner Brust bei den Worten: „Dir Gott, dem allmächtigen Vater, in Einigkeit des heil. Geistes." Dann hält er die heil. Hostie wieder über den Kelch und erhebt diesen ein wenig mit der linken und die Hostie mit der rechten Hand, während er spricht „alle Ehre und Glorie." Diese Er= hebung heißt die „k l e i n e r e E l e v a t i o n." Hier schließt der Kanon.

Ein französischer kirchlicher Schriftsteller, Pouget, glaubt, daß früherhin, als bloß an dieser Stelle die Elevation der heil. Hostie und des Kelches gebräuchlich war, beide hoch genug empor gehoben wurden, um vom Volke gesehen zu werden. Er ist viel= leicht der Einzige bis jetzt, der diese Meinung vertreten hat, aber er dürfte doch wohl Recht haben. Wir stimmen ihm vollstän= dig bei, obgleich keine strengen Beweise gebracht werden können.

In früheren Zeiten war es vielfach gebräuchlich, an dieser Stelle in der heil. Messe Früchte und verschiedene Landerzeug= nisse zu segnen, wie z. B. Trauben, Milch, Honig, Oel, Wein u. s. w. Diese Weihe wurde unmittelbar vor der kleineren Elevation vollzogen, nachdem der Diakon vorher die zu weihen= den Früchte auf den Altar gelegt hatte.

Achtundzwanzigstes Kapitel.

Die Feier der heiligen Messe — (Fortsetzung) — Vom Kanon bis zur Communion.

§ 113.—Das Pater noster. (Vater unser.)

Nach dem letzten Gebete des Kanons sagt der Priester mit hörbarer Stimme: "Per omnia sæcula sæculorum" (Von Ewigkeit zu Ewigkeit); dann Oremus (Lasset uns beten), worauf das Pater noster, das Gebet des Herrn, nach einer kurzen Vorrede folgt. Die Vorrede lautet: „Durch heilsame Ermahnungen angeregt und durch die göttliche Verordnung belehrt, wagen wir zu sagen: Vater unser u. s. w." Wie manche gelehrte Männer uns sagen, beziehen sich die Worte: „Durch heilsame Ermahnungen angeregt" auf die Geheimlehre, nach welcher es strenge verboten war, unter andern auch das Gebet des Herrn vor den Katechumenen laut zu beten (siehe Ende Kap. 20), aber weil keiner von diesen während dieses Theiles der Messe zugegen sein durfte, war es in keiner Weise gefährlich, es laut zu beten. Wie schon vorher bemerkt, durfte es im Breviergebet nur leise gebetet werden, damit die Katechumenen, welche zugegen sein durften, es nicht hörten. So haben wir es noch jetzt. Die übrigen Worte der kurzen Vorrede haben Bezug auf das, was Christus der Herr seinen Aposteln über das Gebet sagte, denn das „Vater unser" war von ihm selbst ihnen als Muster für ihre eigenen Gebete gegeben. So sollten s i e beten und so auch w i r.

Die kleine Vorrede lautet in der Liturgie des hl. Jakobus wie folgt: „Gib, o Herr und Liebhaber der Menschen, daß wir mit Muth, ohne Verurtheilung, mit reinem Herzen, mit zerknirschtem Geiste, mit offenem Antlitze, dessen wir uns nicht zu schämen haben, mit geheiligten Lippen, es wagen dürfen, Dich, unsern heiligen Gott und Vater im Himmel, anzurufen und zu sagen: Vater unser u. s. w." Alle Liturgien des Morgenlandes haben ähnliche Vorreden.

In der westlichen Kirche sagt der Priester a l l e i n das Vater unser; in der östlichen Kirche beten Priester und Volk

zusammen. Die Mozaraber sagen A m e n nach jeder einzelnen Bitte. Als zur Zeit des Papstes Clemens III. (1187—
1191) die Kreuzfahrer ausgezogen waren, für die Wiedererol=
berung der heiligen Orte in Palästina zu kämpfen, war es
Gebrauch, unmittelbar nach dem Pater noster den 72. Psalm
Deus venerunt gentes, „O G o t t, d i e H e i d e n s i n d i n
D e i n E r b t h e i l g e k o m m e n,‟ zu beten, damit Gott den
frommen Streitern beistehen möge. Papst Innocenz III. ver=
ordnete, daß dieser Psalm mit einer Antiphon nach dem Frie=
denskusse gesungen werden solle, und nach einem Gebote des
Papstes Johannes XXII. (1316—1334) sollte der 121. Psalm
lætatus sum (J c h f r e u t e m i c h) in jeder Messe nach dem
Pater noster für die Ausrottung der Irrlehren und Ketzereien
gebetet werden.

Obgleich es sonst immer Gebrauch ist, daß der Chor Amen
antwortet, so oft der Priester Per omnia sæcula sæculorum
singt, wird dieses in der p ä p s t l i c h e n M e s s e am Oster=
Sonntage vor dem Pater noster unterlassen, und zwar geschieht
dieses zum Andenken an ein Wunder, welches sich während des
Lebens des Papstes Gregor des Großen ereignete, dem die
Engel an dieser Stelle am Ostermorgen antworteten.

§ 114.—Das Nachgebet zum Pater noster.

Sobald als der Priester das Gebet des Herrn gesagt hat,
reinigt er die Patene ein wenig mit dem Purifikatorium, um
sie für die heilige Hostie, die jetzt darauf gelegt wird, bereit zu
machen ; dann hält er sie in seiner rechten Hand auf den Altar
gestützt, und sagt das folgende Gebet, welches N a c h g e b e t
oder Embolismus (d. h. etwas Hinzugefügtes) genannt wird.
Die Worte sind: „Wir bitten Dich, o Herr, befreie uns von
allen Uebeln, den gegenwärtigen, vergangenen und zukünftigen
und gib uns gnädiglich durch die Fürbitte der gebenedeiten und
glorreichen Jungfrau Maria, Mutter Gottes, wie auch der hl.
Apostel Petrus und Paulus und Andreas und aller Heiligen,
Friede in unsern Tagen auf daß wir, unterstützt, durch die
Hülfe Deiner Barmherzigkeit, immer frei seien von Sünde
und sicher gegen jede Störung.‟
Manche Schriftsteller glauben, der Name des hl. Andreas
sei vom Papste Gregor dem Großen beigefügt worden, da er
eine besondere Andacht zu diesem Apostel hegte und ihm zu

Ehren mehrere Kirchen baute. In früherer Zeit war es dem Ermessen des Priesters anheimgestellt, noch andere Heilige nach dem hl. Andreas hinzuzufügen. Er konnte irgend einen Heiligen nennen, zu dem er eine besondere Andacht hegte, und mit wenigen Ausnahmen war dies die Regel bis zum elften Jahrhundert, seit welcher Zeit der jetzige Gebrauch festgestellt blieb.

Der Embolismus wird leise gebetet, weil er früher, als noch die Namen vieler Heiligen in dieses Gebet hineingefügt wurden, nicht leicht gesungen werden konnte; und was beim Hochamte stattfand, behielt man auch in der stillen Messe bei. Andere sagen jedoch, er sei leise gebetet worden, um nicht die Sänger in ihrem Gesange zu stören, da jetzt die Antwort zum Vater unser gesungen wurde. Am Charfreitage bei der vorconsekrirten Messe singt der Priester dieses Nachgebet mit halblauter Stimme.

Bei den Worten „gib uns gnädiglich Friede in unseren Tagen" macht er das Kreuzzeichen mit der Patene über sich und küßt diese darauf am äußersten Rande. Die Patene wird hier geküßt, weil sie den göttlichen Heiland aufnehmen soll, der vor Allem der Urheber des Friedens ist, und der in diesem Theile der Messe die Patene zu seinem Throne macht. Während der Priester spricht „unterstützt durch die Hilfe Deiner Barmherzigkeit ꝛc." schiebt er die Patene unter die heil. Hostie, nimmt die Palla vom Kelche und kniet zur Anbetung des Herrn nieder. Dann richtet er sich auf, hält die heilige Hostie über den Kelch und bricht sie zuerst in zwei gleiche Theile, während er spricht: „Durch denselben Jesus Christus, unseren Herrn, Deinen Sohn." Er legt den Theil, welchen er in der rechten Hand hielt, auf die Patene, bricht dann über dem Kelche ein kleines Stück von dem andern Theile, legt den größeren Theil auf die Patene und spricht: „Der mit Dir lebt und regiert in Einigkeit des heiligen Geistes, Gott." Darauf sagt er laut, während er den kleinen Theil der heiligen Hostie über den Kelch hält: Per omnia sæcula sæculorum, und gleich darauf: Pax Domini sit semper vobiscum, der Friede des Herrn sei immer mit euch. Während dieser letzten Worte macht er dreimal das Kreuzzeichen über die Oeffnung des Kelches mit dem kleinen Stückchen der heiligen Hostie, das er alsdann in das heilige Blut fallen läßt mit den Worten: „Möge diese Mischung und Segnung des Leibes und Blutes Jesu Christi uns, die wir ihn empfangen, zum ewigen Leben gereichen."

Erklärung. — Die Hostie wird gebrochen, weil auch Christus der Herr beim letzten Abendmahle das Brod brach, sowie
auch nachher zu verschiedenen Zeiten, von denen uns die heilige
Schrift erzählt; weshalb aber die Dreitheilung jetzt gebräuchlich ist, kann nicht leicht erklärt werden, zumal da in früheren
Zeiten verschiedene Gebräuche an dieser Stelle gefunden wurden. Einige brachen die heilige Hostie in drei Theile, andere
in vier, und noch andere, wie z. B. die Mozaraber, in neun.
Nach dem alten römischen Gebrauche wurde sie in drei Theile
gebrochen. Der eine Theil wurde mit dem heiligen Blute vermischt, der zweite für die Communion des Priesters, des Diakons und des Subdiatons bewahrt, der dritte für die Kranken
zurückgelegt. Dieser Gebrauch war in manchen Kirchen üblich,
und eine Spur davon sieht man noch in dem vom Papste
gesungenen Levitenamte, wo er einen Theil der heiligen Hostie
in den Kelch fallen läßt, den zweiten selbst bei der heiligen
Communion nimmt, und mit dem dritten dem Diakon und
dem Subdiakon die Communion reicht. Dasselbe kann man
auch bei der Weihe des neugewählten Bischofs sehen. Nach
einigen Auslegern sollen die drei Kreuze, die der Priester mit
dem kleinen Theile über den Kelch macht, die drei Tage bedeuten, während welcher der heilige Leib Christi im Grabe blieb,
und wenn der Priester den kleinen Theil in den Kelch senkt,
sollen wir uns daran erinnern, wie bei der Auferstehung des
Herrn seine Seele sich wieder mit dem Leibe vereinigte.

Wir sagten schon vorher, daß die Mozaraber die heilige
Hostie in neun Theile brechen. Das erste Mal brechen sie die
Hostie in zwei gleiche Theile, worauf sie den einen Theil in
vier, den andern in fünf Stücke zerlegen, die dann alle auf die
Patene in der Form eines Kreuzes gelegt werden. Jedem
Stück ist auch ein Name beigelegt, um ein Geheimniß aus dem
Leben Jesu zu versinnbilden; so heißt das erste Stück **die
Menschwerdung**, das zweite **die Geburt**, das dritte
die Beschneidung, das vierte **die Erscheinung**'
das fünfte **das Leiden**, das sechste **der Tod**, das siebente
die Auferstehung, das achte **die Glorie Christi
im Himmel**, das neunte **das Reich Christi**. Während der Zeit von Ostern bis Pfingsten, sowie am Frohnleichnamstage hält der Priester das Stück, welches das **Reich
Christi** genannt wird, über den Kelch und sagt dreimal mit
lauter Stimme: „Der Löwe vom Stamme Juda, die Wurzel

David's, hat gesiegt"; und der Chor antwortet dreimal: „Der
Du über den Cherubim thronest, Wurzel David's, Alleluja."

Die Griechen theilen die heilige Hostie in vier Theile, von
denen der Priester einen in den Kelch fallen läßt, einen andern
selbst bei der Communion nimmt, den dritten für die Commu=
nion der Gläubigen zurücklegt, und den vierten für die Kran=
ken aufbewahrt. Nach der Liturgie des hl. Chrysostomus ist
die ganze Ceremonie in folgender Weise geordnet:

Rubrik: Der Diakon kreuzt sein Orarion (seine Stola),
geht auf die obere Stufe des Altars, steht zur Rechten des
Priesters, der das heilige Brod nimmt, und sagt:

Diakon: „Herr, brich das heilige Brod."

Rubrik: Und der Priester theilt es in vier Theile,
sorgfältig und ehrfurchtsvoll, und spricht:

Priester: „Das Lamm Gottes wird gebrochen und ausge=
theilt; er, der gebrochen und nicht getheilt wird; der gegessen und
nicht verzehrt wird, sondern diejenigen heilt, die ihn empfangen."

Ehe bei den Griechen der kleine Theil in den Kelch gesenkt
wird, macht der Priester zuerst das Zeichen des Kreuzes und
spricht dann: „Die Fülle des Kelches des Glaubens des heiligen
Geistes." Der Diakon antwortet: „Amen".

In der Liturgie des hl. Jakobus läßt der Priester den
kleinen Theil mit folgenden Worten in den Kelch fallen: „Die
Vereinigung des heiligsten Leibes und des kostbaren Blutes
unsers Herrn und Gottes und Erlösers Jesus Christus." Die
Kopten brechen die Hostie unmittelbar vor der Wandlung bei
dem Worte fregit, er brach, aber dann nur in zwei Theile,
während sie nachher, das ist unmittelbar vor der Kommunion,
diese beiden Theile in kleine Stücke zerlegen. Die Nestorianer
brechen zuerst die hl. Hostie mit beiden Händen in drei Theile
und sagen unterdessen: „Jetzt nahen wir Dir, o Herr, in dem
wahren Glauben Deines heiligen Namens, und durch Deine
große Milde brechen wir und durch Deine unendliche Barmher=
zigkeit bezeichnen wir den Leib und das Blut des Gebers alles
Lebens, des Herrn Jesus Christus; im Namen des Vaters,
und des Sohnes und des heiligen Geistes." Dann werfen sie
die kleinen Partikel in den Kelch und sagen: „Möge das kostbare
Blut bezeichnet werden mit dem Leben gebenden Leibe unseres
Herrn Jesus Christus, im Namen des Vaters und des Sohnes
und des hl. Geistes. Amen." Aus allem Diesen ersehen wir, daß
der Gebrauch der östlichen Kirche dem unsrigen sehr nahe kommt,
wenigstens in Allem, was auf das hl. Sakrament Bezug hat.

Schließlich wollen wir noch hinzufügen, daß es ja immer das hl. Blut Christi ist, in welches der kleine Theil der heil. Hostie gelegt wird; jedoch wird dieser Gebrauch, die heilige Hostie zu zertheilen und in den Kelch fallen zu lassen, auch am Charfreitag beobachtet, wo bloßer Wein im Kelche ist, da ja der Priester an dem Tage die Wandlung nicht vollzieht. Deßhalb läßt er aber auch an diesem Tage den kleinen Theil der heil. Hostie in den Kelch fallen, ohne etwas zu sagen.

§ 115.—Der bischöfliche Segen.

Der Leser muß nicht glauben, wir sprechen vom Segen am Ende der Messe, wie er jetzt gegeben wird. Es war früher näm= lich Gebrauch, unmittelbar nach dem Nachgebet zum Pater no- ster, dem Embolismus, hier einen Segen zu ertheilen, aber bloß, wenn der Bischof selbst das heilige Opfer feierte. Der Erzdiakon, der dem Bischofe zur Seite stand, wandte sich zu den versammelten Gläubigen und sagte mit lauter Stimme: Hu- miliate vos ad benedictionem, Beuget Euch zum Se= gen. Die Geistlichkeit antwortete: Deo gratias, Dank sei Gott. Dann wandte sich der Bischof zu der Gemeinde und gab den feierlichen bischöflichen Segen.

Nach dem mozarabischen Ritus war dieser Gebrauch auch in stillen Messen üblich, ja er wurde sowohl von Priestern, wie von Bischöfen beobachtet. Das vierte Conzil von Toledo be= schloß aber, diesen Mißbrauch abzuschaffen. Einige geben als Grund für diesen Segen an, daß Diejenigen, welche nicht com- muniziren wollten, jetzt die Kirche verlassen sollten. So sagte auch Papst Gregor der Große in der Messe vor der heil. Com= munion: Si quis non communicat, det locum, „Wenn Jemand nicht die Absicht hat, zu kommunizi= ren, so soll er seinen Platz verlassen." (Siehe auch Kap. 29, Segen.)

§ 116.—Das Agnus Dei (Lamm Gottes.)

Während des Agnus Dei schlägt der Priester dreimal an seine Brust, in demüthiger Reue über seine Sünden. Bei den ersten zwei Malen sagt er: „Lamm Gottes, das Du hinweg= nimmst die Sünden der Welt, erbarme Dich unser," beim drit= ten Male aber: „Lamm Gottes, das Du hinwegnimmst die Sünden der Welt, gib uns Frieden." In Messen für Verstor-

bene heißt es zwei Mal: „Lamm Gottes, das Du hinwegnimmst
die Sünden der Welt, gib ihnen Ruhe,“ und das dritte Mal:
„Lamm Gottes, das Du hinwegnimmst die Sünden der Welt,
gib ihnen die ewige Ruhe,“ jedoch schlägt der Priester nicht an
seine Brust, weil die Gebete für die Verstorbenen und nicht für
Lebende sind. Der Ausdruck „Lamm Gottes“ findet sich öfters
in der heiligen Schrift, und zwar immer mit Bezug auf den
Heiland. Wegen der Beziehungen zwischen unserm Heilande
und dem Osterlamme des Alten Testamentes gab man diesem
Ausdrucke in der älteren Kirche vor allen andern den Vorzug.

Vor der Zeit des Papstes Sergius I. (687—701) war das
Agnus Dei nur für den Chor zur Singen bestimmt aber durch
ein Gesetz dieses Papstes mußte es auch der Priester in der
Messe beten. Diese von manchen gelehrten Männern gegebene
Erklärung scheint die wahre zu sein, denn das Pontifikalbuch
sagt über diesen Papst Sergius: „Er verordnete, daß zur Zeit
des Brechens der heil. Hostie: "Agnus Dei qui tollis peccata
mundi, miserere nobis" von der Geistlichkeit und dem Volke
gesungen werde.“ Deßhalb wird Papst Sergius I. auch öfters
als Derjenige genannt, der das Agnus Dei in die Messe ein=
führte. So z. B. auch das Brevier, am 9. September, dem
Feste des hl. Sergius. Daß aber das Agnus Dei schon lange
vor ihm bekannt war, sehen wir aus dem Meßbuche (dem Sa=
kramentale) des Papstes Gregor des Großen.

Anfangs war es nicht festgesetzt, wie viel mal das Agnus
Dei gesagt werden sollte. Manche sagten es nur einmal und
so hatte allem Anscheine nach Papst Sergius I. es angeordnet.
Andere ließen es vom Chore immerfort singen, während die hl.
Hostie zertheilt wurde, einmal, zweimal, dreimal, oder so oft,
als nothwendig war. Im elften Jahrhunderte war es Sitte,
es zweimal zu sagen; im zwölften Jahrhunderte pflegte man
es dreimal zu singen. So sehen wir es wenigstens schon in
den Meßbüchern jener Zeit angeordnet, und die Regel scheint
ziemlich allgemein befolgt worden zu sein. Daß der Priester
aber immer dieselben Worte sagte, und so oft wiederholte, als
der Chor sie sang, läßt sich nicht leicht nachweisen. Wie ge=
lehrte Männer behaupten, sagte der Papst es schon in seiner
Messe zu Anfang des vierzehnten Jahrhunderts. Deßhalb
dürfen wir mit Sicherheit annehmen, daß es damals auch schon
den Priestern vorgeschrieben war. An einigen wenigen Orten
war es für den Priester Sitte, einmal vor der Präfation und
zweimal vor der Communion dasselbe zu beten.

Die Worte „Gib uns Frieden", die jetzt dem dritten Agnus Dei hinzugefügt sind, statt des „Erbarme Dich unser", sind späteren Ursprungs. In der alten päpstlichen Kirche zum hl. Johannes im Lateran in Rom wird es noch immer nicht gesagt. (Die Kirche im Lateran, nach dem vollständigen Titel genannt Archibasilica Sanctissimi Salvatoris apud Sanctum Joannem in Laterano, das ist: „Erzkirche des heiligsten Erlösers beim hl. Johannes im Lateran", ist die bischöfliche Kirche, der Dom, Rom's, die Hauptkirche des Papstes, und die Domkirche des ganzen Erdenrundes. Obgleich der Papst jetzt gewöhnlich im Vatikan bei der Peters=Kirche wohnt, ist die Peters=Kirche doch bloß die zweite im Range, und nicht der wirkliche Dom von Rom. In der Lateran=Kirche ist auch der Altar des hl. Petrus, ein hölzerner Altar, an dem nur der Papst Messe lesen darf. Früherhin wurden die großartigsten Ceremonien im Lateran bei der Krönung des neuerwählten Papstes vorgenommen.) Die Worte „Gib uns Frieden" sollen dem folgenden Umstande ihren Ursprung verdanken. Ein frommer Tischler, der im Walde für seine Arbeit Holz suchte, sah plötzlich vor sich die Erscheinung der Mutter Gottes, die ihm eine Medaille gab, auf deren einer Seite das Bild unsers Heilandes war, während die andere Seite die Inschrift trug: „Lamm Gottes, das Du hinwegnimmst die Sünden der Welt, gib uns Frieden." Die Mutter Gottes trug dem Tischler auf, dem Bischof diese Medaille zu zeigen, und ihm aufzutragen, ähnliche prägen zu lassen und unter die Gläubigen zu vertheilen, damit diese durch ihr demüthiges Gebet Frieden für die Kirche in jenen Tagen erflehen sollten. Diese Worte fanden bald nachher auch ihren Platz in der Messe, und sind bis jetzt darin beibehalten worden.

§ 117.—Das Pax tecum. (Der Friedenskuß.)

Nach dem Agnus Dei beugt sich der Priester ein wenig, legt seine Hände gefaltet auf den Altar und sagt drei Gebete, ohne seine Stellung zu verändern. Im ersten Gebete fleht er zu Gott um den Frieden, den die Welt nicht geben kann; im zweiten um Befreiung von aller Sünde durch die Kraft des Leibes und Blutes des göttlichen Erlösers; im dritten endlich, daß der Empfang dieses Leibes und Blutes ein Heilmittel werden möge für alle Schwächen des Körpers und der Seele.

Wenn ein Levitenamt gesungen wird, kann man hier nach dem ersten Gebete von einer alten und sehr rührenden Ceremonie Zeuge sein, nämlich der Ertheilung des "Pax" oder des Friedenskusses, einer Ceremonie, die in diesen Messen beibehalten wurde, um die zartfühlende und liebevolle Handlungsweise unseres Heilandes in seinem Verkehre mit den Aposteln uns vor Augen zu führen. Wir können hier auch nebenbei dieses bemerken, daß, obgleich die Worte Christi: „Thut Dieses zu meinem Andenken" sich bloß auf die heiligen Geheimnisse des Leibes und Blutes des Herrn beziehen, die Kirche doch in ihren heiligen Ceremonien auch manche andere Handlungen des Herrn beibehalten hat, besonders solche, welche die Evangelisten als besonders nachahmungswerth schildern, oder als charakteristisch andeuten. Die meisten solcher Handlungen hat die Kirche der Feier der heiligen Messe eingefügt; denn was ist die Messe anderes, als eine mystische und feierliche Beschreibung des Lebens unseres Heilandes hier auf Erden? Um nun zum Friedenskusse zurückzukehren; — sobald der Priester das erste Gebet verrichtet hat, wendet er sich zum Diakon, legt seine Hände auf dessen Schulter, beugt sein Haupt als wie zum Kusse und sagt: Pax tecum, „Der Friede sei mit Dir," worauf der Diakon antwortet: Et cum spiritu tuo, „Und mit Deinem Geiste." Diese fromme Begrüßung wird dann von Allen, die im Chore sind, wiederholt, wird aber außerhalb des Chores jetzt nicht mehr beobachtet. In Messen für die Verstorbenen ist dieser Friedenskuß nicht üblich, weil sie einerseits zu trauriger Natur sind, und weil es früher nicht Sitte war, in diesen Messen zu communizieren; man beobachtete nämlich den Friedenskuß vorzüglich als Zeichen der brüderlichen Liebe vor dem Empfange der hl. Communion. Am Gründonnerstag wird der Friedenskuß nicht gegeben, weil an diesem Tage der Verräther Jesum mit einem Kusse an die Juden überlieferte. Als in früheren Zeiten die Männer in der Kirche von den Frauen getrennte Plätze hatten, wurde der Friedenskuß durch die ganze Kirche beobachtet; und dieser Gebrauch blieb größtentheils bis zum dreizehnten Jahrhundert bestehen, bis zu den Zeiten des Papstes Innocenz III. Als jedoch das Sittenverderbniß größer wurde und andere Ursachen hinzukamen, hielt man es für gerathen, die Sitte der Apostel abzuändern, und eine andere Form einzuführen. Eine kleine Platte, entweder aus Silber oder Gold, mit dem Bildnisse des gekreuzigten

Erlösers darauf, welches Osculatorium, „das Instrument des Friedenskusses," genannt wurde, wurde zuerst vom Priester geküßt und dann durch die Kirche den Gläubigen zum Kusse gereicht. Obgleich dieses Instrument einstens sehr im Gebrauch war, sieht man es jetzt doch nur sehr selten, da besonders bei uns in Amerika der Friedenskuß nie außerhalb des Chores gegeben wird. Im Chore beobachtet man bei uns die alte Form. Bei der Priesterweihe gibt der Bischof den Neuge= weihten einzeln den Friedenskuß. In manchen religiösen Or= den wird der Friedenskuß auch im täglichen Leben beobachtet.

In einigen Kirchen war es früher Sitte, daß der Priester vor dem Friedenskusse erst die heilige Hostie auf der Patene küßte, um anzudeuten, daß er den Friedenskuß, den er jetzt den Andern mittheile, von dem Heilande selbst empfangen habe. Dieser Gebrauch wurde aber bald abgeschafft, da er etwas Ungeziemendes an sich hatte und weil immer Gefahr vorhan= den war, daß kleine Theilchen der heiligen Hostie an seinen Lippen kleben konnten.

In einigen religiösen Orden war es Sitte, den Kelch zu= erst zu küssen und dann in gewöhnlicher Weise den Friedenskuß im Chore auszutheilen. Diese Sitte bestand lange bei den Dominikanern und besteht theilweise noch jetzt; denn ihr Meß= buch ordnet an, daß der Priester zuerst den Rand des Kelches küssen solle und dann die Patene oder das Instrument des Frie= denskusses, welches der Diakon ihm darreicht. Beim Küssen des letzteren sagt er: „Friede sei mit Dir und der heiligen Kirche Gottes." In Köln, sowie in manchen Kirchen Frankreichs, war es im Anfange des sechszehnten Jahrhunderts Sitte, das Meßbuch zu küssen, weil es die Worte des Erlösers enthält.

Morgenländischer Gebrauch. — In der Liturgie des heil. Jakobus folgt der Friedenskuß gleich nach dem Credo, ziemlich weit vor der Präfation. Vorher wendet sich der Diakon zum Volke und spricht mit lauter Stimme: „Laßt uns einander mit dem Kusse küssen; laßt uns unsere Häupter vor dem Herrn beugen." Wenn die Maroniten den Friedenskuß geben, der bei ihnen auch, wie fast bei allen Morgenländern, vor der Prä= fation ertheilt wird, küßt der Priester zuerst den Altar und die Opfergaben und spricht dabei: „Friede sei mit Dir, Altar Got= tes, und Friede den Geheimnissen, die auf Dich gelegt sind." Dann gibt er den Friedenskuß den Altardienern und spricht zu jeden Einzelnen: „Friede sei mit Dir, Du Diener des heiligen

Geistes." Alle anwesenden Gläubigen ertheilen sich darauf einander den Friedenskuß, geben sich aber vorher die Hand zum Zeichen der Freundschaft und brüderlichen Liebe. Im We= sten ist es bloß der mozarabische Ritus, nach welchem der Frie= denskuß vor der Präfation ertheilt wird. In manchen alten Kirchen war der Gruß beim Friedenskusse: „Möge der Friede Christi und seiner Kirche in seiner Fülle mit Dir sein." Car= dinal Bona glaubt, daß die Franziskaner die ersten waren, welche wegen der vielen Mißbräuche den Friedenskuß nach der Regel der alten Kirche abschafften und daß die von ihnen ange= bahnte Einrichtung nach und nach von der ganzen Kirche auf= genommen wurde. Papst Benedikt XIV. spricht sich auch in ähnlicher Weise hierüber aus.

§ 118.—Die Communion des Priesters.

Am Ende der drei Gebete, von denen wir vorhin sprachen, macht der Priester eine Kniebeugung und spricht dann: „Ich will das Himmelsbrod nehmen und den Namen des Herrn an= rufen." Mit Ausnahme des Wortes „Himmelsbrod" sind die Worte aus dem 115. Psalm. Bis zum dreizehnten Jahrhun= derte wurden verschiedene Formen gebraucht und erst seit der Zeit haben wir den jetzigen stehenden Ausdruck. Die Karme= liter sagen hier noch heute: „Sei gegrüßt, Du Heil der Welt, Wort des Vaters, heilige Hostie, lebendiges Fleisch, wahrer Gott, wahrer Mensch."

Nach diesen Worten nimmt der Priester die heilige Hostie von der Patene, hält letztere darunter in seiner linken Hand, hebt den Arm ein wenig vom Altare und sagt: „Herr, ich bin nicht würdig, daß Du unter mein Dach eingehest, aber sprich nur ein Wort [1]) und meine Seele wird gesund werden." Dieser feierliche Ausdruck der Demuth, der dem Evangelium entlehnt ist, wird dreimal wiederholt und bei jeder Wiederholung schlägt er mit der rechten Hand an seine Brust; darauf nimmt er die heilige Hostie in die rechte Hand, macht damit das Zeichen des Kreuzes und spricht: „Möge der Leib unseres Herrn Jesus Christus meine Seele zum ewigen Leben bewahren. Amen." Dann beugt er sich tief, legt seine Ellbogen auf den Altar und

---

1) Die lateinische Form ist die dic verbo, sage nur mit einem Worte, wie auch der Evangelist Lukas es hat. Matthäus hat die gewöhnliche Form. Der Sinn ist ganz derselbe.

empfängt andächtig die heil. Hostie. Darauf richtet er sich auf, faltet seine Hände und verharrt eine Zeitlang in Betrachtung. Die heil. Hostie sollte nie die Zähne berühren und bloß mittelst der Zunge verschluckt werden; wenn auch einige Schwierigkeit sich einstellen sollte, darf man doch nicht mit dem Finger nach= helfen.

Dann folgt die Communion des Kelches. Der Priester nimmt die Palla vom Kelche, macht eine Kniebeugung und spricht die Worte: „Was soll ich dem Herrn für alles Gute ge= ben, das er mir gethan hat?" (Psalm 115.) Dann nimmt er die Patene, sammelt mittelst dieser alle kleinen Stückchen der heil. Hostie, die vielleicht auf dem Corporale liegen, und streicht sie mit Hülfe des Daumens und des Zeigefingers der rechten Hand in den Kelch. Dann nimmt er letzteren in die Hand und sagt: „Ich will den Kelch des Heiles nehmen, und den Namen des Herrn anrufen; mit Lobpreisung will ich zum Herrn ru= fen, und von meinen Feinden befreit sein." (Psalm 115.) Er hält dann mit der linken Hand die Patene unter das Kinn, macht mit dem Kelche in seiner rechten ein Kreuz und trinkt das Blut Christi mit den Worten: „Möge das Blut unseres Herrn Jesus Christus meine Seele zum ewigen Leben bewahren. Amen." Wenn nun die heilige Communion an Andere aus= getheilt werden muß, folgt diese unmittelbar nachher.

Neunundzwanzigstes Kapitel.

Die Feier der hl. Messe. — (Schluß.) — Communion des Volkes usw.

§ 119. — Die Communion in der Kirche.

Um denen, die zu communiziren wünschten, frühzeitig ein Zeichen zu geben, sich bereit zu halten, schellt der Meßdiener, wenn der Priester das Domine non sum dignus vor der Communion sagt. Die Gläubigen gehen zur Communionbank, knieen, legen das Communiontuch unter das Kinn und warten auf den Priester. Unterdessen sagt der Meßdiener das Confiteor, das allgemeine Sündenbekenntniß, wie am Anfange der Messe, während der Priester sich zur Austheilung der heiligen Communion vorbereitet. Er öffnet den Tabernakel, macht eine Kniebeugung, nimmt den Speisekelch (Ciborium), worin die heiligen Hostien aufbewahrt werden, und setzt ihn vor sich auf das Corporale. Er nimmt den Deckel herab, macht wiederum eine Kniebeugung, wendet sich dann zu den Communikanten und spricht: „Möge der allmächtige Gott Erbarmen mit euch haben, euch eure Sünden verzeihen und euch zum ewigen Leben bringen." Dann macht er über alle das Zeichen des Kreuzes und spricht: „Möge der allmächtige und barmherzige Gott euch Nachlaß, Vergebung und Austilgung eurer Sünden verleihen." Nach einer Kniebeugung faßt er den Speisekelch mit der linken Hand, nimmt eine hl. Hostie mit der rechten heraus, und während er sie über das Ciborium hält, spricht er laut: „Sehet das Lamm Gottes; sehet ihn, der die Sünden der Welt hinwegnimmt. Herr, ich bin nicht würdig, daß Du unter mein Dach eingehest; aber sprich nur ein Wort und meine Seele wird geheilt werden." Diese letztere Demuthsäußerung wiederholt er drei Mal, geht dann zur Communionbank und beginnt auf der Epistelseite mit der Austheilung der heiligen Communion. Alle knieen dort zusammen; Reiche und Arme, Gelehrte und Unwissende, Könige und Unterthanen sind hier vor ihrem Gotte gleich. Der Priester darf bei Keinem vorbeigehen, ohne ihm die heilige Communion zu reichen und mag der Betreffende noch so unwürdig sein, d. h. so lange er nicht ein ö f f e n t l i c h e r Sünder ist, der sich nicht bekehrt hat, denn im letzteren Falle muß der Priester die heil. Communion verweigern. Die Kirche ahmt hierin die himm= lische Geduld ihres Gründers nach, der beim letzten Abendmahle auch dem Judas erlaubte, an seinem Fleische und Blute theilzu= nehmen, obwohl er wußte, daß er ihn sogleich verrathen würde. Während der Austheilung der heiligen Communion sagt der Priester jedem Communizirenden: „Möge der Leib unseres Herrn Jesu Christi Deine Seele zum ewigen Leben bewahren. Amen." In allen Fällen, schwere Krankheiten ausgenommen, muß der Communizirende nüchtern sein, d. h. von Mitternacht an nichts genossen haben.

Nachdem Alle communizirt haben, kehrt der Priester zum Altare zurück und verschließt mit den üblichen Kniebeugungen den Speisekelch wieder in den Tabernakel. Dann reicht er den Kelch dem Meßdiener hin und läßt von diesem zur „Ablution" (A b s p ü l u n g oder A u s s p ü l u n g) so viel Wein hinein= gießen, als für die Wandlung bei der Opferung eingegossen worden war. Unterdessen betet er: „Was wir mit dem Munde genossen haben, o Herr, mögen wir mit reinem Herzen empfan= gen, und aus einer zeitlichen Gabe möge es uns ein ewiges Heil= mittel werden." Die heilige Communion wird „zeitliche Gabe" genannt, weil sie hier auf Erden für die Erdenwanderer be= stimmt ist; sie heißt „ewiges Heilmittel" nach den Worten Christi; „Wer dieses Brod isset, der wird ewig leben." Der Wein wird in den Kelch gegossen, um keinen Tropfen des heil. Blutes im Kelche zurück zu lassen, und deßhalb ist es jetzt auch Sitte für den Priester, die Ablution zu trinken und nicht, wie früher gebräuchlich war, in die heil. Cisterne (das Sakrarium) zu gießen. Nach dieser ersten Ablution nimmt der Priester den Kelch in beide Hände, geht zur Epistelseite, um die zweite Ablu= tion vom Meßdiener zu erhalten, läßt sich über Daumen und Zeigefinger, die er über den Kelch hält, Wein und Wasser hin= eingießen. Dadurch will er Daumen und Zeigefinger von allen kleinen Theilen der Hostie reinigen, die vielleicht bis da= hin daran klebten. Dann nimmt er diese zweite Ablution, reinigt den Kelch mit dem Purifikatorium (die Griechen ge= brauchen dazu einen Schwamm) und bedeckt ihn jetzt völlig.

Frühere Gebräuche.—In den ersten Zeiten des Christen= thums war es für die Gläubigen Gebrauch, jedesmal, wenn sie

der heiligen Messe beiwohnten, zu kommuniziren, und Manche
thaten es sogar öfters an einem Tage, wenn sie nämlich ver=
schiedenen Messen beiwohnten und noch nüchtern waren. (Die=
ses ist jetzt gänzlich unstatthaft.) So erzählt uns der heilige
Hieronymus, daß dieser lobwürdige Gebrauch noch im 4. Jahr=
hunderte in Rom und in Spanien zu finden war. Nach und
nach jedoch kam diese Sitte in Verfall, und beklagte sich schon
der heil. Johannes Chrysostomus bitter darüber, wenigstens in
Bezug seiner eigenen Heerde des Bisthums Constantinopel. —
„Vergebens," so spricht er, „haben wir das tägliche Opfer, wenn
Keiner da ist, zu communiziren." Und diese Kälte wuchs von
Tag zu Tag, von Jahr zu Jahr, bis die Kirche es für noth=
wendig fand, den Empfang der heil. Communion wenigstens
für Sonn= und Feiertage vorzuschreiben. In einem Gesetze
Karl des Großen finden wir dieses Gebot. Nach einiger Zeit
wurde der Lauheit der Christen noch mehr nachgegeben, denn es
wurde dann bloß eine dreimalige Communion im Jahre strenge
verlangt: an Weihnachten, Ostern und Pfingsten. Dieses Ge=
setz wurde im 9. Jahrhundert, während der Regierung des
Papstes Leo III. auf dem Conzil zu Tours gegeben. Unmit=
telbar vorher hatte das Conzil von Agatho schon verordnet, daß
Alle, die an diesen Tagen den Empfang der heil. Communion
vernachläßigten, nicht mehr zu den Gläubigen gezählt werden
sollten. So blieb der Gebrauch bis zum 13. Jahrhundert;
dann, im Jahre 1215, erließ das vierte Lateran=Conzil unter
Papst Innozenz III. ein feierliches Gesetz, wodurch unter An=
drohung der Strafe der Exkommunikation allen Gläubigen es
strenge geboten wird, sobald sie zu den Jahren der Vernunft
gelangt sind, wenigstens einmal im Jahre zu beichten und zur
österlichen Zeit die heil. Communion zu empfangen.[1] Dieses
Gesetz wurde durch das Conzil von Trient (vom 13. Dezember
1554 bis 1563) bestätigt und erneuert, aber die Väter fügten
in der 22. Sitzung die Bemerkung hinzu, sie wünschen jedoch, daß
die Gläubigen nicht bloß ein Mal im Jahre kommuniziren wür=
den, sondern so oft, als sie der heiligen Messe beiwohnten, wenn
ihre Gewissen rein und makellos vor Gott seien. Gute Katho=
liken gehen jetzt gewöhnlich einmal im Monate zur heil. Com=

---

1) Die österliche Zeit fängt, strenge genommen, am Palmsonntag an und dauert bis
zum Weißen Sonntage, dem ersten Sonntage nach Ostern. In verschiedenen Ländern ist
jedoch durch den apostolischen Stuhl diese Zeit ausgedehnt worden, so z. B. für Amerika,
wo die österliche Zeit am ersten Fastensonntage beginnt und bis zum Dreifaltigkeitssonntage
dauert.

munion, wie auch an höheren Festtagen. Manche haben die fromme Gewohnheit, alle Wochen zu communiziren, und wir dürfen Gott danken, daß Gläubige, selbst manche, die in der Welt leben, dreimal in der Woche zum Tische des Herrn gehen.

Communion unter beiden Gestalten.—Bis zum zwölften Jahrhunderte wurde die heil. Communion den Gläubigen unter beiden Gestalten gereicht, wie wir aus zahlreichen Beweisstellen sehen, jedoch nach dieser Zeit wurde dieses auf den Messe lesenden Priester beschränkt, obwohl diese Beschränkung erst durch das allgemeine Conzil von Constanz im Jahre 1414 ein Kirchengesetz wurde. Wir wollen sehen, wie diese Veränderung herbeigeführt wurde.

Es ist bemerkenswerth, daß dann, wenn ein Gegner der Kirche etwas als Glaubenssatz lehren wollte, während die Kirche selbst es nur als gebräuchliche und erlaubte, wenn auch durch alte Regeln vorgeschriebene Sitte ansah, sie entweder die fragliche Sitte ganz ausmerzte oder sich doch wenigstens stark zum Gegentheile neigte. Die Ebioniten z. B. lehrten, daß das hl. Sakrament n u r in ungesäuertem Brode gefeiert werden könne; um sie des Irrthumes zu überführen, erlaubte die Kirche eine Zeit lang auch den Gebrauch des gesäuerten Brodes, (wie noch jetzt bei den Griechen). Die Armenier lehrten, daß es ganz unerlaubt sei, auch nur einen Tropfen Wasser mit dem in der Messe gebrauchten Weine zu mischen; die Kirche hielt jedoch an dem Gegentheile fest, und sah zwar, daß Viele sich von ihr trennten, gab aber doch nicht der falschen Meinung nach, obwohl der Gebrauch des Mischens keinen Glaubenssatz enthält. Der Erzketzer Luther lehrte, daß solche Messen, in denen nur der Priester communizire, abgötterisch seien und sofort abgeschafft werden sollten. Die Kirche jedoch bestätigte solche Messen und gab allen Priestern Vollmacht, tagtäglich die heilige Messe zu lesen, obwohl sonst Keiner communizirte. So lehrte denn auch Johannes Huß, Professor in Prag, im Anfange des 15. Jahrhunderts irrige und volksaufregende Meinungen über die Nothwendigkeit der Communion unter beiden Gestalten. Das ganze Land war in Bewegung. Er lehrte, die Kirche könne nicht von der Communion unter beiden Gestalten dispensiren; die Communion unter einer Gestalt sei gar keine Communion, und Diejenigen, welche sie so empfingen, würden verdammt werden. Er hatte unter seinen Anhängern vorzüglich Hieronymus von Prag, Jakob von Mies und Petrus von Dresden. Um diese

Irrlehren zu widerlegen und auch sonstiger weiser Gründe halber, erklärte das Conzil von Constanz (1414), daß die Communion unter **einer Gestalt** eine wahre Theilnahme am Leibe und Blute unseres Heilandes sei, weil **begleitungs= weise** (concomitanter), wie der theologische Ausdruck lautet, auch das Blut Christi unter der Gestalt des Brodes zugegen sei, daß also die Communion unter einer Gestalt wahr, gültig und hinreichend sei. Diejenigen, welche das Gegentheil lehrten, wurden als Ketzer verdammt. Darauf wurde ein Gesetz erlassen, wodurch die Communion unter beiden Gestalten abgeschafft wurde, und haben wir seit der Zeit unsern jetzigen Gebrauch. Einzelnen Personen jedoch wurde es als besondere Vergünstigung erlaubt, auch nachher noch die Communion unter beiden Gestalten zu empfangen. So z. B. 1. dem Könige von Frankreich am Tage seiner Krönung und auf dem Sterbebette; 2. dem Diakon und Subdiakon in dem vom Papste selbst gefeierten Levitenamte; 3. dem Diakon und Subdiakon des Klosters des hl. Dionysius bei Paris an Sonntagen, wie auch den Mönchen von Clugny. Wir sagten: „**auch sonstiger Gründe halber**" habe die Kirche die Communion unter einer Gestalt vorgeschrieben. Die wichtigsten sind folgende: 1. Die große Gefahr des Verschüttens, der das hl. Blut bei der Communion so mancher Gläubigen ausgesetzt war. 2. Der Mangel an Wein an verschiedenen Orten und die Schwierigkeit, besonders in den kälteren Klimaten unverfälschten Wein zu bekommen. 3. Der Widerwille mancher Personen gegen Wein. 4. Die Schwierigkeit, besonders in wärmeren Gegenden den Wein aufzubewahren, ohne daß er in Essig übergeht und sauer wird.

Alter Gebrauch der einen Gestalt bei der hl. Communion. — Manche der gelehrtesten Ausleger wollen in dem „Brodbrechen von Haus zu Haus" und anderen ähnlichen Ausdrücken des Neuen Testamentes die Communion unter einer Gestalt verstanden wissen, und es wird von Allen anerkannt, daß die beiden Jünger, die mit dem auferstandenen Heilande nach Emmaus gingen und ihn dort „am Brodbrechen" erkannten, unter einer Gestalt communizirten. Ueberhaupt wissen wir, daß schon seit den Zeiten der Apostel diese Art Communion gebräuchlich war, besonders für Kranke und weit von der Kirche entfernt Lebende. Wir werden nachher sehen, daß sie bei den Morgenländern seit urvordenklichen Zeiten vorkommt.

Rangordnung der früheren Kirche bei dem Empfange der Communion. — Diese Rangordnung war früherhin folgende: Nach der Communion des Priesters communizirten zuerst der Diakon und der Subdiakon, darauf die übrigen Mitglieder der Geistlichkeit am Altare. An die Communionbank kamen zuerst die Diakonissen (diese hatten besonders die Aufsicht über den weiblichen Theil der Gemeinde), die gottgeweihten Jungfrauen, die Kinder, dann von den Erwachsenen zuerst die Männer, endlich die Frauen. So lautet die Vorschrift in den sogenannten apostolischen Constitutionen.

Art und Weise, die Communion zu empfangen. — Mit geringen Ausnahmen war es in den ersten sechs Jahrhunderten Gebrauch, daß Jeder die hl. Hostie vom Priester in seine Hand empfing und sich dann selbst die Communion reichte. Die Männer empfingen die hl. Hostie vom Priester in ihre nackten Hände, die sie in Form eines Kreuzes unter einander hielten, während sie die rechte Hand etwas hohl darreichten, damit kein Stückchen der hl. Hostie verloren gehe. Die Frauen hingegen empfingen die hl. Hostie nie in die nackte Hand, sondern mußten ein reines leinenes Tuch, Dominikale (Herrentuch) genannt, mitbringen, wenn sie communiziren wollten. Mit diesem Tuche bedeckten sie ihre Hände, wenn sie die heilige Hostie empfingen. Diese Regel wurde so strenge beobachtet, daß eine Frau, die ohne solches Tuch am Communiontische erscheinen sollte, zurückgewiesen wurde und für dieses Mal nicht zur Communion zugelassen werden durfte. Der Gebrauch, die hl. Hostie den Gläubigen in die Hände zu geben, war ein Sinnbild des Beispiels Christi, der auch seinen Aposteln beim letzten Abendmahle seinen Leib in ihre Hände gab. Weil aber der Gebrauch manchen Gefahren und Mißbräuchen ausgesetzt war, besonders wenn eine große Anzahl Communikanten sich vorfand, wurde er im Anfange des neunten Jahrhunderts ganz abgeschafft.

Worte beim Empfange der hl. Communion gebräuchlich. In der ältesten Zeit sagte der Priester bei der Darreichung der Hostie: „Der Leib Christi," und der Empfänger antwortete: „Amen"; bei der Darreichung des Kelches: „Das Blut Christi, der Kelch des Heils," und die Antwort war wiederum: „Amen". Zur Zeit des Papstes Gregor des Großen (600) war die Ausdrucksweise: „Möge der Leib unsers Herrn Jesu Christi deine

Seele bewahren." Der Empfänger: „Amen." Alkuin, der Lehrer Karls des Großen, hat die Worte: „Möge der Leib unsers Herrn Jesu Christi dich zum ewigen Leben bewahren."

Austheilung der Communion durch den Bischof. — Wenn der Bischof Messe las, gab er den Friedenskuß zuerst den Dienern, die ihm bei der Messe zur Hand standen, und darauf allen Denen, die communiziren wollten. So ist es noch, wenn der Bischof die hl. Weihen ertheilt, denn Alle, die dann eben geweiht worden sind und sogleich von ihm die heilige Communion empfangen werden, gehen zum Altare zum Kusse. Außer diesen Zeiten finden wir nur noch eine leise Spur da= von. Diejenigen nämlich, welche aus der Hand des Bischofes die heilige Communion empfangen, küssen zuerst seinen Ring. Der natürliche Ursprung dieser Ceremonie liegt in dem Um= stande, daß früher alle Gläubigen als eine große Familie ange= sehen wurden, deren Haupt der Bischof war, und als Zeugniß dieser geistigen Vereinigung galt der Friedenskuß, den der Vater allen seinen Kindern gab, besonders vor dem Empfange des Schöpfers und Vaters Aller. Die neuere Sitte, bei der Begrüßung des Bischofes seinen Ring zu küssen, ist aus dem alten Gebrauche des Friedenskusses entstanden.

§ 120. — Das heiligste Sakrament außer der Kirche. — Besondere Gebräuche.

Während der Tage der Verfolgungen wurde den Gläu= bigen oft Erlaubniß gegeben, das heiligste Sakrament heim= zutragen, auf daß sie in der Gefahr des drohenden Todes die heilige Communion empfangen könnten. Der hl. Basilius sagt, dieser Gebrauch sei in Egypten überall herrschend. Auch erwähnen Tertullian und der hl. Cyprian dieselbe Sitte. Das heiligste Sakrament wurde dann sorgfältig in kleinen Büchsen aufbewahrt, die für diesen Zweck bestimmt waren und gewöhn= lich auf dem Deckel die Namen Jesus oder Christus eingegraben trugen. Bei den Reicheren waren diese Büchsen oft aus Gold oder Silber, und am Deckel war ein Ring befestigt, um sie mittelst einer Schnur am Halse tragen zu können.

Auf Reisen. — Nach den jetzigen Regeln der Kirche ist es keinem erlaubt, wie groß auch immer seine Würde sein mag, das heiligste Sakrament auf Reisen bei sich zu tragen. Nur der Papst allein ist ausgenommen und natürlicherweise der Fall des Krankenbesuches. In früherer Zeit wurde jedoch diese Erlaubniß oft gegeben, jedoch gewöhnlich nur für längere und gefährliche Reisen; und wir sehen, daß manche Morgenländer noch die Sitte haben, das heilige Sakrament mit sich zu neh= men, wenn sie eine längere Reise antreten. Wir finden diesen Gebrauch bei den Maroniten sehr herrschend. Wenn der Papst jetzt das hl. Sakrament öffentlich außerhalb des Bezirtes Rom's trägt, wird er immer von einer Prozession der Edel= und der Schweizergarde begleitet, zu denen sich andere Beamten und Würdenträger gesellen; wenn er aber bloß im Stillen reist, wird keine Prozession veranstaltet. Er trägt dann das heilige Sakrament an einer Kette um den Hals, wie der hoch= selige Papst Pius IX. auf seiner Flucht nach Gaeta im Jahre 1848 es that. Der Papst verläßt nie seinen Palast, ohne das hl. Sakrament bei sich zu tragen. Wir tadeln die schismati= schen Armenier sehr, weil sie zugeben, daß das hl. Sakrament mit den Karawanen durch's ganze Land getragen wird, beson= ders deßhalb, weil Laien das Sakrament tragen; gerade die Kaufleute, die die Karawane zusammengebracht haben, um ihre Waaren in f e r n e n G e g e n d e n zu verkaufen oder umzutauschen.

Communion der Kinder.—Es war längere Zeit hindurch gebräuchlich, den Kindern gleich nach der Taufe die hl. Com= munion unter der Gestalt des Weines zu geben. Der Priester tauchte seinen Finger in das heilige Blut und gab ihn dann dem Kinde, daran zu saugen. Der Gebrauch wird noch im Osten beobachtet, wo Taufe, Communion und Firmung zugleich gespendet werden. Im Abendlande soll diese Gewohn= heit bis zum 11. Jahrhunderte bestanden haben. Nach der Sitte der neuern griechischen Kirche wird den Kindern jetzt das heilige Blut in einem kleinen Löffel gereicht.

Das heiligste Sakrament mit den Todten begraben.— Das Vertrauen der ersten Christen auf die Wirksamkeit des heiligen Sakramentes war so groß, daß sie nicht damit zufrie= den waren, es den Lebenden zu spenden, sondern es auch den Verstorbenen mit in's Grab gaben, damit es ein Schutz gegen die Schliche des Satans sei und ein sicherer Geleitsbrief für den Körper, der im Leben durch die Theilnahme an den heili= gen Sakramenten der Kirche ein Tempel des heiligen Geistes geworden war, wie der hl. Paulus sagt. Es gab jedoch noch andere Gründe für diesen scheinbar sonderbaren Gebrauch. In der Einfalt ihres Herzens glaubten manche, daß in einem sol=chen Falle das heiligste Sakrament die letzten Segnungen der Kirche vertreten könne, falls Jemand plötzlich oder unvorbereitet gestorben war.

Wir geben die folgende Sage, die wir in einem alten Buche gelesen haben, ohne für deren Wahrheit weiter verant=wortlich sein zu wollen, wodurch der alte Gebrauch, das Sakra=ment zu begraben, soll abgeschafft worden sein. Nach dem Tode eines eben Verstorbenen wurde ihm das heiligste Sakra=ment auf die Brust gelegt und mit ihm begraben. Sobald jedoch die Erde den Sarg bedeckte, flog der Sarg auf. Man versuchte wiederum, den Sarg mit Erde zu bedecken, aber die Erde flog jetzt nach allen Seiten umher. Dieses führte eine Untersuchung der Ursache herbei, und da man fand, daß die heilige Hostie vom Körper des Todten sich erhob, sah man da=rin ein Zeichen des Mißfallens Gottes, und von da an wurde der alte Gebrauch abgeschafft. Wie dem auch sein mag, die alte Gewohnheit, die man der Unehrerbietigkeit gegen das hei=lige Sakrament zeihen könnte, wurde im Jahre 393 im Conzil zu Carthago verboten, und nachher auch durch die Concilien zu Auxerre in Frankreich und zu Constantinopel. Wenn wir diese und ähnliche Gebräuche finden, müssen wir uns wohl vor vorschnellen Schlüssen hüten und unsere Vorahnen nicht verur=theilen, weil wir Unehrerbietigkeit bemerken, wo an eine solche bei ihnen nicht im Geringsten gedacht wurde.

Aeußere Verehrung. — Die Kirche hat immer außeror=dentliche Sorge für Alles getragen, was mit dem heiligsten Sakrament, wenn auch nur entfernt verbunden ist. Wir spra=chen schon früher über die genauen Anordnungen, die sie über die Gefäße gab, welche das heil. Sakrament aufnehmen sollen, nämlich über den Kelch, den Speisekelch, die Krankenpyxis und den Tabernakel; wie rein und wie kostbar diese Gefäße sein müssen, wie und von wem sie berührt werden dürfen; wir sa=hen auch, wie die leinenen Tücher sowohl in wie außer der Messe mit großer Sorgfalt gehandhabt werden sollen. Auch sind gegen jeden denkbaren Unfall, der in Bezug auf das heil. Sakrament vorkommen kann, Vorsichtsmaßregeln getroffen und Anleitungen zur Beobachtung dieser Regel sind in allen Meß=büchern abgedruckt, damit der Priester sofort wisse, was er zu thun habe; so z. B. wenn die hl. Hostie auf den Boden fallen

sollte, wird dem Priester aufgetragen, sofort ein kleines leine=
nes Tuch auf die Stelle zu legen, und nachher dieje abzureiben
und abzuwaschen, und das Wasser in die heilige Cisterne, das
Sakrarium, zu gießen. Diese Hochachtung der Kirche für
Alles, was mit dem heil. Sakramente in Berührung kommt,
wie auch die Hoheit der Ceremonien bei der hl. Messe, bewegten
König Friedrich II. von Preußen (unter dem Namen „der Alte
Fritz" wohlbekannt) zu der Aeußerung: „Die Calvinisten behan=
deln Gott wie einen Diener; die Lutheraner wie einen Gleich=
gestellten; die Katholiken wie einen Gott." Wenn in Spanien
das heiligste Sakrament durch die Straßen zu einem Kranken
getragen wird, hängt man rothe Vorhänge an die Fenster, und
Jedermann kniet, bis „Seine Majestät" (so nennt man dort
gewöhnlich das hl. Sakrament) vorbeigekommen ist. In Se=
villa tanzt der Chor am Frohnleichnamstage vor dem hl. Sakra=
mente, in Nachahmung des Tanzes Davids vor der Bundes=
lade, und so erhebend ist dieser Tanz, daß er als ein rühren=
des Schauspiel beschrieben wird. Eine neuere Schriftstellerin,
Lady Herbert, erzählt, daß keiner ohne tiefe Rührung von die=
sem Tanze in Sevilla sprechen könne. Jedoch ist Spanien auch
vor allen andern Ländern das Land des heiligen Sakramentes.
Man kann dort öfters in größeren Städten, wie auch in klei=
neren Flecken Kinder spielen sehen, die sich sofort, wenn das
heilige Sakrament zum Kranken getragen wird, zusammen=
schaaren, sich einander zurufen: "Sale su Magestad", Seine
Majestät geht aus, und dann in kindlicher Weise ihm
ihre Anbetung zollen.

§ 121.—Die Communion in der morgenländischen Kirche.

Nach der Liturgie des heiligen Chrysostomus communizirt
der Priester zuerst selbst mit den folgenden Worten: Der geseg=
nete und heiligste Leib unsers Herrn und Gottes und Erlösers
Jesu Christi wird mit mir N., dem Priester, vereinigt zur
Vergebung meiner Sünden und zum ewigen Leben." Beim
Kelche spricht er: „Ich, N., Priester, nehme Theil an dem
heiligen und reinen Blute unsers Herrn und Gottes und
Erlösers Jesu Christi, zur Vergebung meiner Sünden und
zum ewigen Leben." Wenn er dem Diakon die hl. Commu=
nion reicht, spricht er: „N., der heilige Diakon, nimmt Theil
an dem kostbaren, heiligen und makellosen Leibe unsers Herrn

und Gottes und Erlösers Jesu Christi, zur Vergebung seiner
Sünden und zum ewigen Leben." Die Form für den Kelch
ist beim Diakon dieselbe, wie beim Priester. Nach dem kopti=
schen Ritus küßt der Priester die hl. Hostie, ehe er sie empfängt,
und gibt dann den anderen die hl. Communion. Nach dem
nestorianischen Ritus sagt der Priester beim Empfange: „Der
Leib unsers Herrn dem keuschen Priester zur Vergebung der
Sünden." Die Worte beim Kelche sind dieselben.

Communion der Gläubigen. — Wie wir schon vorher
sagten, ist es im ganzen Osten gebräuchlich, sowohl bei Katho=
liken als Schismatikern, die heilige Communion unter beiden
Gestalten zu empfangen. Es sind drei verschiedene Arten, in
denen die hl. Communion ausgetheilt wird. Nach der ersten
Art wird die hl. Hostie zuerst dargereicht und dann trinkt der
Communizirende aus dem Kelche; nach der zweiten wird die
hl. Hostie jedem einzelnen vom Priester gereicht, während der
Diakon mit einem kleinen Löffel jedem vom heiligen Blute
mittheilt, indem er mit dem Löffel ein paar Tropfen aus
dem Kelche nimmt und sie in den Mund des Empfängers
träufelt; nach der dritten oder gewöhnlichen Art wird die hei=
lige Hostie in viele kleine Stücke gebrochen, in den Wein
getaucht und den Communizirenden in einem Löffel darge=
reicht. In diesem letzten Falle wird das heilige Blut nicht in
getrennter Gestalt empfangen. Die erste Art ist nur für die
Diener des Altars gebräuchlich und für den Patriarchen, wenn
er zugegen sein sollte. Die niedere Geistlichkeit communizirt
in der zweiten Art, und die Laien nach der dritten. In eini=
gen syro=jakobitischen Kirchen geht der Priester mit der Patene
zu den Gläubigen, und der Diakon trägt den Kelch; wo dieses
geschieht, tunkt der Priester die heilige Hostie in den Kelch und
theilt dann die Communion aus. Oefters begleitet den Prie=
ster auch ein Diener mit brennender Kerze während der Aus=
theilung der Communion.

Die Weise zu communiziren, wie sie bei den Nestorianern
gebräuchlich ist, ist einzig in ihrer Art. Zuerst kommt der
Priester mit dem heiligen Brode in einem um seinen Hals
befestigten Tuche, und der Diakon trägt das heilige Blut in
einer Schale, unter welcher ein Tuch befestigt ist, welches als
Purifikatorium dient. Jeder Communikant steht auf vor dem
Priester und legt seine Hand unter das Kinn, um die Theil=
chen, die vom hl. Brode abfallen, aufzufangen. Nachdem er

den Leib Christi empfangen, geht er zum Diakon und schlürft
ein wenig aus der Schale, und wischt dann seinen Mund mit
dem Tuche, welches zu diesem Zwecke mitgetragen wird. Dann
geht er auf seinen Platz und hält seine Hände eine Zeitlang
vor dem Gesichte. Die Worte bei der Austheilung der heiligen
Communion an die Gläubigen sind, nach der Liturgie des hei=
ligen Chrysostomus: „N., der Diener Gottes, nimmt jetzt Theil
an dem reinen und heiligen Leibe und Blute unsers Herrn und
Gottes und Erlösers Jesu Christi, zur Vergebung seiner Sün=
den und zum ewigen Leben.“ Die betreffenden Vorschriften
der Kirche ordnen an, daß der Communikant mit Ehrfurcht
hinzutrete und seine Arme vor der Brust gekreuzt halte. Im
Osten ist es nicht gebräuchlich, beim Empfange zu knien; Alle
bleiben stehen, beugen jedoch ihr Haupt, wenn das hl. Sakra=
ment sich naht.

Die Vorschriften, die in den gottesdienstlichen Büchern der
Kopten über die Austheilung der hl. Communion an die Gläu=
bigen gegeben werden, sind außerordentlich lobenswerth. Wir
können keine größere Ehrfurcht denken, als die ist, welche die
Kopten bei dieser Gelegenheit an den Tag legen. Die Regeln
lauten: Der Priester und der Diakon kommen vom Altare, der
Erstere mit dem hl. Brode, der Andere mit dem Kelche, und
Beide gehen zum Platze, wo die Communikanten sind. Der
Priester segnet sie mit der großen Patene. Ein zweiter Diakon
geht der heil. Hostie mit einem Lichte voran. Sobald Einer
kommunizirt hat, zieht er sich auf seinen Platz zurück, jedoch in
einer solchen Weise, daß er dem heiligsten Sakramente nicht
den Rücken zuwendet, wie Judas (nach der Ueberlieferung der
Kopten) es that. Nach der Communion der Männer folgt die
Austheilung des hl. Brodes an die Frauen. Außerordentliche
Vorsicht ist hier nothwendig, denn da die Frauen des Morgen=
landes sowohl in, als außer der Kirche verschleiert sind, ist es
oft unmöglich, zu erkennen, wer die Person ist, und dennoch
muß der Priester sie kennen, da er nach den Regeln der Kopten
keiner unbekannten Person die heil. Communion reichen darf.
Nach der Communion der Frauen kehren die Diakone und der
Priester wieder zum Altare zurück.

Worte bei der Austheilung der heiligen Communion.—
Bei den Kopten sagt der Priester bei der Austheilung der heil.
Communion: „Der Leib und das Blut Emanuels, unseres
Gottes, ist wirklich hier;“ und der Empfänger antwortet mit

„Amen." Wir müssen beachten, daß die Kopten den Laien die Communion so reichen, daß sie die Hostie in den Kelch tunken, nicht aber den Kelch für sich allein darreichen. „Wer zur heil. Communion hinzutritt, muß seinen Mund schließen und sich hüten, die heilige Hostie mit den Zähnen zu berühren; er muß sein Haupt unbedeckt haben, seine Hände in der Form eines Kreuzes vor der Brust halten; er muß in seinem Auftreten demüthig sein, seine Augen niederschlagen und auf seinem Antlitze tiefe und ernste Sammlung zur Schau tragen." So das koptische Rituale.

Die Abyssinier sind auch sehr strenge in ihren Regeln in Bezug auf die heil. Communion. Bei ihnen ist es Gebrauch, daß alle Communikanten zuerst ihre Hände waschen und dann mit großer Demuth und Sammlung zum Tische hinzutreten. Ehe der Priester mit der Austheilung beginnt, stellt er sich vor die Communikanten, nimmt die heil. Hostie in die Hand und sagt laut: „Seht, das Brod der Heiligen. Wer ohne Sündenschuld ist, mag herantreten; der mit Sünden befleckt ist, soll sich zurückziehen, damit Gott mit seinem Blitze ihn nicht erschlage; was mich angeht, ich wasche meine Hände von seiner Sünde frei." Der Ehrfurcht gegen das hl. Sakrament wegen wird es den Gläubigen an's Herz gelegt, während des Tages nicht auszuspucken.

Communion unter einer Gestalt. — Selten geben die Morgenländer außerhalb der heil. Messe die Communion, als nur unter der Gestalt des Brodes. Wenn wir von der Wegzehrung sprechen, gibt es dort fast nie eine Ausnahme. Die Griechen haben jedoch in dieser Beziehung einen eigenthümlichen Gebrauch. Wie wir früher sagten, lesen sie während der heil. Fastenzeit nur an Samstagen, Sonntagen und dem Feste Mariä Verkündigung Messe. Damit jedoch immer eine hinreichende Anzahl heiliger Hostien für den Krankengebrauch zur Hand sei, konsekriren sie an diesen Tagen große Stücke Brod, welche sie in den Kelch tunken, ehe das heilige Blut genossen wird. Dann nehmen sie diese Stücke heraus, legen sie auf eine große Patene und halten diese über eine brennende Flamme, bis alle Feuchtigkeit aus den Hostien verdunstet ist. Dadurch werden die hl. Hostien fast so hart, wie Stein und sind gegen jede Fäulniß sicher, so daß sie nothwendiger Weise wohl ein ganzes Jahr aufbewahrt werden könnten. Vor der Kranken-Communion wird über diese harte Hostie ein wenig gewöhnlichen Weines gegossen, um sie genießbar zu machen. Ueberall im Osten hat man denselben Ausdruck für die heilige Hostie, nämlich Margarita. Perle. (Das syrische Wort Margonita ist dasselbe.) Bisweilen wird sie Carbo, Kohle, genannt, von dem göttlichen Feuer, das sie in uns entzündet.

§ 122.—Die Gebete nach der Communion.

Nachdem wir jetzt ziemlich weitläufig, jedoch, wie wir hoffen, nicht ohne Nutzen oder Belehrung für den Leser über die hl. Communion gehandelt haben, kehren wir zum Priester zurück, wo wir ihn verließen. Wir sagten zuletzt, der Priester bedecke den Kelch völlig, d. h. er bedecke ihn in der Weise, wie er ihn aus der Sakristei zum Altare trug. Dann geht er zur Epistelseite, wohin der Meßdiener jetzt eben das Meßbuch von der Evangelien-Seite getragen hat, und liest dort aus dem Buche ein kurzes Gebet, Communio genannt, welches gewöhnlich ein Vers aus den Psalmen ist. Früher wurde in den Meßbüchern dieses Gebet Antiphona ad Communionem (Gesangsvers bei der Communion) genannt; und wurde entweder dieser Vers oder der ganze Psalm, zu dem er gehörte, vom Chore gesungen. Noch jetzt soll nach kirchlichen Vorschriften nach dem Agnus Dei, während der Communion des Priesters dieser Vers gesungen werden. Wir müssen bemerken, daß dies leider in den meisten Kirchen nicht geschieht.

Nach der Lesung der Communio geht der Priester wieder zur Mitte des Altars, küßt ihn, wendet sich dem Volke zu und sagt: Dominus vobiscum. Dann geht er wieder zum Meßbuche und liest mit hörbarer Stimme dort die Gebete, die sogenannten Postcommunionen (d. h. nach der Communion). In alten Meßbüchern werden diese Gebete wohl Orationes ad complendum (Endgebete) genannt, weil mit diesen das Volk entlassen wurde. Während der heil. Fastenzeit wurde für Solche, die nicht die heilige Communion empfangen hatten, ein eigenes Gebet beigefügt, welches aber nach den Anordnungen der Päpste Gelasius und Gregors des Großen auch an anderen Tagen gebetet werden sollte, wenn nämlich einige der Gläubigen nicht communizirten. Man nannte und nennt dieses Gebet Oratio super populum, Gebet über das Volk. Jetzt wird dieses nur in der Fastenzeit gebraucht. Dieses Gebet wird vom Priester auch nachher in der Vesper des Tages gebetet; denn in den ersten Zeiten des Christenthums wurde die Fastenmesse erst um die neunte Stunde (3 Uhr Nachmittags) gefeiert und gleich nachher wurde auch die Vesper gebetet. Bis dahin mußte jeder Gesunde nüchtern bleiben. Später wurde zwar die Messe auf den Vormittag verlegt, die Gebete aber und die Vesper blieben. Die Vesper wird noch jetzt während der Fastenzeit des Vormittags gebetet. Am Charsamstage wird die Vesper sogar während der Messe gesungen. Wenn kein Fasttag war, fiel dieses Gebet über das Volk natürlicher Weise weg, so z. B. an Sonntagen, und die Vesper wurde dann immer am Nachmittage gebetet. Die alte Sitte, die Messe erst um 3 Uhr zu lesen, dauerte bis zum zwölften Jahrhundert.

§ 123.—Das Ende der Messe.—Der Segen.

Nach dem letzten Gebete schließt der Priester das Meßbuch, wenn nicht nachher noch einer zweiten Feier des Tages wegen ein anderes Evangelium gelesen werden muß, denn in diesem Falle bleibt das Meßbuch offen und der Diener trägt es auf die Evangelienseite. Der Priester geht zur Mitte des Altars, begrüßt das Volk noch einmal mit dem Dominus vobiscum und fügt gleich hinzu: Ite, missa est, „Gehet, die Entlas= sung ist da," wenn der Tag dieses erlaubt, denn an ver= schiedenen Tagen wird anstatt dessen Benedicamus Domino, „Laßt uns den Herrn preisen," gesagt. Der Prie= ster wendet sich jedoch vor dem Benedicamus Domino wieder dem Altare zu. Die vom hl. Papste Pius V. aufgestellte Kir= chenregel ist: Wenn der Priester im Brevier das Te Deum betet, sagt er in der Messe: Ite, missa est; wo das Te Deum nicht gebetet wird, sagt er Benedicamus Domino. Kleinere Ausnahmen wollen wir hier nicht anführen.

Früher war das Ite, missa est eine Ermahnung an das Volk, die Kirche zu verlassen; jetzt aber nicht mehr, da die Messe erst nach dem letzten Evangelium beendet ist. Wie manche andere Theile, sind auch diese Worte blos als An= denken an frühere Gebräuche beibehalten worden. Daß bis= weilen Benedicamus Domino gesagt wird, erklärt sich aus dem Umstande, daß früher während der Bußzeit ein Theil des Breviers gleich nach der Messe gebetet wurde, und da das Volk gewöhnlich auch dann versammelt blieb, wurde es nicht entlas= sen, sondern aufgefordert, zu bleiben, und in der Andacht und

im Gebete fortzufahren. Wir lesen ferner, daß nach der
ersten Messe am Weihnachtsmorgen früher auch Benedicamus Domino gesagt wurde, da die sogenannten Laudes des
Breviers unmittelbar nach dieser Messe gebetet wurden, bei
denen das Volk mitbetete. Dieser Gebrauch besteht noch in
Lodi in Italien.

Obgleich wir gewöhnlich nicht auf feinere Fragen eingehen, wollen wir doch über das Ite, missa est einiges beifügen, welches der Leser jedoch auch überschlagen mag. Einige
glauben, die volle Form · sei: Ite, missa est hostia, „Gehet,
das Opfer ist hinaufgesandt"; andere: Ita, missa est ecclesia,
„Gehet, die Gemeinde ist entlassen"; die meisten jedoch legen
die Worte ganz anders aus und haben sehr viele und gute
Gründe für sich. Nach ihnen hat das Wort missa hier dieselbe Bedeutung, wie das ähnliche Wort missio, dimissio,
nämlich E n t l a s s u n g , und Ite, missa est heißt dann:
„Gehet, es ist die Entlassung." Formen, die abweichend scheinen, wie missa anstatt missio, finden sich bei den alten Vätern
und bei den besten lateinischen Schriftstellern. Tertullian und
der hl. Cyprian gebrauchen das Wort remissa für remissio,
N a c h l a s s u n g . Beide sprechen von der remissa peccatorum, wo sie remissio peccatorum, „Nachlassung der Sünden", hätten sagen können.

Nach dem Ite, missa est (oder vor dem Benedicamus
Domino) wendet sich der Priester dem Altare zu und sagt das
Gebet Placeat, M ö g e e s g e f a l l e n, in welchem er die hei-
ligste Dreieinigkeit bittet, dieses Opfer als ein wohlgefälliges
aufnehmen zu wollen. Während dieses Gebetes hält er die
Hände gefaltet auf dem Altare. Dann wendet er sich wieder
dem Volke zu und segnet es im Namen des Vaters, des Sohnes
und des heiligen Geistes. In Messen für Verstorbene ist kein
Segen und kein Ite, missa est, weil man voraussetzte, die
Gemeinde werde versammelt bleiben für die Aussegnung der
Leiche und das Begräbniß. Der Priester sagt in solchen Messen, nachdem er sich dem Altare zugewandt hat: Requiescant
in pace, „Mögen sie ruhen in Frieden."

Wie früher die Messe bei dem Ite, missa est endete, so
finden wir noch die alte Gewohnheit bei den Karthäusern, die
weder das Gebet Placeat verrichten, noch das Volk segnen.
Der Gebrauch, am Ende der Messe das Volk zu segnen, geht
blos bis auf das zehnte Jahrhundert zurück. Vor dieser Zeit

wurde der Segen vor dem Agnus Dei gegeben (siehe Kap. 28.)
Einige liturgische Schriftsteller, die dieses nicht vor Augen hat=
ten, sprechen von einer Segnung vor dem Ite, missa est.
Hierin irren sie doppelt; denn erstens wurde der Segen schon
vor der Communion gegeben, zweitens aber gibt es ein Gebet,
die jetzige Postcommunion, die von früheren Erklärern oft
Benedictio, Segen, genannt wurde, weil der Segen Got=
tes über Alle, die communizirt hatten, herabgesleht wurde.
Jedoch waren mit der Lesung dieses Gebetes keine Ceremo=
nien verbunden, und kein Segen wurde mit der Hand ertheilt.
Ein alter Schriftsteller sagt: „Im Conzil von Orleans wurde
beschlossen, daß das Volk sich nicht vor dem Segen des Priesters
entfernen solle. Der Segen des Priesters ist das letzte Gebet,
welches er verrichtet." Wie eben gesagt, wird noch jetzt in
Todtenmessen kein Segen gegeben.

Als der Gebrauch des Segens am Ende der Messe aufkam,
machte zuerst jeder Priester dreimal das hl. Kreuzzeichen über
das Volk, wie es jetzt der Bischof thut; der hl. Pius V. jedoch
im sechzehnten Jahrhundert erlaubte es den Priestern bloß in
Levitenämtern. Papst Clemens VIII. endlich beschränkte den
dreifachen Segen auf die bischöfliche Messe, während die Prie=
ster in jeder Messe nur einmal den Segen geben dürfen. Im
alten Testamente war es auch Sitte, einen Segen über das
Volk auszusprechen, ehe es entlassen wurde. Gewöhnlich be=
stand der Segen aus folgenden Worten: „Möge der Herr dich
segnen und erhalten; möge der Herr dir sein Antlitz zeigen
und Mitleid mit dir haben; möge der Herr sein Gesicht dir
zuwenden und dir Frieden gewähren." Mit diesem Segen wer=
den noch jetzt die Juden aus den Synagogen entlassen, und sie
schauen auf ihn mit großer Ehrfurcht. Nach manchen Erklä=
rern ist der dreifache bischöfliche Segen auf diesen dreifachen
Segen des 4. Buches Moses 6, 24, gegründet.

Nach dem Segen knieen die Karmeliter auf die oberste
Altarstufe und beten laut das Gebet Salve Regina (Ge=
grüßt seist Du, o Königin), oder in der Osterzeit
Regina cœli (Himmelskönigin).

Entlassung in der morgenländischen Kirche. — Nach den
verschiedenen Liturgien des Ostens sind die Worte der Entlas=
sung auch verschieden. Nach einigen sagt man: „Geht in
Frieden," nach andern: „Laßt uns in Frieden auseinander
gehen", nach andern wiederum: „Laßt uns im Frieden Christi

gehen," nach der Liturgie des heil. Jakobus: „Im Frieden Christi laßt uns weggehen." In manchen Kirchen des Ostens wird ein längeres Gebet, das Gebet der Entlassung genannt, gelesen, worauf Alle die Kirche verlassen. Dieses Ge= bet heißt nach der Liturgie des hl. Chrysostomus: „Die Gnade Deiner Lippen, die wie eine Fackel glänzt, erleuchtete die Welt, bereicherte das Weltall mit den Schätzen Deiner Freigebigkeit und offenbarte uns die Tiefe Deiner Demuth; mögest Du aber, Vater Chrysostomus, unser Lehrer, durch Deine Fürbitte beim Worte, Christus, unserm Gotte, verlangen, daß unsere Seelen gerettet werden.".

§ 124.—Das Evangelium Johannes.—Das Antiboren.

Nach dem Segen wendet sich der Priester zur Evangelien= seite und liest dort, das Gesicht ein wenig dem Volke zuge= wandt, wie bei dem ersten Evangelium, den Anfang des Evan= geliums Johannes. Bei den Worten "Et verbum caro fac- tum est," „Und das Wort ist Fleisch geworden" kniet er aus Demuth und Dank für die Menschwerdung Christi. Am Ende des Evangeliums antwortet der Diener: Deo gratias, „Dank sei Gott," und die Messe ist aus. Sollte ein zweites Fest an dem Tage gefeiert werden, so wird das Evangelium dieses zwei= ten Festes an die Stelle des St. Johannis Evangeliums gesetzt; z. B. wenn auf einen Sonntag ein Heiligenfest fällt und das Heiligenfest gefeiert wird, so wird das Sonntagsevangelium am Ende der Messe anstatt des hl. Johannes-Evangeliums ge= lesen. Der Priester nimmt nun den Kelch und kehrt zur Sa= kristei zurück, legt dort die heiligen Gewänder ab, und verweilt dann eine Zeitlang im Gebete und in Betrachtung.

Manche tief religiöse Männer haben gesagt, der Anfang des Evangeliums des hl. Johannes verdiene wegen seiner un= erreichbaren Tiefe in goldenen Buchstaben geschrieben, in jeder Kirche zu glänzen, damit alle Gläubigen die Erhabenheit das= selben betrachten könnten. Dieser Anfang wurde von jeher von allen Volksklassen sehr verehrt und Manche tragen ihn noch jetzt als eine Art Skapulier bei sich. Man pflegte ihn in Noth und Leiden, bei Gewitter und Erdbeben u. s. w. zu beten. Er war jedoch nicht immer ein Theil der Messe. Bis zu den Zeiten des heil. Pius V. im 16. Jahrhunderte konnte jeder Priester nach seinem Belieben ihn beten oder auslassen. Der letztge=

nannte Papst jedoch sah, wie sehr die Christenheit „das Evan=
gelium des hl. Johannes" (so nennt man den Anfang
auch kurz) verehrte, fügte es der Messe in dem von ihm ange=
ordneten neuen Meßbuche bei, und machte es allen Priestern
zur Pflicht, es zu lesen. Bei einem Levitenamte betet der Bi=
schof es, wenn er vom Altare zu seinem Throne geht, und die
Karthäuser, Cisterzienser, die Mönche von Monte Casino und
von Clugny beten es gar nicht. In Lyon sagen die Priester
es auf dem Wege zur Sakristei, in Clermont an der Sakristei=
Thür. Im Morgenlande wird es natürlicher Weise nicht ge=
betet, aber auch nicht in der päpstlichen Kapelle in Rom.

Ehe wir schließen, wollen wir noch einen Irrthum, den
wir schon früher hätten berühren können, aufklären. Manche
Protestanten, die im Morgenlande gereist haben, erzählen,
wenn sie heimkommen, daß die Katholiken sie zum Genusse des
„geweihten Brodes" (worunter sie natürlich das heil.
Sakrament verstehen wollen) zugelassen hätten. Nun besteht
im Osten seit undenklichen Zeiten der Gebrauch, an einem Sei=
tentische vor der Messe eine Anzahl Brode zu weihen, damit
Diejenigen, die nicht die heil. Communion empfangen können,
in ihrem gewöhnlichen Brode doch wenigstens den Segen
der Kirche haben. Weil dieses Brod also eine Art stellvertre=
tender Gabe für das heil. Sakrament ist, nennt man es Anti-
doron, d. h. „etwas anstatt der Gabe; (die Gabe,
doron, ist nämlich die hl. Hostie.) Jedermann aber kann nach
seinem Belieben von diesem geweihten Brode nehmen. Dieser
Gebrauch, Brode zu weihen, besteht im Osten fast noch überall,
ist auch noch in manchen Orten im Westen zu finden, und wenn
wir von geweihtem Brode sprechen, verstehen wir darunter die=
ses Brod. Wenn Protestanten sich also damit brüsten, so kön=
nen wir allerdings zugestehen, daß dieses Brod geweiht ist,
von Priestern geweiht wird und deßhalb weit erhabener
ist, als das Brod, welches in ihren Kirchen ausgetheilt wird, da
in ihren Predigern die Gewalt zu segnen nicht ruht. Jedoch
müssen wir unsere Brüder im Osten, wenn sie auch von der
Einheit der Kirche getrennt sind, gegen die Anklage vertheidi=
gen, daß sie die hl. Communion mit den Protestanten theilen.
Dem ist nicht so.

Möge nun der Segen Gottes mit dem Buche, das wir zu
seiner Ehre vollendet zu haben wünschen, auch ein wenig in
Wirklichkeit zur Vermehrung der Frömmigkeit beitragen.

Inhaltsverzeichniß.

315

Neuntes Kapitel.
Der Altar.
Seite

§ 43. Der Altar in der lateinischen Kirche . . . 92
§ 44. Der Altar in der morgenländischen Kirche . . 96
§ 45. Altartafeln 98

Zehntes Kapitel.
Reliquien.

Elftes Kapitel.
Kruzifixe und Kreuze

Zwölftes Kapitel.

Dreizehntes Kapitel.

Vierzehntes Kapitel.
Das Meßbuch.

Fünfzehntes Kapitel.
Glocken und Schellen.

Sechszehntes Kapitel.

Das Brod zum Gebrauche in der heil. Messe.

Siebenzehntes Kapitel.

Der Meßwein.

Achtzehntes Kapitel.

Ueber die Anzahl der Messen, die ein Priester an demselben Tage lesen darf.

Neunzehntes Kapitel.

Die Feier der heiligen Messe.

Zwanzigstes Kapitel.

Die Feier der heiligen Messe.

Einundzwanzigstes Kapitel.
Fortsetzung.

Zweiundzwanzigstes Kapitel.
Fortsetzung. — Die Predigt.

Dreiundzwanzigstes Kapitel.
Das Credo.

Vierundzwanzigstes Kapitel.
Fortsetzung. — Die Opferung.

318

Fünfundzwanzigstes Kapitel.

Fortſetzung. — Die Präfation.

Neununzwanzigstes Kapitel.

Schluß. — Communion des Volkes u. f. w.